Jornada Python

André Guilhon
Antonio Muniz
Cláudio Gomes
Eduardo Gaspar
Juliana Guamá
Karine Cordeiro
Rodrigo Isensee
Tatiana Escovedo

Jornada Python

Uma jornada imersiva na aplicabilidade de uma das mais poderosas linguagens de programação do mundo

Rio de Janeiro
2022

Copyright© 2022 por Brasport Livros e Multimídia Ltda.

Todos os direitos reservados. Nenhuma parte deste livro poderá ser reproduzida, sob qualquer meio, especialmente em fotocópia (xerox), sem a permissão, por escrito, da Editora.

Editor: Sergio Martins de Oliveira
Gerente de Produção Editorial: Marina dos Anjos Martins de Oliveira
Editoração Eletrônica: Abreu's System
Capa: Trama Criações

Técnica e muita atenção foram empregadas na produção deste livro. Porém, erros de digitação e/ou impressão podem ocorrer. Qualquer dúvida, inclusive de conceito, solicitamos enviar mensagem para **editorial@brasport.com.br**, para que nossa equipe, juntamente com o autor, possa esclarecer. A Brasport e o(s) autor(es) não assumem qualquer responsabilidade por eventuais danos ou perdas a pessoas ou bens, originados do uso deste livro.

J82	Jornada Python : uma jornada imersiva na aplicabilidade de uma das mais poderosas linguagens de programação do mundo / André Guilhon ... [et al.]. – Rio de Janeiro: Brasport, 2022.
	552 p. ; il ; 17 x 24 cm.
	Inclui bibliografia.
	ISBN 978-65-88431-48-1
	1. Programação – Computadores. 2. Linguagem de programação de computador. 3. Python. I. Guilhon, André. II. Muniz, Antonio. III. Gomes, Cláudio. IV. Gaspar, Eduardo. V. Título.
	CDU 004.438

Catalogação na fonte: Bruna Heller (CRB10/2348)

Índice para catálogo sistemático:
1. Programação de computadores 004.438

BRASPORT Livros e Multimídia Ltda.
Rua Washington Luís, 9, sobreloja – Centro
20230-900 Rio de Janeiro-RJ
Tels. Fax: (21)2568.1415/3497.2162
e-mails: marketing@brasport.com.br
vendas@brasport.com.br
editorial@brasport.com.br
www.brasport.com.br

Jornada Colaborativa

Experiências colaborativas que transformam vidas!

Conectamos pessoas apaixonadas por tecnologia e agilidade, criamos livros colaborativos de alta qualidade e transformamos vidas compartilhando experiências e doando a receita para instituições carentes!

Juntos somos mais inteligentes e já concretizamos várias iniciativas colaborativas (2019 e 2020):

1. Lançamento de oito livros com +400 coautores
2. JornadaSummits com +3.500 participantes em 13 sábados
3. JornadaCast com +50 episódios ao vivo
4. Jornada Learning com +500 participantes em 6 trilhas
5. Jornada Globo Day com 1.380 participantes ao vivo (3.453 inscritos)
6. Doação de R$ 137 mil para 12 instituições carentes
7. Impactamos +20 mil vidas (conteúdos + alimentação)

Tudo começou com um sonho de compartilhar conhecimento através do livro "Jornada DevOps", que foi escrito por 33 pessoas com experiências complementares. A união do time com outras comunidades em várias cidades mobilizou a disseminação de novas experiências.

O experimento dos cinco Summits de lançamento dos três primeiros livros em 2019 uniu mais de 50 empresas e comunidades, permitindo ingressos com valor simbólico e direito a livro para 1.277 pessoas, além da doação de R$ 25 mil para quatro instituições carentes.

O primeiro semestre de 2020 reforçou nosso trabalho colaborativo com 50 voluntários trabalhando intensamente na **Jornada contra a crise**, que arrecadou R$ 100

VI Jornada Python

mil para 10 instituições com 13 sábados para mais de 3.500 participantes *on-line* que receberam 160 palestras de alta qualidade com 25 presidentes, 50 executivos e 80 *experts* em agilidade, tecnologia, inovação e transformação digital.

A Jornada Learning iniciou no segundo semestre de 2020 com o objetivo de capacitar pessoas do mercado, captar recursos para lançar os novos livros da Jornada e ceder vaga gratuita para quem está em busca de recolocação com direito a livro, *workshop*, mentoria e camisa da Jornada. Graças ao apoio de várias organizações, disponibilizamos mais de 400 vagas gratuitas para colaborar na recolocação de pessoas que investem em sua qualificação.

Nosso DNA é unir pessoas e tecnologia, aproveitando nossos participantes com perfil multidisciplinar: desenvolvedores, QA, *sysadmin*, arquitetos, *product owners*, gerentes de produtos, *agile coach*, *scrum master*, analistas de negócio, empreendedores, gerentes de projetos, psicólogas, executivos, UX, CX, equipes de RH, recrutadores, analistas de marketing, engenheiros, etc.

Livros escritos pela Jornada Colaborativa até o momento:

1. "Jornada DevOps", com 33 coautores e 4 organizadores.
2. "Jornada Ágil e Digital", com 56 coautores e 2 organizadores.
3. "Jornada Ágil de Qualidade", com 24 coautores e 4 organizadores.
4. "Jornada Saudável", com 26 coautores e 7 organizadores.
5. "Jornada Ágil do Produto", com 69 coautores e 4 organizadores.
6. "Jornada DevOps 2ª edição", *best-seller* com 36 coautores e 4 organizadores.
7. "Jornada Ágil de Liderança", com 86 coautores e 5 organizadores.
8. "Jornada Ágil Escalado", com 64 coautores e 6 organizadores.
9. "Jornada Business Agility", com 48 coautores e 5 organizadores.
10. "Jornada Kanban na prática", com 23 coautores e 5 organizadores.
11. "Jornada Java", com 32 coautores e 6 organizadores.
12. "Jornada Colaborativa", com 44 coautores e 1 organizador.
13. "Jornada RH Ágil", com 52 coautores e 7 organizadores.
14. "Jornada CSC", com 46 coautores e 6 organizadores.
15. "Jornada Azure DevOps na prática", com 18 coautores e 7 organizadores.
16. "Jornada OKR", com 42 autores e 5 organizadores.
17. "Jornada Python", com 57 coautores e 8 organizadores.
18. "Jornada de Inclusão", com 40 coautores e 8 curadores.
19. "Jornada da Facilitação", com 70 coautores e 6 curadores.

Juntos somos mais inteligentes e podemos transformar mais vidas, criar amizades e fazer a diferença nas organizações e sociedade! Entre em nossa Jornada para participar das iniciativas que estejam ligadas ao seu propósito de vida:

www.jornadacolaborativa.com.br
www.jornadalearning.com.br
https://www.linkedin.com/company/jornadacolaborativa/
https://www.meetup.com/pt-BR/JornadaColaborativa
contato@jornadacolaborativa.com.br

Jornada Colaborativa - VII

Alguns pontos finais importantes e pode tratar ainda mais vidas, criar um rede e fazer a diferença nas organizações e sociedade. Entre em nossa jornada para participar das iniciativas que estejam ligadas ao seu propósito de vida.

www.jornadacolaborativa.com.br
www.jornada.camp/jg.com.br
https://www.linkedin.com/company/jornada-colaborativa/
https://www.meetup.com/pt-BR/Jornada-Colaboratva
contato@jornadacolaborativa.com.br

Apresentação da Jornada Python

Assim como o livro "Jornada Kanban na prática", o sonho do livro Python começou na Jornada Summit do dia 14 de dezembro de 2019, no lançamento dos nossos três primeiros livros em Joinville. Durante um dos intervalos entre as palestras incríveis que organizamos em parceria com a comunidade Agile Joinville, tive um papo super-animado com o Rodrigo Isensee e lembro como se fosse hoje da sua grande paixão por desenvolvimento de software e Python. Fiquei tão empolgado com essa conversa que decidi mobilizar outras pessoas incríveis para iniciar mais um livro colaborativo.

Como o time organizador tem um importante papel na escrita colaborativa, o próximo passo foi escolher pessoas dedicadas e comprometidas com a curadoria para garantir a qualidade de todo o conteúdo. Um dos grandes desafios das atividades que realizamos na Jornada Colaborativa é priorizar uma parte do nosso tempo para a escrita dos livros, e o líder do time organizador desempenha importante papel mobilizando os coautores e orquestrando todas as ações necessárias para o sucesso no resultado final.

A escolha do André Guilhon como líder do time foi bem natural, pois já o conhecia desde a época em que eu lecionava em alguns cursos, mas fiquei seu fã quando assumiu responsabilidades na Jornada Summit e participou do livro "Jornada Ágil e Digital". Somando ao Rodrigo e André, já conhecia a Karine Cordeiro desde o primeiro livro "Jornada DevOps" e a Tatiana desde o segundo livro, "Jornada Ágil e Digital". Uma característica muito interessante na Jornada Colaborativa é que um amigo tem total autonomia para indicar pessoas de sua confiança, e fiquei muito feliz quando isso ocorreu no livro Python, com a chegada do Eduardo, da Juliana e do Cláudio ao nosso time organizador.

A busca pelos coautores foi realizada considerando pessoas que admiramos, vivência na aplicação prática e repertórios complementares, trazendo diversidade de pontos de vista e diferentes níveis de experiência para construir um conteúdo com grande riqueza para nossos leitores.

X Jornada Python

Considerando que as empresas dependem cada vez mais de software para sobreviver e prosperar no mercado, temos muito orgulho do resultado incrível que essa galera construiu e temos a convicção de que cada leitor será beneficiado em sua carreira com a aplicação deste suprassumo para desenvolvedores comprometidos em entregar soluções para seus clientes e sociedade.

Antonio Muniz
Fundador da Jornada Colaborativa

Sumário

PARTE I.
CONHECENDO A LINGUAGEM

1. Introdução 2

O que é, pra que serve e onde usar 2

2. História do Python 4

Tipos básicos – Classes 6
Tipos básicos – *strings* 7
Tipos básicos – Inteiros e longos 7
Tipos básicos – Comparações 7

3. Por que escolher Python? 9

Tipagem dinâmica 9
Simplicidade 10
Linguagem de alto nível 11
Multifuncionalidade 13
Desempenho 13
Produtividade 14
Comunidade 15

4. Biblioteca padrão e documentação oficial 16

Definições 16

5. PEP – *Python Enhancement Proposal* 24

PARTE II.
PREPARANDO O AMBIENTE

6. Instalando 28

Windows 28
Linux 29
MacOS 30

XII   Jornada Python

7. Primeiro programa **32**
Imprimindo na saída padrão 32
Modo *script* 33
Tipos de *script* e suas linguagens 33
Interpretador 34
CLI 35

8. IDEs **37**
Jupyter Notebook 38
Spyder 41
PyCharm 42
Visual Studio Code 42

9. Criação de ambiente virtual **44**
Ferramentas de gestão de ambiente virtual 45
venv 46
virtualenv 49
virtualenvwrapper 50
pipenv 53
conda 55

10. Gerenciadores de pacotes **57**

11. *Linters* **60**
Visual Studio Code 64
PyCharm 65
Spyder 66
Jupyter Lab 67
Python Code Quality Authority 68

PARTE III.
FUNDAMENTOS DE PROGRAMAÇÃO

12. Tipos de dados e variáveis **72**

13. Expressões e comentários **74**
Expressões 74
Avaliação de expressões 75
Avaliação em curto-circuito 76
Comentários 77

14. Mutabilidade e imutabilidade **79**

15. *Strings* **87**
Escrevendo *strings* 87
Formatando *strings* 89

Formatação '%-format' 89
Formatação com 'format' 90
Formatação com 'F-string' 90
Grupo de *strings* 91
Funções com *string* 91
Somando *strings* 92
Multiplicação de *strings* 92
Funções *built-in* 92
Funções que retornam um *boolean* 93

16. Coleções 94
Tipos de coleções 94
Iteração 94
Lista (*list*) 95
Tupla (*tuple*) 95
Dicionário (*dict*) 96
Views de dicionários 97
Conjunto (*set* e *frozenset*) 97

17. Operadores e condicionais 99

18. Controle de fluxo 104
Desmistificando o *for* 105
Controlando o fluxo de repetição com *break*, *continue* e *pass* 107
Looping inline 108

19. Tratamento de exceções e erros 110
Definição e exemplos 110
Capturando exceções 111
Levantando exceções 114
Customizando exceções 115
Extra – Classes *Exception* e *BaseException* 117

20. *Comprehension* 120

21. Funções 125
Criando uma função 125
Escopo de variáveis 126
Parâmetros e valores de retorno 127
Parâmetros arbitrários 129
Lambda 129
Funções aninhadas 130
Funções de primeira classe 130
Decorators 131
Anotações e documentações em funções 131

22. Manipulação de arquivos 133
Método *builtin open* 133
Criando uma agenda 135

XIV Jornada Python

23. Conexão com banco de dados... **138**

24. Documentando o código **143**
   Docstrings 143
       Pydoc.. 145
   Type hinting 146
   Estilos para *Docstrings* 147
       GoogleDoc.. 147
       NumpyDoc 148

PARTE IV.
ORIENTAÇÃO A OBJETOS

25. Introdução à orientação a objetos e seus quatro pilares **150**

26. Classes, objetos, métodos e atributos **153**
   Definição 153
   Sintaxe.. 154
   Objetos e instâncias.. 155
   Métodos... 156
   Atributos.. 157

27. Encapsulamento **160**

28. Herança, polimorfismo e classes abstratas **163**
   Herança 163
   Polimorfismo.. 167
   Classes abstratas.. 169

29. Associação, agregação e composição.. **172**

30. Decoradores de métodos e de classes **175**
   Métodos estáticos 175
   Métodos de classe 176
   Propriedades.. 176

31. *Generators* **179**
   Generator Pattern 180
   Expressão *Generator*.. 181

32. *Maps* **183**

33. *Descriptors* **185**
   Classe property... 186
   Decorators 188
   Criação dinâmica de *descriptors* 188
   Prós e contras... 189

Sumário **XV**

34. Métodos mágicos **190**

35. Modelos arquiteturais **193**

Arquitetura em camadas 193
SOA 194
MVC 195
MVT 197
Arquitetura de microsserviços 197

PARTE V.
TÓPICOS AVANÇADOS DE PROGRAMAÇÃO

36. SOLID **200**

Princípio de responsabilidade única 200
Princípio aberto/fechado 202
Princípio da substituição de Liskov 203
Princípio da segregação de interfaces 204
Princípio da inversão de dependência 206

37. Guia de estilos **207**

Nomenclatura 208
Layout de código 209
Comentários e notas explicativas 211

38. Programação funcional **213**

39. Concorrência e programação assíncrona **221**

Programação síncrona e assíncrona 221
Concorrência e paralelismo 222
GIL – *Global Interpreter Lock* 223
O módulo AsyncIO 226
    Ciclo de eventos (*event loop*) 226
    Corrotinas (*coroutines*) 226
    Futures e objetos de espera (*awaitable objects*) 227
Pontos de atenção na programação assíncrona 228
Conclusão 229

40. Metaprogramação **230**

41. *Clean code* e boas práticas **236**

Nomes são importantes 237
Não use abreviações 237
Utilize nomes descritivos 237
Sempre pergunte o que você quer saber de forma clara 238
Utilize booleanos de forma implícita 240
Cuidado com a quantidade de parâmetros 240

XVI Jornada Python

Comentários são vilões quando mal utilizados 241
A regra do escoteiro 242
Teste sempre 242
SOLID 243
Padrões de projeto 243
Conclusão 243

PARTE VI.
TESTES

42. Introdução a testes 246

43. TDD – *Test Driven Development* 250

44. Bibliotecas *built-in* 253

45. Testes unitários e testes automatizados 254

Testes unitários 254
    Escrevendo testes unitários 255
    Princípios para escrever bons testes unitários 256
    Cobertura de código 257
    Tipos de teste unitário 259
Testes automatizados 263
    Automatizando testes funcionais 263
    Automatizando testes de API com Python 266
    GET 267
    POST 268
    PUT 271
    DELETE 273

46. *Mocks* 275

Decorator patch 276
Valores de retorno e efeitos colaterais 278
Imitando métodos de instâncias e de classes 280
Imitando propriedades de classes 282
Imitando classes inteiras 283

PARTE VII.
DESENVOLVIMENTO DE APLICAÇÕES *WEB*

47. Fundamentos da *web* 288

O protocolo HTTP 289
Modelo cliente-servidor 289
HTML 291
Folhas de estilo e *scripts* 293

Sumário   XVII

48. *Web* APIs 297
   O que é uma API? 297
      Formatos de comunicação para APIs 298
   O que é uma REST? 300
   O que é uma RESTful API? 300
   O que é GraphQL? 302
   O que é WSGI? 303

49. Conceito de *frameworks* 305

50. Django 307
   Como o Django funciona? 308
   Estrutura do Django 309
   Início do projeto 309
   Configurando um banco de dados 311
   Modelos do Django 312
   Migrations 312
   Módulo de administração do Django 313
   Telas de acesso do usuário 314
   Configuração de rotas internas 317
   Cadastrando novos produtos no banco de dados 318
   Editando produtos no banco de dados 321
   Excluindo produtos no banco de dados 323

51. Flask 325
   Um pouco mais sobre o Jinja 331

52. Executando tarefas assíncronas 335

PARTE VIII.
ANÁLISE DE DADOS

53. Introdução ao processo de ETL 338
   O que é ETL? 338
   Extração 338
   Transformação 340
   Carga 344

54. *Web scraping* 345

55. Manipulação e tratamento de dados 352
   NumPy 352
      Criação de *arrays* unidimensionais 353
      Reshape de *arrays* 354
      Split de *arrays* 354
      Operações com matrizes 354

XVIII Jornada Python

Pandas... 355
    Operações com *dataframes*... 356
    Criando colunas... 358
    Renomeando colunas 358
    Removendo colunas 359
    Fatiamento (*slicing*) 360
    Métodos *iloc* e *loc* 361
    Método *apply* 361

56. Visualização de dados 363
Matplotlib... 364
Pandas... 375
Seaborn 378
Plotly 383
Dash 387

57. Conceitos e aplicações de *big data* 390
O que é *big data*? 390
Volume de dados produzidos 391
Dados estruturados e não estruturados 391

PARTE IX.
INTELIGÊNCIA DE DADOS

58. Introdução à inteligência artificial 396
Visões de inteligência artificial.. 396
História da inteligência artificial 397
Abordagens da inteligência artificial.. 399
Divisões da inteligência artificial... 399
    Machine learning 400
    Deep learning 400
Aplicações da inteligência artificial 401

59. *Machine learning* – conceitos e modelos 403
Classificação... 406
Regressão... 409
Clusterização 410
Associação 412
Algoritmos de *machine learning* 412
    Árvore de decisão 412
    K-vizinhos mais próximos (KNN) 413
    Regressão linear 415
    Regressão logística.. 417
    Naïve Bayes 417
    Support Vector Machines (SVM) 418
    K-means 421
Para saber mais... 422

Sumário **XIX**

60. Deep learning **423**

Artificial Neural Networks... 424
Single-Layer Perceptron 424
Multilayer Perceptron 426
Convolutional Neural Networks 427
Recurrent Neural Networks.. 430
Long Short-Term Memory 433
Autoencoders 434
Generative Adversarial Networks 435
Deep Reinforcement Learning 438
Natural Language Processing.. 438
Considerações finais... 440

61. Visão computacional **441**

Prática: detecção, descrição e correspondência de características com ORB .. 442

62. Scikit-Learn **450**

Representação de dados.. 451
A API Estimator 453
Validação de modelos.. 453
Prática: projeto de classificação binária usando o Scikit-Learn 454
    Passo 1 – Definição do problema................................ 454
    Passo 2 – Carga de dados 455
    Passo 3 – Análise de dados...................................... 456
    Passo 4 – Pré-processamento de dados: separação em conjunto
    de treino e conjunto de teste 456
    Passo 5 – Modelos de classificação............................. 457
    Passo 6 – Finalização do modelo 463

63. TensorFlow **466**

Instalação.. 467
Tensores.. 468
Carregamento de dados 469
Pré-processamento 471
Modelagem 473
Métricas.. 475

64. PyTorch **478**

História.. 478
Por que PyTorch?.. 479
Instalação.. 480
Trabalhando com o PyTorch 480
Desenvolvendo com o PyTorch 481

65. Keras **485**

Por que Keras? 485
Instalação.. 485
Prática... 486
Iniciando o modelo.. 488
Apurando o modelo 492

XX Jornada Python

66. Desenvolvimento de *chatbot* **497**

PARTE X.
AUTOMAÇÃO DE PROCESSOS

67. *Serverless* **500**

68. CI e CD **501**

69. Gerando *packages* e publicando no PyPi **507**

Referências bibliográficas **511**

Dedicatória e agradecimentos **518**

Sobre os organizadores e coautores **522**

PARTE I.
CONHECENDO A
LINGUAGEM

1. Introdução

Eduardo Bizarria Gaspar
Karine Cordeiro
Rodrigo Isensee

O que é, pra que serve e onde usar

"Idealizado por loucos de uma comunidade de malucos". Essa seria a melhor definição para este livro. Ele foi criado com o objetivo de atender aos vários perfis de utilizadores da linguagem, desde iniciantes até usuários avançados, apresentando as diversas facetas desta linguagem amplamente utilizada desde o desenvolvimento web até a ciência de dados, de maneira objetiva, mas sem perder os nuances de cada tipo de aplicação.

Por ser uma linguagem de fácil assimilação, sintaxe simples e muito próxima da linguagem natural, Python é seguramente a melhor linguagem para programadores iniciantes ou provindos de outras áreas. Você seguramente irá cruzar com alguns juristas e jornalistas que tenham usado essa linguagem no desenvolvimento de aplicações para suas áreas.

Devido à reduzida curva de aprendizado, Python é uma excelente escolha quando estamos falando do ambiente acadêmico, com forte presença na comunidade estatística, amplamente utilizada na introdução à programação e fortemente aplicada por pessoas que almejam transição de carreira ou estão em busca de novas habilidades.

Queridinha dos cientistas de dados, é uma das linguagens mais utilizadas para desenvolvimento de modelos de inteligência artificial, estando continuamente em processo de melhoria para esse fim.

Possui uma das comunidades mais democráticas dentre as linguagens de programação, mantendo-se de código aberto desde a sua concepção. Recebe melhorias tanto de pessoas físicas quanto de empresas que mantêm profissionais exclusivamente por conta das novas funcionalidades e bibliotecas.

Alinhado com a evolução da *web*, possui *frameworks* específicos para desenvolvimento de APIs bem como aplicações *web* das mais diversas. Destaca-se também como excelente ferramenta para automatização de processos e ainda no desenvolvimento de aplicações para internet das coisas.

Durante a leitura deste livro você vai conseguir passar por todas as grandes áreas de utilização da linguagem, com exemplos práticos e ao mesmo tempo didáticos, de maneira leve e agradável. Não se espante se eventualmente se pegar rindo de um ou outro comentário dos coautores. Afinal, somos um bando de loucos de uma comunidade de malucos!

2. História do Python

Wygna Yngrid da Silva Matias Xavier

A história do Python começou em 1982 em Amsterdã, capital da Holanda, no CWI (*Centrum Wiskunde & Informatica*, Centro de Matemática e Ciência da Computação) que desenvolvia linguagens como Agre e ABC. Guido van Rossum, um dos desenvolvedores do projeto de criação da linguagem Abc, foi o criador do Python.

Seu intuito era criar uma linguagem de programação que fosse interpretada, mas tivesse comandos simples e fáceis de entender, porque, segundo ele próprio, programas em C eram extremamente grandes, complicados de entender, e apenas programadores experientes eram capazes de compreender certos programas nesta linguagem.

Além disso, também era seu objetivo que a linguagem fosse de fácil escrita, ou seja, que a escrita do código fosse o mais próximo o possível da escrita de um texto em inglês. Nesse ponto podemos dar como exemplo o seguinte código:

```
try:
    #faz algo
except:
    #trata exceção
```

Enquanto boa parte das linguagens de programação prefere blocos *try-catch*, Python optou por *try-except*, uma vez que no dia a dia não dizemos *catch* para exceções e sim *except*.

Finalmente, para atingir o objetivo de que os programas escritos no código sejam de simples entendimento (não existam blocos grandes e complicados de serem lidos), a última premissa de Python é a simplicidade da programação. Assim, reduz-se o tempo de desenvolvimento e entendimento de blocos de código em Python.

História do Python **5**

A PEP 20 – *The Zen of Python* (PETERS, 2004) (as PEPs serão explicadas no **Capítulo 5 – PEP – *Python Enhancement Proposal***) apresenta um resumo das premissas de Python. É possível vê-las no seu Python, executando o bloco a seguir:

```
import this
```

Após a criação da linguagem, surgiu o desafio: dar um nome a ela. Dentro da *Centrum Wiskunde & Informatica* (CWI), existia um padrão para a nomeação dos projetos internos. Tudo que era criado dentro do departamento era batizado com o nome de um programa que remetesse à televisão. Então, Van Rossum resolveu nomear a linguagem com base no seu programa de humor favorito, o *Monty Python's Flying Circus*. Apesar do nome Python remeter diretamente à cobra píton (que em inglês se chama *python*), esse não era o intuito inicial. Toda essa simbologia em relação à cobra surgiu a partir do primeiro livro da linguagem, publicado pela editora *O'Reilly*, que costuma publicar cada livro com um animal estampado na capa e escolheu para o primeiro livro uma píton.

As primeiras versões do Python foram lançadas no início da década de 1990 e a linguagem começou a ganhar corpo com uma comunidade que gostava de sua simplicidade e facilidade de aprendizado. Em 2001 foi criada a fundação sem fins lucrativos *Python Software Foundation* (PSF), que hoje é uma das mantenedoras e coordenadoras do Python.

Todo software precisa de manutenção, e com o Python não foi diferente. Atualmente a linguagem se encontra na terceira versão, lançada oito anos após publicação da segunda. Como exibido na Figura 2.1, o Python 2 ainda se encontra disponível para *download*. Isso ocorre por existirem sistemas que ainda utilizam esta versão.

Release version	Release date		Click for more
Python 3.3.7	2017-09-19	Download	Release Notes
Python 2.7.14	2017-09-16	Download	Release Notes
Python 3.4.7	2017-08-09	Download	Release Notes
Python 3.5.4	2017-08-08	Download	Release Notes
Python 3.6.2	2017-07-17	Download	Release Notes
Python 3.6.1	2017-03-21	Download	Release Notes
Python 3.4.6	2017-01-17	Download	Release Notes

Figura 2.1. Versões do Python.
Fonte: documentação oficial do Python (PYTHON, s.d.)

Entre 2005 e 2006, o Python 2 estava na versão 2.6 e a comunidade do *Python Software Foundation* já tinha uma versão beta do Python 3. Mas a ideia não era sim-

6 Jornada Python

plesmente exterminar o Python 2 e colocar o Python 3 no lugar. Eles preferiram fazer uma estratégia de, em vez de substituir uma pela outra, fazer apenas o lançamento em paralelo. A ideia geral era que se pudesse obter os *feedbacks* da comunidade do Python 3 e ao mesmo tempo não prejudicar os diversos projetos existentes em Python 2. O Python 2 foi lançado até a versão 2.7 e agora o único processo que existe relacionado a ele é de correção. Todas as novas funcionalidades são lançadas no Python 3.

Independentemente da versão, Python é uma só linguagem. A comunidade desenvolvedora, quando fez o Python 3, decidiu não ser radical a ponto de mudar toda a sintaxe da linguagem. O que eles fizeram foi investigar quais funcionalidades eram mal utilizadas e quais os modos e comandos que estavam defasados ou que estavam fugindo do padrão. O clássico exemplo é o *print*. O *print* é uma função, e no Python 2 era sem parênteses. Veja a comparação entre as versões dessa função no Python 2 e 3 na tabela a seguir:

Tabela 2.1. Comparação entre versões – "Olá Mundo".
Fonte: a autora.

`>>> print "Olá Mundo"` `Olá Mundo`	`>>> print ("Olá Mundo")` `Olá Mundo`
Python 2	Python 3

A versão 3.0 foi lançada em 2008 com o objetivo de corrigir vários problemas de design e facilitar mais ainda o aprendizado para os que estão iniciando, segundo o próprio Guido van Rossum. Como pode ser notado nos exemplos a seguir, a principal mudança foi em alguns tipos básicos.

Tipos básicos – Classes

No Python 2, era possível definir classe no modo clássico também, ou seja, sem uma herança explícita. Já no Python 3, mesmo se não estendermos a classe **object** explicitamente, ela será estendida por padrão.

Tabela 2.2. Comparação entre versões - Tipos básicos classes.
Fonte: a autora.

`class C: # estilo clássico` `class C(object): # novo estilo`	`class C(object): # novo estilo`
Python 2	Python 3

Tipos básicos – *strings*

No Python 2, a *string* seguia o padrão ASCII, que é mundialmente utilizado, mas defasado. No Python 2, se fosse criada uma *string* acentuada, esta não era reconhecida, então utilizava-se o *Unicode* para permitir esse suporte. Já no Python 3, se reconheceu que toda *string* é uma *Unicode* por padrão.

Tabela 2.3. Comparação entre versões – Tipos básicos *strings*.
Fonte: a autora.

u "José toma café com açúcar."	"José toma café com açúcar."
Python 2	Python 3

Tipos básicos – Inteiros e longos

No Python 2, um valor com uma magnitude maior se tornava inteiro longo, então se acrescentava "L" no final do inteiro. Já no Python 3, isso acabou: todos são considerados inteiros.

Tabela 2.4. Comparação entre versões – Tipos básicos inteiros e longos.
Fonte: a autora.

x = 10000000000000000L long(x)	x = 10000000000000000 int(x)
Python 2	Python 3

Tipos básicos – Comparações

Uma das alterações mais radicais foi a operação de comparação da diferença. No Python 2 se utilizavam os símbolos de menor e maior para expressar essa ideia, enquanto no Python 3 se utilizam o símbolos "!=".

Tabela 2.5. Comparação entre versões – Tipos básicos comparações.
Fonte: a autora.

if x <> y:
    pass
	if x != y:
	    pass

Python 2	Python 3

8 Jornada Python

Atualmente, a linguagem evolui de acordo com a comunidade. Todas as decisões de implementação de novas funcionalidades são decididas pelos programadores para serem adicionadas à próxima versão do Python. Hoje em dia a *Python Software Foundation* (PSF) é patrocinada e apoiada por várias empresas conhecidas, entre elas a Microsoft, o Google e até mesmo a brasileira Globo.com, que utiliza o Python nos seus principais serviços, como no seu site e na transmissão de vídeo. A linguagem Python evoluiu tanto que hoje em dia é uma das linguagens padrão e já vem instalada em vários sistemas operacionais, dentre eles o Amiga OS, o NetBSD, o MacOS e todas as distribuições Linux.

3. Por que escolher Python?

Pablo Augusto Furtado

Reconhecemos certa subjetividade na admiração pela linguagem Python. Como disse seu criador, "posso dizer com segurança que Python mudou minha vida" (VAN ROSSUM, 1996). Python mudou a vida de muitos programadores, porque a programação é declarada de maneira muito semelhante a como estruturamos mentalmente a linguagem de comunicação humana, muito provavelmente pela tipagem dinâmica e simplicidade, ou talvez por ser uma linguagem de alto nível e multifuncional. Há quem diga que é pelo desempenho e produtividade, já outros estão interessados na comunidade: para quase toda pergunta sobre Python há uma resposta *on-line*.

Tipagem dinâmica

Nas linguagens de tipo de variável forte, o compilador não realiza transformações inesperadas de tipos em operações com elementos de tipos diferentes. Nesse sentido, Python é uma linguagem de tipagem forte porque, ao declarar a variável de determinado tipo, essa condição prevalecerá para gerar o resultado esperado nas operações (PYTHON WIKI, s.d.). Python somará 1 + 0.1 gerando o resultado esperado 1.1. Mas será impossível, por exemplo, realizar:

```
>>> string_inicio = `Python foi a linguagem mais desejada pelos `\
`programadores em 2019, de acordo com a pesquisa da Stack Overflow com `
>>> string_fim = `% de adesão.`
>>> percentual_adesao = 25
>>> pesquisa = string_inicio + percentual_adesao + string_fim
```

O código anterior gera o erro:

10 Jornada Python

```
TypeError                        Traceback (most recent call last)
<iPython-input-2-0fe2dbe7a811> in <module>()
    2 string_fim = '% de adesão.'
    3 percentual_adesao = 25
----> 4 pesquisa = string_inicio + percentual_adesao + string_fim

TypeError: must be str, not int
```

Que resultado deveríamos esperar ao somar uma variável de texto e uma numérica? Depende. No entanto, Python é uma linguagem de tipagem dinâmica, permitindo mudar o tipo da variável na evolução do código, resultando no sucesso da operação:

```
>>> percentual_adesao = '25'
>>> pesquisa = string_inicio + percentual_adesao + string_fim
```

Note que quando **percentual_adesao** estava declarada como *int*, o código resultou em erro. Porém, ao mudar o tipo de variável para *str* dinamicamente, o código funcionou perfeitamente. Veja:

```
>>> print(pesquisa)
```

Resulta em:

```
Python foi a linguagem mais desejada pelos programadores em 2019, de acordo
com a pesquisa da Stack Overflow com 25% de adesão.
```

Python é ao mesmo tempo uma linguagem de tipagem forte e dinâmica. Como apontado por Guido:

> *Em Python, as variáveis são simplesmente nomes que se referem a objetos. As variáveis não precisam ser declaradas antes de serem atribuídas e podem até mudar de tipo no meio de um programa. Como outras linguagens dinâmicas, todas as verificações de tipo são executadas por um interpretador durante a execução, e não numa etapa de compilação separada (VAN ROSSUM, 2009).*

Simplicidade

A simplicidade característica de Python é exposta no *Zen of Python*: "simples é melhor que complexo. Complexo é melhor que complicado" (PETERS, 2004).

A simplicidade em Python passa pela indentação, declaração das variáveis, construção dos fluxos lógicos, geradores de coleções indexadas etc. São incontáveis as soluções compactas, que abstraem problemas de alta complexidade. Moshe Zadka disse que "parou de escrever muitos pseudocódigos porque o design da linguagem supre as suas necessidades" (ZADKA, 2019). Por exemplo, se quisermos construir variáveis dinamicamente:

```
>>> lista_variaveis_texto = [
... 'um',
... 'dois',
... 'tres',
... 'quatro',
... 'cinco',
... 'seis',
... 'sete',
... ]
>>> for numero, texto in enumerate(lista_variaveis_texto):
...     vars()[texto] = numero + 1
>>> print(um, dois, tres, quatro, cinco, seis, sete, sep=' < ')
```

Temos como resultado:

```
1 < 2 < 3 < 4 < 5 < 6 < 7
```

Notou que imprimimos variáveis construídas dinamicamente? Imaginou quantos problemas interessantes esta técnica poderia resolver? Se você está começando, não se preocupe, nos capítulos mais avançados você aprenderá sobre alguns dos elementos usados no exemplo anterior. Agora, atenha-se ao fato de que Python é uma linguagem simples de ser escrita e lida.

Linguagem de alto nível

Quando determinamos o nível de uma linguagem de programação, estamos nos referindo à escala de abstração em relação às instruções necessárias ao processamento computacional; por exemplo, a alocação de memória. Em Python, temos disponível um interpretador interativo poderoso que nos permitirá o desenvolvimento e a experimentação simultânea, eliminando passos que normalmente são uma perda de tempo, seja na compilação ou até mesmo nos processos de teste (OLIPHANT, 2007).

12 Jornada Python

Repare na importância da ideia de abstração em um programa orientado ao usuá-rio, onde fecham-se janelas clicando no botão X. Este simples ato é imediatamente interpretado até o nível eletrônico da utilização de recursos energéticos para sua execução. Isso significa que entre o clique e o fechamento da janela ocorreu um ex-tenso processo de instruções computacionais. Esse mesmo princípio ocorre dentro da linguagem de programação, na medida em que determinadas caixas vêm equipadas com ações completas que precisamos executar. Por exemplo, como anda o *website* oficial?

```
>>> import requests #(REQUESTS, 2020)
>>> html_documento = requests.get('https://Python.org')
>>> status_texto = 'O status da conexão com o website da linguagem Python'\
...     f' é {html_documento.status_code}.'
>>> tipo_texto = f'O tipo de codificação do documento é '\
...     f'{html_documento.encoding}.'
>>> print(status_texto, tipo_texto, sep = '\n')
```

Esta consulta apresenta:

```
O status da conexão com o website da linguagem Python é 200.
O tipo de codificação do documento é utf-8.
```

> *A linguagem de alto nível serve como uma "cola" para unir módulos e com-ponentes, criando aplicativos especializados rapidamente. Em certo sentido, a linguagem se torna uma 'estrutura de script', permitindo a criação acelerada de protótipos de novos aplicativos. O desenvolvimento de módulos de extensão para a linguagem corresponde tanto quanto possível a uma especialização tardia do código (SANNER, 1999).*

Um código que se especializa tardiamente é um candidato a ser reutilizado. No exem-plo de código anterior, o *script* poderia ser um método de uma classe a ser reutilizado em diversas aplicações de interface *web*. Repare que, para configurar um sistema operacional, por exemplo o *Fedora*, instalando programas, *firewall*, etc., o nível de abstração é ainda mais alto, porém há muitas caixas que resolvem os problemas de nível mais baixo. Então, toda execução computacional é uma cadeia de instruções que vão desde o nível da linguagem binária de impulsos elétricos até um sistema operacional ou um sistema complexo como a internet. No caso da interação do pro-gramador com a linguagem Python, essa cadeia se inicia em um nível de abstração considerado alto: o dos objetos.

Multifuncionalidade

Uma espécie de ímpeto que aparece em muitos *pythonistas* é a vontade de escrever um sistema operacional ou então programar robótica diretamente. A linguagem de alto nível é limitada para esse tipo de função, portanto seria necessária a utilização de adaptadores para outra linguagem capaz de manipular a alocação de memória ou acessar o hardware. Entretanto, a linguagem possui muitos adeptos, e até mesmo essa limitação tende a ser transposta com o tempo (MICROPYTHON, s.d.).

Python resolve 99% de todas as outras necessidades computacionais do programador. A linguagem pode ser executada nos sistemas UNIX, DOS/Windows e Mac, contando com uma variedade de módulos que abstraem problemas de diversas áreas de atuação (RASHED; AHSAN, 2012). Embora não esteja no escopo deste livro, com o módulo Tkinter é possível criar programas para execução nos referidos sistemas operacionais. Outras possibilidades frequentemente utilizadas são os *websites* funcionais com Django ou Flask, APIs com *Django REST framework*, jogos com *pygame* (também fora do escopo) e mais. Além disso, possui funcionalidades científicas em ciência de dados, inteligência artificial, aprendizado de máquina, análise avançada, matemática pura e aplicada, representações gráficas, computação em paralelo para grandes volumes de dados e talvez até problemas a serem descobertos na computação quântica.

Desempenho

Seguindo o raciocínio da abstração e versatilidade, para atingir o desprendimento alcançado pela linguagem passamos por uma sutil troca pelo desempenho. Por exemplo, a tipagem dinâmica requer a verificação de tipos, ao contrário da tipagem estática, onde o tipo já está declarado. Nesse caso, somente ler é mais rápido do que ler e verificar. Uma linguagem tão dinâmica é mais difícil de ser otimizada, o que justifica o ganho de desempenho em relação a outras linguagens, as quais comprometem a flexibilidade em troca da performance (SHAW, 2018).

Afirmar apaixonadamente que Python tem alto desempenho requer contextualização, não pela falta de paixão, mas pelo rigor científico. Quando a performance é um ponto crucial da execução, podemos aceitar a utilização de outras linguagens onde esse requisito seja uma de suas vantagens. Quando a aplicação puder ser relativamente inferior em desempenho de execução do que linguagens que manipulam níveis

14 Jornada Python

computacionais mais baixos, então Python ofereceria a melhor solução em projeto e desenvolvimento pela flexibilidade, compreensão em equipes e testes.

Portanto, ao falarmos de desempenho estritamente voltado para velocidade de execução, há outras linguagens mais indicadas. Mas, se, por exemplo, o desafio for processar uma grande quantidade de dados recolhidos de um *website* que organiza as informações em tabelas HTML, converter esse material em *dataframes*, aplicar um modelo preditivo não supervisionado com testes dinâmicos de parametrização, gerar resultados periódicos a serem enviados para um banco em SQL e consequentemente a uma REST API, disponibilizar gráficos periódicos em uma página da internet, a página e a API com controle funcional de acessos, tudo isso em poucos meses de desenvolvimento, neste caso, Python tem melhor desempenho!

Produtividade

A tipagem dinâmica nos oferece um enorme ganho na produtividade, pois a declaração das variáveis é um processo extremamente simples. Essa simplicidade permeia a linguagem Python, de maneira que as atividades de escrita e leitura tornam-se acessíveis a diferentes programadores. Mais ainda, em certos casos, projetar e programar caminham simultaneamente, na medida em que o processo de escrita do código é tão aproximado de um pseudocódigo ou de um comentário explicativo.

Sendo uma linguagem de alto nível, não nos preocupamos com muitos detalhes que atrapalham no processo da resolução de problemas. O *pythonista* conta com todo o ócio criativo de apenas escrever as instruções e focar no resultado. Nota-se que entender como funcionam os módulos é importante para não assumir cegamente os resultados esperados como corretos. A filosofia de reutilização do código que permeia a criação da linguagem, para ser colocada em produção, precisa de testes, o que é uma tarefa relativamente fácil. Há inclusive métodos de codificação orientados aos testes, o que basicamente significa codificar em resposta a testes previamente definidos.

Python tem uma produtividade de desenvolvimento multifuncional, onde uma mesma linguagem alcança um espectro amplo de problemas e aplicações. Python apresenta ótimo desempenho em diversos contextos, ressaltando a balança entre flexibilidade e performance. Todos esses fatores fazem da programação em Python uma atividade extremamente prazerosa.

Comunidade

A comunidade Python é reconhecidamente aberta a iniciantes. Essa característica advém da própria intenção por trás da criação da linguagem. Tendo sido fortemente influenciada pela linguagem ABC, cujo objetivo em parte era ensinar programação no seu formato mais básico, Python veste essa característica facilitadora na sua arquitetura (VAN ROSSUM, 1996). Reforçando essa ideia, a comunidade está voltada para colaborar com a resolução de problemas e o aprendizado. A ideia está estampada na página oficial: "nossa comunidade pode ajudar no suporte aos iniciantes, *experts*, e colabora com a base aberta e incremental de conhecimento"[1]. Nas palavras do criador:

> *Seu sucesso é o produto de uma comunidade, começando pelos pioneiros que a adotaram quando publiquei Python pela primeira vez na rede, e que espalharam a notícia em seu próprio ambiente. Me enviaram elogios, críticas, solicitações, contribuições e revelações pessoais por e-mail. Estavam dispostos a discutir todos os aspectos da linguagem na lista de discussão que logo criei, além de me educar, ou me levar na direção correta, quando a minha intuição inicial falhou (VAN ROSSUM, 1996).*

Somente o apresentado já seria suficiente para estampar o senso de comunidade, mas acrescenta-se ainda um resumo do código de conduta da *Python Software Foundation*, onde os membros são conclamados a serem abertos, atenciosos e respeitosos:

> *Focar no que é melhor para a comunidade. Reconhecer tempo e esforço. Respeitar os diferentes pontos de vista e experiências. Mostrar empatia com os outros membros da comunidade. Aceitar graciosamente as críticas construtivas. Utilizar uma linguagem acolhedora e inclusiva (PYTHON SOFTWARE FOUNDATION, s.d.).*

---

[1] <https://www.python.org/community/>.

4. Biblioteca padrão e documentação oficial

Paulo R. Z. Pinto

Definições

Neste capítulo iremos abordar as principais características da biblioteca padrão Python e os principais componentes que acompanham uma instalação básica de Python 3.8. Porém, consideramos importante iniciarmos pela definição e diferenciação de alguns dos termos utilizados para designar esses componentes:

✓ **Módulo** é um objeto que funciona como uma unidade organizacional básica de código Python, geralmente composto por um único arquivo do tipo ".py". Um módulo define um *namespace* contendo objetos Python arbitrários (instâncias, classes, funções, etc.).

✓ **Pacote** (*package*) é a forma de definir *namespaces* (estruturado em uma pasta, ou arquivo tipo ".zip") contendo um conjunto de módulos, permitindo que módulos de mesmo nome possam coexistir, sem interferência. Para um componente ser considerado um pacote, deve existir uma pasta contendo um arquivo chamado "__init__.py" (mesmo que vazio).

✓ **Biblioteca** (*library*) é um conceito mais genérico, que pode designar um projeto externo, composto por um único módulo ou um pacote ou um conjunto de pacotes. As bibliotecas são projetos de terceiros que estendem as funções da linguagem e que são instaladas copiando os arquivos necessários para pastas específicas de um ambiente Python. Essa instalação em geral é feita por ferramentas de gestão de ambientes, como o pip, o conda ou um instalador próprio.

✓ **Biblioteca padrão** (*standard library*, também abreviada para *stdlib*) é o conjunto de pacotes e módulos que acompanham uma instalação padrão de Python. Geralmente são considerados como "parte da linguagem" (por exemplo: *math*, *time*, *string*, *sys*, etc.). Não é necessário instalar nada além do Python para ter as funcionalidades da biblioteca padrão, que podem ser importadas em seus *scripts* sempre que necessário.

Ao fazer a instalação do Python 3.8, também são disponibilizados tipos de dados, algumas instruções e funções que serão vistos na **Parte III** deste livro (**Fundamentos de Programação**). Tendo em vista a grande quantidade de conteúdo, não será possível detalhar e exemplificar o funcionamento de todos os componentes disponibilizados na biblioteca padrão do Python. Recomendamos a leitura da documentação oficial no site[2].

Para listar os módulos e pacotes que compõem a biblioteca padrão do Python, abra o terminal do seu sistema operacional e execute:

```
$ pip list
```

Este código apresenta o seguinte resultado:

```
package       Version
-----------   -------
pip           20.2.2
setuptools    49.6.0
```

A tabela a seguir resume os principais módulos e pacotes da biblioteca padrão.

Tabela 4.1. Resumo descritivo dos principais módulos e pacotes da biblioteca padrão. Fonte: baseada em Python, s.d.

Serviços de processamento de texto		Protocolos e suporte da internet	
string	Operações comuns de *string*	**webbrowser**	Controlador de navegador da *web*
re	Operações de expressão regular	**cgi**	Suporte à interface de *gateway* comum
difflib	Ajudantes para deltas de computação	**cgitb**	Gerenciador de *traceback* para *scripts* CGI
textwrap	Manipulação e preenchimento de texto	**wsgiref**	Implementação de referência WSGI
stringprep	Preparação de *strings* na internet	**urllib**	Módulos de manipulação de URL
rlcompleter	Função de conclusão para leitura GNU	**http**	Módulos do protocolo HTTP
Serviços de dados binários		**ftplib**	cliente de protocolo FTP
struct	*Bytes* como dados binários compactados	**poplib**	cliente de protocolo POP3
codecs	Registro de *codec* e classes base	**imaplib**	cliente de protocolo IMAP4

---

[2] <https://www.python.org/>.

Serviços de processamento de texto		Protocolos e suporte da internet	
Tipos de dados		**nntplib**	cliente do protocolo NNTP
datetime	Tipos básicos de data e hora	**smtplib**	cliente de protocolo SMTP
calendar	Funções gerais relacionadas ao calendário	**smtpd**	Servidor SMTP
collections	Tipos de dados de contêiner	**telnetlib**	Cliente *telnet*
heapq	Algoritmo de fila de *heap*	**uuid**	Objetos UUID de acordo com a RFC 4122
bisect	Algoritmo de bissecção de matriz	**socketserver**	Uma estrutura para servidores de rede
weakref	Referências fracas	**xmlrpc**	Servidor XMLRPC e módulos clientes
types	Tipos dinâmicos e nomes para tipos internos	**ipaddress**	Biblioteca de manipulação IPv4 / IPv6
copy	Operações de cópia superficial e profunda	**Serviços multimídia**	
pprint	Impressão avançada de dados	**aifc**	Leia e grave arquivos AIFF e AIFC
reprlib	Implementação alternativa de repr()	**sunau**	Leia e grave arquivos Sun AU
enum	Suporte para enumerações	**wave**	Leia e grave arquivos WAV
Módulos Numéricos e Matemáticos		**chunk**	Leia dados fragmentados do IFF
numbers	Classes base abstratas numéricas	**colorsys**	Conversões entre sistemas de cores
decimal	Aritmética decimal e ponto flutuante	**imghdr**	Determinar o tipo de uma imagem
fractions	Números racionais	**sndhdr**	Determinar o tipo de arquivo de som
random	Gere números pseudoaleatórios	**Internacionalização**	
statistics	Funções estatísticas matemáticas	**gettext**	Serviços de internacionalização multilíngues
Módulos de programação funcional		**locale**	Serviços de internacionalização
functools	Funções e operações em objetos	**Estruturas do programa**	
operator	Operadores padrão como funções	**turtle**	Gráficos tipo tartaruga
Acesso a arquivos e diretórios		**cmd**	Suporte para intérpretes de linhas comando
pathlib	Caminhos de arquivos orientados a objetos	**shlex**	Análise lexical simples

Serviços de processamento de texto		Protocolos e suporte da internet	
fileinput	Iterar em linhas de vários fluxos de entrada	Depuração e criação de perfil	
stat	Interpretando resultados estatísticos	Tabela de eventos de auditoria	
filecmp	Comparações de arquivos e diretórios	bdb	Estrutura do depurador
tempfile	Gerando arquivos e diretórios temporários	pdb	O depurador Python
glob	Listar arquivos e pastas no estilo Unix	Os criadores de perfil do Python	
fnmatch	Correspondência de nome de arquivo Unix	timeit	Tempo de execução de trechos de código
linecache	Acesso aleatório a linhas de texto	trace	Rastrear a execução de instruções Python
shutil	Operações de arquivo de alto nível	tracemalloc	Rastrear alocações de memória
Processamento de estruturas de dados		Intérpretes Python personalizados	
html	Suporte para *HyperText Markup Language*	code	Classes base de intérpretes
xml	Suporte para processamento XML	codeop	Compilar código Python
Persistência de dados		Embalagem e distribuição de software	
pickle	serialização de objetos Python	distutils	Construindo e instalando módulos Python
copyreg	Registrar *pickle* – funções de suporte	ensurepip	Inicializando o instalador pip
shelve	Persistência de objeto Python	venv	Criação de ambientes virtuais
dbm	Interfaces para bancos de dados do Unix	zipapp	Gerenciar arquivos zip executáveis do Python
sqlite3	Interface DB API 2.0 para bancos SQLite	Serviços de tempo de execução Python	
Compactação e arquivamento de dados		sysconfig	Acesso aos dados de configuração do Python
gzip	Suporte para arquivos GZIP	warnings	Controle de avisos
bz2	Suporte para compactação BZIP2	dataclasses	Classes de dados
lzma	Compressão usando o algoritmo LZMA	contextlib	Utilitários para contextos de declaração
zipfile	Trabalhar com arquivos ZIP	abc	Classes base abstratas
tarfile	Ler e gravar arquivos TAR	traceback	Imprima e recupere um rastreamento de pilha

Serviços de processamento de texto		Protocolos e suporte da internet	
Formatos de arquivo		**inspect**	Inspecionar objetos ao vivo
csv	Leitura e gravação de arquivos CSV	site	Gancho de configuração específico do site
configparser	Analisador de arquivo de configuração	**Importando módulos**	
netrc	processamento de arquivos NETRC	zipimport	Importar módulos de arquivos zip
xdrlib	Codifique e decodifique dados XDR	pkgutil	Utilitário de extensão de pacote
plistlib	Gere e analise arquivos plist do MacOS X	modulefinder	Encontre módulos usados por um *script*
Serviços de sistema operacional		runpy	Localizando e executando módulos Python
os	Interfaces diversas do sistema operacional	importlib	A implementação de *import*
io	Ferramentas para trabalhar com fluxos	**Serviços de linguagem Python**	
argparse	Analisa argumentos de linha de comando	ast	Árvores de sintaxe abstratas
getopt	Analisador de opções de linha de comando	symtable	Acesso às tabelas de símbolos do compilador
logging	Instalação de *log* para Python	symbol	Constantes usadas com árvores de análise
getpass	Entrada de senha portátil	token	Constantes usadas com árvores de análise
curses	Manipulação de terminal	keyword	Teste para palavras-chave Python
platform	Acesso aos dados de plataforma	tokenize	Tokenizador para fonte Python
ctypes	Funções estrangeiras para Python	tabnanny	Detecção de recuo ambíguo
Execução simultânea		pyclbr	Suporte ao navegador do módulo Python
threading	Paralelismo baseado em *thread*	py_compile	Compilar arquivos de origem Python
multiprocessing	Paralelismo baseado em processos	compileall	Bibliotecas Python de compilação de *bytes*
subprocess	Gerenciamento de subprocessos	dis	Desmontador para *bytecode* Python
sched	Agendador de eventos	pickletools	Ferramentas para desenvolvedores de *pickles*

Serviços de processamento de texto		Protocolos e suporte da internet	
queue	Uma classe de fila sincronizada	**Serviços de criptografia**	
contextvars	Variáveis de contexto	hashlib	*Hashes* seguros e resumos de mensagens
Manipulação de dados da internet		hmac	*Hash* para autenticação de mensagens
email	Manipulação de e-mail e MIME	secrets	Números aleatórios seguros para senhas
json	Codificador e decodificador JSON	**Rede e comunicação entre processos**	
mailcap	Manipulação de arquivos do *mailcap*	asyncio	E/S assíncrona
mailbox	Manipular caixas de correio	socket	Interface de rede de baixo nível
mimetypes	Mapear nomes de arquivos para tipos MIME	ssl	*Wrapper* TLS/SSL para objetos de *socket*
base64	Codificações de dados base 16, 32, 64, 85	selectors	Multiplexação de E/S de alto nível
binhex	Codifique e decodifique arquivos binhex4	asyncore	Manipulador de *socket* assíncrono
quopri	Codifica e decodifica dados entre aspas	asynchat	Manipulador de *socket* assíncrono
uu	Codifique e decodifique arquivos uuencode	signal	Manipuladores de eventos assíncronos
Ferramentas de desenvolvimento		**Serviços específicos do MS Windows**	
typing	Suporte para dicas de tipo	msilib	Leia e grave arquivos do Microsoft Installer
pydoc	Gerador de documentação e ajuda *on-line*	**Serviços específicos Unix**	
doctest	Teste exemplos interativos de Python	crypt	Função para verificar senhas Unix
unittest	Estrutura de teste de unidade	tty	Funções de controle de terminal
test	Pacote de testes de regressão para Python	pty	Utilitários pseudoterminais
Interfaces gráficas de usuário com Tk		*pipes*	Interface para *pipelines*
tkinter	Interface Python para Tcl/Tk	**Módulos Substituídos**	
Vários serviços		optparse	Analisador para opções de linha de comando
formatter	Formatação de saída genérica	imp	Acesse os internos de importação

Para mais detalhes sobre cada componente, recomendamos o uso da função *help()*, conforme demonstramos a seguir para o módulo *string*:

```
>>> import string
>>> help(string)
Help on module string:

NAME
    string - A collection of string constants.

MODULE REFERENCE
    https://docs.Python.org/3.8/library/string

    The following documentation is automatically generated from the Python
    source files.  It may be incomplete, incorrect or include features that
    are considered implementation detail and may vary between Python
    implementations.  When in doubt, consult the module reference at the
    location listed above.

DESCRIPTION
    Public module variables:

    whitespace -- a string containing all ASCII whitespace
    ascii_lowercase -- a string containing all ASCII lowercase letters
    ascii_uppercase -- a string containing all ASCII uppercase letters
    ascii_letters -- a string containing all ASCII letters
    digits -- a string containing all ASCII decimal digits
    hexdigits -- a string containing all ASCII hexadecimal digits
    octdigits -- a string containing all ASCII octal digits
    punctuation -- a string containing all ASCII punctuation characters
    ...
```

Ou utilize a função *dir()*, que mostra a lista de atributos válidos para um objeto. Veja um exemplo para o módulo *math*:

```
>>> import math
>>> dir(math)
['__doc__', '__loader__', '__name__', '__package__', '__spec__', 'acos', 'acosh',
'asin', 'asinh', 'atan', 'atan2', 'atanh', 'ceil', 'comb', 'copysign', 'cos', 'cosh',
'degrees', 'dist', 'e', 'erf', 'erfc', 'exp', 'expm1', 'fabs', 'factorial', 'floor',
'fmod', 'frexp', 'fsum', 'gamma', 'gcd', 'hypot', 'inf', 'isclose', 'isfinite',
'isinf', 'isnan', 'isqrt', 'ldexp', 'lgamma', 'log', 'log10', 'log1p', 'log2',
'modf', 'nan', 'perm', 'pi', 'pow', 'prod', 'radians', 'remainder', 'sin', 'sinh',
'sqrt', 'tan', 'tanh', 'tau', 'trunc']
```

Recomendamos que consulte as referências: Python.org Tutorial 1 e Python.org Tutorial 2, que oferecem alguns exemplos dos principais módulos da Biblioteca padrão Python 3.8.2. Se desejar procurar um material mais extenso sobre a Biblioteca Padrão *Python* 3, recomendamos o livro de Doug Hellmann (HELLMANN, 2017), que contém 1.456 páginas com a descrição de todos os módulos e pacotes, incluindo vários exemplos.

5. PEP – *Python Enhancement Proposal*

Sérgio Berlotto Jr.

Neste capítulo vamos entender um pouco sobre como a comunidade Python mantém atualizadas as características e os processos da linguagem por meio das PEPs, o que elas são e como funcionam, além de conhecer algumas das PEPs mais importantes.

PEP é sigla em inglês para *Python Enhancement Proposal*, que significa proposta de melhoria do Python. As PEPs servem para que qualquer pessoa possa enviar uma proposta de alteração ou melhoria da linguagem. A proposta será discutida, avaliada e, se aceita, será implementada nas próximas versões do Python. Elas podem descrever mudanças da linguagem ou de processos da linguagem, além de mudanças relativas à comunidade.

Existem três tipos diferentes de PEPs, como bem definido pela própria PEP-1 (WARSAW et al, 2000):

- ✓ **Padrões:** descrevem novas *features* ou implementações de Python.
- ✓ **Informacionais:** descrevem problemas de design da linguagem ou proveem orientações gerais para a comunidade Python, mas não propõem novas funcionalidades.
- ✓ **Processos:** também são conhecidas como "meta-PEPs". Descrevem processos em torno do Python ou propõem mudanças relacionadas a eles.

Para ficar sempre atualizado com os assuntos mais importantes envolvendo a linguagem Python e sua funcionalidades, você deve ficar atento às PEPs, sabendo que elas estão todas indexadas pela PEP-0 (PYTHON, 2021). Nesta PEP estão todas as outras PEPs organizadas por categoria e situação.

Todas as PEPs passam por um criterioso processo até que sejam efetivamente aceitas e desenvolvidas na linguagem. Não basta ter uma boa ideia, é necessário ter bons argumentos para conseguir defender o que a sua proposta traz de benefício para a linguagem. Sendo esse benefício realmente significativo, sua proposta deverá ser aprovada pela comunidade.

Como o fluxo das PEPs é criterioso, é algo um tanto quanto complexo de ser explicado. Mas podemos ver, de forma resumida, na imagem a seguir:

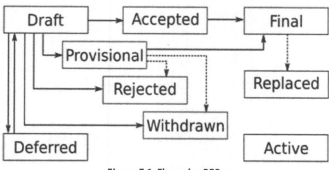

Figura 5.1. Fluxo das PEPs.
Fonte: Warsaw et al, 2000.

Como vimos até aqui, até mesmo as PEPs são orientadas por PEPs, e isso acontece com tudo no Python. Então, como curiosidade, vamos ver em seguida algumas PEPs interessantes:

- ✓ **PEP-0**: indexação de todas as PEPs.
- ✓ **PEP-20**: descreve o Zen do Python (*Zen of Python*). O Zen do Python é uma lista de curtos pensamentos e ideais que resumem como o Python funciona.
- ✓ **PEP-3000**: descreve processos e ideias sobre a criação do Python na versão 3.
- ✓ **PEP-257**: descreve as convenções para *docstrings*.
- ✓ **PEP-8**: descreve os padrões de formatação de código mais indicados para utilizar com Python.

A PEP-8 é a PEP com a qual você provavelmente mais terá contato. Ela é muito importante pois descreve justamente os padrões de codificação para programas e *scripts* feitos em Python. Python tem uma característica muito particular, que é a indentação e o escopo definidos por meio de espaços e não por chaves. Seguir a PEP-8 para criar os seus códigos em Python é muito importante e facilita o entendimento entre times de desenvolvedores. A PEP-8 é tão importante e o assunto é tão comentado que temos várias ferramentas que nos auxiliam na formatação do código, como flake, pep8, bandit, entre outros. Todas as ferramentas seguem as indicações da PEP-8.

Vimos então que as PEPs são instrumentos essenciais de manutenção e definição dos processos e *features* da linguagem Python. É muito importante conhecer as principais PEPs para se tornar um bom *pythonista*. E fique atento também às suas constantes atualizações.

PARTE II.
PREPARANDO O AMBIENTE

6. Instalando

Marcus Paiva
Naiara Cerqueira

O Python é uma linguagem de fácil instalação e gerenciamento. Por esse motivo não é necessário nenhum conhecimento avançado. No momento em que este livro é escrito, o Python se encontra na versão 3.8. Por esse motivo, dê preferência por instalar essa versão no seu sistema operacional. A seguir apresentaremos as orientações para a instalação nas três principais plataformas (sistemas operacionais). Iremos verificar se já existe uma instalação do Python e, caso contrário, seguiremos com o procedimento de instalação.

Windows

Antes de começar a instalação no seu computador, vamos verificar se o Python 3 já está instalado. Para isso, abra a tela de pesquisa do Windows (clique no ícone de lupa ou pressione as teclas Win+S) e digite "python". Se o Python estiver instalado, então um aplicativo (*app*) aparecerá com o nome "Python 3.x", onde x é a versão.

Caso não apareça um *app*, recomenda-se instalar o Python via instalador. Para tanto, baixe o executável no site oficial[3] e fique atento para fazer o *download* da versão correta para o seu computador, 64 *bits* ou 32 *bits*.

Logo no início da instalação, você deve selecionar a opção 'Add Python X.X to PATH'. O restante da instalação é bastante simples, sendo necessário, basicamente, confirmar e avançar em cada etapa. Esse processo configurará na máquina o interpretador, as bibliotecas padrão da linguagem e a documentação.

Caso prefira instalar via terminal, abra o *prompt* de comando e digite:

```
$ msiexec /i Python<version>.msi
```

---

[3] <https://www.python.org/downloads/windows/>.

Linux

A instalação do Python no Linux pode funcionar de forma diferente para as distribuições Debian/Ubuntu e para as distribuições Red Hat Enterprise (RHEL)/Fedora/CentOS. Para o Debian/Ubuntu, vamos primeiro começar verificando se o Python 3 já está instalado. Para isso, abra o terminal e digite o seguinte código:

```
$ which Python
```

Ou

```
$ which Python3
```

Se algum dos comandos tiver retorno, então existe uma instalação do Python 2 ou 3. Se nenhum dos comandos tiver retorno, então o Python ainda não está instalado e será necessário prosseguir com a instalação. Digite:

```
$ sudo apt-get update
$ sudo apt-get install Python3
```

A distribuição do padrão RHEL já possui o Python 2.6 instalado, pois existem muitos programas escritos nesta versão da linguagem no sistema. Você também encontrará os gerenciadores de pacotes antigo (DNF) e o novo (YUM). Esses serão os dois caminhos que você poderá utilizar para instalar o Python 3.

Para instalar, execute um dos seguintes comandos como usuário *root* ou *sudo* no seu terminal:

```
$ sudo yum install Python3
```

ou

```
$ sudo dnf install Python3
```

Para verificar a versão instalada, digite no terminal para qualquer versão do Linux:

```
$ python3 --version
```

Com isso o Python 3 estará instalado no seu Linux, pronto para que você crie o seu primeiro programa.

30 Jornada Python

MacOS

Antes de começar a instalação, vamos verificar a existência do Python no sistema. Abra o terminal e digite o seguinte comando:

```
$ which python
```

ou

```
$ which python3
```

Assim como no caso da resposta no Linux, se algum dos comandos der um retorno, então existe uma instalação do Python 2 ou 3. Se nenhum dos comandos tiver retorno, então o Python ainda não está instalado e será necessário prosseguir com a instalação.

Para instalar o Python via instalador, acesse o site oficial[4] e escolha o instalador compatível com o seu sistema. É importante ressaltar que está disponível apenas a versão 64 *bits*, que funciona no MacOS 10.9 (*Mavericks*) e sistemas superiores. Para a versão do Python 2, existe a possibilidade de baixar o Python para ambiente 32 *bits* e 64 *bits*. O processo de instalação é simples.

Para executar a instalação via terminal, é necessário instalar as ferramentas e o *brew*. Instalando o *command line tools*:

```
$ xcode-select --install
```

Instalando o *brew*:

```
$ /usr/bin/ruby -e "$(curl -fsSL https://raw.githubusercontent.com/Homebrew/
install/master/install)"
```

Para verificar se o *brew* foi instalado com sucesso, digite:

```
$ brew doctor
```

---

[4] <https://www.python.org/downloads/windows/>.

Instalando **31**

A resposta desejada é: "Your system is ready to brew." Agora é possível instalar o Python 3:

```
$ brew install Python3
```

Confira a versão:

```
$ python3 --version
```

Com isso, o Python está instalado no seu MacOS.

7. Primeiro programa

Adamys Monnerat
Tatiana Escovedo
Guilherme Rozenblat

Um programa em Python pode ser um único arquivo com a extensão .py ou uma pasta que contém várias subpastas com diversos arquivos contendo código Python e outras informações relevantes ao programa (como imagens).

Quando estamos iniciando o aprendizado de uma linguagem de programação, a melhor maneira de escrever o nosso primeiro programa é imprimir uma mensagem na tela e ler o que foi digitado pelo usuário. No nosso primeiro programa, vamos imprimir uma mensagem na saída padrão (também denominada console ou linha de comando) para que possamos entender melhor sobre a escrita de dados no *prompt* de comando e em seguida leremos a entrada.

Imprimindo na saída padrão

Para imprimir uma mensagem na tela, basta utilizar a função *print()* com o texto a ser impresso na saída padrão dentro dos parênteses e entre aspas. Em seguida, basta executar o código. Veja um exemplo do uso da função *print()* a seguir:

```
>>> print("Meu primeiro programa em Python!")
Meu primeiro programa em Python!
```

A função *print()* pode receber vários parâmetros, tais como o *encoding* do texto que será impresso ou um nome de arquivo no qual desejamos escrever. Veremos exemplos mais avançados nos capítulos seguintes deste livro.

Conforme o exemplo anterior, nós escrevemos o nome da instrução (neste caso, *print*), em seguida abrimos um parênteses e abrimos as aspas e escrevemos a mensagem que deverá ser impressa na tela. Por fim, fechamos as aspas e os parênteses. Dessa forma, tudo que estiver entre as aspas será reconhecido como o texto a ser impresso no console.

Lembre-se de que todas as vezes que abrir um parêntese você deverá fechá-lo, assim como as aspas. O fechamento de parênteses e aspas é muito importante, pois, caso contrário, será exibida uma mensagem de erro pelo interpretador assim que você tentar executar o código. O programa que desenvolvemos possui a base que todo *script* em Python exige. Logo, apesar do exemplo ter sido simples, os princípios aprendidos são muito importantes para o nosso estudo, que será aprofundado no restante deste livro.

Se você já programou em outra linguagem, é de suma importância lembrar que em Python geralmente não finalizamos as instruções com uso de ponto e vírgula. A utilização do caractere de finalização ponto e vírgula é permitido, mas não é obrigatório. No entanto, é normal utilizarmos somente quando existe a necessidade de colocar mais de uma instrução na mesma linha. Quando precisamos, por algum motivo, digitar várias instruções numa única linha, é obrigatório o ponto e vírgula para informar ao interpretador o início e o fim de cada instrução. Veja o exemplo a seguir:

```
primeiroNumero = 1; segundoNumero = 2;
```

Modo *script*

Os *scripts* são "roteiros" seguidos por sistemas computacionais e carregam informações que são processadas e transformadas por um programa principal. Caso você necessite de um programa que realize a soma de notas escolares e exiba o resultado, um computador, por meio de um *script*, vai realizar (interpretar) uma sequência de passos para executar a soma e apresentar o resultado na tela. Os *scripts* também podem ser utilizados para modificar uma fonte que será exibida em algum site ou programa, realizar o processamento de condicionais, de repetições e muitas outras finalidades.

Mesmo que você ainda não seja um programador, você pode perceber exemplos de execução de *scripts* no dia a dia como um usuário da internet. Por exemplo: ao clicar em algum botão do seu navegador, a barra com opções é apresentada. Aparentemente é uma ação simples. Entretanto, para que isso aconteça, um *script* foi ativado no momento em que o usuário clicou com o botão do mouse e desencadeou a exibição do item.

Tipos de *script* e suas linguagens

Abordamos alguns elementos que podem ser usados em programas, mas existem também *scripts* para sites. Quem não se lembra dos *scraps* animados no Facebook e WhatsApp, cheios de *gifs* com sons que tocam do mais absoluto nada proporcionando

34 Jornada Python

uma melhor interação para os usuários? Isso é obra de *scripts* de formatação, pois os códigos são usados para editar mensagens, aplicar efeitos especiais, mudar cor do cursor do mouse, dentre outras funções.

Os *scripts* em *shell* possuem uma sequência de comando em DOS (*Disk Operating System*) sendo executados ordenadamente. Há diversas formas de criar um *script*, seja de formatação ou de programação. O Python, atualmente, é uma das principais ferramentas para a criação de *scripts*. A Figura 7.1 ilustra um exemplo de *Shell Script* em Python:

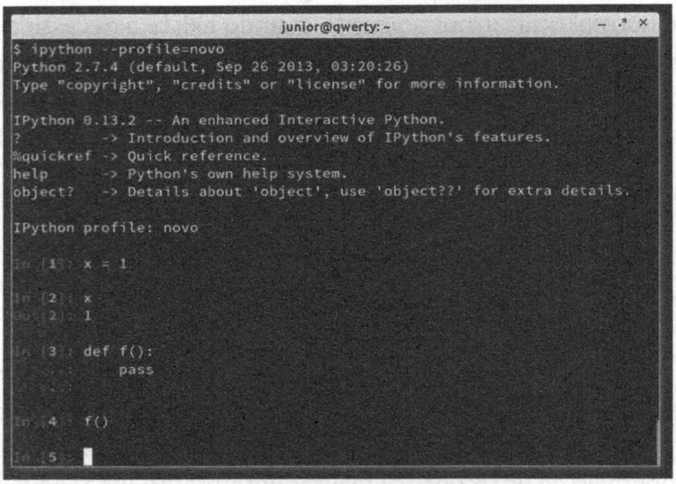

Figura 7.1. Exemplo de *Shell Script* em Python.
Fonte: os autores.

Interpretador

O interpretador é um programa de computador que executa instruções escritas em uma linguagem de programação, e Python é uma linguagem interpretada. A finalidade de um interpretador é utilizar de mecanismos para a execução do programa, executando o código criado pelo usuário (comunicação textual) de forma direta ou traduzindo para alguma representação intermediária.

Para que isso ocorra, certos tipos de tradutores transformam um código-fonte em uma linguagem simplificada, denominada código intermediário, que pode ser diretamente "executada" por um programa chamado interpretador. Nós podemos imaginar o código intermediário como uma linguagem de máquina de um computador abstrato projetado para executar o código-fonte.

Interpretadores são, em geral, menores que compiladores, facilitando a implementação de construções complexas em linguagens de programação. Entretanto, o tempo de execução de um programa interpretado é geralmente maior que o tempo de execução deste mesmo programa compilado, pois o interpretador deve analisar cada declaração no programa a cada vez que é executado e depois executar a ação desejada, enquanto o código compilado apenas executa a ação dentro de um contexto fixo, anteriormente determinado pela compilação. Esse tempo no processo de análise é conhecido como "*overhead* interpretativa".

CLI

A CLI significa interface de linha de comando (*Command Line Interface*). Resumidamente, é uma interface que suporta passagem de parâmetros via linha de comando em terminais. É um programa que aceita parâmetros para executar comandos e iniciar um novo sistema de I/O (*input* e *output*) no terminal sem finalizar o programa. O exemplo a seguir ilustra o CLI[5]:

```python
import click


@click.command()
@click.option("--count", default=3, help="Number of greetings.")
@click.option("--name", prompt="Your name", help="The person to greet.")
def hello(count, name):
    """Simple program that greets NAME for a total of COUNT times."""
    for _ in range(count):
        click.echo(f"Hello, {name}!")


if __name__ == '__main__':
    hello()
```

O interpretador do Python é uma aplicação (um arquivo executável) que recebe o mesmo nome da linguagem. Podemos localizar o executável na raiz do diretório onde o interpretador foi instalado em nosso computador. Em um ambiente Windows, no diretório de instalação do Python, encontraremos um arquivo de nome **Python.exe**. Ao darmos um duplo clique sobre este executável, será aberta uma janela com o *prompt* de comando do Windows. Nela encontraremos o modo interativo do Python, ou seja, o local onde podemos digitar uma instrução Python e pressionar a tecla

---

[5] Exemplo disponível em <https://pypi.org/project/click/>.

36 Jornada Python

"Enter" para que a instrução seja processada e o resultado impresso na sequência. Você também pode chegar até o modo interativo do Python via linha de comando (CMD) do Windows. Ao acessar o CMD, basta apenas digitar 'python' e pressionar a tecla "Enter". Aproveite esse momento e execute os seus códigos *Python* livremente para se familiarizar mais com a linguagem.

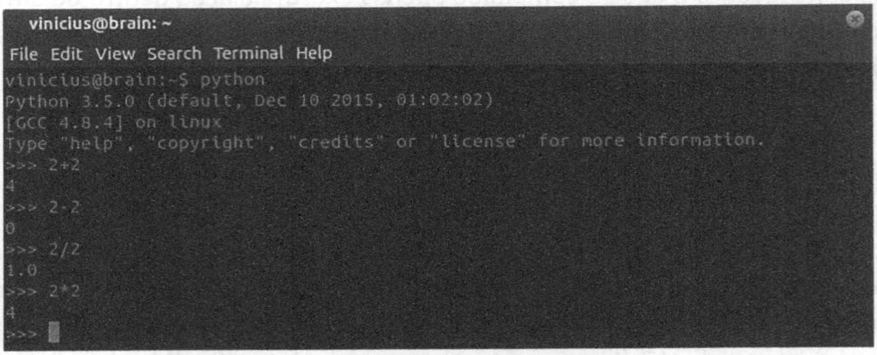

Figura 7.2. Exemplo de Interpretador Python.
Fonte: os autores.

8. IDEs

Yussif Barcelos Dutra
Naiara Cerqueira

IDE (*Integrated Development Environment* – Ambiente de Desenvolvimento Integrado) é um software com uma série de ferramentas e recursos que auxiliam o processo de desenvolvimento e teste de código pelo programador. Dentre essas ferramentas, as principais são: o editor (onde é escrito o código), o compilador (ou interpretador, visto no **Capítulo 7 – Primeiro programa**) e o depurador (ou *debugger*, utilizado para fazer a depuração do código, ou seja, encontrar os erros ou defeitos do programa).

Algumas IDEs disponibilizam a personalização do ambiente de trabalho, customização da aparência com temas e cores, criação e utilização de comandos de atalhos, formatação do padrão do código, realce da sintaxe, criação de ambientes virtuais, autocompletar (nome do procedimento, parâmetro, variável, biblioteca), integração com repositórios de código-fonte etc.

A escolha da IDE é algo muito pessoal e pode depender de diversos fatores como: facilidade de utilização, experiências anteriores e gostos pessoais do usuário, melhoria da produtividade, complexidade do projeto, necessidades e arquitetura do projeto, manutenção e evolução da IDE pela comunidade ou fornecedor etc. Assim, não existe uma "IDE melhor". Nós aconselhamos que você experimente algumas ao longo de sua carreira e escolha a que melhor se adeque às suas preferências.

A Figura 8.1 ilustra um exemplo de IDE. Listaremos em seguida as principais IDEs para trabalhar com Python.

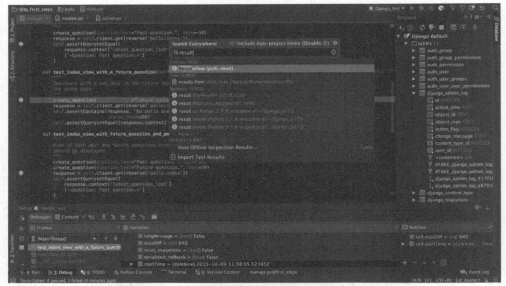

Figura 8.1. Exemplo de IDE Python.
Fonte: JetBrains, s.d.

Jupyter Notebook

O Jupyter Notebook[6] é um projeto *open source* que surgiu a partir do IPython em 2014 como um ambiente computacional *web* e interativo baseado na estrutura servidor-cliente. IPython (*Interactive Python*[7]) é um projeto destinado a proporcionar arquitetura para computação interativa usada pelo projeto Jupyter Notebook.

O Jupyter Notebook permite criar e manipular documentos de *notebook* contendo uma lista sequencial de células com código, texto (usando *markdown*), fórmulas matemáticas e estatísticas, gráficos ou imagens. O Jupyter Notebook pode ser utilizado para seleção e transformação de dados, modelagem estatística, simulação de valores e resultados, visualização de dados, aprendizado de máquina, entre outros. Podemos ainda utilizar diversas linguagens como o Python, R, Julia, Ruby, Scala e Haskell, além de integração com *big data* e ferramentas como Apache Spark e TensorFlow.

---

[6] <https://jupyter.org/>.
[7] <https://ipython.org/>.

O Jupyter Notebook possui três componentes:

✓ **Notebook web application**: aplicativo *web* interativo para escrever e executar códigos de maneira interativa e criar documentos do *notebook*, com funcionalidades como destaque de sintaxe automático, anexar resultados dos cálculos ao código que os gerou, autocompletar o código com Tab, indentação, equações matemáticas com sintaxe LaTeX, texto descritivos, visualização e apresentação dos dados.

✓ **Notebook documents**: documentos (extensão ".ipynb") com a representação de todo o conteúdo visível no *notebook web application*, incluindo entradas e saídas dos cálculos, texto narrativo que acompanha o código, equações, imagens e representações de objetos de saída.

✓ **Kernels**: a arquitetura do *kernel* permite que o código seja executado em várias linguagens de programação diferentes, comunicando a saída para o *notebook web application* e o navegador. Cada *notebook document* possui seu próprio *kernel*.

Os *notebooks* consistem em uma sequência linear de células com três tipos básicos:

✓ **Code cells**: entrada e saída de código ativo que é executado no *kernel*, exibindo o resultado dos cálculos em células podendo usar saídas como texto, gráficos, HTML.

✓ **Markdown cells**: texto com equações e notações como LaTeX e HTML, permitindo formatar livremente o texto narrativo.

✓ **Raw cells**: disponibiliza um local em que pode gravar a saída sem precisar ser analisada pelo *notebook*; passando pelo *nbconvert* as células atingem o formato de destino sem modificações e são renderizadas após a conversão.

40 Jornada Python

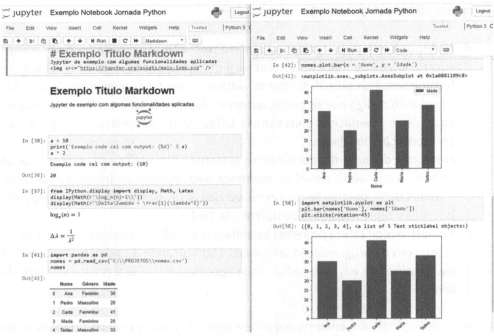

Figura 8.2. Exemplo de Jupyter Notebook.
Fonte: os autores.

Com o surgimento do Jupyter Notebook e sua ampla aceitação pela comunidade, várias empresas começaram a integrar o projeto em suas IDEs ou como serviços *cloud*. Saiba onde atualmente é possível usar Jupyter Notebooks:

- ✓ Ferramentas disponíveis no site do projeto
- ✓ Anaconda software[8]
- ✓ Google colab[9]
- ✓ Databricks[10]
- ✓ AWS Jupyter Notebooks[11]

O Jupyter é muito versátil: você pode escrever uma fórmula usando o LaTeX, apresentar um layout HTML, executar um código Python, buscar os dados de um *crawler* ou de um banco SQL/NoSQL, visualizar dados com uma biblioteca de plotagem como

---

[8] <https://www.anaconda.com/>.
[9] <https://colab.research.google.com/>.
[10] <https://databricks.com/>.
[11] <https://docs.aws.amazon.com/dlami/latest/devguide/tutorial-jupyter.html>.

o *Matplotlib*, tudo no mesmo *notebook*. Você pode exportar seu *notebook* do formato .ipynb também para outros formatos como PDF, HTML ou mesmo .py. A interface, a simplicidade e a versatilidade do Jupyter o tornam uma das IDEs favoritas entre a comunidade de ciência de dados.

Documentos de *notebook* disponíveis em uma URL pública ou no GitHub podem ser compartilhados via nbviewer. Esse serviço carrega o documento a partir da URL e o renderiza como uma página da *web* estática que pode ser compartilhada com usuários sem a necessidade de instalar o Jupyter Notebook. O GitHub atualmente renderiza nativamente arquivos com extensão .ipynb.

Spyder

O Spyder[12] (*Scientific Python Development Environment*) é um ambiente de desenvolvimento robusto com edição avançada, testes interativos, recursos de depuração, exploração e visualização de dados. O Spyder é instalado como parte das distribuições Anaconda que também já traz pacotes científicos como NumPy, SciPy, Pandas, IPython, QtConsole, Matplotlib e SymPy. O Spyder é uma IDE de código aberto leve e extensível com um bom sistema de *plugins* e API.

O Spyder foi projetado por cientistas, engenheiros e analistas de dados, fornecendo um ambiente científico poderoso para o Python. Ele salienta os erros, apresenta autocompletar de código, destaca funções e variáveis do código com cores personalizáveis, funciona no editor multilíngue, autoindentação inteligente com base na estrutura do código, editor de atalhos de teclado personalizável, possui um explorador de variáveis que mostra o valor armazenado dentro de cada uma dispensando comandos de *print* na tela, disponibiliza recurso para visualizar instantaneamente qualquer documento de objeto e modificar seus próprios documentos e permite navegação por células, funções, classes, blocos, etc.

Por meio do recurso *Profiler*, avalia o impacto no desempenho das funções no arquivo de código para identificar gargalos e potencializar a otimização. O recurso *Static Code Analysis* identifica erros de estilo e sintaxe, práticas inadequadas de desenvolvimento e outros problemas no código. O *Project Explorer* é um recurso integrado com versionamento GIT. O recurso permite salvar e restaurar com facilidade propriedades, sessões e configurações para trabalhar em várias aplicações de desenvolvimento. O recurso

---

[12] <https://www.spyder-ide.org/>.

'Ajuda' permite pesquisar uma vasta documentação ou código-fonte para objetos Python (como classes, funções, módulos e bibliotecas), sendo acionado via atalho ou automaticamente ao digitar um parênteses esquerdo "(" após o nome da função.

PyCharm

O PyCharm[13] é uma IDE com um amplo conjunto de ferramentas integradas para criar um ambiente de desenvolvimento em Python para ciência de dados com uma interface simples, personalizável e completa, facilitando aqueles que estão dando os primeiros passos com Python. Essa IDE é desenvolvida pela companhia JetBrains e possui as versões *Community*, *Edu* (projetos de código aberto e gratuitas sob a licença Apache) e a versão *Professional* (edição comercial com mais recursos como *frameworks web*, desenvolvimento remoto e distribuído, ferramentas de banco de dados e integração com IPython Notebook).

Além das funcionalidades tradicionais de console e depurador, a IDE facilita a aplicação de um código limpo e de fácil manutenção, controle de qualidade com verificação do PEP-8, aumento da produtividade, assistência aos desenvolvedores em tarefas rotineiras, utilização de várias versões do Python com o *virtualenv*, expansão de recursos com *plugins* e suporte a pacotes científicos que também estão no Anaconda, como NumPy, Matplotlib e SciPy.

O PyCharm possui um depurador com interface gráfica onde o desenvolvedor pode acompanhar, desativar ou silenciar os *breakpoints*, além de ver e editar os valores de variáveis e parâmetros. A IDE ainda possui refatoração de código automatizada de forma rápida e segura, inspeção e análise de código, autocompletar inteligente com destaque de erros e correção de sintaxe, recursos avançados de navegação no projeto, personalização de teclas de atalho e diferentes temas de cores, suporte a diversos sistemas de controle de versão e acesso a manuais de bibliotecas.

Visual Studio Code

O Visual Studio Code[14] é um editor de código-fonte leve e completo com um rico ecossistema de extensões para diversas linguagens e funcionalidades. O VS Code é

---

[13] <https://www.jetbrains.com/pycharm/>.
[14] <https://code.visualstudio.com/docs/languages/python>.

desenvolvido pela Microsoft, distribuído gratuitamente, disponível para Windows, MacOS e Linux e vem ganhando representatividade como IDE para Python.

O VS Code contém depurador e compiladores nativos, disponibiliza testes de unidade do projeto, explorador de variáveis que facilita a visualização dos valores e tipos de dados, configuração de *breakpoint* por linhas e variáveis, integração com diversos tipos de ferramentas de versionamento e controle *Git* incorporado, possui uma poderosa interface de linha de comando (CLI) e recurso de edição de código para ambientes e *notebooks* Jupyter.

A IDE é altamente customizável, permitindo configurar o tema do editor, instalar *plugins* com novos temas, definir ícones no explorador de arquivos no menu, configurar teclas de atalho ou instalar uma extensão *Keymap* que traz os atalhos de teclado do seu editor favorito e definir preferências e configurações por meio de arquivo JSON.

O VS Code permite o acesso a todas as funcionalidades da ferramenta, incluindo atalhos de teclado para as operações mais comuns, executar comandos do editor, abrir arquivos e navegar entre pastas, procurar símbolos e ver um resumo rápido de um arquivo, todos usando a mesma janela interativa.

O VS Code possui um modo minimalista, que exibe apenas o arquivo em que você está trabalhando e ocultando a interface do código e as barras laterais e de menu. O usuário pode abrir quantos editores desejar, lado a lado, vertical e horizontalmente. A funcionalidade *Minimap* (resumo do código) fornece uma visão geral de alto nível do código, sendo útil para navegação rápida e compreensão do código, sendo exibido no lado direito do editor.

A IDE possui funcionalidades avançadas de edição de código: autocompletar inteligente, realce de sintaxe, refatoração de código, destaque de problemas de sintaxe e estilo e *pop-ups* dinâmicos que mostram a documentação de classes e métodos.

A refatoração do código pode melhorar a qualidade e a capacidade de manutenção do projeto, reestruturando o código sem modificar o comportamento de execução. O VS Code oferece suporte a operações de refatoração e, além de pesquisar e substituir expressões, é possível também pesquisar e reutilizar partes do que foi correspondido, usando expressões regulares com grupos de captura, facilitando a refatoração do código. É possível configurar trechos de código padrão (como estrutura de métodos e condicionais), utilizado de forma semelhante ao autocompletar, aumentando a produtividade do desenvolvedor.

9. Criação de ambiente virtual

Sérgio Berlotto Jr.
Alexandra Raibolt
Juliana Guamá

Em vários momentos do desenvolvimento, enfrentamos algumas pequenas dificuldades quando necessitamos ter diferentes bibliotecas instaladas ou quando necessitamos ter versões diferentes da mesma biblioteca instalada. Para se fazer isso diretamente no sistema operacional, provavelmente desperdiçamos muito tempo. É nesse momento que os ambientes virtuais nos ajudarão muito, pois, por intermédio deles, podemos isolar diferentes ambientes de desenvolvimento.

Um ambiente virtual é uma ferramenta utilizada para separar ambientes de execução de programas, ou seja, podemos criar e utilizar diferentes ambientes com diferentes versões de bibliotecas para o mesmo projeto ou para projetos diferentes. As ferramentas de gestão de ambientes virtuais não são exclusividade do Python, porém nem todas as linguagens disponibilizam essas ferramentas.

A primeira vantagem de se trabalhar com ambientes virtuais é manter o seu sistema operacional inalterado, no que se refere à instalação de bibliotecas para desenvolvimento. Por exemplo: suponhamos que você tenha instalado no seu sistema operacional um **Programa A** que utiliza a biblioteca *requests* na sua versão 2.23.0. Se você precisar (por algum motivo qualquer) instalar a mesma biblioteca no **Programa B** com uma versão diferente da biblioteca do **Programa A**, você só conseguirá fazer isso se cada programa estiver isolado em um ambiente virtual.

Ainda sobre o exemplo anterior, podemos citar que o uso de ambientes virtuais permite o gerenciamento de um conjunto de dependências diferentes, possibilitando manter o nosso ambiente de execução muito bem controlado. Podemos configurar um ambiente virtual somente com uma biblioteca e outros com muitas bibliotecas. Podemos ter versões do Python diferentes instaladas em ambientes virtuais diferentes. E tudo isso de forma completamente isolada. Isso nos dá uma flexibilidade indisponível em outras linguagens de programação.

Se é possível ter o mesmo pacote com versões diferentes em ambientes virtuais diferentes, então temos a possibilidade de testar o nosso software com uma versão diferente da mesma biblioteca. Digamos que, para um determinado software, precisamos de algumas soluções disponíveis da biblioteca *requests* que estejam acima da versão utilizada no software. Antes de fazer a atualização da sua biblioteca, você pode efetuar um teste. Nesse caso, a primeira coisa que você pode fazer é: criar um ambiente virtual novo, instalar todas as dependências atuais do seu projeto, atualizar a versão da biblioteca *requests* e testar o seu software, a fim de verificar se ele ainda funciona normalmente após a atualização da biblioteca.

Outra vantagem é a opção de criar e remover os ambientes virtuais quando necessário. Se o teste com a atualização da biblioteca *requests* não der certo, então o próprio teste com todo o ambiente virtual e pacotes pode ser simplesmente removido, não prejudicando outros programas ou projetos.

As ferramentas que veremos a seguir mostrarão como é possível, com poucos comandos, criar um ambiente virtual com uma árvore de bibliotecas e dependências instaladas, utilizar e depois, quando não for mais necessário, excluir. Assim não ficamos reféns de nada, muito pelo contrário, mantemos o controle do que desejamos instalar e onde instalar.

A ferramenta pip (MEYER, 2011), que faz a gestão de bibliotecas Python no ambiente, seja do sistema, seja no ambiente virtual, tem uma função chamada *freeze* que ajuda na geração do arquivo **requirements.txt**, que contém a lista de bibliotecas utilizadas em um programa. Ou seja, ele é importante no controle de versão e das dependências utilizadas. Em projetos sem ambientes virtuais, o *requirements* é feito com todas as bibliotecas instaladas no Python diretamente, independentemente se é usado no projeto. O uso de ambientes virtuais permite expor no *requirements* apenas as bibliotecas do projeto em suas versões corretas.

Tendo entendido os principais conceitos e utilizações de um ambiente virtual, vamos à parte prática.

Ferramentas de gestão de ambiente virtual

Para gerenciar nossos ambientes virtuais no Python, existem diversas ferramentas, e até podem existir outras diferentes das que vamos citar aqui no livro, porém, até o momento, estas são as mais conhecidas na comunidade e é por isso que vamos

46 Jornada Python

falar delas. Portanto, as ferramentas de gestão de ambiente virtual contempladas neste livro serão:

- ✓ venv
- ✓ virtualenv
- ✓ virtualenvwrappper
- ✓ pipenv
- ✓ conda

Vamos agora falar um pouco de cada uma delas para que você possa entender como funcionam os ambientes virtuais e qual o propósito de cada uma dessas ferramentas.

Você pode ver essa lista até como uma certa ordem de evolução. De forma geral, a criação de um ambiente virtual funciona com a estrutura:

```
$ comando_pacote [caminho_p_raiz_projeto/nome_ambiente_virtual][versao_Python]
```

venv[15]

Esta ferramenta já vem disponível com o Python em seu *core* desde a sua versão 3.6. Ou seja, não é necessário instalar nada para já conseguir gerenciar alguns ambientes virtuais.

Vamos iniciar criando o nosso primeiro ambiente virtual, chamado **projeto1**, para instalar todas as bibliotecas de que necessitamos.

O nome do ambiente virtual pode ser qualquer um, vai depender de você conseguir escolher um bom nome que represente o que ele contém ou qual sua finalidade. A PEP 405, que informa as boas práticas sobre uso de ambientes virtuais, não possui sugestões de nomenclatura, porém usualmente escolhe-se o nome do projeto ou os nomes que indiquem que a pasta possui as configurações de ambiente virtual como "venv", "pyenv", "environment". Portanto, criar um ambiente chamado **projeto1** já o faz pensar que esse ambiente contém as *libs* de que o **projeto1** necessita, seja ele qual for.

Execute o seguinte comando no terminal do sistema operacional:

```
$ python -m venv projeto1
```

---

[15] <https://docs.python.org/3/library/venv.html>.

Toda vez que o símbolo "$" aparecer, entenda que é um comando a ser executado em terminal, independentemente do sistema operacional. Este comando vai criar uma pasta no diretório corrente, chamada de **projeto1**, e vai colocar dentro dela toda a estrutura e configurações necessárias para que um ambiente virtual possa ali estar.

Você não necessita decorar o que existe dentro dessa pasta, e geralmente nem vai precisar alterar nada, mas é bom ter uma ideia de alguns itens.

O que teremos dentro do diretório do ambiente virtual criado é:

- ✓ **Pasta *bin* (em Linux) ou *Scripts* (em Windows):** contém os executáveis do Python, pip e outros necessários ou que forem acrescentados.
- ✓ **Pasta lib/PythonX.Y/site-packages/ (em Linux) ou Lib/site-packages/ (em Windows):** é o diretório onde os arquivos das bibliotecas estarão. Este diretório será utilizado automaticamente pelo ambiente Python quando você estiver com o ambiente virtual ativo.
- ✓ **projeto1/pyvenv.cfg:** o arquivo de configuração do ambiente.

Ainda no comando de criação do ambiente virtual, temos como informar um caminho no nome do ambiente, para que ele não seja criado na pasta corrente, veja:

```
$ python -m venv <caminho_completo>/.venvs/projeto1
```

Ou em plataforma Windows:

```
$ python -m venv <caminho_completo>\venvs\projeto1
```

Isso fará com que a estrutura do nosso ambiente virtual seja criada na pasta .venvs dentro da nossa pasta pessoal.

Além disso, podemos também criar um ambiente virtual informando com qual executável Python queremos trabalhar; assim, podemos criar ambientes virtuais que executam versões diferentes de Python que estejam já instaladas em nossa máquina. Isso é interessante, pois muitas vezes, em distribuições Linux, já temos o Python 3 e o 2 instalados ou, em plataforma Windows, podemos ter instalado mais de uma versão também. Portanto:

```
$ python -m venv projeto1_py2 -p /pastas_caminho/Python2
```

48 Jornada Python

As "pastas_caminho" em Linux geralmente são "/usr/bin", enquanto em Windows é "C:\Users\seu_nome_usuario\AppData\Local\Programs\Python" para Python 3.x.x ou "C:\Pythonxx\" para Python 2.x.x.

Este comando criará a mesma estrutura citada, porém, com o executável do Python 2 e não do 3. Para verificar isso, você pode ativar o ambiente e ver a versão do Python, que neste exemplo é a versão 2.7.17:

```
$ source projeto1_py2/bin/activate
(projeto1_py2) $ python -V
Python 2.7.17
```

Agora que você já tem seu ambiente virtual criado, é necessário fazer uma ação para ativá-lo, ou seja, você deve habilitar o uso desse ambiente para que possa usufruir das bibliotecas nele instaladas ou instalar novas.

Para ativar o ambiente, você precisa executar o seguinte comando no terminal do Linux:

```
$ source projeto1/bin/activate
```

Em plataforma Windows, executar o comando:

```
$ projeto1\Scripts\activate
```

Com isso, você chama o *script* que faz a ativação do ambiente virtual e configura as variáveis de ambiente necessárias para que, a partir desse momento, você utilize o ambiente virtual e não mais o ambiente do sistema operacional original. Mas como sabemos se estamos com um ambiente virtual ativo? Temos duas formas de identificar.

Visualmente, depois de ativar o ambiente conforme explicação anterior, será exibido o nome do ambiente ativo entre parênteses ao lado esquerdo do seu terminal, desse jeito:

```
(projeto1_py2) $ _
```

Outra forma, que é bastante útil quando precisamos criar *scripts* que por algum motivo necessitam estar em um ambiente virtual, é por meio da variável de ambiente **VIRTUAL_ENV**, que contém o *path* do ambiente virtual que está ativo. Esta variável de ambiente é criada e populada quando um ambiente virtual é ativado. Você não precisa fazer nada, basta utilizá-la quando necessário, estando com seu ambiente virtual ativo.

Agora que você já sabe como criar ambientes virtuais, a instalação dos pacotes segue o padrão do Python. No momento em que você executar um **pip install**, como será mostrado no próximo capítulo, estando com um ambiente virtual ativo, o pacote será instalado no diretório **site-packages** do ambiente, e não no **site-packages** do Python instalado no sistema.

Caso você queira trocar de ambiente, você precisa desativar esse ambiente virtual, para que você possa ativar outro, ou então sair dele para executar seus programas em seu ambiente original da instalação padrão.

Para desativar o ambiente virtual, seja em Linux ou Windows, execute o comando *deactivate*:

```
$ deactivate
```

Este comando faz com que seu ambiente deixe de estar ativo. As variáveis de ambiente que foram alteradas para que o ambiente virtual entrasse em funcionamento voltam ao normal do seu sistema e você, assim, passa a utilizar novamente a instalação padrão do Python no sistema operacional.

> **Obs.: um detalhe aqui é que temos na versão 3 do Python tanto uma ferramenta chamada pyvenv quanto venv. Antes era necessário chamar o comando pyvenv para controlar os ambientes virtuais e agora a chamamos por meio do pacote venv (Python -m venv). A diferença é que pyvenv está descontinuada desde a versão 3.6 do Python em favor da utilização do módulo venv, pois ela foi escrita trazendo muitas melhorias estruturais em relação à pyvenv.**

virtualenv

Esta ferramenta foi criada para ser utilizada com a versão 2 do Python. Ela funciona com os mesmos comandos da venv, porém, é necessário instalá-la via pip antes:

50 Jornada Python

Em ambiente Linux:

```
$ sudo pip install virtualenv
```

Em ambiente Windows:

```
$ pip install virtualenv
```

Depois de instalar temos disponível o comando virtualenv, pelo qual iremos gerenciar nossos ambientes virtuais assim como o venv. Veja um breve resumo abaixo:

```
$ virtualenv projeto1
$ source projeto1/bin/activate
(projeto1) $ python -V
Python 3.8.2
(projeto1) $ deactivate
```

virtualenvwrapper[16]

Agora que entendemos como os ambientes virtuais funcionam, podemos trabalhar com uma ferramenta que facilita ainda mais no uso deles, apesar de possuir uma configuração inicial mais complexa. Assim, a primeira coisa que é preciso entender é que talvez você precise de um pouco mais de experiência com ambientes virtuais para utilizá-la.

Você pode ter notado que é necessário informar uma pasta, seja ela no mesmo diretório ou em um diretório diferente, para que possamos criar o ambiente virtual.

Sendo assim, quando falamos em organização do nosso ambiente em geral e do ambiente dos nossos projetos, vimos que a organização ficará a nosso cargo quando utilizamos o virtualenv ou o venv, pois nós é que necessitamos definir onde os ambientes virtuais serão criados, organizando tanto nomes quanto localização. Isso não é necessariamente ruim, mas pode nos levar a um pequeno caos se fizermos de forma diferente em cada projeto, criando um ambiente em um lugar e outro ambiente em outro.

É aí que o virtualenvwrapper entra. Como a própria documentação dele fala, o virtualenvwrapper é um conjunto de extensões sobre as ferramentas de virtualenv.

---

[16] <https://virtualenvwrapper.readthedocs.io/en/latest/>.

Essas extensões incluem *wrappers* (do inglês "invólucro", "empacotador") que auxiliam no gerenciamento de vários ambientes virtuais para projetos diferentes.

Vamos entender um pouco então. O trabalho que teremos que fazer é o mesmo, criar e ativar ambientes, instalar dependências e desativar ambientes. A diferença é "como" o virtualenvwrapper e suas extensões nos ajudam a fazer isso melhor.

Veja quais são as vantagens de utilizar o virtualenvwrapper:

1. Organiza todos os ambientes virtuais em um local apenas.
2. Disponibiliza ferramentas como criar, copiar e excluir, úteis quando existem múltiplos ambientes virtuais.
3. Com um comando apenas conseguimos trocar de ambiente virtual.
4. Facilidade de *tab completion* para os comandos de gestão dos ambientes virtuais, inclusive com o nome dos ambientes.
5. Permite a configuração de *hooks* para todas as operações feitas.
6. Um sistema de *plugins* que permite que criemos mais extensões.

Os números 4, 5 e 6 desta lista não são contempladas neste livro, mas, se você sentir necessidade, dê uma olhada na documentação da biblioteca, é muito completa.

Muito bem! Vamos colocar a mão na massa com o virtualenvwrapper. Primeiro, ele é uma biblioteca que necessita ser instalada no seu sistema.

Para Windows você deve instalar o **virtualenvwrapper-win**, que é a versão que funciona em ambiente DOS.

Já em ambiente Linux:

```
$ sudo pip install virtualenvwrapper
```

Depois, basta adicionar este trecho abaixo no seu arquivo ".bashrc" localizado no diretório **/home/<seu_usuario>**. O caminho **/usr/local/bin/virtualenvwrapper.sh** pode sofrer alguma variação. O *script* a ser executado é este:

```
$ export WORKON_HOME=~/.virtualenvs
$ mkdir -p $WORKON_HOME
$ source /usr/local/bin/virtualenvwrapper.sh
```

52 Jornada Python

Explicando o trecho: primeiro, definimos uma variável de ambiente chamada **WORKON_HOME**, apontando para um diretório em nossa pasta pessoal. Esta variável é utilizada pelo virtualenvwrapper para trabalhar. Em seguida fizemos com que esta pasta fosse criada. Por fim, chamamos o *script* principal que ativa todos os *plugins* disponíveis.

Agora temos disponíveis vários comandos para gerenciar nossos ambientes. Para criar um ambiente virtual:

```
$ mkvirtualenv <nome do ambiente>
```

Para criar um ambiente virtual com versão diferente de Python instalado:

```
$ mkvirtualenv <nome do ambiente> -p /usr/bin/python2
```

Para copiar um ambiente:

```
$ cpvirtualenv <nome do ambiente origem> <nome do ambiente destino>
```

Para ativar um ambiente existente:

```
$ workon <nome do ambiente>
```

Para desativar:

```
$ deactivate
```

Para listar os pacotes que temos instalados em nosso diretório **site-packages** do ambiente ativo:

```
$ lssitepackages
```

Este comando lista os ambientes virtuais que existem:

```
$ lsvirtualenv
```

Para excluir, apagar, um ambiente virtual criado, execute:

```
$ rmvirtualenv <nome do ambiente>
```

Entre tantas possibilidades, estes são alguns dos comandos que nos auxiliam muito por meio do virtualenvwrapper.

pipenv[17]

Mas não para por aí. Depois de saber como gerenciar seus ambientes virtuais com o venv, virtualenv e virtualenvwrapper, você pode trabalhar com uma ferramenta que faz "todo o trabalho sujo" por você. Se você achou que o virtualenvwrapper já era uma grande ferramenta (o que não deixa de ser verdade), é hora de conhecer o pipenv.

O pipenv é uma ferramenta que traz para o Python tudo o que tem de melhor no mundo dos empacotadores das outras linguagens e é uma ferramenta destinada a desenvolvedores mais experientes.

Ele automaticamente cria e gerencia ambientes virtuais e, além disso, administra também a instalação das bibliotecas utilizadas no projeto por meio de um único arquivo chamado **pipfile**.

Como o pipenv é uma união de ferramentas de gerenciamento, o trabalho com ele é um pouco diferenciado. Vamos ver do que ele é capaz.

A instalação do pipenv ocorre da maneira padrão:

```
$ pip install pipenv
```

Caso você esteja em plataforma Windows, será necessário alterar o valor da variável de ambiente *path*. Para achar o caminho correto, execute o comando a seguir:

```
$ python -m site --user-site
```

Agora, alterando o final deste caminho, de *site-packages* para *scripts*, o comando para alterar o *path* ficará neste formato (troque <caminho_completo_aqui> pelo caminho informado antes):

```
$ set PATH=%PATH%;`<caminho_completo_aqui>`
```

---

[17] <https://pipenv.pypa.io/en/latest/>.

54 Jornada Python

Digamos que vamos iniciar um projeto utilizando Flask (**Capítulo 51 – Flask**) e simplejson, por exemplo. A primeira coisa que faríamos com as ferramentas citadas é criar o ambiente virtual, definindo um nome que pudéssemos facilmente lembrar depois, ativá-lo (caso não fosse o virtualenvwrapper) e aí sim poderíamos fazer a instalação, por meio do pip, das bibliotecas. Mas com o pipenv não é necessário nada disso, basta iniciar instalando as bibliotecas. Vamos ver:

```
$ pipenv install requests Flask
```

Vamos entender o que o pipenv fez quando executamos o comando anterior:

- ✓ Foi criado um arquivo pipfile e **pipfile.lock** no diretório corrente.
- ✓ Foi criado um ambiente virtual automaticamente para você.
- ✓ Foram instaladas as bibliotecas Flask e *requests* dentro desse ambiente virtual.

Um detalhe aqui que não temos nas outras ferramentas é que, como o pipenv trabalha com o gerenciamento tanto de ambientes virtuais como de dependências, foi criado o arquivo **pipfile**, que é usado para rastrear as dependências do projeto. Sendo assim, não precisamos mais nos preocupar com o famoso arquivo **requirements.txt**, que precisamos sempre criar manualmente.

Agora você quer testar seu ambiente? Então execute o seguinte comando:

```
$ pipenv shell
```

Este comando ativará o seu ambiente virtual como fazíamos antes; a grande diferença é que ele terá um nome que não foi definido por você, pois não é necessário mesmo, e que é gerenciado pelo próprio pipenv.

Para executar somente um comando dentro do ambiente, basta executá-lo por meio do pipenv, assim como segue o exemplo:

```
$ pipenv run python -V
```

Agora, para você saber um pouco mais, os principais conceitos do pipenv são:

- ✓ Criação automática de ambientes virtuais.
- ✓ Se você executar **pipenv install**, ele instalará as dependências que estão definidas no **pipfile** existente.
- ✓ Para Python 3, utilize o parâmetro **–three**.

Criação de ambiente virtual **55**

✓ Para Python 2, utilize o parâmetro **--two**.
✓ Para desinstalar, utilize **pipenv uninstall**.
✓ É compatível com os outros gerenciadores de ambientes citados, caso eles estejam sendo utilizados.
✓ **pipenv graph** mostra uma árvore das dependências instaladas.

Com o pipenv, você também consegue fazer a separação da definição de dependências necessárias para o ambiente de desenvolvimento e ambiente de produção por meio do parâmetro **--dev**.

Então, vimos aqui que o pipenv é uma ferramenta que permite que você, desenvolvedor, se preocupe mais com seu projeto do que com seu ambiente e com locais para ambientes virtuais, como separar dependências de desenvolvimento e de produção. Ele o auxilia muito em várias tarefas diferentes e se integra a todas as outras já existentes.

conda[18]

Conda é um gerenciador de ambientes virtuais e de bibliotecas que vem instalado junto com o Anaconda, que é um projeto que agrega várias bibliotecas e ambientes utilizados em análise de dados, como Python e R, várias bibliotecas dessas linguagens, entre outras coisas.

O conda tem o funcionamento muito parecido com o venv, mas já vem com baterias incluídas. Vejamos alguns comandos.

Para criar um ambiente virtual:

```
$ conda create -n meu_virtual_env
```

Para ativar um ambiente virtual:

```
$ conda activate meu_virtual_env
```

Para desativar um ambiente virtual:

```
$ conda deactivate
```

---

[18] <https://docs.conda.io/en/latest/>.

Para instalar uma biblioteca:

```
$ conda install requests
```

Fechando então este capítulo de ambientes virtuais, concluímos que eles nos auxiliam em várias tarefas e nos dão as seguintes vantagens:

- ✓ Fazer alterações sem mudar a instalação padrão do Python, suas bibliotecas e o ambiente do sistema operacional utilizado.
- ✓ Utilizar versões diferentes da mesma biblioteca, desde que sejam instaladas em ambientes virtuais diferentes.
- ✓ Isolar ambientes conforme as necessidades do projeto que está sendo desenvolvido, facilidade na gestão dos ambientes virtuais.
- ✓ Replicar o ambiente de desenvolvimento em outra máquina ou no servidor.
- ✓ Usar diferentes versões de Python para diferentes projetos, desde que tenhamos instaladas essas versões.

10. Gerenciadores de pacotes

Jefferson da S. Nascimento
Cláudio Henrique Franco Gomes

Os gerenciadores de pacotes do Python têm por finalidade oferecer recursos de instalação, atualização e desinstalação dos pacotes. Isso facilita a vida do desenvolvedor que optou por utilizar Python como linguagem.

Os dois gerenciadores de pacotes mais utilizados são o pip e o conda. O pip é o gerenciador de pacotes padrão na maioria das distribuições Python. Já o conda é um gerenciador de pacotes para Python, R, Ruby, Lua, Scala, Java, JavaScript, C/ C++, FORTRAN, etc. É possível ter tanto o conda quanto o pip em uma mesma distribuição Python; contudo, recomenda-se utilizar ambientes virtuais (**Capítulo 9 – Criação de ambiente virtual**) para evitar que os pacotes instalados por um afetem o gerenciamento do outro.

O pip[19] instala os pacotes disponíveis no *Python package Index*[20], enquanto o conda[21] instala os pacotes disponíveis em seus repositórios[22]. O conda faz parte do projeto Anaconda[23], que disponibiliza ecossistemas Python para diversas audiências (individual, times, *enterprise* e profissional). Existe ainda o projeto Miniconda[24], um instalador menor para o conda.

Ambos os gerenciadores possuem comandos semelhantes para instalar, desinstalar e atualizar pacotes. Vejamos alguns exemplos a seguir.

---

[19] <https://pip.pypa.io/>.
[20] <https://pypi.org/>
[21] <https://anaconda.org>.
[22] <https://anaconda.org/anaconda/repo>.
[23] <https://www.anaconda.com/>.
[24] <https://docs.conda.io/en/latest/miniconda.html>.

58 Jornada Python

Para instalar a biblioteca Pandas, podemos invocar o pip de duas formas, conforme a seguir, e o conda, usualmente, de uma forma só. Os três comandos a seguir disponibilizam a biblioteca Pandas para o desenvolvedor.

```
$ pip install pandas
$ python -m pip install pandas
$ conda install -c anaconda pandas
```

O parâmetro "anaconda" na linha de comando do conda informa de qual repositório deve ser obtido o pacote a ser instalado; nesse caso, do repositório padrão "anaconda". Há outros repositórios disponíveis para o público; explore a documentação oficial do projeto para maiores informações.

Para remover a biblioteca Pandas do sistema, utilize um dos comandos a seguir, dependendo do seu sistema.

```
$ pip uninstall pandas
$ python -m pip uninstall pandas
$ conda remove pandas
```

As duas bibliotecas, pip e conda, também possibilitam ao desenvolvedor criar e disponibilizar seus próprios pacotes. Leia mais sobre o assunto no **Capítulo 69 – Gerando** *packages* **e publicando no PyPi**.

Listar todos os pacotes instalados no sistema, uma utilidade necessária para quem pretende disponibilizar seu código em outros ambientes, também é muito semelhante entre esses gerenciadores de pacotes.

```
$ pip list
$ python -m pip list
$ conda list
```

Já para atualizar pacotes, com o pip só é possível atualizar um pacote por vez, enquanto o conda disponibiliza uma funcionalidade para atualizar todos os pacotes do ambiente para a última versão sem quebrar dependências.

```
$ pip install --upgrade pandas
$ python -m pip install --upgrade pandas
$ conda update pandas
$ conda update --update-all
$ conda update --all
```

Os três primeiros comandos do exemplo anterior atualizam a biblioteca Pandas para a sua versão mais atual sem quebrar as dependências de outros pacotes, enquanto os dois últimos comandos, do conda, atualizam todos os pacotes instalados no seu sistema sem quebrar dependências.

Existem outras formas de instalar pacotes no seu sistema. As principais distribuições Linux, por exemplo, possuem em seus repositórios as principais bibliotecas do Python, como Pandas, NumPy e TensorFlow. Para instalar o Pandas no Linux, pode-se utilizar um dos comandos a seguir.

```
$ sudo apt-get install Python3-pandas  # Ubuntu ou Debian
$ zypper in Python3-pandas  # OpenSuse
$ dnf install Python3-pandas  # Fedora
$ yum install Python3-pandas  # CentOS ou RHEL
```

A vantagem de se utilizar o instalador de pacotes do sistema Linux é que esses pacotes passam pelo crivo da comunidade de desenvolvedores e profissionais de suporte, diferentemente do que ocorre com o pip e o conda, que contam somente com os desenvolvedores envolvidos diretamente em tais projetos.

Os gerenciadores de pacotes são ferramentas importantes que o *pythonista* deve conhecer com profundidade, a fim de manter seu ambiente de desenvolvimento organizado e sem problemas estruturais. Recomendamos que o leitor procure mais informações nos sites oficiais do pip e do conda para conhecer todo o potencial dessas ferramentas.

11. *Linters*

Cláudio Henrique Franco Gomes

Ao longo deste livro, trataremos de muitos assuntos importantes para quem deseja aprender a escrever aplicações em Python. Mas talvez a lição mais importante de todas (e que ultrapassa as fronteiras da linguagem) é a qualidade do código-fonte. É exatamente sobre o que falaremos neste capítulo.

Um programa de computador segue a mesma lógica de uma redação. Possui uma introdução, onde são definidos os tipos de dados, as variáveis, os objetos, etc., um desenvolvimento, onde essas variáveis sofrem ações e interagem entre si, e uma conclusão, onde todo o resultado do processamento é apresentado ao usuário.

No caso de uma redação, quem "compila" e "executa" o código-fonte é o leitor, interpretando o que está escrito. No caso do código-fonte, a compilação/execução é feita tanto pelo interpretador Python quanto pelo programador, quando necessita voltar ao código para fazer algum ajuste.

Então, da mesma forma que uma redação precisa estar bem escrita, bem formatada, com as ideias encadeadas de forma lógica para que o leitor chegue à mesma conclusão de quem escreveu, um código-fonte também precisa estar bem escrito para realizar as tarefas que se espera dele, para que não tenha defeitos ou problemas e para que seja fácil de ler, manter e estender.

A forma recomendada de escrever um programa em Python é definida pelo PEP-8 (VAN ROSSUM; WARSAW; COGHLAN, 2001), o guia de estilos de Python, e pelo PEP-257 (GOODGER; VAN ROSSUM, 2001), convenções de *docstrings*. As *docstrings* são os comentários de módulos, funções, classes e métodos que se tornam a propriedade __doc__ desses elementos e aparecem quando invocamos o *help* deles.

```
>>> def exemplo_de_docstring():
    "Este é um docstring."
    pass
>>> help(exemplo_de_docstring)
```

```
Help on function exemplo_de_docstring in module __main__:

exemplo_de_docstring()
    Este é um docstring.
```

A existência de um guia de estilos para uma linguagem é uma iniciativa excelente. No entanto, a tarefa de lembrar de todas essas regras e aplicá-las corretamente é repetitiva e, portanto, passível de erros humanos. Para contornar esse problema, a comunidade Python criou programas chamados de *linters*.

Linters são programas que varrem os códigos-fonte em busca de trechos que estejam em desacordo com os estilos recomendados e que potencialmente apresentem resultados indesejados ou padrões perigosos de código. São alguns deles:

- ✓ **pycodestyle**[25], que verifica se as convenções recomendadas no PEP-8 estão sendo cumpridas.
- ✓ **pyflakes**[26], que verifica somente erros de lógica.
- ✓ **pylint**[27], que verifica não somente as convenções de estilo, mas também procura por *bugs* e verifica a qualidade do código.
- ✓ **flake8**[28], que funciona como um envelopador do pyflakes, do pycodestyle e do *script* McCabe[29] (verifica códigos complexos).
- ✓ **autopep8**[30], que formata automaticamente o código-fonte no padrão PEP-8.
- ✓ **yapf**[31] (*Yet another Python formatter*), outro *linter* que formata automaticamente o código-fonte e foi criado pelo Google.

Considere o código-fonte a seguir. Como você pode notar, esse programa possui alguns erros de estilo e de código. Vamos salvar o arquivo como **programa.py** e utilizá-lo para nossos próximos exemplos.

---

[25] <https://pypi.org/project/pycodestyle/>.
[26] <https://pypi.org/project/pyflakes/>.
[27] <https://www.pylint.org/>.
[28] <https://flake8.pycqa.org/en/latest/>.
[29] <https://pypi.org/project/mccabe/>.
[30] <https://pypi.org/project/autopep8/0.8/>.
[31] <https://github.com/google/yapf>.

62 Jornada Python

```python
import pandas, numpy
import pandas as pd

def funcao( parametro_inutil ) :
    x = 2
    y = x +  3
    z = 8
    return x * z

funcao(8)
```

Vejamos como os três primeiros *linters* citados anteriormente respondem ao analisar este pequeno código-fonte, começando pelo pycodestyle:

```
>>> pycodestyle programa.py
programa.py:1:14: E401 multiple imports on one line
programa.py:4:1: E302 expected 2 blank lines, found 1
programa.py:4:12: E201 whitespace after `(`
programa.py:4:29: E202 whitespace before `)`
programa.py:4:31: E203 whitespace before `:`
programa.py:6:12: E222 multiple spaces after operator
programa.py:10:1: E305 expected 2 blank lines after class or function
definition, found 1
programa.py:10:10: W292 no newline at end of file
```

Como se pode observar, o pycodestyle é bem detalhista com relação a erros de estilo. Não deixou passar nem a ausência de um caractere nova-linha ao final do arquivo. Vejamos agora como o pyflakes se comporta:

```
>>> pyflakes programa.py
programa.py:1:1 `pandas` imported but unused
programa.py:1:1 `numpy` imported but unused
programa.py:2:1 `pandas as pd` imported but unused
programa.py:6:5 local variable `y` is assigned to but never used
```

Conforme mencionado, o pyflakes só verifica erros de lógica. Deixou passar o **parametro_inutil** que foi colocado na função. Por fim, vejamos como se comporta o pylint, que analisa tanto estilo quanto lógica:

```
>>> pylint programa.py
************* Module programa
programa.py:4:10: C0326: No space allowed after bracket
def funcao( parametro_inutil ) :
          ^ (bad-whitespace)
programa.py:4:29: C0326: No space allowed before bracket
def funcao( parametro_inutil ) :
                             ^ (bad-whitespace)
programa.py:4:31: C0326: No space allowed before :
def funcao( parametro_inutil ) :
                               ^ (bad-whitespace)
programa.py:10:0: C0304: Final newline missing (missing-final-newline)
programa.py:1:0: C0410: Multiple imports on one line (pandas, numpy)
(multiple-imports)
programa.py:2:0: W0404: Reimport 'pandas' (imported line 3) (reimported)
programa.py:4:0: C0116: Missing function or method docstring
(missing-function-docstring)
programa.py:5:4: C0103: Variable name "x" doesn't conform to snake_case naming
style (invalid-name)
programa.py:6:4: C0103: Variable name "y" doesn't conform to snake_case naming
style (invalid-name)
programa.py:7:4: C0103: Variable name "z" doesn't conform to snake_case naming
style (invalid-name)
programa.py:4:12: W0613: Unused argument 'parametro_inutil' (unused-argument)
programa.py:6:4: W0612: Unused variable 'y' (unused-variable)
programa.py:1:0: W0611: Unused import pandas (unused-import)
programa.py:1:0: W0611: Unused import numpy (unused-import)
programa.py:2:0: C0412: Imports from package pandas are not grouped
(ungrouped-imports)


---------------------------------------
Your code has been rated at -10.00/10
```

Como se pode observar, foi o programa mais exigente, analisando estilo, lógica e ainda provê um *rating* final que serve como parâmetro comparativo.

Apesar de serem programas muito úteis para verificar a qualidade do código-fonte escrito, ficar saindo da IDE para rodar o *linter* no *prompt* de comando não é uma tarefa agradável. Por isso, as principais IDEs já oferecem uma forma de utilizar um *linter* a partir de sua interface, sem a necessidade de fazer nada. Vejamos a seguir como funcionam algumas.

Visual Studio Code

Para habilitar um *linter* no VS Code, primeiro instale a respectiva extensão Python. Pressione "Control + Shift + X" para abrir a aba de extensões e procure por Python. A extensão oficial é desenvolvida pela Microsoft (Figura 11.1).

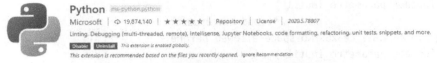

Figura 11.1. Extensão Python para VS Code.
Fonte: o autor.

Agora pressione "Control + Shift + P" e busque por "Python: Select Linter". Caso ainda não tenha nenhum *linter* instalado, você pode optar pelo flake8, que é bem completo. Por padrão, após salvar o arquivo, o *linter* será executado e as mensagens de erro aparecerão na janela de mensagens do VS Code. Veja o que acontece com o nosso **programa.py** (Figura 11.2).

Figura 11.2. flake8 exibindo erros de código no VS Code.
Fonte: o autor.

Para mais configurações da extensão Python no VS Code, procure a documentação oficial na página do VS Code (VISUAL STUDIO CODE, 2018).

PyCharm

A IDE PyCharm também oferece a possibilidade de instalação de *plugins*. Para instalar um *linter*, basta ir em **File > Settings > Plugins** e buscar por **Pylint** (Figura 11.3).

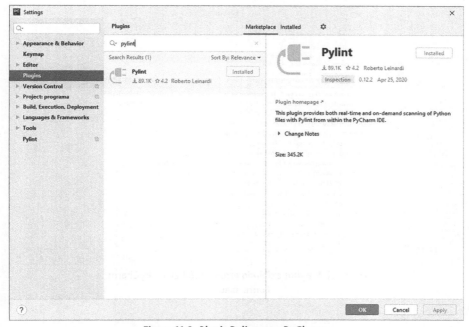

Figura 11.3. *Plugin* Pylint para PyCharm.
Fonte: o autor.

As mensagens de erro do Pylint aparecem na área de mensagens da IDE, na área inferior da janela. É preciso clicar no ícone do triângulo verde que indica a execução do *plugin* para que o arquivo seja verificado. Clicando duplamente em cada mensagem, a respectiva linha é indicada no arquivo (Figura 11.4). Você pode consultar mais detalhes na documentação do *PyCharm Code Inspections* (PYCHARM, 2021).

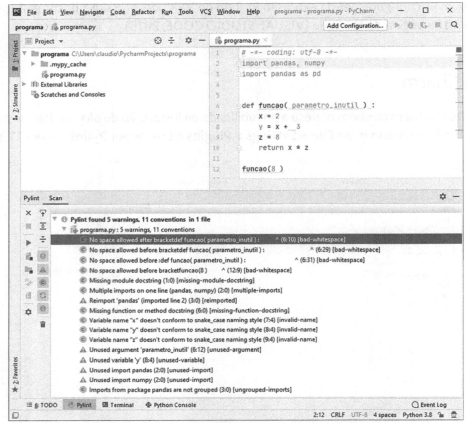

Figura 11.4. Pylint exibindo erros de código no PyCharm.
Fonte: o autor.

Spyder

No Spyder, a habilitação de um *linter* é mais fácil ainda: basta ir em **Tools > Preferences** ou pressionar "Control + Alt + Shift + P", opção **Editor**, aba **Code Introspection/Analysis** e marcar as opções desejadas (Figura 11.5). A análise do código pode ser realizada tanto a cada período de tempo quanto somente ao salvar o arquivo. Os erros são indicados na borda lateral do editor (Figura 11.6). Veja mais detalhes na documentação do *Spyder Static Code Analysis*[32].

---

[32] <https://docs.spyder-ide.org/current/panes/pylint.html>.

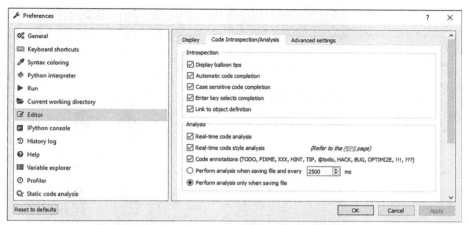

Figura 11.5. Opções de configuração de *linting* do Spyder.
Fonte: o autor.

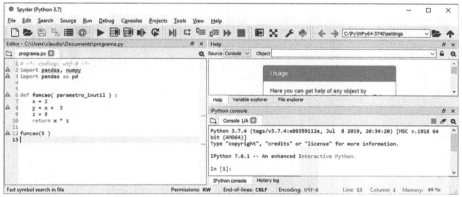

Figura 11.6. Exibição de erros de código no Spyder.
Fonte: o autor.

Jupyter Lab

No menu do Jupyter Lab, em **Settings**, escolha **Enable Extension Manager**. Agora entre no **Extension Manager**, na barra lateral esquerda no ícone que representa uma peça de quebra-cabeças. No campo de busca, procure por "jupyterlab-flake8" e mande instalar a extensão (Figura 11.7). Pode ser necessário fazer um novo *build* da IDE. Basta aceitar e aguardar. Após instalada, a extensão passa a funcionar para todo *notebook* no Jupyter Lab (Figura 11.8).

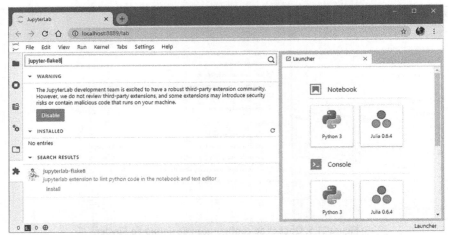

Figura 11.7. Instalação da extensão jupyterlab-flake8.
Fonte: o autor.

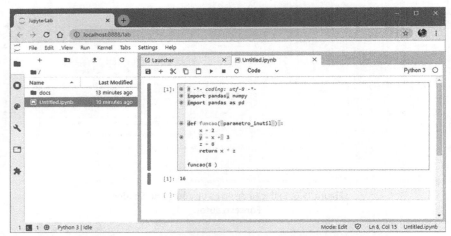

Figura 11.8. jupyterlab-flake8 exibindo erros de código no Jupyter Lab.
Fonte: o autor.

Python Code Quality Authority

No GitHub, existe um repositório chamado *Python Code Quality Authority* (PyCQA)[33] (Figura 11.9). Nesse repositório estão reunidas diversas ferramentas e *plugins* de introspecção e análise da qualidade de código-fonte escrito em *Python*. Recomendamos

---

[33] <https://github.com/PyCQA>.

a leitura da documentação desse repositório[34] para obtenção de mais detalhes sobre as ferramentas. Assim você poderá saber quais ferramentas melhor atendem às suas necessidades de desenvolvimento.

As quatro habilidades que todo recrutador busca em um profissional, segundo muitos recrutadores, são boa comunicação, capacidade de resolver problemas, organização, planejamento e saber trabalhar em equipe. Código-fonte bem escrito faz parte de pelo menos três dessas habilidades. Se o seu código realiza as tarefas que se espera dele sem defeitos, ele resolve os problemas. Se o seu código é fácil de ler, manter e estender, então ele também apresenta uma boa comunicação e facilita o trabalho em equipe.

Os *linters* devem fazer parte dos cintos de utilidades de todo *pythonista*. Ao montar seu ambiente de desenvolvimento, além de instalar suas bibliotecas favoritas, reserve um tempo para configurar os *linters*. Um repositório no GitHub com códigos-fonte bem escritos pode fazer a diferença na sua próxima entrevista de emprego.

---

[34] <https://meta.pycqa.org/en/latest/>.

PARTE III.
FUNDAMENTOS DE PROGRAMAÇÃO

12. Tipos de dados e variáveis

Davi Luis de Oliveira

Para trabalhar com programação é necessário um conhecimento elementar, que são as variáveis. Variáveis consistem em nomes que são associados a valores armazenados na memória do computador. As variáveis são necessárias para que possamos manipular esses valores em nossos softwares.

Um aspecto importante quando se trata de variáveis é como elas serão nomeadas. Para isso, podemos nomear de acordo com o contexto da aplicação, sempre prezando a semântica para que outros programadores possam entender o que está acontecendo no código. Também é importante seguir a convenção de iniciar com letras minúsculas e ter cuidado para não começar com números ou usar palavras reservadas da linguagem Python como nomes de variáveis.

As variáveis possuem tipos diferentes, que definem as suas características. Com Python é possível criar variáveis abrangendo os tipos mais comuns entre as linguagens de programação. Na tabela a seguir, podemos ver os tipos de variáveis e em qual capítulo do livro cada tipo será aprofundado.

Tabela 12.1. Tipos de dados no Python.

Nome	Tipo	Exemplos	Capítulo
Inteiros	int	7, 900, 12312, -1	12 - Tipos de dados e variáveis
Reais (*Float*)	float	3.14, 2.7	
Booleanos	bool	True, False	
string	str	'Python', 'jornada'	*15 - Strings*
Listas	list	['danca','corrida', 'boxe']	16 - Coleções
Tuplas	tuple	(3, 7, 8)	
Dicionários	dict	{'nome': 'davi', 'jogo': 'xadrex'}	
Set	set	set([6, 9, 1])	

Tipos de dados e variáveis **73**

Como vimos na tabela, os números inteiros são do tipo *int* enquanto os números reais são representados pelo *float*. Esses são os tipos de dados que utilizamos no Python para representar números. Mas muitas vezes precisamos trabalhar com outros tipos de valores, como os tipos *bool* (booleanos ou lógicos) e as *strings*, que são conjuntos de caracteres.

Nesses tipos, entretanto, só é possível associar um valor para cada variável. Para possibilitar uma atribuição de valores mais ampla, nós temos os tipos *list*, *tuple*, *dict* e *set*. A essência desses tipos de dados é associar vários valores a uma mesma variável. Seria como se você tivesse utilizado uma variável com vários "compartimentos".

Para podermos trabalhar com variáveis na prática, precisamos saber como atribuir valores a elas. Para isso, utilizamos o sinal de igual (=) conforme o exemplo a seguir:

```
>>> valor = 1
>>> type(valor)
<class `int`>
```

Observe que o comando *type* retorna o tipo da variável, sendo que nesse exemplo foi do tipo inteiro. Mas repare que não declaramos em nenhum momento qual é o tipo da variável. A declaração de variáveis é algo muito comum em outras linguagens de programação, nas quais é preciso associar a variável a um determinado tipo. Mas em Python isso não é necessário. Isso acontece porque o Python é uma linguagem de tipagem dinâmica, ou seja, a variável assume o tipo de acordo com valor que é atribuído a ela. Se em vez de 'valor = 1' nós fizéssemos 'valor = 2.3', o tipo já não seria mais *int* e sim *float*.

Conforme dissemos, com exceção dos tipos *int* e *float*, teremos capítulos específicos neste livro que entrarão em mais detalhes sobre os tipos de dados.

13. Expressões e comentários

Lucas Vieira Araujo

Ao escrever o seu código, você estará o tempo inteiro fazendo uso de expressões e, inevitavelmente, perceberá a necessidade de adicionar comentários para facilitar seu entendimento. Neste capítulo, vamos detalhar um pouco a importância desses conceitos na sua vida de desenvolvedor.

Expressões

Expressões são as construções mais básicas da programação, consistindo em associações entre variáveis, valores, operadores e chamadas de função que produzem algum valor em tempo de execução. Um exemplo simples de expressão pode ser a soma de dois números inteiros:

```
>>> 1 + 2
3
```

Os elementos mais básicos de uma expressão são chamados de átomos e incluem os identificadores (nomes de variáveis) e literais (valores numéricos, *strings*, listas, etc.). Individualmente, cada átomo pode ser considerado uma expressão; assim, um conjunto de expressões pode ser associado com o uso de operadores (como no exemplo anterior), formando uma expressão maior e mais complexa. Veremos mais sobre operadores no **Capítulo 17 – Operadores e condicionais**.

Quase toda construção sintaticamente válida em Python pode ser considerada uma expressão, com exceção das declarações (*statements*), que não produzem nenhum valor, mas indicam instruções a serem executadas (como as estruturas de controle de fluxo, que serão abordadas no **Capítulo 18 – Controle de fluxo**). Além disso, operações de atribuição também são consideradas *statements* e não expressões, mesmo que pareçam produzir valores. Veja o exemplo a seguir:

```
>>> a = b = c = 1
```

O que realmente acontece no exemplo é que a atribuição (executada da direita para a esquerda) primeiro atribui o valor 1 à variável **c**, retornando o próprio valor 1, que é então atribuído à variável **b**, e assim por diante.

Avaliação de expressões

Como regra geral, as expressões são normalmente avaliadas de acordo com a ordem de precedência dos operadores envolvidos, assim como na matemática. Por exemplo, na expressão do trecho de código a seguir, a multiplicação acontece antes da soma:

```
>>> 3 + 2 * 5
13
```

Quando todos os operadores envolvidos possuem a mesma precedência, a avaliação se dá de forma sequencial, da esquerda para a direita.

```
>>> 1 + 2 + 3
6
```

É ainda possível forçar a precedência de uma operação sobre as outras por meio do uso de parênteses. Assim, no exemplo a seguir, podemos obter um resultado diferente dependendo se usamos parênteses ou não. Veja:

```
>>> 2 * 3 + 1
7
>>> 2 * (3 + 1)
8
```

No exemplo anterior, nós temos a execução de uma expressão seguindo a ordem normal dos operadores, onde a multiplicação acontece antes da adição, produzindo o valor 7. Em seguida, temos uma outra expressão, dessa vez com a ordem de precedência modificada com o uso de parênteses para que a adição aconteça primeiro, produzindo o valor 8. É necessário ter atenção ao escrever códigos envolvendo operadores com diferentes ordens de precedência para evitar resultados inesperados. Uma boa prática de programação é sempre utilizar parênteses para que seu código fique mais claro, facilitando encontrar eventuais erros.

76 Jornada Python

Avaliação em curto-circuito

Um tipo muito comum de expressão chama-se condicional e recebe esse nome devido ao fato de seu resultado ser utilizado como condição para a execução de algum trecho de código por meio de estruturas de controle. Isso é possível porque todo valor em Python pode ser avaliado em "contexto booleano". Em outras palavras, pode ser considerado verdadeiro (*True*) ou falso (*False*).

Os valores avaliados como falso em Python são: *False*, 0 (zero), *None*, *strings* vazias e conjuntos vazios. Todos os outros valores são considerados verdadeiros.

Esses valores (e, consequentemente, as expressões) podem ser combinados por meio dos operadores lógicos *and* e *or*, de forma a permitir condições mais gerais e completas. Ambos os operadores são avaliados em curto-circuito, o que significa que seu resultado é retornado assim que seja possível deduzi-lo, mesmo que a expressão ainda não tenha sido avaliada por completo.

Para entender melhor, vamos a uma rápida revisão sobre a lógica booleana. A operação *and* (e) produz um valor verdadeiro se, e somente se, ambos os operandos forem verdadeiros. Caso contrário, o valor é falso. Assim, no exemplo a seguir, a primeira linha é avaliada como *True* (verdadeiro), enquanto a segunda é avaliada como *False* (falso).

```
>>> (2 > 1) and (3 < 5)
True
>>> (2 > 1) and (1 > 3)
False
```

A operação *or* (ou) produz um valor verdadeiro se pelo menos um dos operandos for verdadeiro, produzindo um valor falso apenas se nenhum deles for verdadeiro. Veja um exemplo:

```
>>> (3 < 5) or (2 > 1)
True
>>> (0 > 1) or (0 == -1)
False
```

A avaliação em curto-circuito significa que a expressão não precisará ser avaliada até o final para determinar seu resultado. Ou seja, o operador *and* só retorna verdadeiro quando todos os operandos são verdadeiros. Isso significa que, ao encontrar um valor falso, não é mais necessário prosseguir. O mesmo vale para o operador *or*, já que apenas um dos operandos precisa ser verdadeiro. Sendo assim, o resultado pode ser definido logo que for encontrado algum valor verdadeiro.

Na prática, o que acontece é que, para o operador *and*, se o primeiro operando for avaliado como falso, o resultado é imediatamente retornado como *False*, mas se for verdadeiro, o segundo operando é retornado. O resultado geral sempre depende do operando em análise no momento. Isso nos permite escrever códigos bem simples, porém elegantes, como:

```
>>> ola = True
>>> tex = "Olá, mundo!"
>>> ola and print (tex)
Olá, mundo!
```

De forma semelhante, o operador *or*, ao identificar que o primeiro operando é verdadeiro, o retorna imediatamente, mas, se for falso, o segundo operando é retornado.

```
>>> str1 = ""
>>> str2 = "strings vazias são falsas!"
>>> print(str1 or str2)
strings vazias são falsas!
```

No exemplo anterior, a *string* vazia (**str1**) é avaliada como falsa, então o próximo valor (**str2**) é retornado e impresso na tela pela função *print*. A avaliação em curto-circuito se mostra muito útil, permitindo evitar valores inválidos em chamadas de função e nos construtores de classe.

Comentários

Os comentários não resultam em qualquer valor, não são executados como instruções e são completamente ignorados pelo interpretador durante a execução. Isso deve deixar algumas pessoas se perguntando: "então para que servem os comentários?". A verdade é que os comentários são muito úteis e desempenham um papel importante na programação.

A familiaridade com a sintaxe de uma linguagem não é garantia de que será possível entender imediatamente qualquer código escrito nela. Isso porque, na maioria das vezes, a chave para o funcionamento de um algoritmo envolve algum conhecimento que vai além da linguagem em si. Coisas como avançados cálculos matemáticos, estruturas de dados complexas, arranjos técnicos muito específicos ou regras de

78 Jornada Python

negócio complicadas podem ter sido empregados na sua construção, podendo dificultar o trabalho de outros desenvolvedores que possam ter contato com o código.

Para solucionar essa problemática, as linguagens de programação possuem formas de escrever comentários, isto é, de adicionar anotações ou informações para ajudar o entendimento por uma outra pessoa ou até pelo próprio desenvolvedor que criou o código, quando este precisar voltar a ter contato com um código que escreveu há muito tempo.

Em Python, os comentários são declarados colocando o símbolo **#** (cerquilha, jogo da velha, *hashtag*, *sharp*, como preferir chamar) precedendo o texto, normalmente no início da linha. Tudo o que vier depois desse símbolo até o final da linha é ignorado pelo interpretador, mesmo que seja uma expressão válida.

```
>>> # isto é um comentário
>>> # 1+1
```

Um outro uso muito comum dos comentários é durante a etapa de depuração, pois eles permitem habilitar e desabilitar trechos de código temporariamente, ajudando a identificar erros em trechos específicos.

Vimos que as expressões e os comentários são itens essenciais na vida de um desenvolvedor. No desenrolar deste livro, esse conhecimento será muito útil no seu aprendizado.

14. Mutabilidade e imutabilidade

Lucas Vieira Araujo
Flávio Mariano
John Kevid

Mutabilidade e Imutabilidade são de longe dois dos conceitos mais importantes ao se programar em Python, assim como em diversas outras linguagens com características semelhantes. O conceito de mutabilidade, segundo diversos dicionários, pode ser expressado como "aptidão ou capacidade para sofrer mutações". E este é basicamente o mesmo conceito atribuído na programação: a capacidade de mudar. Assim, a imutabilidade pode ser entendida como o oposto da mutabilidade, ou seja, a incapacidade de mudar. Mas mudar o quê exatamente? A resposta não poderia ser mais simples: o estado do objeto.

Para que fique mais claro, primeiro devemos ressaltar que tudo em Python é objeto, por isso a importância deste assunto. A Parte IV deste livro trará capítulos dedicados aos conceitos de orientação a objeto (OO), porém uma rápida introdução se faz necessária para uma melhor familiaridade com o assunto deste capítulo.

Podemos pensar em um objeto na programação da mesma forma como pensaríamos em um objeto no mundo real. Eles têm funções, propriedades e estados, que podem ou não ser alterados. Imagine um objeto comum do seu dia a dia, como o seu aparelho celular, por exemplo. Ele possui características que o definem, como cor, marca, modelo, etc. Também possui funções que pode realizar, como fazer chamadas, enviar mensagens, acessar a internet e diversas outras. Mas, além disso, ele também possui alguns estados, como ligado, desligado, modo avião, etc. Todas essas múltiplas opções por vezes interferem em suas funcionalidades.

No mundo real, também podem existir diversas cópias de um objeto, porém cada cópia possui uma existência independente das outras. Por mais semelhantes que sejam, o celular de uma determinada pessoa A não é o mesmo celular de uma outra pessoa B. Ambos os aparelhos possuem números de série que podem ser utilizados para identificá-los de forma individual, fazendo uma distinção entre eles. Assim também é na programação. Cada objeto é independente do outro, sendo único e identificável, ainda que possua características semelhantes.

80 Jornada Python

Agora podemos voltar ao tema principal deste capítulo. Comecemos então pela imutabilidade, que é uma ideia um tanto estranha à primeira vista, já que, diferentemente do que veremos na programação, o mundo real é mutável, estando o tempo inteiro sob a influência de todo tipo de transformação (por mais que Zenão de Eleia[35] discorde).

A principal característica de um objeto imutável é que este não pode ser alterado. Seu estado (ou valor, como preferir) é constante, não sendo possível mudá-lo de forma alguma. Por exemplo, uma ocorrência do tipo nativo *int* do Python é imutável, ou seja, uma vez criado seu valor, este não pode ser alterado. Veja no exemplo a seguir:

```
>>> x = 3     # cria a variável 'x' com valor 3
>>> print(x) # exibe o valor de 'x'
3
>>> type(x)  # x é um int
<class 'int'>
>>> x = 5     # muda o valor da variável para 5
>>> print(x) # exibe o valor novamente
5
```

Podemos ver na primeira linha a criação de uma variável a qual chamamos de **x** e cujo valor inicial é 3. Na linha seguinte, exibimos o seu valor e logo depois verificamos que seu tipo é, de fato, *int*.

Porém, na linha 4, atribuímos o valor 5 a **x** e quando exibimos novamente... surpresa! O valor realmente foi alterado para 5. Você deve estar se perguntando: "mas como assim? O *int* não é imutável?"

E, de fato, um *int* não pode ser alterado. O que vimos antes é na verdade o resultado esperado da atribuição de um valor a uma variável. Lembre-se de que as variáveis em Python, diferentemente de muitas outras linguagens, não estão diretamente relacionadas aos seus valores, mas apenas armazenam referências aos objetos que representam.

Ao realizar uma atribuição, estamos na verdade alterando a referência da variável. No exemplo anterior, **x** se referia a um objeto do tipo *int* cujo valor era 3. Depois nós mudamos a sua referência para uma outra instância de *int* que tem valor 5, mas o objeto anterior permaneceu inalterado.

---

[35] Filósofo grego do século V a.C. Notório por defender, entre outras coisas, que o movimento, as mudanças e transformações físicas, não existem, sendo apenas ilusões provocadas pelos nossos sentidos.

De volta ao exemplo dos aparelhos celulares, suponha que você possuía um determinado aparelho X, o qual você costumava chamar de "meu celular", mas eventualmente decidiu substituí-lo por um outro dispositivo Y, o qual você passou a chamar,
da mesma forma, de "meu celular". O dispositivo X anterior ainda é o mesmo, você
não o transformou em Y, apenas o substituiu. A ideia aqui é exatamente a mesma:
a atribuição fez com que a variável substituísse o objeto ao qual ela se referia por
um outro.

E lembra do número de série citado antes? Pois bem, os objetos em Python possuem
algo semelhante. É o que normalmente chamamos de identidade, ou simplesmente
'id', um código único entre as instâncias existentes simultaneamente, que pode ser
utilizado para individualizar cada uma delas. Diferentes implementações da linguagem
utilizam diferentes métodos para gerar esse código. O CPython, por exemplo, utiliza
o endereço do objeto na memória, enquanto que o PyPy geralmente utiliza o índice
numa tabela de objetos. Para acessar essa identidade podemos utilizar a função *id()*,
que a retorna na forma de um número inteiro.

```
>>> a = 10 # cria a variável 'a' com valor 10
>>> id(a)  # verifica a identidade de 'a'
9079296
>>> a = 15 # alterando o valor
>>> id(a)  # teremos uma identidade diferente
9079456
```

Como podemos ver, a identidade de 'a', vista da primeira vez, é diferente da que temos
quando alteramos o seu valor. Isso porque a variável passa a fazer referência a uma
instância diferente da anterior. Você já deve ter percebido que apenas os objetos são
imutáveis, enquanto as variáveis, conforme o nome já sugere, podem ser alteradas
livremente. E como a tipagem das variáveis é dinâmica, o novo valor não precisa nem
ser do mesmo tipo!

Aqui cabe um lembrete importante: não confundir identidade com identificador. Um
identificador nada mais é do que o nome dado a uma variável para se referir a ela.
A identidade é, por outro lado, uma característica dos objetos, que é utilizada para
distingui-los uns dos outros.

Se você vem de alguma outra linguagem como C ou Java, provavelmente está familiarizado com o conceito de ponteiros, então talvez ajude se pensar nas variáveis
do Python como uma espécie de ponteiro para um tipo genérico (que, como você
descobrirá mais à frente, é chamado de *Object* e é a base para todas as classes do

82 Jornada Python

Python). Caso você não saiba o que são ponteiros, basta ter em mente que as variáveis armazenam apenas as referências para os objetos que representam seus valores, e não os valores em si.

Dessa forma, sempre que tentamos alterar uma estrutura imutável, uma nova instância é criada na memória e a referência da variável é atualizada. Por isso temos a impressão de estarmos mudando o objeto, quando na verdade estamos apenas o substituindo por outro.

Uma outra característica dos tipos imutáveis é que sua velocidade de acesso é superior à dos tipos mutáveis, e isso se deve à forma como essas estruturas são implementadas internamente. No entanto, embora possam ser acessados mais rapidamente, a sua alteração tem um custo extra quanto ao desempenho, já que envolve a alocação ou desalocação de memória dinamicamente.

Em algumas linguagens de programação, como C, por exemplo, o programador é o responsável por gerenciar a memória, cabendo a ele realizar manualmente a alocação e a desalocação quando necessário. Embora essa abordagem dê mais poder ao programador, ela também é mais suscetível a erros, uma vez que é muito comum esquecer de liberar a memória alocada, causando um uso excessivo dos recursos computacionais e uma ocasional falha de segmentação.

Já o Python, assim como outras linguagens orientadas a objeto, utiliza gerenciamento automático de memória, o que significa que o programador pode escrever o código deixando que o interpretador se preocupe com o uso dos recursos. O desperdício de memória é, em grande parte, evitado graças a um excelente recurso conhecido como *garbage collector* (ou "coletor de lixo" em português), que se encarrega de eliminar automaticamente os objetos que não estão mais sendo referenciados em seu código.

Ainda assim, é sempre bom ficar atento ao uso excessivo de substituições e, principalmente, evitar *loops* que alterem valores imutáveis a cada iteração. Apesar do interpretador tentar sempre otimizar a execução do seu código, não é uma boa ideia abusar dele.

Além do que já foi citado, outras características da imutabilidade incluem:

✓ Garante a integridade dos dados, uma vez que estes não podem ser alterados.
✓ Evita comportamentos inesperados em processos concorrentes (isto é, vários processos acessando os mesmos dados simultaneamente).

✓ Evita perda de informações.
✓ Não há efeitos colaterais da alteração.

Além dos inteiros, a grande maioria dos tipos nativos da linguagem é imutável. Entre eles, podemos citar:

Tabela 14.1. Tipos nativos da linguagem.
Fonte: os autores.

Tipo	Armazena
int	números inteiros
float	números reais
complex	números complexos
str	textos
bool	valores lógicos true ou false
tuple	uma coleção de valores separados por vírgula

E quanto à mutabilidade? Bom, como dissemos anteriormente, mutabilidade é a capacidade de um objeto mudar, se transformar em outro e manter a sua identidade.

As principais características dos tipos mutáveis incluem:

✓ Acesso mais lento.
✓ Alteração mais eficiente.
✓ Sem garantia de integridade.
✓ Sujeito a efeitos colaterais e perda de dados durante a alteração.

Como exemplo dessa categoria de tipos, podemos citar as listas e os dicionários (list e dict). Uma lista no Python é uma coleção de elementos separados por vírgula e contida entre colchetes ([]), como no exemplo a seguir:

```
>>> lista = [1, 2, 3] # uma lista de inteiros
>>> type(lista)        # vejamos o tipo
<class `list`>
```

Neste exemplo, criamos uma lista de inteiros contendo os números de 1 a 3. Agora, para verificarmos que esta é de fato mutável, vamos mexer em seus elementos e veremos que sua identidade não mudará.

84 Jornada Python

```
>>> print(lista)    # mostra o conteúdo da lista
[1, 2, 3]
>>> id(lista)    # vejamos a identidade
139841703008712
>>> lista.append(5) # adicionamos outro elemento
>>> print(lista)   # claramente, nós alteramos o objeto
[1, 2, 3, 5]
>>> id(lista)        # mas a identidade ainda é a mesma
139841703008712
```

No código anterior, demonstramos como a identidade da lista permanece inalterada, mesmo depois de mudarmos seus elementos. Mas e quanto à identidade de cada elemento individualmente?

```
>>> id(lista[0]) # vejamos a identidade do primeiro elemento
9079008
>>> lista[0] = 0 # agora alterando esse elemento
>>> print(lista) # a lista ficou assim
[0, 2, 3, 5]
>>> id(lista[0]) # e a identidade do primeiro elemento é...
9078976
```

Lembre-se de que cada elemento por si só é um objeto; logo, se este for imutável, as mesmas regras se aplicam a ele. Ainda assim, a lista permanecerá sendo a mesma, isto é, tendo a mesma identidade.

Outro tipo mutável do Python são os dicionários, estruturas que mapeiam um conjunto de chaves associando cada uma delas a algum valor. Você verá mais detalhes sobre dicionários e outras coleções no **Capítulo 16 – Coleções**.

Por enquanto, vamos a uma demonstração de como criar e manipular esta que é uma das estruturas mais interessantes da linguagem.

```
>>> info = {'nome' : 'lucas', 'idade' : 19} # cria um dicionário
>>> print(info['nome'])   # exibe o campo 'nome'
lucas
>>> print(info['idade']) # exibe o campo 'idade'
19
>>> id(info) # vejamos a identidade do dicionário
139841703674576
>>> info['idade'] = 20 # alterando um campo
>>> id(info) # a identidade permanece a mesma
139841703674576
```

Um dicionário é declarado colocando-se pares chave: valores contidos entre os símbolos { e }. Apenas dados de tipos imutáveis podem ser utilizados como chave, o que é necessário para garantir a integridade das chaves enquanto o dicionário estiver em uso, evitando a perda de dados.

Conhecer os tipos mutáveis e imutáveis faz uma grande diferença ao escrever um programa, uma vez que a eficiência e a segurança podem ser diretamente afetadas pelo uso incorreto de um ou outro.

Tenha sempre em mente que as variáveis em Python não armazenam objetos, apenas referências. Isso significa que a atribuição de uma variável a outra implica na segunda recebendo uma cópia da referência da primeira, em vez de uma cópia do objeto. Muitos erros podem acontecer quando não damos a devida atenção a este fato. Observe o código a seguir.

```
>>> usuario1 = {'nome' : 'joão', 'senha' : '12345'} # dados do usuário 1
>>> usuario2 = usuario1 # atribui os dados a outro usuário
>>> usuario2['senha'] = 'password' # muda a senha do usuário 2
>>> print(usuario1['senha']) # alteramos a senha do usuário 2, correto?
password
```

Temos aqui um simples exemplo do que poderia ser parte de um sistema de gerenciamento de usuários. Primeiro criamos um dicionário com os dados do usuário 1, depois atribuímos os mesmos dados ao usuário 2, o que poderia parecer uma otimização, já que não seria necessário declarar o dicionário outra vez. O problema começa quando mudamos a senha do usuário 2 e, inadvertidamente, alteramos também a do usuário 1. Imagine os problemas que isso causaria em um sistema real!

Devido ao que citamos anteriormente sobre o comportamento das variáveis no Python, **usuario2** recebeu a mesma referência de **usuario1** durante a atribuição, o que significa que estão relacionadas a uma mesma instância. Podemos confirmar isso observando o 'id' de ambas as variáveis, verificando que possuem o mesmo valor, como se vê a seguir.

```
>>> id(user1)
139841703011744
>>> id(user2)
139841703011744
```

86 Jornada Python

O fato de as variáveis em Python armazenarem referências em vez de valores pode levar a erros que se mostram bem difíceis de identificar para programadores menos experientes. É importante ficar sempre atento para evitar problemas como o que mostramos antes.

Embora o problema não esteja relacionado com a mutabilidade em si, algo assim não faria diferença alguma se estivéssemos trabalhando com um tipo imutável, pois qualquer alteração resultaria na criação de uma nova instância, sem trazer qualquer consequência à anterior. Isso também poderia ter sido evitado se, em vez de uma simples atribuição, criássemos uma cópia do objeto para o segundo usuário, a qual poderíamos alterar sem causar esse tipo de efeito colateral.

Mais uma vez ressaltamos que é necessário ter atenção e sempre verificar se o tipo de dados que está utilizando é mutável ou imutável, evitando pequenos erros que podem transformar alguns minutos de programação em horas de *debug*.

15. *Strings*

Rafael Gonsalves Cruvinel

O conceito de *strings* foi criado para possibilitar a representação de textos e outros caracteres em sistemas computacionais. Em Python, uma *string* é representada como uma sequência imutável de caracteres, incluindo letras, números, símbolos e caracteres não imprimíveis. Por padrão, a codificação de caracteres do Python 3 é UTF-8 (*Unicode Transformation Format*).

Escrevendo *strings*

Existem algumas formas de escrever *strings* em Python:

```
>>> # Aspas duplas:
>>> "Olá pessoal, essa é nossa primeira string com aspas duplas."
'Olá pessoal, essa é nossa primeira string com aspas duplas.'
>>> # Aspas simples:
>>> 'Posso usar aspas simples também!'
'Posso usar aspas simples também!'
>>> # Tripla aspa simples:
>>> ''' Texto
...     de
...     várias
...     linhas
... '''
' Texto\n    de\n    várias\n    linhas\n'
>>> # Tripla aspa dupla:
>>> """ Texto
...     de
...     várias
...     linhas
... """
' Texto\n    de\n    várias\n    linhas\n'
```

88 Jornada Python

E também podemos atribuí-las em variáveis:

```
>>> nome = "Fulano de Tal"
```

Todos esses modos são aceitos para o Python e fica a critério do desenvolvedor (ou a um padrão do projeto) qual modo será utilizado.

Agora pode surgir uma pergunta importante: como representar aspas duplas (ou simples) quando nosso delimitador é do mesmo tipo? Ou seja, e se eu quiser incluir uma aspa dentro da *string*, como fazer para que o Python entenda que aquela aspa faz parte da *string* e não que ela está delimitando o final da *string*?

Para isso, utilizamos um caractere de escape, ou seja, um símbolo para o computador entender o símbolo seguinte de forma diferente, "escapando" da sua função principal. O símbolo de escape é o caractere contrabarra: \. Dessa forma estaremos dizendo para o computador entender de modo diferente o caractere imediatamente posterior.

Por exemplo:

```
>>> "Consigo escrever texto com \"aspas duplas\"."
`Consigo escrever texto com "aspas duplas".`
```

Ao utilizar \", o computador vai ignorar a aspa dupla como de fechamento da *string* e vai considerá-la como texto. Utilizamos \' quando queremos escrever uma aspa simples ao utilizar o delimitador de aspas simples.

Para escrever *string* com aspas triplas, não é necessário utilizar a contrabarra para pular a respectiva aspa, porém pode ser algo interessante utilizá-la como padrão, para evitar possíveis erros e manter o código padronizado.

A contrabarra tem algumas outras utilidades. As principais e mais utilizadas são:

- ✓ "\\": quando se quer escrever a contrabarra no código, se utiliza uma contrabarra para escapar a contrabarra.
- ✓ "\t": o comando de *Tab* do teclado.
- ✓ "\n": uma *string* para o comando de pular linha.

Para extrair um trecho da *string* (*substring*), podemos escolher tratar a *string* como uma lista, escolhendo um índice inicial, um limite final, não incluído, e o passo.

Todos esses valores são opcionais. Para conhecer mais sobre listas, leia o **Capítulo 16 – Coleções**.

```
>>> start = 10
>>> "abcdefghijklmnopqrstuvwxyz"[start:]
'klmnopqrstuvwxyz'
>>> end = 10
>>> "abcdefghijklmnopqrstuvwxyz"[:end]
'abcdefghij'
>>> start = 5
>>> end = 10
>>> "abcdefghijklmnopqrstuvwxyz"[start:end]
'fghij'
>>> step = 2
>>> "abcdefghijklmnopqrstuvwxyz"[::step]
'acegikmoqsuwy'
>>> "010203040506070809"[1::2]
'123456789'
```

Para retornar um único caractere, basta informar o índice a ser retornado. Como os índices começam em zero, o índice 10 se refere ao décimo primeiro caractere.

```
>>> "abcdefghijklmnopqrstuvwxyz"[10]
`k`
```

Formatando *strings*

Às vezes, precisamos inserir um número ou uma variável em uma *string*, no meio de um texto. Para isso, existem alguns caminhos válidos, conforme veremos a seguir.

Formatação '%-format'

No lugar de substituição utilize **%s** para substituir o valor de uma *string*, **%f** o valor de um *float* e **%d** o valor de um inteiro.

```
>>> "Uma única substituição: %s!" % "Eureka"
`Uma única substituição: Eureka!`
>>> "Múltiplas substituições: %s - %f - %d" % ("texto", 1.1, 5)
`Múltiplas substituições: texto - 1.100000 - 5`
```

Existem métodos mais recomendáveis para um código mais estruturado, como veremos a seguir.

Formatação com 'format'

A função *format* substitui os parâmetros entre chaves dentro da *string* pelos atributos especificados na função *format*. No exemplo a seguir, primeiro substituímos o {0} pelo número 10. O zero, nesse caso, informa o índice do parâmetro passado à função *format* que substituirá esse trecho. No exemplo a seguir, passamos dois valores para a função *format*, os quais são inseridos na ordem inversa na *string*, o 20 no {1} e o 10 no {0}. Caso seja informado um índice incorreto, é lançada uma exceção de índice, conforme o terceiro exemplo, onde é informado o índice 1, referente ao segundo parâmetro, mas só é passado um parâmetro para a função *format*.

```
>>> # Substitui o parâmetro {0} pelo primeiro parâmetro do format.
>>> "Colocando um número na string: {0}".format(10)
'Colocando um número na string: 10'
>>> "Colocando números na string: {1}, {0}".format(10, 20)
'Colocando números na string: 20, 10'
>>> "Colocando um número na string: {1}".format(10)
Traceback (most recent call last):
  File "<stdin>", line 1, in <module>
IndexError: tuple index out of range
```

O exemplo a seguir apresenta um modo mais organizado de formatar *strings*:

```
>>> nome_do_usuario = "Amigo"
>>> # Desse modo a substituição será de acordo com as variáveis.
>>> f"Olá, {nome_do_usuario}. Como você está?"
`Olá, Amigo. Como você está?`
```

Formatação com 'F-string'

Na versão 3.6 do Python surgiu a *f-string*. No início da *string*, antes das aspas, é acrescentada a letra "f" e utilizado o mesmo padrão do *format*. Entre chaves, colocamos as variáveis cujos valores queremos inserir na *string*.

```
>>> nome_do_usuario = "Amigo"
>>> # Desse modo a substituição será de acordo com as variáveis.
>>> f"Olá, {nome_do_usuario}. Como você está?"
`Olá, Amigo. Como você está?`
```

Dentro das chaves, é possível chamar outras funções ou executar operações simples.

```
>>> f"A soma de 5 + 5 = {5+5}."
`A soma de 5 + 5 = 10.`
```

Grupo de *strings*

Como comentado anteriormente, a codificação utilizada para Python 3 é UTF-8, chamado de *Unicode*. O padrão *Unicode* é compatível com o padrão ASCII (*American Standard Code for Information Interchange*), uma decodificação muito utilizada, contendo 128 caracteres.

A biblioteca padrão para a tratativa de textos é a *string*. Ao importá-la, teremos acesso a funções relacionadas com o padrão ASCII, por isso a necessidade de comentá-las. Temos algumas coleções de textos interessantes para utilizarmos nos nossos projetos.

```
>>> import string
>>> string.ascii_letters  # Todas letras
'abcdefghijklmnopqrstuvwxyzABCDEFGHIJKLMNOPQRSTUVWXYZ'
>>> string.digits  # Todos dígitos decimais
'0123456789'
>>> string.hexdigits  # Todos dígitos hexadecimais
'0123456789abcdefABCDEF'
>>> string.punctuation  # Caracteres de pontuação
'!"#$%&\'()*+,-./:;<=>?@[\\]^_`{|}~'
```

Funções com *string*

Nos exemplos a seguir, explicaremos as formas mais usuais de manipular *strings* em Python.

Vale lembrar que *strings* em Python são imutáveis. Portanto, a cada operação, o computador cria uma nova *string* com o resultado da operação, em vez de alterar a informação original.

Somando *strings*

O operador **soma** auxilia a **concatenar** *strings*.

```
>>> "Olá!" + " " + "Tudo" + " bem?"
`Olá! Tudo bem?`
```

Multiplicação de *strings*

Para repetir uma mensagem muitas vezes, basta utilizar o operador de produto, conforme o código a seguir:

```
>>> 10 * "ha"
hahahahahahahahahaha
```

Funções *built-in*[36]

O tipo *str* em Python possui várias funções 'built-in', isto é, funções que já vêm prontas para uso e podem ser acessadas por tipos *str*. Vejamos como funcionam algumas dessas funções a seguir. Para entender melhor o que são funções e como acessá-las veja o **Capítulo 21 – Funções**.

```
>>> #exemplo com variável
>>> var = "exemplo"
>>> var.upper()
`EXEMPLO`
>>> #exemplo sem variável
>>> "exemplo".upper()
`EXEMPLO`
```

Não se recomenda aplicar funções diretamente a *strings* cruas. Primeiro porque a *string* já poderia ter sido escrita como se deseja que fique, segundo porque se está introduzindo um processamento desnecessário no código. Para saber como escrever código-fonte da maneira adequada, leia o **Capítulo 41 – *Clean code* e boas práticas**.

---

[36] <https://docs.python.org/3/library/stdtypes.html>.

```
>>> "passar para letras maiúsculas".upper()
'PASSAR PARA LETRAS MAIÚSCULAS'
>>> "PASSAR PARA LETRAS MINÚSCULAS".lower()
'passar para letras minúsculas'
>>> "primeira LETRA maiúscula".capitalize()
'Primeira letra maiúscula'
>>> "vAmOs InVeRtEr".swapcase()
'VaMoS iNvErTeR'
>>> "     remover espaços antes e depois da frase     ".strip()
'remover espaços antes e depois da frase'
>>> "acrescentar espaços centralizando a frase".center(50)
'     acrescentar espaços centralizando a frase     '
>>> "123".zfill(7) # completa com zeros até dar o tamanho 7
'0000123'
>>> "PRIMEIRA letra sEMPRE maiúscula".title()
'Primeira Letra Sempre Maiúscula'
>>> "Quantos 'a's tem nessa frase?".count("a")
4
>>> # Lembrando que a contagem em programação começa com zero.
>>> "Encontrar a primeir4 ocorrência de um v4lor.".find("4")
19
>>> "Não encontrado nada".find("7")
-1
```

Na utilização da função *find*, para saber se um resultado é encontrado, recomenda-se verificar se o resultado é maior que -1, pois se o resultado for encontrado no começo da sentença, a função retornará 0, e esse valor é um *False* para *boolean* (os blocos de *if-else* serão mais bem explicados no **Capítulo 17 – Operadores e condicionais**).

```
>>> if "string para ser pesquisada".find("variável de pesquisa") > -1:
...     print("Encontrado.")
... else:
...     print("Não encontrado.")
Não encontrado.
```

Funções que retornam um *boolean*

```
>>> # se a string inicia com a substring 'inicio'.
>>> "início fim".startswith("início")
True
>>> # se a string termina com a substring 'fim'.
>>> "início fim".endswith("fim")
True
```

16. Coleções

Rodrigo Alves Mendonça

O Python nos fornece algumas estruturas de dados compostas ou que contenham outros tipos de dados, chamadas estruturas "contêiner", como: *dict*, *list*, *set*, *frozenset* e *tuple*. Abordaremos seu funcionamento básico para que você possa usufruir de recursos nativos na plataforma sem precisar reinventar nada.

Tipos de coleções

Dentre os tipos de coleções, temos as **sequências**, os **mapeamentos** e os **conjuntos**. As sequências são dados encadeados, nem sempre do mesmo tipo. Entre suas implementações temos: *list*, *tuple* e *range*. Já no mapeamento, a coleção implementa o conceito de chave e valor, e sua implementação mais usada é o *dict*. Os conjuntos não armazenam em sua estrutura dados repetidos e não guardam posição destes; suas implementações mais usuais são o *set* e *frozenset*. O tipo *string* e *bytearray* também são considerados sequências, porém não trataremos deles neste capítulo. O **Capítulo 15 – *Strings*** trata exclusivamente do tipo *string*.

Iteração

O Python suporta o conceito de iteração, ou seja, repetição. Esse conceito é implementado usando basicamente dois métodos que suportam esse padrão: container.__iter() e container.__next__(). Enquanto o __iter__() retorna o objeto em si, o método __next__() retorna o próximo item do contêiner. Se não existir item a ser retornado, ele lança uma exceção *StopIteration*. Ambos são necessários para permitir que tanto os contêineres quanto os iteradores possam usar as diretivas *for* e *in*.

Agora que já falamos de forma genérica sobre coleções, vamos falar de alguns tipos específicos mais utilizados.

Lista (*list*)

As listas são sequências mutáveis, normalmente usadas para armazenar coleções de itens. Você pode criar uma lista de diversas formas, porém as mais comuns são:

✓ Usando um par de colchetes para criar a lista vazia: [ ] ou usando o construtor *list()*.

✓ Usando colchetes, separando itens com vírgulas: ['a', 'b'] ou *list(['a', 'b'])*.

✓ Usando uma compreensão de lista: [x *for* x *in* iterável] (mais sobre isso no **Capítulo 20 – Comprehension**).

O uso do construtor *list()* pode deixar seu código mais legível, porém você deve ficar atento, pois ele recebe como parâmetro um iterável. Ex.:

```
>>> [`Jornada Colaborativa`]
[`Jornada Colaborativa`]
>>> list(`Jornada Colaborativa`)
[`J`, `o`, `r`, `n`, `a`, `d`, `a`, ` `, `C`, `o`, `l`, `a`, `b`, `o`, `r`, `a`, `t`, `i`,
`v`, `a`]
```

Muitas outras operações também produzem listas, incluindo a função *built-in sorted()*. O objeto *list* implementa todas as operações de sequência comuns e mutáveis, além de também fornecer o seguinte método adicional:

```
sorted(lista, [key=None, reverse=False])
```

Este método ordena a lista, usando apenas comparações entre itens. O parâmetro opcional *key* indica o parâmetro de comparação, enquanto o parâmetro *reverse* indica a direção da ordenação. Ex.:

```
>>> lista = list(`Jornada Colaborativa`)
>>> sorted(lista, key=str.upper, reverse=True)
[`v`, `t`, `r`, `r`, `o`, `o`, `o`, `n`, `l`, `J`, `i`, `d`, `C`, `b`, `a`, `a`, `a`, `a`,
`a`, ` `]
```

Tupla (*tuple*)

Tuplas são sequências imutáveis. As maneiras mais comuns de criar tuplas são:

✓ Usando um par de parênteses para indicar a tupla vazia: () ou usando o construtor *tuple()*. O construtor *tuple()* recebe um iterável opcional, sendo necessário

96 Jornada Python

tomar cuidado ao usá-lo para instanciar tuplas contendo *strings*, como vimos no caso das listas.

✓ Usando uma vírgula à direita. Ex.: 1, ou (1,).

✓ Separando itens por vírgulas. Ex.: 1, 'b', 'c' ou ('a', 'b', 2). Observe que é a vírgula que cria uma tupla, não os parênteses. Os parênteses são obrigatórios apenas no caso vazio ou para evitar ambiguidade sintática. Por exemplo, funcao(a, b, c) é uma chamada de função com três argumentos, enquanto funcao((a, b, c)) é uma chamada de função com uma tupla como argumento único.

Tuplas implementam todas as operações comuns de sequências, exceto as ações de modificação dos elementos, uma vez que são sequências imutáveis.

Dicionário (*dict*)

O dicionário é um objeto do tipo mapeamento, é mutável e, diferentemente do que vimos até agora, cada elemento é um par de chave e valor, ou seja, ele mapeia valores de chaves para objetos. Ex.:

```
>>> dicionario = {"Jornada": "Colaborativa"}
>>> dicionario["Jornada"]
`Colaborativa`
```

As chaves de um dicionário precisam ser únicas e de tipos imutáveis, como *string*, números ou tuplas. Já os valores podem ser de qualquer tipo.

Os dicionários podem ser criados colocando uma lista separada por vírgula de pares chave: valor entre chaves, por exemplo: {'Jornada':1, 'Colaborativa':2} ou {1:'Jornada', 2:'Colaborativa'}, ou por seu construtor *dict()*.

Vejamos alguns exemplos:

```
>>> pessoa = dict(nome='Lucas', idade=2, peso=13)
>>> pessoa2 = {'nome':'Lucas', 'idade':2, 'peso':13}
>>> pessoa3 = dict([('nome','Lucas'),('idade',2),('peso',13)])
>>> pessoa4 = dict({'nome':'Lucas', 'idade':2, 'peso':13})
>>> pessoa == pessoa2 == pessoa3 == pessoa4
True
```

Perceba que a representação do dicionário é idêntica ao JSON. Isso nos ajuda a trabalhar de forma otimizada com esse tipo de dado vindo de outros sistemas.

Views de dicionários

Os métodos *items()*, *keys()* e *values()* retornam uma nova *view*; esse é um objeto de exibição que fornece uma visualização dinâmica das entradas do dicionário. Isso significa que, quando o dicionário muda, a visualização reflete essas alterações. Elas podem ser iteradas para gerar seus respectivos dados e oferecer suporte a testes de associação. Ex.:

```
>>> dicionario = {"nome": "Rodrigo", "idade":30, "peso":95}
>>> "Rodrigo" in dicionario.values()
True
```

A comparação entre dicionários só retornará *True* se, e somente se, eles contiverem os mesmos pares (chave, valor) independentemente da ordem. Comparações <, <=, >= e > geram *TypeError*.

Conjunto (*set* e *frozenset*)

Os conjuntos representam uma coleção de objetos sem registro de posição ou ordem de inserção do objeto e não permitem repetição entre eles. Isso é feito através do *hash* do objeto. Tenha em mente que a implementação de *set* é similar ao *frozenset*, porém este último é imutável, não suportando operações de alteração.

Podemos criar um conjunto usando o construtor *set(iterable)* ou colocando os elementos entre chaves. Ex.:

```
>>> conjunto = set([2,1,4,3,2,1,3,3,2,1,3,4])
>>> conjunto
{1, 2, 3, 4}
>>> conjunto = {2,3,4,1,2,3,2,1,3}
>>> conjunto
{1, 2, 3, 4}
```

Os objetos do tipo conjunto possuem suporte a comparações. Dois conjuntos são iguais (==) se, e somente se, cada elemento de cada conjunto estiver contido no outro (cada um é um subconjunto do outro). Um conjunto é menor que outro (<) se, e somente se, o primeiro conjunto for um subconjunto do segundo conjunto (é um subconjunto, mas não é igual). Um conjunto é maior que outro (>) se, e somente se, o primeiro conjunto for um superconjunto do segundo conjunto (é um superconjunto, mas não é igual).

98 Jornada Python

Um ponto importante a ser observado é que operações binárias entre instâncias de *set()* e *frozenset()* retornam o tipo do primeiro operando. Por exemplo: *frozenset('ab')* | *set('bc')* retorna uma instância de *frozenset()*.

As instâncias de *set()* são comparadas às instâncias do *frozenset()* com base em seus membros. Ex.:

```
>>> conjunto1 = set([2, 5, 3, 4, 1])
>>> conjunto2 = frozenset([3, 5, 1, 2, 4])
>>> conjunto1 == conjunto2
True
```

Descrevemos neste capítulo os principais tipos, atributos e métodos de coleções que são usados com frequência na elaboração de programas e rotinas em Python. Sugerimos ao leitor consultar a documentação oficial[37] e acessar os exemplos completos no repositório de códigos do livro para este capítulo. Além dos tipos que descrevemos, temos o módulo *collection*, que implementa estruturas de dados mais especializadas e nos dá alternativa às estruturas já fornecidas pela linguagem padrão.

---

[37] <https://docs.python.org/3/library/stdtypes.html#>.

17. Operadores e condicionais

Daniele A. Longato da Silva

Os operadores são ferramentas que nos ajudam a estabelecer validações e verificações lógicas, mas para entendermos melhor como utilizar esse conceito incorporando os *if*, *elif* e *else*, precisamos primeiro conhecer os operadores relacionais que permitem realizar as validações obtendo um resultado binário do tipo *bool* (conforme visto no **Capítulo 12 – Tipos de dados e variáveis**).

Tabela 17.1. Operadores.
Fonte: a autora.

Operadores de comparação		
Descrição	**Operador lógico**	**Tipologia**
Igual a	==	Igualdade
Diferente de	!=	Diferença
Maior que	>	Comparação
Menor que	<	Comparação
Menor ou igual a	<=	Comparação com igualdade
Maior ou igual a	>=	Comparação com igualdade

Importante sinalizar que esses operadores retornam um único valor em resposta a uma comparação, sendo do tipo booleano. Vejamos alguns exemplos.

Se quisermos comparar dados do tipo inteiro:

```
>>> 15 == 15
True
```

Temos como retorno dessa comparação um *True*. Isso porque utilizando o operador de igualdade temos uma comparação verdadeira de dois números de mesmo valor.

100 Jornada Python

Vejamos um novo exemplo:

```
>>> 15 == "15"
False
```

E, dessa vez, o que mudou? Conseguiu perceber a diferença?

Vemos que, mesmo utilizando o mesmo operador lógico, temos um resultado diferente. Este retorno se deu devido a compararmos tipos de dados diferentes, ou seja, um inteiro e uma *string*. Nesse caso, a *string* é sinalizada pela presença de aspas simples ou duplas em seu entorno.

```
>>> hello = `hello`
```

E agora? Por que não apareceu nada?

Neste caso, precisamos conhecer a diferença do operador relacional e o operador de atribuição. O sinal de == (o sinal de igual seguido por outro sinal de igual) possui a funcionalidade de igualar o objeto da direita com o objeto da esquerda. Já o sinal de = (apenas um sinal de igual) possui a funcionalidade de atribuição, ou seja, todo objeto à sua esquerda recebe o valor do objeto descrito à sua direita (que é o caso do exemplo anterior). Portanto, o objeto **hello** agora possui a *string* **'hello'** como seu valor e o console espera seu próximo comando, visto que a atribuição fora declarada com sucesso.

Essa estrutura não realiza nenhuma validação, pelo contrário, ela apenas recebe o valor que estiver à sua direita. Lembre-se de que quando usamos os operadores relacionais só podemos obter um tipo de retorno, no caso, *True* ou *False*.

Um ponto importante que deve ser lembrado sempre que formos realizar alguma comparação é sobre os tipos de dados que estão sendo comparados. Alguns tipos de dados possuem compatibilidade para comparações, já outros retornaram uma exceção do tipo *TypeError* quando tentado. Não sabe que é uma exceção? Fique tranquilo que mais à frente, no **Capítulo 19 – Tratamento de exceções e erros**, veremos o assunto com mais detalhes.

Vejamos alguns exemplos de tipos diferentes sendo comparados.

```
>>> 1.50 > 1
True
```

Operadores e condicionais **101**

No exemplo nós comparamos um dado do tipo *float* (1.50) com outro do tipo *int* (1). Em Python é absolutamente possível fazer essa comparação.

Porém, se tentarmos fazer a mesma comparação utilizando um dado do tipo *int* e outro do tipo *str*, uma exceção será levantada.

```
>>> 3 > 'texto'
Traceback (most recent call last):
  File "<pyshell#0>", line 1, in <module>
    3 > 'texto'
TypeError: '>' not supported between instances of 'int' and 'str'
```

O mesmo não acontece se utilizarmos o operador ==, pois este realiza a comparação em dois níveis, sendo a primeira parte em relação ao tipo dos objetos em questão e a segunda parte sobre os valores em si.

Se ambos forem "compatíveis", a segunda parte é executada e os valores são verificados, retornando assim um *True* ou *False*, dependendo dos valores em questão. Vejamos mais alguns exemplos:

```
>>> 8.45 == `João`
False
>>> 15 != `Maria`
True
```

As duas comparações foram executadas porque o operador == realizou a comparação de tipos antes de seguir para os valores. Como os tipos não são compatíveis, o resultado booleano se deu apenas sobre os tipos dos objetos comparados.

Agora que vimos como os operadores relacionais funcionam, sabemos o quanto eles podem nos auxiliar nas aplicações de regras que retornam um único valor dessa comparação, sendo ele do tipo *bool*. É possível, inclusive, utilizá-los juntamente com os operadores *and* e *or* para concatenar duas ou mais expressões, formando assim estruturas mais complexas de validações. Vejamos alguns exemplos:

```
>>> 15 > 10 and `Maria` == `Joana`
False
```

A expressão composta anterior retornou *False* porque a segunda parte dela retornou *False*. Logo, quando uma das partes da expressão retorna *False*, a concatenação das expressões retornará *False* se o operador *and* for utilizado. Vejamos o mesmo exemplo, agora utilizando o operador *or*:

102 Jornada Python

```
>>> 15 > 10 or `Maria` == `Joana`
True
```

Como podemos ver, a expressão anterior, utilizando o operador *or*, retornou *True* porque a primeira parte já foi avaliada como *True*. Logo, o resultado foi obtido sem a necessidade de validação da segunda parte, mais à direita.

Até agora vimos os operadores relacionais que nos auxiliam e muito nas validações, mas também temos os operadores aritméticos, que são os operadores das expressões matemáticas, conhecidos por realizarem operações de adição (+), subtração (-), divisão (/), multiplicação (*), exponenciação (**), parte inteira (//) e módulo (%). Vejamos eles em ação:

```
>>> # Operador de adição
>>> 15 + 15
30
>>> # Operador de subtração
>>> 15 - 16
-1
>>> # Operador de multiplicação
>>> 15 / 15
1.0
>>> # Operador de exponenciação
>>> 3 ** 3
27
>>> # Operador de parte inteira
>>> 15 // 7
2
>>> # Operador em módulo
>>> 10 % 3
1
```

Esses operadores são comuns, mas sabemos que existem problemas matemáticos mais complexos que utilizam, além desses operadores, algumas fórmulas. Para isso, Python tem algumas bibliotecas que abstraem algumas dessas fórmulas e facilitam o seu uso, como para seno, cosseno e tangente, que podem ser calculados por meio dos métodos da biblioteca *math*.

Os operadores também são utilizados em estruturas condicionais para validações ao longo do desenvolvimento de aplicações. As estruturas condicionais *if*, *elif* e *else* são utilizadas para condicionar a execução de blocos de código ao atendimento de uma ou mais condições.

Vamos supor que a sua aplicação precise validar se uma variável é um inteiro e, caso seja positivo, imprimir algo na tela. Para essa validação será necessário utilizar o *if*:

```
>>> entrada = 10
>>> if type(entrada) is int:
...     print(entrada, 'é um inteiro.')

10 é um inteiro.
```

Agora suponha que, se o valor da variável não for um inteiro, você deseje validar se é uma *string* ou um booleano e em ambos os casos imprimir um texto. Por fim, se não for nenhum dos casos anteriores, imprimir o tipo da variável. Para esses casos, após o *if*, serão inseridos dois *elif*, que são estruturas condicionais executadas caso a condição do *if* não seja atendida, e um *else*, que é a estrutura condicional a ser executada caso nenhuma das condições anteriores seja atendida:

```
entrada = 10.5
if type(entrada) is int:
    print(entrada, 'é um inteiro.')
elif type(entrada) is str:
    print(entrada, 'é uma string.')
elif type(entrada) is bool:
    print(entrada, 'é um booleano.')
else:
    print('A entrada é um', type(entrada))
```

O que gera de resposta:

```
A entrada é um <class `float`>
```

As estruturas condicionais são utilizadas em todos os tipos de aplicações e são extremamente importantes no desenvolvimento de aplicações.

Neste capítulo você foi capaz de identificar a importância e o uso de operadores aritméticos e relacionais. Ter um bom conhecimento dos operadores é importante para o aprendizado do Python e também para qualquer outra linguagem.

18. Controle de fluxo

Filipe Rudá
Lucas Pastana

Assim como outras linguagens de programação, o Python tem as estruturas usuais de controle de fluxo. Essas estruturas são utilizadas para evitar que o código fique muito repetitivo, e são conhecidas como "laços de repetição". A utilização dos laços de repetição é algo muito comum na programação e você verá com bastante frequência as estruturas *while* e *for*. O importante é saber que todos esses conceitos cumprem o mesmo objetivo: repetir uma instrução (ou bloco de instruções) até que uma determinada condição seja atendida. A seguir, vamos começar vendo um exemplo de utilização do *for*:

```
>>> for x in range(3):  # Definimos o critério do for
...     print('Passou pelo número', x)

Passou pelo número 0
Passou pelo número 1
Passou pelo número 2
```

O que acabou de acontecer foi que a instrução *print()* foi executada três vezes seguidas, informando o variável x a cada repetição. Ou seja, o x percorreu o intervalo especificado de três posições (0,1,2). Esse intervalo foi especificado pela função *range* com o parâmetro 3. É possível realizar o mesmo procedimento com a função *while*, conforme o exemplo a seguir:

```
>>> x = 0
>>> while x < 3:
...     print('Passou pelo número', x)
...     x += 1

Passou pelo número 0
Passou pelo número 1
Passou pelo número 2
```

Ao contrário do *for*, que possui um número de iterações previamente estabelecido, o *while* é executado enquanto uma determinada condição for verdadeira. Se tivermos uma condição permanentemente verdadeira, o *while* entrará em uma repetição infinita (*loop*). Veja um exemplo:

```
>>> while True:  # Critério infinitamente verdadeiro
...     print('Loop infinito.')

Loop infinito.
Loop infinito.
Loop infinito.
```

O bloco de código dentro das instruções *while* e *for* deve respeitar a indentação (tabulação) correta. Caso contrário, você receberá uma mensagem de erro:

```
>>> for x in range(3):
>>> print(x)
SyntaxError: expected an indented block
```

Se você compreendeu a estrutura do *if*, não terá nenhuma dificuldade com o *while* e o *for*. Até mesmo porque a única diferença entre as estruturas é a quantidade de vezes que o seu bloco de código será repetido.

Desmistificando o *for*

O divertido do Python é que ele é bem flexível. Vamos verificar o que podemos fazer com essas instruções. Podemos trabalhar com intervalos de lista de texto, como no exemplo a seguir:

```
>>> for x in ['Testando', 'a instrução', 'For']:
...     print('Laço com lista de texto:', x)

Laço com lista de texto: Testando
Laço com lista de texto: a instrução
Laço com lista de texto: For
```

106 Jornada Python

A iteração do laço *for* também funciona com texto:

```
>>> for letter in 'Python':
...     print('Iteracao de texto: ',letter)

Iteracao de texto:  P
Iteracao de texto:  Y
Iteracao de texto:  T
Iteracao de texto:  H
Iteracao de texto:  O
Iteracao de texto:  N
```

E também com lista de listas:

```
>>> nested_lists = [['a', 'b'], [1, 2], ['pera', 'uva']]
>>> for inner_list in nested_lists:
...     for item in inner_list:
...         print('Iterando lista de listas: ', item)

Iterando lista de listas:  a
Iterando lista de listas:  b
Iterando lista de listas:  1
Iterando lista de listas:  2
Iterando lista de listas:  pera
Iterando lista de listas:  uva
```

Outro modo de trabalhar com listas de listas é atribuindo as variáveis de entrada ao mesmo tamanho delas:

```
>>> nested_lists = [['a', 'b'], [1, 2], ['pera', 'uva']]
>>> for x,y in nested_lists:
...     print('Primeira variável:', x, '; Segunda variável:', y)

Primeira variável: a ; Segunda variável: b
Primeira variável: 1 ; Segunda variável: 2
Primeira variável: pera ; Segunda variável: uva
```

Podemos acrescentar o último passo como finalização do laço *for* com a instrução *else*:

```
>>> words = ['Quando', 'terminar', 'avisa?']
>>> for word in words:
...     print(word)
... else:
...     print('Aviso sim.')

Quando
terminar
avisa?
Aviso sim.
```

Controlando o fluxo de repetição com *break*, *continue* e *pass*

Antes de mostrar na prática, vamos realizar uma tradução literal das funções com as quais iremos trabalhar.

- ✓ *Break*: pare. Função utilizada para interromper o fluxo.
- ✓ *Continue*: continue. Função utilizada para avançar à próxima iteração.
- ✓ *Pass*: passe no fluxo.

Essas instruções nos dão maior controle de fluxo. Podemos interromper imediatamente um *loop* de acordo com um determinado critério, se for necessário. Veja o exemplo:

```
>>> for x in range(10):
...     print('Quando for 3, será interrompido. x=', x)
...     if x == 3: break

Quando for 3, será interrompido. x= 0
Quando for 3, será interrompido. x= 1
Quando for 3, será interrompido. x= 2
Quando for 3, será interrompido. x= 3
```

108 Jornada Python

Se quiséssemos pular o número 2, poderíamos incluir uma condição para executar a instrução *continue* no início do *for*, antes que seja executado qualquer outro comando:

```
>>> for x in range(10):
...     if x == 2: continue  # Verifique se 2 foi ignorado
...     print('Se igual a 3, será interrompido. x=', x)
...     if x == 3: break

Se igual a 3, será interrompido. x= 0
Se igual a 3, será interrompido. x= 1
Se igual a 3, será interrompido. x= 3
```

E se utilizarmos a instrução *pass* no lugar de *continue*, o que acontece?

```
>>> for x in range(10):
...     if x == 2: pass  # O fluxo segue normalmente
...     print('Se igual a 3, será interrompido. x=', x)
...     if x == 3: break

Se igual a 3, será interrompido. x= 0
Se igual a 3, será interrompido. x= 1
Se igual a 3, será interrompido. x= 2
Se igual a 3, será interrompido. x= 3
```

Isso mesmo, não acontece nada. Apenas fica garantido que o fluxo siga da forma original.

As mesmas funções poderiam ser utilizadas no *while* em vez de *for*. Um ótimo exercício seria executar o mesmo procedimento descrito em *for*, mas utilizando o *while*.

Looping inline

Loop com apenas uma linha existe? Sim, existe. Veja um exemplo:

```
>>> for x in range(3): print(`Passou pelo número`, x)

Passou pelo número 0
Passou pelo número 1
Passou pelo número 2
```

Também é possível fazer o mesmo com o *while*.

```
>>> while True: print(`Loop infinito.`) # Ctrl+C interrompe a execução

Loop infinito.
Loop infinito.
Loop infinito.
```

Até parece um *déjà-vu*, não é mesmo? Nós acabamos de executar os primeiros exemplos deste capítulo com apenas uma linha. Dessa forma, podemos ganhar produtividade e performance. Porém, esse método faz mais sentido quando temos o uso de uma condicional.

Então imagine que temos uma lista de muitas palavras e gostaríamos de obter o retorno apenas daquelas que possuem mais de seis letras. Veja:

```
>>> words = [`Temos`, `muitas`, `palavras`, `nesse`, `exemplo`]
>>> print([word for word in words if len(word) >= 6])
[`muitas`, `palavras`, `exemplo`]
```

No início é natural que seja difícil assimilar como podemos programar tudo em apenas uma linha. Mas não se preocupe com isso nesse momento. No início você precisa apenas aprender como se faz, utilizando as instruções que você compreenda. Com o tempo você se preocupa em aprimorar mais o seu código. Aproveite os exemplos do capítulo e pratique no seu computador, efetuando algumas alterações. O conhecimento adquirido aqui será fundamental para a continuação do aprendizado da linguagem.

19. Tratamento de exceções e erros

Guilherme Ito

Definição e exemplos

Exceções são erros detectados durante a execução que podem ou não ser gerados pelo próprio desenvolvedor, com finalidade de controlar o fluxo ou o encerramento do código. Elas são definidas como classes (veremos mais detalhes no **Capítulo 26 – Classes, objetos, métodos, atributos**) que herdam as propriedades (**Capítulo 28 – Herança, Polimorfismo e Classes Abstratas**) da classe *BaseException*.

Durante o ciclo de desenvolvimento, enfrentamos diversas exceções quando tentamos executar um código, seja por erro lógico ou por erro de sintaxe. Essas exceções podem ser internas do Python ou customizadas de alguma biblioteca importada. Vejamos alguns exemplos de exceções internas clássicas:

✓ *KeyboardInterrupt*: durante a execução, é verificado regularmente se o usuário pressiona as teclas para ativar essa exceção (normalmente Ctrl + C ou Delete). Esta exceção é bem útil no caso de o código estar em um *loop* infinito ou para abortar a execução do código:

```
>>> # Usuário pressiona Ctrl-C
KeyboardInterrupt
```

✓ *ZeroDivisionError*: umas das exceções pertencentes à classe *ArithmeticError*. Ocorre quando o código tenta executar uma linha onde ocorre uma divisão por zero:

```
>>> 1/0  # Divisão por zero
Traceback (most recent call last):
  File "<stdin>", line 1, in <module>
ZeroDivisionError: division by zero
```

Tratamento de exceções e erros **111**

✓ *KeyError*: ocorre quando tentamos acessar uma chave inexistente em um dicionário. Pode-se evitá-la utilizando a função *get* do dicionário. Caso a chave não exista, esta função retornará *None*:

```
>>> meu_dicionario = {'um': 1}
>>> meu_dicionario['um']
1
>>> meu_dicionario.get('um')
1
>>> meu_dicionario['dois']
Traceback (most recent call last):
  File "<pyshell#90>", line 1, in <module>
    meu_dicionario['dois']
KeyError: 'dois'
```

✓ *SyntaxError*: ocorre quando é encontrado um erro de sintaxe no código.

```
>>> while True print(`Olá Mundo`)
SyntaxError: invalid syntax
```

Capturando exceções

Vimos alguns exemplos e algumas formas de ativá-las internamente. A captura das exceções tem como objetivos que o processo não se encerre de maneira abrupta e que se tenha alguma tratativa em relação ao erro/exceção. Para capturá-las, utilizamos blocos de *try*, *except* e, opcionalmente, *finally*. A parte do código que deve ser colocada dentro de cada bloco é definida por:

✓ *try*: bloco onde será avaliada e levantada a exceção a ser capturada.
✓ *except*: bloco onde será tratado o erro.
✓ *finally*: bloco que será executado, independentemente de ocorrer ou não a exceção. Alguns exemplos práticos para a utilização do *finally* são:
  ▪ salvar mudanças no banco de dados.
  ▪ fechar arquivos (**Capítulo 22 – Manipulação de arquivos**).
  ▪ fechar navegadores (**Capítulo 54 – *Web scrapping***).

Para os exemplos a seguir, usaremos funções para encapsular uma parte do nosso código. Para mais detalhes, verifique o **Capítulo 21 – Funções**. Vejamos alguns exemplos capturando algumas *exceptions* internas clássicas:

112 Jornada Python

KeyboardInterrupt:

```python
def contador_infinito():
    from time import sleep
    i = 0
    while True:
        try:
            print(i)
            i += 1
            sleep(i)
        except KeyboardInterrupt:
            continuar = input(
                'Você apertou Ctrl-C. ' \
                'Aperte S para continuar. ' \
                'Aperte N para parar. '
            )
            if continuar == 'N':
                break
```

Ao executar a função, vamos pressionar "Ctrl + C" duas vezes, sendo uma após o '1' aparecer e a outra após o '2' aparecer.

```python
>>> contador_infinito()
0
1
Você apertou Ctrl-C. Aperte S para continuar. Aperte N para parar. S
2
Você apertou Ctrl-C. Aperte S para continuar. Aperte N para parar. N
```

KeyError:

```python
def obter_inserir_chave_dicionario(dicionario, chave):
    try:
        return dicionario[chave]
    except KeyError:
        novo_valor = input(
            f'A chave "{chave}" não existe. '\
            'Insira um valor para essa chave:\n'
        )
        dicionario[chave] = novo_valor
        return dicionario[chave]
>>> dicionario = {'um': 1, 'dois': 2}
>>> obter_inserir_chave_dicionario(dicionario, 'dois')
2
>>> obter_inserir_chave_dicionario(dicionario, 'tres')
A chave "tres" não existe. Insira um valor para essa chave:
>? 3
3
```

Tratamento de exceções e erros **113**

É possível colocar a exceção levantada em uma variável para poder analisar melhor os seus detalhes. Para isso, utilizamos o comando *as* após a citação da classe a ser capturada. Vamos ao exemplo:

```
>>> try:
...     x = 1/0
... except ZeroDivisionError as error:
...     print(error)

division by zero
```

Esses são casos em que sabemos que tipo de exceção é levantada. Quando estamos utilizando bibliotecas que possuem exceções que não conhecemos, podemos capturá-las por meio da classe herdada *Exception*. Ela também pode ser utilizada quando temos várias exceções a serem avaliadas, como mostra o exemplo a seguir:

```
def capturar_excecao(chave_divisao):
    dicionario = {0: 'zero'}
    try:
        print(dicionario[chave_divisao])
        print(1/chave_divisao)
    except Exception as error:
        print(f'Capturamos "{error.__repr__()}"')
```

```
>>> capturar_excecao(1)
Capturamos "KeyError(1)"
>>> capturar_exception(0)
zero
Capturamos "ZeroDivisionError('division by zero'
```

Podemos fazer uma captura em cadeia e, para cada exceção, tratar de maneira diferente. Se o código puder levantar mais de uma exceção, iremos sempre capturar a primeira que aparecer. Para o exemplo a seguir, tente descobrir o motivo da exceção desconhecida (dica: você pode retirar a captura da classe *Exception* e analisar a exceção levantada):

114 Jornada Python

```python
def capturar_excecao_em_cadeia(chave_divisao):
    dicionario = {0: 'zero', 'um': 1}
    try:
        print(dicionario[chave_divisao])
        print(1/chave_divisao)
    except ZeroDivisionError:
        print('Exceção de divisão por zero!')
    except KeyError:
        print('Chave não encontrada no dicionário!')
    except Exception:
        print('Exceção desconhecida!')
```

```
>>> capturar_excecao_em_cadeia(0)
zero
Exceção de divisão por zero!
>>> capturar_excecao_em_cadeia(1)
Chave não encontrada no dicionário!
>>> capturar_excecao_em_cadeia('um')
1
Exceção desconhecida!
```

Levantando exceções

Aprendemos a capturar as exceções levantadas por erros que ocorrem durante a execução, dependentes dos parâmetros ou ações. Mas podemos levantar nossas próprias exceções no momento que quisermos com o comando *raise*.

```
>>> raise ValueError
Traceback (most recent call last):
  File "<stdin>", line 1, in <module>
ValueError
```

Note que, no exemplo anterior, foi levantada a exceção *ValueError*, mesmo que ela não tenha de fato acontecido. Podemos também colocar uma descrição da exceção que foi levantada:

```
>>> raise ValueError(`Levantei uma exceção!`)
Traceback (most recent call last):
  File "<stdin>", line 1, in <module>
ValueError: Levantei uma exceção!
```

Tratamento de exceções e erros **115**

O comando *raise*, por si só, levantará a última exceção detectada. Se não detectar exceção, será levantado um *RuntimeError*:

```
>>> raise
Traceback (most recent call last):
  File "<stdin>", line 1, in <module>
RuntimeError: No active exception to reraise
```

Detectando a última exceção:

```
>>> try:
...     raise ValueError('Levantei uma exceção!')
... except Exception:
...     print('Utilizando raise...')
...     raise

Utilizando raise...
Traceback (most recent call last):
  File "<stdin>", line 2, in <module>
ValueError: Levantei uma exceção!
```

Customizando exceções

Chegamos na parte de criar nossas próprias exceções! Para isso, necessitamos do conceito de herança (**Capítulo 28 – Herança, Polimorfismo e Classes Abstratas**). Não é necessário se aprofundar no momento, mas é importante saber que estamos utilizando herança para construir nossas classes customizadas.

O primeiro passo para criar uma exceção customizada é definir a sua classe (**Capítulo 26 – Classes, objetos, métodos e atributos**), herdando da classe *Exception*:

```
>>> class MinhaPrimeiraExcecao(Exception):
... pass
```

Sua primeira exceção customizada está pronta para o uso! Podemos utilizá-la tanto para levantar uma exceção em qualquer ponto do código como para capturá-la:

116 Jornada Python

```python
def calcular(operador, numero1, numero2):
    try:
        if operador == '+':
            return numero1 + numero2
        elif operador == '-':
            return numero1 - numero2
        elif operador == '*':
            return numero1 * numero2
        elif operador == '/':
            return numero1 / numero2
        else:
            raise MinhaPrimeiraExcecao(
                f'Operador "{operador}" desconhecido!'
            )
    except MinhaPrimeiraExcecao as error:
        print(f'{error}\nLista de operadores válidos: +, -, *, /')
    except ZeroDivisionError:
        print('Ops! Você tentou fazer uma divisão por zero!')
    except Exception as error:
        print(f'Erro durante a operação: {error}')
    finally:
        print('Fim de execução')
```

```
>>> calcular('+', 1, 2)
Fim de execução
3
>>> calcular('k', 1, 2)
Operador "k" desconhecido!
Lista de operadores válidos: +, -, *, /
Fim de execução
>>> calcular('/', 1, 0)
Ops! Você tentou fazer uma divisão por zero!
Fim de execução
>>> calcular('-', 8, 'x')
Erro durante a operação: unsupported operand type(s) for -: 'int' and 'str'
Fim de execução
```

Note o uso de vários conceitos vistos neste capítulo: capturar exceções, levantar exceções, utilizar exceções customizadas. Ainda temos a apresentação prática do bloco *finally*, e podemos observar que, independentemente se ocorreu ou não o erro, as linhas dentro desse bloco sempre serão executadas.

Perceba que, dentro das próprias tratativas de exceções, podem ocorrer outras exceções. Isso pode acarretar interrupções de execução que o desenvolvedor não estava preparado para enfrentar, tendo dificuldades para identificar o problema:

```
>>> try:
...     raise ValueError
... except Exception:
...     print(
...         'Ocorreu uma exceção! '\
...         'Vamos tratá-la dividindo um número por zero!'
...     )
...     x = 1/0

Ocorreu uma exceção! Vamos tratá-la dividindo um número por zero!
Traceback (most recent call last):
  File "<stdin>", line 2, in <module>
ValueError

During handling of the above exception, another exception occurred:

Traceback (most recent call last):
  File "<stdin>", line 5, in <module>
ZeroDivisionError: division by zero
```

Extra – Classes *Exception* e *BaseException*

Agora que temos conhecimento sobre as exceções e como tratá-las, vamos discutir um pouco duas classes que apareceram diversas vezes neste capítulo. Para entender este tópico, se torna necessário o aprofundamento dos conceitos de herança (**Capítulo 28 – Herança, Polimorfismo e Classes Abstratas**). Vamos para as suas definições:

   ✓ *BaseException*: todas as exceções são derivadas dessa classe.
   ✓ *Exception*: utilizada para ser herdada em todas as exceções customizadas pelos usuários.

A dúvida que pode surgir após a leitura das definições dessas classes é: por que não tratar todas as exceções capturando da classe *BaseException* em vez da classe *Exception*? Será que é somente para economizar na quantidade de letras para digitar?

Podemos dizer que esse é um ótimo fator a ser levado em consideração, mas a resposta está na hierarquia das exceções. Nela, podemos observar que quatro classes derivam

118 Jornada Python

imediatamente da *BaseException*: *SystemExit*, *KeyboardInterrupt*, *GeneratorExit* e *Exception*, ou seja, exceções importantes de escapes estão relacionadas diretamente à *BaseException*. Para esclarecer melhor o problema de utilizar a classe *BaseException* para captura de qualquer exceção, vamos analisar o seguinte exemplo:

```
>>> def test_base_exception():
...     try:
...         for i in range(1,1000000000):
...             pass     # Durante o loop, usuario aperta Ctrl-C
...     except BaseException as error:
...         print(
...             'Código que não deveria executar quando '\
...             f'houvesse: {error.__repr__()}'
...         )

>>> test_base_exception()
Código que não deveria executar quando houvesse: KeyboardInterrupt()
```

Neste código exemplo, temos um *loop* para ser possível encerrar a execução por meio das teclas "Ctrl + C". Porém, se utilizarmos a classe *BaseException* na captura de exceção, ela vai identificar a classe *KeyboardInterrupt* e não encerrará o processo, podendo executar algo que não estava previsto, como o mostrado no comando *print*.

Agora, se utilizarmos a classe *Exception* na captura, o processo de contagem será encerrado por meio da exceção *KeyboardInterrupt*:

```
>>> def test_exception():
...     try:
...         for i in range(1,1000000000):
...             pass     # Durante o loop, usuário aperta Ctrl-C
...     except Exception as error:
...         print(
...             'Código que não deveria executar quando '\
...             f'houvesse: {error.__repr__()}'
...         )

>>> test_exception()
Traceback (most recent call last):
  File "<stdin>", line 1, in <module>
  File "<stdin>", line 4, in test_exception
KeyboardInterrupt
```

Podemos não incluir a exceção a ser capturada. Neste caso, será capturada qualquer classe derivada da *BaseException*:

```
>>> def test_except():
...     try:
...         for i in range(1,1000000000):
...             pass     # Durante o loop, usuário aperta Ctrl-C
...     except:# Exceção a ser capturada não definida
...         print('Código que não deveria executar quando ')

>>> test_except()  # Usuário aperta Ctrl-C
Código que não deveria executar!
```

Neste capítulo, vimos definição, captura, tratamento e levantamento de exceções, além de como customizá-las. Exceções são algo que enfrentamos a todo momento e entender a sua base pode ajudar a examinar com mais precisão os erros e a melhor forma de evitar sua ocorrência. Antecipamos alguns conceitos ao longo do capítulo, como orientação a objetos. Se preferir, volte a este capítulo após a Parte IV deste livro.

20. *Comprehension*

Sérgio Berlotto Jr.

As *list comprehensions* em Python são ferramentas muito utilizadas para trabalhar sobre dados existentes em objetos iteráveis, ou seja, aqueles objetos que podemos capturar item a item, como listas, tuplas, *sets*, *strings*, etc. As *comprehensions* têm sua origem na notação de definição de conjunto matemático. Veja:

$$S = \{2.x \mid |x \in N, x^2 > 3\}$$

Esta expressão pode ser lida assim: S é o conjunto de todos os números duas vezes x onde x é um dos números naturais pelo qual x elevado ao quadrado é maior que 3. Ou seja, estamos montando um conjunto de itens iterando sobre outro conjunto de itens. E é isso que as *list comprehensions* fazem: criam listas por meio de outras listas. A estrutura geral de uma *list comprehension* é a seguinte:

```
[ <expressão de saída> for <variável> in <lista> if <condição> ]
```

Onde:

- ✓ <expressão de saída> irá gerar cada item da lista resultante.
- ✓ <variável> recebe os valores da lista de entrada e tem escopo local.
- ✓ <lista> é a lista de entrada, que será iterada pelo *loop*.
- ✓ *if* <condição> é a parte opcional, que executa um filtro nos itens da lista de entrada.

A expressão anterior pode ser codificada assim em Python:

```
>>> numeros = list(range(1,10))
>>> S = [ 2 * numero for numero in numeros if numero^2 > 3 ]
[8, 10, 12, 14, 16, 18]
```

Na linha 1, inicializamos uma lista com números que vão de 1 a 10, que é o retorno do método *range*. Na linha 2, a variável **S** receberá uma lista de **numero** * 2 para os números existentes na lista **numeros** que, elevados ao quadrado, forem maior que 3.

As *list comprehensions* foram definidas na PEP 202 (WARSAW, 2000) e elas têm algumas variações possíveis para sua execução. As mais simples são:

```
[ <variavel> for <variavel> in <lista> ]
```

Simplesmente estamos retornando uma lista de itens que estão disponíveis em um iterável. Pode ser utilizado, por exemplo, quando queremos transformar em lista itens disponíveis em algum objeto iterável. Veja o exemplo a seguir:

```
>>> nome = `Livro Jornada Python`
>>> [ letra for letra in nome ]
['L', 'i', 'v', 'r', 'o', ' ', 'J', 'o', 'r', 'n', 'a', 'd', 'a', ' ', 'P', 'y', 't', 'h', 'o', 'n']
```

Outro formato das *list comprehensions* é, como já vimos antes, adicionando um filtro sobre os itens que serão retornados, assim:

```
>>> [ letra for letra in nome if letra != ` `]
['L', 'i', 'v', 'r', 'o', 'J', 'o', 'r', 'n', 'a', 'd', 'a', 'P', 'y', 't', 'h', 'o', 'n']
```

Neste trecho preenchemos nossa lista **letras** com todas as letras da *string* **nome** desde que ela seja diferente de espaço (letra != ' '), ou seja, a cada letra processada o Python primeiro valida o filtro do *if* e depois, se ela for verdadeira, então a variável **letra** receberá o valor.

Mas podemos também querer executar uma expressão, no momento da criação da nossa lista, que processe cada um dos itens de alguma forma. Por exemplo, que transforme em maiúscula cada uma das letras da variável **nome**. Veja:

```
>>> [ letra.upper() for letra in nome if letra != ` ` ]
['L', 'I', 'V', 'R', 'O', 'J', 'O', 'R', 'N', 'A', 'D', 'A', 'P', 'Y', 'T', 'H', 'O', 'N']
```

Mas da mesma forma que o *if* pode estar no lado direito, fazendo filtro, ele pode estar do lado esquerdo decidindo qual expressão será executada, assim como já executamos em alguns casos no Python, por exemplo:

```
>>> [letra.upper() if letra == `o` else letra.lower()
... for letra in nome if letra != ` `
... ]
['l', 'i', 'v', 'r', 'O', 'j', 'O', 'r', 'n', 'a', 'd', 'a', 'p', 'y', 't', 'h', 'O', 'n']
```

122 Jornada Python

Aqui já começa a ficar um pouco mais complexo, mas só mostra que podemos usufruir muito desta sintaxe do Python, que nos permite utilizar todo o poder da linguagem em uma estrutura simples e direta que são as *list comprehensions*. Mas não para por aí, temos muitas oportunidades. Por exemplo, vamos para outro cenário onde temos duas listas de dados separadas: **vendedores** e **totalvendas**, assim:

```
>>> vendedores = [`Vend1`, `Vend2`, `Vend3`, `Vend4`]
>>> totalvendas = [1200, 2350, 980, 1890]
```

Queremos montar uma lista com cada vendedor e seu total de vendas, então podemos utilizar o método *zip* e iterar sobre o resultado obtido. Porém, o resultado retornado é um *zip object*:

```
>>> zip(vendedores, totalvendas)
<zip object at 0x00000266BF6467C0>
```

Para vermos o resultado como uma lista, podemos fazer uma transformação, e aí sim veremos o resultado como uma lista de tuplas (lembrando que as listas em Python podem conter objetos de qualquer tipo):

```
>>> vendas = zip(vendedores, totalvendas)
>>> list(vendas)
[(`Vend1`, 1200), (`Vend2`, 2350), (`Vend3`, 980), (`Vend4`, 1890)]
```

Podemos ordenar também para descobrir quem é o melhor vendedor. Observe que, usando o método *sorted* de Python, não é necessário que o objeto seja uma lista.

```
>>> sorted(vendas, key=lambda x: x[1], reverse=True)
[(`Vend2`, 2350), (`Vend4`, 1890), (`Vend1`, 1200), (`Vend3`, 980)]
```

No código anterior, a função *sorted* recebe o *zip object* como *key*, passamos uma função *lambda* (que será vista no **Capítulo 21 – Funções**) para identificar a posição '1' que são os números em vez da '0', que é o nome do vendedor, e usamos *reverse*=-*True* para ele devolver a lista ordenada do maior para o menor, já que por *default* a ordenação é do menor para o maior.

É possível também utilizar *list comprehensions* aninhadas, ou seja, *list comprehensions* que iteram sobre o resultado de outra. Por exemplo, tendo uma lista de listas, podemos transportar todos os itens das sublistas para uma lista única:

```
>>> lista_palavras = [
...     ["casa", "cama", "banho"],
...     ["longe", "perto"],
...     ["joao", "maria", "jorge"]
... ]
>>> [ palavra for sublista in lista_palavras for palavra in sublista]
['casa', 'cama', 'banho', 'longe', 'perto', 'joao', 'maria', 'jorge']
```

O que aconteceu aqui? Para cada sublista existente dentro da lista **lista_palavras**, nós iteramos em cada palavra dentro dela e retornamos por meio da variável **palavra**, tornando tudo uma lista só.

Após a PEP 202, surgiu a PEP 274 (WARSAW, 2001) que trouxe os *dict comprehensions* e os *set comprehensions*, que, basicamente, têm as mesmas características das *list comprehensions*, porém:

✓ *set comprehensions* retornam um objeto *set* e não *list*;
✓ *dict comprehensions* retornam um objeto *dict* e não *list* e necessitam ter chave como valor de formato de retorno;
✓ ambas utilizam chaves ("{" e "}") para delimitar os *loops*, e não colchetes ("[" e "]").

Vamos a um exemplo de cada.

Como *sets* são uma lista de elementos que não se repetem, temos este resultado:

```
>>> numeros = [1, 33, 2, 5, 3, 4, 6, 2, 3, 6, 7, 2]
>>> {x for x in numeros}
{1, 2, 3, 33, 5, 4, 6, 7}
```

E como dicionários, observe a expressão de retorno que tem um ":" entre as variáveis, mesma sintaxe utilizada na declaração de dicionários.

```
>>> { ve: tv for ve, tv in zip(vendedores, totalvendas) }
{`Vend1`: 1200, `Vend2`: 2350, `Vend3`: 980, `Vend4`: 1890}
```

Confirmamos nestes exemplos que a estrutura é a mesma: expressão de saída, variável e filtro, porém a saída é que muda. Assim, ampliamos muito nossa capacidade de aplicar as *comprehensions* em diversificadas soluções no Python.

124 Jornada Python

Vimos neste capítulo como as *list/set/dict comprehensions* funcionam e como são declaradas e utilizadas. Com certeza não vimos aqui todas as possibilidades que esta ferramenta nos traz, e você pode exercitar sua imaginação e lógica testando novas expressões e aplicações das *comprehensions*.

21. Funções

Cláudio Henrique Franco Gomes

Uma função é um recurso que possibilita ao desenvolvedor concentrar em um único lugar um trecho de código que é chamado diversas vezes ao longo do programa. Isso facilita a manutenção e a otimização da aplicação.

O primeiro passo para escrever uma função é encontrar trechos de código que são chamados repetidas vezes ao longo do programa, como conexões a outros sistemas, validações e tratamentos de dados, cálculos matemáticos, dentre outros. O segundo passo é buscar resumir esse código. Quanto menos memória e processamento ocupar a função, mais eficiente ela deverá ser. Em se tratando de funções recursivas, isto é, que chamam a si mesmas, a busca por eficiência e economia é imperativa. Por fim, mas não exatamente, o nome da função deve descrever de forma clara, concisa e precisa as ações que realiza.

Criando uma função

Uma função é um bloco de código que é executado quando chamado. A sintaxe para definir uma função é:

```
def NOME (PARAMETROS):
    COMANDOS
```

Para executar uma função, basta chamá-la por seu nome, passando os parâmetros necessários:

```
>>> def imprimir():
...     print("Uma mensagem")
>>> imprimir()
Uma mensagem
```

Escopo de variáveis

O escopo de uma variável é o contexto onde a variável existe durante a execução de um código. Podemos definir o contexto como sendo de três tipos: global, local e parâmetros. O contexto global indica que a variável pode ser enxergada ao longo de todo o código-fonte. O contexto local indica que a variável existe somente dentro de uma função ou método de classe. Já o contexto de parâmetros são variáveis locais utilizadas para passarem dados a funções ou métodos de classe. No exemplo seguir, a variável *mensagem* pode ser acessada de dentro da função. Esse é o contexto global.

```
>>> mensagem = "Uma mensagem"
>>> def imprimir():
...      print(mensagem)
>>> imprimir()
Uma mensagem
```

No escopo local, a variável só pode ser acessada de dentro da função:

```
>>> def imprimir():
...      mensagem = "Outra mensagem"
...      print(mensagem)
>>> imprimir()
Outra mensagem
>>> print(mensagem)
NameError: name 'mensagem' is not defined
```

Em Python, uma variável de escopo local pode ter o mesmo nome de uma variável de escopo global. Quando isso acontece, o valor da variável global não se altera. Python possibilita que se declare explicitamente qual o escopo de uma variável por meio das palavras-chave *global* e *nonlocal*. A palavra-chave *nonlocal* é usada quando uma função é declarada dentro de outra função e alguma de suas variáveis pertence à função mais externa.

```
>>> mensagem = "Variável global"
>>> def imprimir_nivel1():
...        mensagem = "Variável nível 1"
...     def imprimir_nivel2():
...         mensagem = "Variável nível 2"
...         def imprimir_nivel3():
...             nonlocal mensagem
...             mensagem = "Variável nível 3"
...             print(mensagem)
...         imprimir_nivel3()
...         print(mensagem)
...     imprimir_nivel2()
...     print(mensagem)
```

```
>>> imprimir_nivel1()
Variável nível 3
Variável nível 3
Variável nível 1
>>> print(mensagem)
Variável global
```

Parâmetros e valores de retorno

Funções podem receber parâmetros, os quais devem ser especificados entre parênteses após o nome da função. É possível adicionar quantos parâmetros se desejar, desde que estejam separados por vírgulas. Parâmetros e argumentos podem ser considerados sinônimos para se referir a informações passadas para uma função.

Para retornar um valor da função, deve-se usar a cláusula *return* e especificar a lista de valores a serem retornados. Assim como os parâmetros, podem ser quantos se desejar, desde que estejam separados por vírgulas. É possível definir um valor padrão para um parâmetro, caso nenhum tenha sido fornecido.

```
>>> def soma(a, b=4):
...     res = a + b
...     return res
>>> soma(2, 3)
5
>>> soma(2)
6
```

128 Jornada Python

Para melhorar a leitura e o desempenho, Python disponibiliza caracteres especiais que determinam se parâmetros devem ser informados exclusivamente por posição, posição ou chave ou exclusivamente por chave. Uma função com tais parâmetros seria como:

```
>>> def soma(pos1, pos2, /, pos_chave1, pos_chave2, *, chave1, chave2):
... res = pos1 + pos2 + pos_chave1 + pos_chave2 + chave1 + chave2
... return res
```

Na função **soma** definida anteriormente, os parâmetros **pos1** e **pos2** são informados exclusivamente por posição, os parâmetros **pos_chave1** e **pos_chave2** podem ser informados tanto por posição quanto por chave e os parâmetros **chave1** e **chave2** só podem ser informados por chave. Se todos os parâmetros forem passados por posição, teremos erro. Da mesma forma, se todos os parâmetros forem passados por chave, teremos erro. O correto neste exemplo é passar alguns parâmetros só por posição, outros só por chave e os centrais de qualquer uma das duas formas. Lembre-se de que a ordem dos parâmetros passados como chave é irrelevante, pois o Python distribui os valores para as variáveis corretas.

```
>>> soma(1, 2, pos_chave1=3, pos_chave2=4, chave1=5, chave2=6)
21
>>> soma(1, 2, 3, 4, chave1=5, chave2=6)
21
```

Se quiséssemos que a função **soma** realizasse seus cálculos para uma quantidade maior de números, precisaríamos ajustar os parâmetros. Uma possibilidade é acrescentar o restante do alfabeto (a, b, c, d, ..., z) ou modificar a função para receber uma lista de números, conforme faremos a seguir. Nesse caso, utilizaremos um *loop* (**Capítulo 18 – Controle de fluxo**) para adicionar cada número:

```
>>> def soma(lista_numeros):
...     res = 0
...     for numero in lista_numeros:
...         res = res + numero
...     return res
>>> soma([2,4,6,8])
20
```

Parâmetros arbitrários

Caso não se saiba quantos argumentos devem ser definidos ou caso se deseje deixar a quantidade de argumentos em aberto, pode-se especificar que a função espera receber uma lista ou um dicionário deles.

No caso de uma lista, a declaração da função seria semelhante ao que já fizemos anteriormente. A diferença está no fato de que já se espera que os parâmetros estejam desempacotados ao chamar a função, ou seja, não chamamos a função passando um objeto lista, mas sim uma sequência de números separados por vírgulas ou uma lista desempacotada:

```
>>> def soma(*lista_numeros):
...     res = 0
...     for numero in lista_numeros:
...         res = res + numero
...     return res
>>> soma(2, 4, 6, 8)
20
>>> valores = [2, 4, 6, 8]
>>> soma(*valores)
20
```

No caso de um dicionário, a diferença estaria no fato de que os parâmetros passariam a ter um nome, o que nos permitiria identificá-los conforme a necessidade. É possível combinar uma lista com um dicionário, mas é necessário lembrar que a lista sempre deve anteceder o dicionário.

Lambda

Python também permite definir uma função sem nome por meio da palavra-chave *lambda*. A sintaxe para definir uma função assim é:

```
lambda argumentos: expressão
```

Apesar de ser uma função anônima, é possível dar um nome a uma função definida pela palavra-chave *lambda*. Não é necessário especificar qual valor está sendo retornado pela função *lambda*, o resultado da expressão é o retorno da função. Por exemplo, vamos definir a função *lambda* a seguir que calcula a soma de dois valores.

```
>>> soma = lambda a,b: a+b
```

130 Jornada Python

Funções aninhadas

Em Python é possível declarar funções dentro de outras funções. Se dentro de uma função muito complexa blocos de código se repetirem muitas vezes, pode ser bom criar funções desses blocos, tornando o código-fonte mais limpo e mais fácil de manter.

```
>>> def indicadores(lista_numeros):
...     def soma(lista_numeros):
...         res = 0
...         for numero in lista_numeros:
...             res = res + numero
...         return res
...     def media(lista_numeros):
...         quantidade = len(lista_numeros)
...         res = soma(lista_numeros) / quantidade
...         return res
...     return soma(lista_numeros), media(lista_numeros)
>>> indicadores([2,4,6,8])
(20, 5.0)
```

Funções de primeira classe

Funções em Python derivam da classe *object*, sendo possível atribuir uma função a uma variável, armazená-la em uma estrutura de dados, passá-la como argumento para outras funções ou mesmo retorná-la como valor de outras funções. No exemplo a seguir, criamos uma função que recebe outra função e um valor de argumento. O argumento é então passado para a função recebida como argumento e o resultado retornado.

```
>>> def calcula(func, valor):
...     return func(valor)
>>> def quadrado(valor):
...     return valor ** 2
>>> calcula(quadrado, 3)
9
```

Decorators

Um *decorator* é uma forma de modificar o comportamento de uma função. Em *decorators*, funções são recebidas como parâmetros e então executadas dentro de funções internas, chamadas empacotadoras. Essas funções empacotadoras, por sua vez, recebem os parâmetros da função modificada. Para utilizar um *decorator*, basta colocar o nome do *decorator* precedido por um símbolo de arroba (@) antes da função a ser decorada.

```
>>> def calcula(f):
...     def empacotador(*args, **kwargs):
...         res = f(*args, **kwargs)
...         res = f"O resultado é {res}"
...         return res
...     return empacotador
>>> @calcula
... def quadrado(valor):
...     return valor ** 2
>>> quadrado(3)
'O resultado é 9'
```

Anotações e documentações em funções

Anotações são metadados opcionais a respeito dos tipos de dados recebidos e retornados pelas funções. Essas anotações ficam armazenadas na propriedade __annotations__. A documentação de uma função é feita acrescentando texto encapsulado por aspas triplas logo após a linha de definição da função. Essas documentações ficam armazenadas na propriedade __doc__. A inclusão tanto de anotações quanto de documentações não altera de nenhuma forma a execução do código.

```
>>> def soma(a: float, b: float) -> float:
...     """Retorna a soma de dois números."""
...     return a+b
>>> print(soma.__annotations__)
{'a': <class 'float'>, 'b': <class 'float'>, 'return': <class 'float'>}
>>> print(soma.__doc__)
Retorna a soma de dois números.
```

A documentação de uma função também pode ser acessada por meio do comando *help*.

```
>>> help(soma)
Help on function soma in module __main__:
soma(a:float, b:float) -> float
    Retorna a soma de dois números.
```

Apesar de anotações e documentações não alterarem de nenhuma forma a execução do código, é muito importante utilizar esses recursos para documentar o código-fonte. A documentação do código-fonte facilita a transmissão de conhecimento tanto para outros programadores quanto para si mesmo, quando precisar revisitar uma função escrita há muito tempo.

22. Manipulação de arquivos

Guilherme Arthur de Carvalho

Neste capítulo iremos aprender como manipular arquivos utilizando a biblioteca padrão da linguagem Python ao desenvolver uma aplicação para cadastrar livros.

Método *builtin open*

O método *open* é o responsável por abrir o arquivo e retornar uma instância de *file object*. Ele possui apenas um argumento obrigatório que indica qual o caminho do arquivo a ser aberto. Outro argumento muito importante para o uso da função *open* é o modo: ele indica qual o modo de abertura (escrita, adição, leitura, criação) e qual o tipo do arquivo (texto ou binário). Os modos disponíveis são:

Tabela 22.1. Modos de abertura de arquivos da linguagem Python.
Fonte: o autor.

Caractere	Significado
r	Abre o arquivo para escrita. Dá erro se o arquivo não existe.
w	Abre para escrita apagando seu conteúdo. Cria o arquivo caso não exista.
x	Cria o arquivo. Dá erro caso o arquivo já exista.
a	Abre para escrita, adicionando novos valores ao final do arquivo. Cria o arquivo caso não exista.
b	Modo binário.
t	Modo texto.
+	Abre o arquivo para atualização, adicionando novos valores no início do arquivo. Deve ser utilizado em conjunto com outro modo ("r", "w", "x" ou "a").

Caso só seja informado o nome do arquivo, por padrão, ele será aberto para leitura em modo texto ("rt"). Para criar um arquivo podemos utilizar o modo 'x', 'a' ou 'w+':

```
>>> f = open("myfile.txt", "x")
>>> f = open("myfile.txt", "a")
>>> f = open("myfile.txt", "w+")
```

134 Jornada Python

Outro método muito importante é o *close()*, que deve ser usado sempre quando não precisamos mais manipular o arquivo. Abrir arquivos e não fechar significa desperdiçar recursos computacionais:

```
>>> f.close()
```

Podemos usar o gerenciador de contexto *with* para automaticamente abrir e fechar nossos arquivos, dessa forma evitamos acidentalmente continuar alocando recursos que não serão mais utilizados:

```
>>> with open("myfile.txt", "x") as f:
    # Código de manipulação do arquivo
```

Para inserir conteúdo podemos fazer de duas formas: passando uma lista de *strings* ou apenas uma *string*:

```
>>> with open("myfile.txt", "w") as f:
...     f.write("Olá mundo")
9
>>> with open("myfile.txt", "w") as f:
...     f.writelines(["Olá", "mundo!"])
```

No código anterior, nos dois exemplos, somente uma linha será escrita no arquivo. Especificamente no primeiro o número '9' é retornado porque é o tamanho da *str* que solicitamos ser escrita no arquivo. A documentação da função *open*[38] mostra que o retorno depende do modo.

Há diferença também no resultado salvo no *file* em que, no primeiro caso, as palavras permanecerão separadas por um espaço em branco. No segundo caso, as duas palavras serão escritas uma após a outra sem um separador.

Como já citado anteriormente, é importante informar corretamente o modo de abertura do arquivo, para que o arquivo seja criado corretamente. Para adicionar novas linhas ao nosso arquivo não devemos usar o modo 'w', pois ele sempre apaga o conteúdo existente. Quando queremos manter o conteúdo existente adicionando novas linhas, usamos o modo 'a':

```
>>> with open("myfile.txt", "a") as f:
...     f.writelines(["\nLivro", "Jornada", "Python"])
```

---

[38] <https://docs.python.org/3/library/functions.html#open>.

Para exibir o conteúdo do nosso arquivo, da mesma forma como fizemos anteriormente, vamos chamar o método *open* passando o modo de abertura como 'r'.

```
>>> with open("myfile.txt", "r") as f:
...     print(f.read())
LivroJornadaPython
>>> with open("myfile.txt", "r") as f:
...     print(f.readlines())
['\n', 'LivroJornadaPython']
```

Assim como a operação de escrita, existem dois métodos para fazer a leitura de arquivos: *read* e *readlines*. O primeiro retorna uma *string* e o segundo uma lista de *strings*, sendo cada linha o elemento de uma lista. Prefira usar *readlines* quando precisar capturar as linhas do documento.

Agora, se você precisa manipular arquivos em modo binário, a única alteração que você fará no seu código é no modo de abertura, adicionando o 'b': 'wb', 'ab' e 'rb'.

Criando uma agenda

Vamos colocar a mão na massa. Primeiro, vamos codificar uma simples aplicação de terminal para adicionar e listar contatos. Crie um arquivo chamado **contacts.py**:

```
option = 2
contacts = []
while (option != 3):
    print("\nSeja bem vindo ao programa de cadastro de contatos!")
    print("""
    1 - Novo contato
    2 - Listar contatos
    3 - Sair
    """)
    option = int(input(":"))
    if option == 1:
        contacts.append(input("Informe o contato: "))
        print("Contato criado!")
    elif option == 2:
        print("Listando contatos")
        for contact in contacts:
            print(contact)
    elif option != 3:
        print("Opção inválida!")
```

136 Jornada Python

Execute a aplicação e cadastre alguns contatos, após isso finalize e rode novamente. Como você irá perceber, toda vez que encerramos e iniciamos nossa aplicação os dados salvos são perdidos. Isso acontece porque os contatos estão sendo salvos na memória, que é um armazenamento volátil.

Para contornar esse problema, vamos salvar os contatos em arquivo. Quando o programa iniciar, vamos criar o arquivo **contacts.txt** e salvar cada novo contato em uma nova linha neste arquivo. Assim, quando o programa for encerrado, os dados continuarão salvos, permitindo serem listados.

```python
option = 2
while (option != 3):
    print("\nSeja bem vindo ao programa de cadastro de contatos!")
    print("""
1 - Novo contato
2 - Listar contatos
3 - Sair
""")
    option = int(input(":"))
    if option == 1:
        name = input("Informe o contato: ")
        with open("contacts.txt", "a") as f:
            f.write(f"\n{name}")
        print("Contato criado!")
    elif option == 2:
        print("Listando contatos")
        with open("contacts.txt", "r") as f:
            for contact in f.readlines():
                print(contact, end="")
    elif option != 3:
        print("Opção inválida!")
```

Após rodarmos o programa e criarmos um novo contato, podemos ver que o arquivo foi gerado corretamente. Mas nosso programa tem um erro não tratado! Quando executarmos pela primeira vez, se tentarmos listar os contatos vamos receber o erro *FileNotFoundError: [Errno 2] No such file or directory: 'contacts.txt'*, pois o arquivo ainda não existe. Vamos tratar da seguinte forma: na listagem quando o arquivo não existir, exibiremos a mensagem "Lista de contatos vazia". Para se recordar sobre como tratar exceções, leia novamente o **Capítulo 19 – Tratamento de exceções e erros**.

```python
option = 2
while (option != 3):
    print("\nSeja bem vindo ao programa de cadastro de contatos!")
    print("""
    1 - Novo contato
    2 - Listar contatos
    3 - Sair
    """)
    option = int(input(":"))
    if option == 1:
        name = input("Informe o contato: ")
        with open("contacts.txt", "a") as f:
            f.write(f"\n{name}")
        print("Contato criado!")
    elif option == 2:
        print("Listando contatos")
        try:
            with open("contacts.txt", "r") as f:
                for contact in f.readlines():
                    print(contact, end="")
        except FileNotFoundError:
            print("Lista de contatos vazia.")
    elif option != 3:
        print("Opção inválida!")
```

Agora nosso programa está completo! Caso você queira implementar a operação de exclusão de todos os contatos, basta você abrir o arquivo com modo de abertura 'w'.

A beleza do Python consiste em possuir uma interface limpa e consistente em suas bibliotecas, visando sempre a facilitar a leitura e a escrita de código. Isso fica muito evidente quando trabalhamos com arquivos. Sem dúvida, é uma das linguagens que fazem isso com maestria. Para se aprofundar mais no tratamento de arquivos, não deixe de conferir a documentação da linguagem.

23. Conexão com banco de dados

Cláudio Henrique Franco Gomes

Alguns problemas em Python são resolvidos por meio da definição de padrões (**Capítulo 5 – PEP – *Python Enhancement Proposal***). No caso do problema de conexão ao banco de dados, o Python define em seus padrões como as interfaces dos conectores devem ser escritas. O padrão PEP 248 (LEMBURG, 2001a) definiu a primeira versão da API de banco de dados. Esse padrão foi substituído pela PEP 249 (LEMBURG, 2001b), que define a segunda e atual versão dessa API. Neste capítulo, trataremos dos conectores a bancos de dados que se orientam pela PEP 249.

Toda API de banco de dados em Python, conforme estabelecido pela PEP 249, deve implementar os mesmos objetos e funções. Dessa forma, se o desenvolvedor precisar trocar a API, basta substituir a linha que importa a biblioteca por outra. No código a seguir, temos comentadas a importação de várias bibliotecas de conexão com bancos de dados distintos. Se em cada um deles existir uma tabela com a mesma estrutura, o código funcionará do mesmo jeito.

```
>>> # import cx_Oracle as db_api # Oracle
>>> # import MySQLdb as db_api # MySQL
>>> import pyhive.hive as db_api # Apache Hive
>>> # import pyPgSQL.PgSQL as db_api # PostgreSQL
>>> # import sqlite as db_api # SQLite
```

Para efetuar a conexão com o banco de dados, chamamos o método *connect*, que recebe por parâmetros o endereço do servidor onde está rodando o banco de dados, a porta onde esse servidor espera receber conexões, o usuário para acesso ao banco, a senha do usuário, o *namespace* da tabela do banco de dados a ser lida e o tipo de autenticação que o banco de dados aceita. Esse método retorna um objeto *Connection*, que possibilitará enviarmos comandos ao banco de dados. Veja o exemplo a seguir:

Conexão com banco de dados **139**

```
>>> from getpass import getpass
>>> import os
>>> import pyhive.hive as db_api
>>> connection = db_api.connect(
...     host="localhost",
...     port=10000,
...     username=os.getenv("USER"),
...     password=getpass("Informe a senha: "),
...     database="universidade",
...     auth="CUSTOM"
... )
```

No exemplo anterior, usando a biblioteca PyHive[39], fazemos a conexão com um banco de dados Apache Hive[40], passando como nome do usuário o *login* do sistema por meio do método *getenv* da biblioteca *os*. Para a senha não ficar exposta no código-fonte, utilizamos o método *getpass*, que recebe dados pela entrada padrão sem replicar essa entrada para a saída padrão. Informamos também o endereço do servidor de banco de dados (*localhost*), a porta (10000), o *namespace* (universidade) e o método de autenticação. O método de autenticação pode variar entre as APIs de bancos de dados. Recomendamos ler a documentação da API que você estiver utilizando para evitar problemas. A instância do objeto *Connection* é atribuída à variável *connection*.

O objeto *Connection* possui os seguintes métodos:

- ✓ **close()**: fecha a conexão com o banco de dados.
- ✓ **commit()**: conclui as transações pendentes.
- ✓ **rollback()**: desfaz as transações pendentes. Este método é opcional.
- ✓ **cursor()**: retorna um objeto *Cursor* que permite utilizar a conexão.

Vamos atribuir a instância do objeto à variável *cursor* para poder operar no banco de dados:

```
>>> cursor = connection.cursor()
>>> cursor.execute(
...     "SET hive.execution.engine=tez"
... )
>>> cursor.execute(
...     "SET hive.vectorized.execution.reduce.groupby.enabled=false"
... )
```

---

[39] <https://github.com/dropbox/PyHive>.
[40] <http://hive.apache.org/>.

140 Jornada Python

No código anterior, enviamos comandos específicos da plataforma Apache Hive por meio do método *execute* do objeto *Cursor*. A natureza desses comandos não é importante nesse momento, basta que você saiba que isso é possível.

O objeto *Cursor* possui os seguintes atributos e métodos:

- ✓ *description*: descrição do esquema do banco de dados, relacionando obrigatoriamente os nomes e os tipos das colunas.
- ✓ *rowcount*: informa a quantidade de linhas que o último comando executado produziu.
- ✓ *close()*: fecha *Cursor*, tornando necessário criar um novo *Cursor* para executar comandos no banco de dados.
- ✓ *execute(...)*: executa consultas e comandos no banco de dados.
- ✓ *fetchone()*: retorna o primeiro registro da consulta.
- ✓ *fetchmany(size)*: retorna a quantidade de registros informada em *size*.
- ✓ *fetchall()*: retorna todos os registros da consulta.

A PEP 249 define outros métodos que a DB-API pode implementar. Recomendamos a leitura do manual da API que você estiver utilizando para informações mais detalhadas, uma vez que a API não precisa se restringir a essas propriedades e métodos, podendo facilitar a vida do usuário de muitas formas diferentes.

No nosso exemplo, vamos executar uma consulta simples a uma base de usuários, retornando os valores de matrícula, nome e ramal do usuário em questão. Como só esperamos receber uma linha, podemos utilizar o método *fetchall*. Caso contrário, seria recomendável utilizar o método *fetchmany* e tratar cada conjunto de dados conforme apropriado. O atributo *description* do objeto *Cursor* retorna uma lista de atributos das tabelas do banco de dados, sendo o primeiro deles o nome da coluna, o qual usaremos para nomear as colunas do nosso *DataFrame*.

```
>>> import pandas as pd
>>> sql_query = """
...     select matricula, nome, ramal
...     from usuarios where matricula='007'
... """
>>> cursor.execute(sql_query)
>>> resultado = cursor.fetchall()
>>> schema = [
...     x[0].split('.')[1] if '.' in x[0] else x[0]
...     for x in cursor.description
... ]
>>> df = pd.DataFrame.from_records(resultado, columns=schema)
```

Esse exemplo completo ficaria assim:

```
>>> from getpass import getpass
>>> import os
>>> import pandas as pd
>>> import pyhive.hive as db_api
>>> connection = db_api.connect(
...     host="localhost",
...     port=10000,
...     username=os.getenv("USER"),
...     password=getpass("Informe a senha: "),
...     database="universidade",
...     auth="CUSTOM"
... )
>>> cursor = connection.cursor()
>>> cursor.execute(
    "SET hive.execution.engine=tez"
)
>>> cursor.execute(
...     "SET hive.vectorized.execution.reduce.groupby.enabled=false"
... )
>>> sql_query = """
...     select matricula, nome, ramal
...     from usuarios where matricula='007'
... """
>>> cursor.execute(sql_query)
>>> resultado = cursor.fetchall()
>>> cursor.close()
>>> schema = [
...     x[0].split('.')[1] if '.' in x[0] else x[0]
...     for x in cursor.description
... ]
>>> df = pd.DataFrame.from_records(resultado, columns=schema)
>>> connection.close()
```

A inserção de registros no banco de dados se dá também pelo método *execute*. No caso da tabela **usuarios** do exemplo anterior, poderíamos criar novos usuários passando um comando de inserção para o método *execute* juntamente com os valores a serem inseridos em cada coluna. No código a seguir, partimos da suposição de que a variável **lista_de_usuarios** armazena uma lista de tuplas contendo valores de matrículas, nomes e ramais de usuários. Note que optamos por executar o método *commit*, concluindo as transações pendentes somente ao final do *loop*. Esse método poderia ser executado dentro do *loop*, após cada inserção. A melhor forma de aplicar

142 Jornada Python

o *commit* depende da situação, ficando a cargo do desenvolvedor avaliar a melhor solução para o seu problema.

```
>>> sql_insert = """
...     insert into usuarios (matricula, nome, ramal)
...     values (?,?,?)
... """
>>> for (matricula, nome, ramal) in lista_de_usuarios:
...     cursor.execute(sql_insert, (matricula, nome, ramal))
>>> connection.commit()
```

Conforme pudemos observar, em decorrência dos padrões que definem como devem ser implementadas APIs de conexão a banco de dados, sendo o mais atual a PEP 249, a tarefa do desenvolvedor é facilitada por uma curva de aprendizado rápida. Assim, ele perde pouco tempo aprendendo a usar a ferramenta, no caso a API de conexão ao banco de dados, para poder passar mais tempo focado na solução do seu problema.

24. Documentando o código

Juliana Guamá
Roger Sampaio

Geralmente programadores documentam pouco ou nada seus códigos-fonte. Deixar de documentar não impedirá que o programa seja executado; entretanto, documentar é uma boa prática que pode trazer muitos benefícios não somente para o programador que produziu o código-fonte, mas a todos os envolvidos que terão acesso a ele (veja **Capítulo 41 – *Clean code* e boas práticas**).

Um dos principais e talvez maior benefício de um código documentado é facilitar o entendimento de quem irá consumir ou realizar a manutenção do código. Uma boa documentação do código revela o propósito pelo qual foi criado, além dos detalhes técnicos necessários. Exploraremos neste capítulo a documentação do código-fonte discutindo as *Docstrings*, estilos NumPy e *Google Python Style Guide* e a ferramenta Pydoc.

Docstrings

Segundo a PEP 257 (GOODGER; VAN ROSSUM, 2001), *Docstring* é uma *string* em formato literal, usada para documentar módulos, funções, classes e métodos. Essa *string* pode ter uma ou várias linhas, porém nada é atribuído dentro. *Docstring* é referenciada através do atributo especial __doc__ do objeto que está sendo documentado. Diferentemente dos comentários, *Docstrings* descrevem o que a função faz e não como.

A PEP ainda sugere que a *Docstring* que explica um módulo deve estar presente no __init__.py. Existem quatro PEPs que descrevem as *Docstrings*, e o *roadmap* para elas pode ser encontrado na PEP 256.

Algumas das convenções de boas práticas introduzidas na PEP 257 são:

✓ Comentário de uma linha se o conteúdo for pequeno.

144 Jornada Python

- ✓ Usar múltiplas linhas se o conteúdo ultrapassar 72 caracteres (VAN ROSSUM; WARSAW; COGHLAN, 2001).
- ✓ Não deve existir linha em branco entre a linha de definição da função/método/ classe e a *Docstring*.
- ✓ O comentário deve iniciar e terminar em três aspas duplas.
- ✓ Toda a documentação de um mesmo projeto deve seguir um mesmo estilo.
- ✓ A documentação usa verbos no imperativo afirmativo na terceira pessoa do singular. Essa indicação facilita o entendimento da função porque a leitura fica "a função faz", "ela faz".
- ✓ A documentação deve trazer informação complementar, ou seja, não se descreve o que já foi descrito no nome da função.
- ✓ Para evitar extensa documentação, sugere-se uso de *type hinting* (será visto mais à frente neste capítulo).

Exemplos:

```
#má prática
def soma(a, b):
    """Retorna a soma do a com b"""
    return a + b
```

```
#boa prática
def soma(a, b):
    """Retorna soma para `int` e `float`; concatena tipo `str`"""
    return a + b
```

Pode-se acessar a *Docstring* pelo atributo _doc_ da função documentada:

```
>>> print(soma.__doc__)
Retorna soma para `int` e `float`; concatena tipo `str`
```

Exemplo com *doc* de várias linhas:

```
def soma(a, b):
    """Verifica se `type(a) == type(b)`:
    - Se verdadeiro retorna soma para tipos numéricos; concatena tipo `str`
    - Retorna `None` caso contrário
    """
    if type(a) == type(b):
        return a + b
    return None
```

Além das convenções de escrita, a PEP 287 (GOODGER, 2002) sugere a adoção do estilo *reStructuredText*, que será abordado neste capítulo.

Independentemente do estilo adotado no código, a *Docstring* é escrita em texto não formatado no código e a visualização formatada é disponibilizada em IDEs específicas de Python (PyCharm, Spyder) ou IDEs genéricas que possuam extensão para *Docstrings*.

Pydoc

Para acessar documentação de pacotes de Python pode-se usar Pydoc, que já vem instalado por padrão nas versões do interpretador da linguagem Python. Para usar, basta rodar como *script* pelo *prompt* de comando (Windows) ou terminal (Linux/MacOS):

```
$ python -m pydoc <nomeModulo>
```

Para o exemplo a seguir, considera-se que a *package pandas* esteja instalada no seu ambiente Python:

```
$ python -m pydoc pandas
```

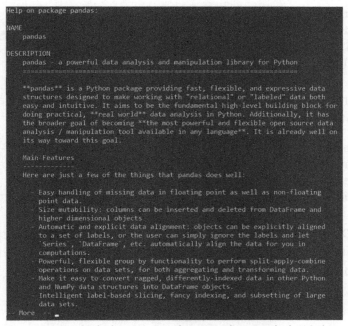

Figura 24.1. Resultado da execução pelo *prompt* de comando do Windows.
Fonte: os autores.

146 Jornada Python

Type hinting

Introduzida na atualização de Python 3.5[41], *type hinting* serve como indicador do tipo de variável que se espera para a função.

```
def apresentacao(nome: str) -> str:
    """Retorna `Ola` + nome """
    return "Olá" + nome
```

O objetivo da *package* é que a função possua uma indicação do tipo de variável esperada para facilitar o uso e o entendimento das funções (*type hinting* = sugestão de tipo). Da mesma forma que Pydoc acessa a documentação, também existe um pacote *built-in* de Python para acessar o *type hinting* que é a *typing*.

```
>>> import typing
>>> print(typing.get_type_hints(apresentacao))
{`nome`: <class `str`>, `return`: <class `str`>}
```

Além dos tipos padrão de Python, também é possível com o pacote *typing* apresentar tipos próprios ou de pacotes conhecidos:

```
from typing import List
Vetor = List[float]
def multiplica_vetor(num: float, vetor: Vetor) -> Vetor:
    """Multiplica um `num` em todos os elementos de um `Vetor`"""
    return [num * elem for elem in vetor]
```

Para o próximo exemplo, considere que é importante ter pandas instalado no seu ambiente Python:

```
>>> import pandas as pd
>>> PandasDataFrame = pd.DataFrame
>>> def is_pandas_dataframe(dataframe: PandasDataFrame) -> bool:
...     return type(dataframe) == PandasDataFrame
```

O conjunto *Docstrings* e *type hinting* complementam a documentação sugerida para *scripts* de Python. Nos próximos tópicos vamos apresentar alguns outros exemplos de marcação para *Docstrings*.

---

[41] <https://docs.python.org/3/library/typing.html>.

Estilos para *Docstrings*

Existem diversos estilos para *Docstrings* que foram apresentados ao longo dos anos e novos podem ser construídos, mas vamos apresentar um exemplo nos estilos GoogleDoc e NumpyDoc porque são os dois mais usados, além de reStructuredText. Para facilitar a comparação entre estilos, começamos apresentando um código em reStructuredText e o comparamos aos outros estilos.

```python
from typing import Any
def soma(a: Any, b: Any) -> Any:
    """Se type(a) == type(b) realiza a soma para tipos numéricos,
    concatena para `str`

    :param a: int, float ou str
    :param b: int, float ou str
    """
    if type(a) == type(b):
        return a+b
    return None
```

GoogleDoc

Guia de estilo criado pelos desenvolvedores do Google e usado para documentar os códigos Python desenvolvidos pela empresa[42].

```python
from typing import Any
def soma(a: Any, b: Any) -> Any:
    """Se type(a) == type(b), realiza a soma para tipos numéricos,
    concatena para `str`

    Args:
    a (Any): int, float ou str
    b (Any): int, float ou str
    """
    if type(a) == type(b):
        return a+b
    return None
```

---

[42] <https://google.github.io/styleguide/pyguide.html#Comments>.

NumpyDoc

O estilo segue o formato NumPy e possui documentação[43] referenciando como usar o estilo. Seu código é aberto no GitHub[44] para receber contribuições da comunidade.

```python
from typing import Any
def soma(a: Any, b: Any) -> Any:
    """Se type(a) == type(b) realiza a soma para tipos numéricos,
    concatena para `str`

    Parameters
    ----------
    a : Any
        int, float ou str
    b : Any
        int, float ou str
    """
    if type(a) == type(b):
        return a+b
    return None
```

---

[43] <https://numpydoc.readthedocs.io/en/latest/format.html>.

[44] <https://github.com/numpy/numpydoc>.

PARTE IV.
ORIENTAÇÃO A OBJETOS

25. Introdução à orientação a objetos e seus quatro pilares

Tatiana Escovedo
Viviane Laporti

A programação procedural é um paradigma baseado no conceito de chamadas a procedimentos (também conhecidos como rotinas, métodos ou funções). Embora faça parte do ensino e do dia a dia de muitos desenvolvedores, existem outros modelos de abstração e de representação da lógica que trouxeram diferentes formas de programar, como a Programação Orientada a Objetos (POO), que propõe uma aproximação para a visão de mundo que temos.

No mundo físico, a todo momento lidamos com objetos e, com eles, adotamos determinados comportamentos e executamos ações, muitas delas contendo decisões, rotinas e repetições. Por analogia ao mundo físico, com a programação orientada a objetos deixamos de ter programas orientados apenas à execução de rotinas e passamos a ter um novo paradigma de programação orientada à transformação, manipulação e utilização de objetos. Um programa orientado a objetos é estruturado como uma comunidade de agentes interativos, os objetos. Cada objeto tem um papel: provê um serviço ou efetua uma ação, sendo usado por outros membros da comunidade, ou seja, outros objetos.

Na POO uma ação é realizada por meio da troca de mensagens entre objetos. A mensagem codifica a requisição para uma ação e é acompanhada por informações adicionais (argumentos) necessários para resolver a requisição. O receptor é o objeto para o qual a mensagem é enviada. Se o receptor aceita a mensagem, ele aceita a responsabilidade de proceder com a ação indicada. Em resposta à mensagem, o receptor executa um método para satisfazer a requisição.

Um dos diferenciais de linguagens orientadas a objeto é a possibilidade de integrar dados e comportamento em uma única estrutura, como veremos com mais detalhes no próximo capítulo. Neste momento, para compreender melhor a proposta da orientação a objetos, é importante entender o que é Tipo Abstrato de Dados (TAD), que amplia o conceito dos tipos de uma linguagem, permitindo que novos tipos se-

Introdução à orientação a objetos e seus quatro pilares **151**

jam definidos pelo desenvolvedor. É possível definir dentro de uma única estrutura a representação e as operações do tipo de dado, mas a representação interna e a implementação do tipo são escondidas dos seus usuários. O uso de um TAD se dá por meio de uma interface pública, que representa as operações disponíveis para uso. Em orientação a objetos, um tipo de dado é uma classe e é descrito por meio de sua representação e do conjunto de operações válidas que acessam e manipulam os seus respectivos valores.

Nessa linha, um objeto é a instância de uma estrutura de dados do tipo classe, que é um TAD. O objeto tem estados (seus dados, o que o objeto sabe sobre si mesmo) e comportamento (o que o objeto faz). Em orientação a objetos, instância é um sinônimo de objeto. Uma classe não é um objeto, mas é usada para construí-lo. Assim, os objetos construídos a partir de uma classe possuem comportamento comum e podem compartilhar um estado comum. De forma resumida, uma classe é o projeto de um objeto e fornece a descrição do comportamento (operações) comum e do estado (dados) dos objetos. Por exemplo, a classe Pessoa define o comportamento comum (por exemplo, andar, dormir) e o estado (por exemplo, nome e idade) que os objetos da classe Pessoa possuirão.

O comportamento de um objeto é definido pela sua respectiva classe por meio de métodos, um conjunto de rotinas que operam sobre os dados. Um método descreve a maneira como o objeto reage quando se alteram seus dados ou quando interage com outros objetos. Os atributos de um objeto, por sua vez, definem o seu estado e representam seus dados, podendo ter valores únicos para cada objeto de um determinado tipo. As classes podem ser arranjadas em hierarquias, de modo que uma subclasse pode herdar as características de sua superclasse. Iremos nos aprofundar nesses conceitos nos capítulos a seguir.

Vimos até aqui que a orientação a objetos permite a representação de cada elemento em um objeto ou classe. Um ponto importante dessa abordagem é o fato desses elementos serem representados de forma muito clara, com responsabilidades bem definidas e independentes dos outros objetos, da mesma forma que acontece com os objetos do mundo real. Isso deixa o código mais claro e de fácil manutenção, além de permitir que trechos de códigos sejam facilmente reutilizados em outros sistemas.

Java, C#, C++ e Python são alguns exemplos de linguagens orientadas a objeto. Para que uma linguagem seja considerada orientada a objeto, ela precisa seguir quatro pilares, que serão brevemente apresentados a seguir (e que serão detalhados nos próximos capítulos):

152   Jornada Python

✓ **Encapsulamento:** pode ser considerado uma "embalagem" ao redor do objeto, bem como do código e dos dados que estão sendo manipulados diretamente por ele, definindo o comportamento de um objeto e protegendo-o do acesso indevido por outros objetos.

✓ **Abstração:** consiste em projetar as classes (com seus atributos e métodos) pensando nos comportamentos e estados que queremos que os objetos que serão criados a partir delas tenham, ou seja, é necessário programar usando um nível de pensamento mais abstrato.

✓ **Herança:** é o meio pelo qual as características e comportamentos descritos para caracterizar uma dada classe "pai" pode passar a outra classe "filha". Assim como ocorre com conjuntos e subconjuntos, onde o subconjunto absorve todas as características definidas para o "conjunto pai", por meio da herança entre classes, as características e comportamentos são herdados das superclasses para as suas subclasses.

✓ **Polimorfismo:** permite que métodos com a mesma semântica tenham múltiplas implementações, de acordo com a classe particular para a qual foram definidos. Ou seja, é possível alterar seu comportamento conforme a necessidade.

26. Classes, objetos, métodos e atributos

Cláudio Henrique Franco Gomes

Definição

Como vimos no capítulo anterior, uma classe representa a estrutura que serve como modelo para a criação de um objeto: a classe é o projeto de um objeto e fornece a descrição do comportamento (operações) comum e do estado (dados) dos objetos. Classes estão para objetos assim como formas estão para bolos: podemos preparar vários bolos a partir de uma mesma forma, assim como podemos criar vários objetos a partir de uma mesma classe. A forma definirá algumas propriedades comuns (por exemplo, sabor) e comportamentos (por exemplo, ser comestível) dos bolos, mas cada bolo poderá ter valores diferentes para a propriedade sabor.

Assim, as classes são estruturas de dados que unem variáveis (propriedades) e funções (comportamentos) dentro de um mesmo contexto. Em Python, tudo deriva de uma classe, inclusive tipos básicos como tipos numéricos e textos. Veja o que acontece quando executamos o comando *help(int)*:

```
>>> help(int)
Help on class int in module builtins:

class int(object)
 |  int(x=0) -> integer
 |  int(x, base=10) -> integer
 |
 |  Convert a number or string to an integer, or return 0 if no arguments
 |  are given.  If x is a number, return x.__int__().  For floating point
 |  numbers, this truncates towards zero.
 |
 |  If x is not a number or if base is given, then x must be a string,
 |  bytes, or bytearray instance representing an integer literal in the
 |  given base.  The literal can be preceded by '+' or '-' and be surrounded
```

154 Jornada Python

```
| by whitespace.  The base defaults to 10.  Valid bases are 0 and 2-36.
| Base 0 means to interpret the base from the string as an integer literal.
| >>> int('0b100', base=0)
| 4
|
-- More --
```

Note que o tipo *int* deriva da classe *int*, que, por sua vez, herda da classe *object* atributos e métodos comuns a todas as classes. Vimos no capítulo anterior que as classes podem formar hierarquias, e uma subclasse pode herdar as características de sua superclasse, mas falaremos mais sobre herança no **Capítulo 28 – Herança, polimorfismo e classes abstratas**.

Em Python, classes podem ser definidas em qualquer lugar, inclusive dentro de funções. Usualmente, classes são definidas mais próximas do início do programa ou em módulos próprios, o que costuma deixar o código que vai fazer uso dessas classes mais limpo e fácil de manter.

Sintaxe

A sintaxe para definir uma classe é:

```
class NomeDaClasse:
    DECLARAÇÕES e COMANDOS
```

A palavra-chave *class* é usada para definir uma classe. Recomenda-se que o nome da classe utilize o padrão *CamelCase*, isto é, cada palavra do nome do objeto é escrita com a primeira letra maiúscula e todas elas são unidas sem espaços ou caracteres entre si.

Por exemplo, suponha que estamos escrevendo o código-fonte de um jogo de RPG. Vamos começar escrevendo uma classe para definir um personagem. A estrutura inicial desta classe poderia se parecer com o código a seguir:

```
>>> class PersonagemDeRPG:
...     pass
```

Objetos e instâncias

A classe **PersonagemDeRPG** do exemplo anterior descreve como deve ser a estrutura de personagens de RPG no nosso jogo. Quando esta classe é usada para criar um personagem específico, dizemos que é instanciado um objeto. Vale a pena ressaltar que uma classe pode ser escrita só para reunir dentro de si funções utilitárias, não sendo necessariamente usada para criar objeto (muito embora lembre um canivete suíço!). Quando este objeto é atribuído a uma variável, diz-se que essa variável referencia este objeto. Isto é, a variável possuirá as mesmas características da classe.

No exemplo a seguir, definimos uma classe **Pessoa** que possui dois métodos: *__init__*, responsável por inicializar o atributo **nome** durante a criação da instância, e *__str__*, que é chamado sempre que queremos converter **Pessoa** para *string*. Quando passamos uma instância de um objeto para o comando *print*, este vai buscar pelo método *__str__* para saber como representar o objeto em questão na saída padrão. As variáveis **pessoa_1** e **pessoa_2** referenciam instâncias (objetos) da classe **Pessoa**. Ambas possuem o atributo **nome** nos métodos *__init__* e *__str__*, mas o atributo **nome** poderá ter valores distintos em cada uma dessas instâncias.

```
>>> class Pessoa:
...     def __init__(self, nome):
...         self.nome = nome
...     def __str__(self):
...         return self.nome

>>> pessoa_1 = Pessoa("João")
>>> print(pessoa_1)
João
>>> pessoa_2 = Pessoa("Maria")
>>> print(pessoa_2)
Maria
```

Se não usarmos o método *__str__*, o *print* não reconhece que deve exibir o nome e acaba exibindo o endereço do objeto. Veja:

```
>>> class Pessoa:
...     def __init__(self, nome):
...         self.nome = nome
>>> pessoa_1 = Pessoa("João")
>>> print(pessoa_1)
'<__main__.Pessoa object at 0x0000023448805520>'
```

Métodos

Dentro de classes é possível definir métodos, que representam as ações que os objetos criados a partir desta classe poderão realizar. O método de uma classe recebe pelo menos um parâmetro (a instância da classe), que é o termo que permite ao método saber a qual instância se referem aqueles atributos. Essa instância é passada pelo parâmetro *self*. Veja novamente o exemplo anterior e note como os métodos *__init__* e *__str__* foram escritos com o parâmetro *self*.

O parâmetro *self* não é uma palavra reservada em Python. Assim, se o desenvolvedor quiser, ele pode nomear o primeiro parâmetro dos métodos de suas classes como bem entender, muito embora por convenção isso não seja recomendado. O exemplo anterior poderia ser escrito conforme segue, sem nenhum prejuízo do resultado:

```
>>> class Pessoa:
...     def __init__(individuo, nome):
...         individuo.nome = nome
...     def __str__(individuo):
...         return individuo.nome

>>> pessoa_1 = Pessoa("João")
>>> print(pessoa_1)
João
>>> pessoa_2 = Pessoa("Maria")
>>> print(pessoa_2)
Maria
```

Aos métodos se aplicam as mesmas regras das funções. Dessa forma, métodos podem receber qualquer quantidade de parâmetros, podem ter parâmetros arbitrários, podem ter parâmetros passados só por posição, por posição ou por chave, podem receber e manipular outras funções, conforme já detalhado no **Capítulo 21 – Funções**.

Para chamar um método em uma instância de uma classe, basta escrever o nome da variável que referencia a instância e o nome do método separados por um ponto e passar os parâmetros cabíveis. No exemplo a seguir, definimos a classe **ListaDeNumeros**, que recebe uma lista de números inteiros e possui quatro métodos: *__init__*, que inicializa o atributo **numeros**; *__str__*, que transforma a lista de números em uma *string*; **soma**, que retorna a soma dos números da lista; e **media**, que retorna a média dos números da lista.

Para chamar os métodos **soma** e **media** na instância referenciada por **minha_lista**, escrevemos **minha_lista.soma()** e **minha_lista.media()**. Como nenhuma das duas funções precisa receber um parâmetro, nenhum foi passado. Como Python já passa automaticamente a instância da classe como primeiro parâmetro de um método de classe, não é necessário passar nenhum valor ao parâmetro *self*.

```
>>> class ListaDeNumeros:
...     def __init__(self, numeros):
...         self.numeros = numeros
...     def __str__(self):
...         return ", ".join([str(n) for n in self.numeros])
...     def soma(self):
...         return sum(self.numeros)
...     def media(self):
...         return self.soma()/len(self.numeros)
>>> minha_lista = ListaDeNumeros([1,3,5,7,9])
>>> print(f"A soma de {minha_lista} é {minha_lista.soma()}")
A soma de 1, 3, 5, 7, 9 é 25
>>> print(f"A média de {minha_lista} é {minha_lista.media()}")
A média de 1, 3, 5, 7, 9 é 5.0
```

> **Observação: os métodos __*init*__ e __*str*__ são escritos com __ antes e depois do seu nome porque são métodos mágicos. Detalharemos este tipo especial de método no Capítulo 34 – Métodos mágicos.**

Atributos

Existem três tipos de variáveis que podem ser declaradas dentro de uma classe: atributos de classes, atributos de instâncias e variáveis de métodos. Vejamos as diferenças entre cada um.

Atributos de classes são ligados à classe, e todas as instâncias da classe compartilham o mesmo atributo. Já atributos de instância são específicos para cada instância, podendo ter valores diferentes de uma instância para outra. No exemplo a seguir, criamos a classe **Pessoa** com o atributo de classe **num_pessoas**, utilizado para contar quantas instâncias da classe **Pessoa** foram criadas. No método __*init*__ criamos um atributo de instância **nome** para guardar o nome de cada indivíduo que for criado e incrementamos em uma unidade o atributo de classe **num_pessoas**.

158 Jornada Python

```
>>> class Pessoa:
...     num_pessoas = 0
...     def __init__(self, nome):
...         self.nome = nome
...         Pessoa.num_pessoas += 1
```

No trecho de código a seguir, criamos uma lista com quatro nomes e utilizamos uma *list comprehension* (tópico já detalhado no **Capítulo 20 – Comprehension**) para inicializar quatro instâncias da classe **Pessoa** com cada um desses nomes. Depois, imprimimos o valor de **Pessoas.num_pessoas** (note que o atributo de classe é acessado fazendo referência ao nome da classe) e imprimimos o valor do nome da instância localizada na primeira posição da lista (note que o atributo de instância é acessado fazendo referência à variável que referencia a instância).

```
>>> nomes = ['João', 'Paulo', 'George', 'Ringo']
>>> pessoas = [Pessoa(nome) for nome in nomes]
>>> Pessoa.num_pessoas
4
>>> pessoas[0].nome
'João'
```

No código a seguir, faremos uso do atributo *__dict__* (que contém todas as referências para todos os atributos e métodos da instância) para verificar o valor do atributo de classe **num_pessoas** e do atributo da instância **nome**. Note que para acessar o valor do atributo de classe é necessário subir um nível, acessando o atributo *__dict__* no atributo *__class__* da instância:

```
>>> pessoas[0].__dict__
{'nome': 'João'}
>>> pessoas[0].__class__.__dict__
mappingproxy({'__module__': '__main__', 'num_pessoas': 4, '__init__': <function
Pessoa.__init__ at 0x0000028473098CA0>, '__dict__': <attribute '__dict__' of
'Pessoa' objects>, '__weakref__': <attribute '__weakref__' of 'Pessoa' objects>,
'__doc__': None})
>>> pessoas[2].__dict__
{'nome': 'George'}
>>> pessoas[2].__class__.__dict__
mappingproxy({'__module__': '__main__', 'num_pessoas': 4, '__init__': <function
Pessoa.__init__ at 0x0000028473098CA0>, '__dict__': <attribute '__dict__' of
'Pessoa' objects>, '__weakref__': <attribute '__weakref__' of 'Pessoa' objects>,
'__doc__': None})
```

Classes, objetos, métodos e atributos **159**

Note que para todas as instâncias da classe **Pessoa**, cada uma delas terá um valor distinto de **nome**, mas o valor de **num_pessoas** será o mesmo em todas, uma vez que atributos de classe são compartilhados entre todas as instâncias.

Também poderíamos acessar o atributo __*dict*__ da classe diretamente, a qual, por si só, é uma instância de uma metaclasse (esse assunto será abordado no **Capítulo 40 – Metaprogramação**).

```
>>> Pessoa.__dict__
mappingproxy({'__module__': '__main__', 'num_pessoas': 4, '__init__': <function
Pessoa.__init__ at 0x0000028473098CA0>, '__dict__': <attribute '__dict__' of
'Pessoa' objects>, '__weakref__': <attribute '__weakref__' of 'Pessoa' objects>,
'__doc__': None})
```

Por fim, temos as variáveis de métodos, que funcionam como as variáveis de funções (já detalhadas no **Capítulo 21 – Funções**). Elas existem apenas enquanto a função está sendo executada; depois que a função sai da memória, tais variáveis também deixam de existir.

No código a seguir, criamos a classe **Calculadora** contendo um único método, responsável por retornar o resultado da soma de dois números. Note que a variável **res**, declarada dentro do método **soma**, não aparece em nenhum dos atributos __*dict*__, nem no da instância, nem no da classe, pois a variável **res** só existe enquanto a função **soma** é executada. Depois do término da execução dessa função, todas as referências à variável **res** são removidas da memória.

```
>>> class Calculadora:
...     def soma(self, a, b):
...         res = a + b
...         return res
>>> calculadora = Calculadora()
>>> calculadora.soma(2,3)
5
>>> calculadora.__dict__
{}
>>> calculadora.__class__.__dict__
mappingproxy({'__module__': '__main__', 'soma': <function Calculadora.soma
at 0x0000028473098D30>, '__dict__': <attribute '__dict__' of 'Calculadora'
objects>, '__weakref__': <attribute '__weakref__' of 'Calculadora' objects>,
'__doc__': None})
```

27. Encapsulamento

Tatiana Escovedo
Viviane Laporti

De forma genérica, encapsulamento é um recurso da orientação a objeto que permite agrupar código e dados que este código manipula em uma única entidade. Esse recurso permite proteger esses elementos contra interferências externas e utilização inadequada ou mesmo o acesso aos elementos, que passam a ser controlados. O encapsulamento é um recurso importante para evitar que os dados possam ser acessados ou até mesmo modificados indevidamente por outro trecho de código definido fora do código encapsulado.

Ao criar uma classe, o desenvolvedor especifica e naturalmente encapsula o código e os dados que a constituem. Uma classe encapsula a complexidade e por isso as linguagens orientadas a objeto oferecem mecanismos para ocultar a complexidade da implementação que está dentro da classe. Um exemplo se refere ao quão global o membro da classe estará visível dentro do programa. Caso o acesso se restrinja à classe em questão, deve ser marcado como privado (*private*), mas caso seja necessário que ele possa ser acessado, chamado de qualquer ponto do código, deve ser indicado como público (*public*).

Algumas linguagens, como Java e C#, utilizam o conceito de palavras-chave para definir o nível de visibilidade de um atributo ou método. Por exemplo, a palavra-chave *private* é utilizada para impedir o acesso de fora da classe a um determinado membro. Em orientação a objetos, é uma boa prática tornar os atributos privados, uma vez que é responsabilidade de cada classe controlar os seus atributos. Python considera que existem os tipos *public* e *non-public*. Para marcar como *non-public*, usam-se dois *underscores* ('__') antes e depois do nome do atributo ou método. Não se usa o termo *private* para Python porque nenhum atributo é de fato mantido como *private*[45]. Veja o exemplo a seguir:

---

[45] <https://www.python.org/dev/peps/pep-0008/#id49>.

```
>>> class Conta:
...     def __init__(self, numero, saldo):
...         self.numero = numero
...         self.__saldo = saldo

>>> conta1234 = Conta(1234, 750.84)
>>> conta1234.numero
1234
```

Como não definimos o atributo **numero** como *public* (sem __), quando tentamos executar o comando **conta1234.numero**, o valor 1234, que é o número da **Conta conta1234**, é exibido sem erros. Porém, veja o que acontece quando tentamos fazer o mesmo para o atributo __*saldo*, que foi definido como *non-public*:

```
>>> (Conta.__saldo)
Traceback (most recent call last):
  File "<stdin>", line 1, in <module>
AttributeError: type object 'Conta' has no attribute '__saldo'
```

Pelo fato de termos definido o saldo como privado, usando __, o interpretador acusou que o atributo __**saldo** não existe na classe **Conta**. Entretanto, em Python, na verdade não existem atributos realmente privados (apenas um alerta de que você não deveria estar tentando acessá-lo), sendo possível acessar __**saldo** fazendo:

```
>>> conta1234._Conta__saldo
750.84
```

Apesar de ser possível acessar e até alterar o valor de um atributo definido como privado em Python, isso não é considerado uma boa prática, podendo inclusive acarretar erros. Ainda assim, é possível utilizar a função *dir* para verificar que o atributo _**Conta__saldo** pertence ao objeto, mas o atributo __**saldo** não:

```
>>> dir(conta1234)
['_Conta__saldo', '__class__', '__delattr__', '__dict__', '__dir__', '__doc__',
'__eq__', '__format__', '__ge__', '__getattribute__', '__gt__', '__hash__',
'__init__', '__init_subclass__', '__le__', '__lt__', '__module__', '__ne__', '__
new__', '__reduce__', '__reduce_ex__', '__repr__', '__setattr__', '__sizeof__',
'__str__', '__subclasshook__', '__weakref__', 'numero']
```

Vamos agora tentar alterar diretamente o valor do saldo:

```
>>> conta1234.__saldo = 1000
```

162 Jornada Python

Nenhuma mensagem de erro foi exibida! Será que foi possível alterar o valor do saldo diretamente? Para ter certeza, vamos novamente acessar __saldo fazendo:

```
>>> conta1234._Conta__saldo
750.84
```

Verificamos que o valor do saldo da conta continua o mesmo de antes. Repare, entretanto, o que acontece quando repetimos a função *dir*:

```
>>> dir(conta1234)
['_Conta__saldo', '__class__', '__delattr__', '__dict__', '__dir__', '__doc__',
'__eq__', '__format__', '__ge__', '__getattribute__', '__gt__', '__hash__',
'__init__', '__init_subclass__', '__le__', '__lt__', '__module__', '__ne__',
'__new__', '__reduce__', '__reduce_ex__', '__repr__', '__saldo', '__setattr__',
'__sizeof__', '__str__', '__subclasshook__', '__weakref__', 'numero']
```

Repare que agora, além do atributo _Conta__saldo pertencer ao objeto, temos também o atributo __saldo. Isso ocorre porque Python é uma linguagem dinâmica, então foi criado um novo atributo __saldo para a variável **conta1234**, inicializado em tempo de execução, e diferente do atributo de instância __saldo.

As mesmas regras de acesso para atributos valem para os métodos. Como boa prática, os atributos de instância são *non-public* e a maioria dos métodos, *public*. Isso permite que a conversa entre objetos seja feita por troca de mensagens, ou seja, acessando seus métodos, em vez de um objeto manipular diretamente atributos que não sejam seus. Veja como ficaria a nossa classe **Conta** usando essas boas práticas:

```
>>> class Conta:
...     def __init__(self, numero, saldo):
...         self.__numero = numero
...         self.__saldo = saldo
...     def consulta_saldo(self):
...         return self.__saldo
>>> conta1234 = Conta(1234, 750.84)
>>> conta1234.consulta_saldo()
750.84
```

Em outras linguagens orientadas a objeto, como Java, recomenda-se que os atributos sejam marcados como privados e que sejam utilizados sempre métodos *getters* e *setters* para, respectivamente, consultar e alterar seus valores. O Python utiliza uma solução parecida, conhecida como *properties*, que será apresentada com mais detalhes no **Capítulo 30 – Decoradores de métodos e de classes**.

28. Herança, polimorfismo e classes abstratas

Tatiana Escovedo
Viviane Laporti

Herança

Em orientação a objetos, a herança é um processo pelo qual um objeto adquire as propriedades e os comportamentos de outro objeto. Para compreender melhor o processo de herança, podemos fazer uma analogia com o mundo físico, pensando em pessoas e papéis que elas assumem.

Se pensarmos em herança genética, percebemos os filhos como herdeiros de características físicas como cor dos olhos, traços, estatura, tom de pele e até mesmo aspectos comportamentais, características de personalidade que herdaram de seus pais e antepassados. Nessa analogia, as características físicas seriam os atributos, enquanto os aspectos comportamentais seriam descritos pelos métodos.

Passando ao mundo virtual, pense em um sistema de uma universidade que tem como usuários professores, alunos, coordenadores de curso e outros profissionais associados à organização. Se compararmos todos esses papéis, percebemos que todos possuem algumas características em comum, como *login*, senha, nome, CPF, endereço, telefone etc. Imagine que, neste sistema, cada trecho de código que manipula e armazena esses valores implementa separadamente a manipulação desses dados. Esse tipo de implementação traria consigo o risco de cada CPF, por exemplo, aceitar a entrada de maneira diferente: em um lugar seria possível utilizar apenas números e em outro seria necessário utilizar também "." e "-". Correríamos o risco de ter no sistema diversos formatos diferentes para uma mesma informação, e regras fora do padrão.

Neste caso, poderíamos concentrar todos os dados pessoais comuns para todos os papéis do sistema em uma única classe, representada na Figura 28.1 como **Pessoa**:

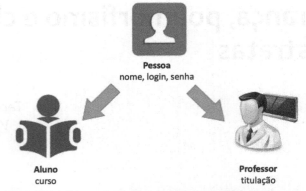

Figura 28.1. Classe Pessoa concentrando os dados individuais de uma pessoa.
Fonte: as autoras.

Cada um dos diferentes tipos de usuários teria seu cadastro implementado de forma específica, em classes específicas (como **Aluno** e **Professor**), desde que essas classes também recebessem por herança da classe **Pessoa** todos os atributos e comportamentos comuns a todos os usuários (neste exemplo, herdariam os atributos nome, *login* e senha).

Sem o uso de hierarquias, cada objeto precisaria definir explicitamente por meio de sua classe todas as suas características e comportamentos. Com a herança, é possível concentrar as partes comuns na classe pai (ou superclasse) e as partes específicas nas classes filhas (ou subclasses). O código a seguir ilustra este exemplo.

```
>>> # Classe Pessoa
>>> class Pessoa:
...     def __init__(self, nome, login, senha):
...         self.__nome = nome
...         self.__login = login
...         self.__senha = senha
...     def consulta_nome(self):
...         return self.__nome
>>> # Classe Aluno
>>> class Aluno(Pessoa):
...     def __init__(self, nome, login, senha, curso):
...         Pessoa.__init__(self, nome, login, senha)
...         self.__curso = curso
...     def consulta_curso(self):
...         return self.__curso
```

Herança, polimorfismo e classes abstratas **165**

```python
>>> # Classe Professor
>>> class Professor(Pessoa):
...     def __init__(self, nome, login, senha, titulacao):
...         Pessoa.__init__(self, nome, login, senha)
...         self.__titulacao = titulacao
...     def consulta_titulacao(self):
...         return self.__titulacao
>>> pessoa1 = Pessoa('Maria', 'mary', 'm123')
>>> print(pessoa1.consulta_nome())
Maria
>>> aluna1 = Aluno('Viviane', 'vivi', 'v123', 'Informática')
>>> print(aluna1.consulta_nome())
Viviane
>>> print(aluna1.consulta_curso())
Informática
>>> prof1 = Professor('Tatiana', 'tati', 't123', 'Doutorado')
>>> print(prof1.consulta_nome())
Tatiana
>>> print(prof1.consulta_titulacao())
Doutorado
```

Repare que, dentro do método ___init___ das classes **Aluno** e **Professor**, chamamos o método ___init___ da classe **Pessoa** por meio do comando **Pessoa.__init__(self, nome, login, senha)**. Ao definir o método ___init___ nas classes **Aluno** e **Professor**, o método ___init___ da classe **Pessoa** não é herdado.

Vejamos outro exemplo: imagine um sistema que manipule figuras geométricas, onde há a implementação da classe **Quadrilátero**. Uma instância desta classe deve possuir como atributos, por exemplo, os valores das dimensões de seus lados. Suponha ainda que nesta classe exista um método **calcula_perimetro**, por meio do qual será calculado o perímetro desse quadrilátero (que será sempre a soma das medidas dos seus lados). Por outro lado, sabemos que, entre os quadriláteros, podemos ter diversos tipos específicos, tais como quadrado, retângulo, trapézio, losango, entre outros.

Vamos analisar o caso de um quadrado, que tem todos os lados com a mesma medida. Então, a classe **Quadrado** pode utilizar os atributos relativos aos lados e o método **calcula_perimetro** definidos na classe **Quadrilátero**. Além disso, a classe **Quadrado** pode definir outros atributos e métodos específicos, como, por exemplo, um método que verifique se as medidas dos lados são iguais. Esse comportamento é específico do **Quadrado** e do **Losango**, e só existirá nos objetos dessas classes. É importante destacar que, neste exemplo, a classe **Quadrado** herda os membros

166 Jornada Python

(atributos e métodos) da classe **Quadrilátero**, mas o inverso não ocorre. O código a seguir ilustra esse exemplo. Repare que na classe **Quadrado** estamos chamando o método *__init__* da classe **Quadrilátero** de uma forma diferente (mas equivalente) do exemplo anterior, usando o comando *super()*.

```
>>> # Classe Quadrilatero
>>> class Quadrilatero:
...     def __init__(self, lado1, lado2, lado3, lado4):
...         self.lado1 = lado1
...         self.lado2 = lado2
...         self.lado3 = lado3
...         self.lado4 = lado4
...     def calcula_perimetro(self):
...         return lado1 + lado2 + lado3 + lado3
>>> # Classe Quadrado
>>> class Quadrado(Quadrilatero):
...     def __init__(self, lado1, lado2, lado3, lado4):
...         super().__init__(lado1, lado2, lado3, lado4)
...     def vefica_lados_iguais(self):
...         if self.lado1 == self.lado2 == self.lado3 == self.lado4:
...             print("Lados iguais")
...         else:
...             print("Lados diferentes")
>>> quadrado1 = Quadrado(12, 12, 12, 12)
>>> quadrado1.vefica_lados_iguais()
Lados iguais
>>> quadrado2 = Quadrado(10, 12, 10, 12)
>>> quadrado2.vefica_lados_iguais()
Lados diferentes
```

Nos exemplos anteriores, criamos inicialmente uma classe genérica que define características comuns a um conjunto de itens inter-relacionados. A partir daí, podemos derivar dessa classe pai outras classes mais específicas, que herdam as suas características e podem também acrescentar novos recursos, mais específicos. A classe pai, que agrupa os atributos e métodos comuns que serão herdados, é chamada de superclasse. A classe filha, que irá herdar, é chamada de subclasse. Uma subclasse é, portanto, uma versão mais especializada de sua superclasse. Assim, nos exemplos anteriormente citados, **Pessoa** e **Quadrilátero** são superclasses, enquanto **Professor**, **Aluno** e **Quadrado** são subclasses.

Polimorfismo

Com base no primeiro exemplo da seção anterior, podemos afirmar que todo **Aluno** é uma **Pessoa** (e todo **Professor** também), pois **Aluno** é uma extensão de **Pessoa** e herda suas propriedades e métodos. Assim, podemos nos referir a um **Aluno** (ou um **Professor**) como sendo uma **Pessoa**. Se alguém procurar uma **Pessoa** da universidade, servirá tanto um **Aluno** quanto um **Professor**, pois ambos são **Pessoas**. A herança funciona dessa forma.

Já polimorfismo é a capacidade de um objeto poder ser referenciado de várias formas (o que não significa que o objeto pode se transformar em outro tipo!). Ou seja, se tivermos um método que espera receber um objeto do tipo **Pessoa**, ele pode receber no lugar um objeto do tipo **Aluno** ou do tipo **Professor**. Veja o exemplo a seguir:

```
>>> class EntradaUniversidade:
...     def __init__(self):
...         pass
...     def permite_entrada(self, pessoa):
...         print("Pode entrar, " + pessoa.consulta_nome())
>>> entrada = EntradaUniversidade()
>>> entrada.permite_entrada(prof1)
Pode entrar, Tatiana
```

Repare que o método **permite_entrada** aceita um **Aluno** no lugar de uma **Pessoa**, pois **Aluno** é uma **Pessoa**. Veja o que acontece se criarmos nesse momento a classe **Coordenador**, também subclasse de **Pessoa**, e chamarmos o método **permite_entrada**:

```
>>> # Classe Coordenador
>>> class Coordenador(Pessoa):
...     def __init__(self, nome, login, senha):
...         Pessoa.__init__(self, nome, login, senha)
>>> coord1 = Coordenador('Rubens', 'ru', 'r123')
>>> entrada.permite_entrada(coord1)
Pode entrar, Rubens
```

Repare que a funcionalidade representada pelo método **permite_entrada** foi construída antes mesmo que todos os tipos de **Pessoa** fossem criados, mas, ainda assim, ela continuou funcionando sem problemas após a criação da nova subclasse **Coordenador**, sem que fosse necessária nenhuma alteração no código.

168 Jornada Python

Assim, o polimorfismo é um recurso que permite projetarmos nossos códigos em um alto nível de abstração (pensando em superclasses), sem nos preocuparmos com os níveis mais baixos (subclasses), que poderão, inclusive, ser criados posteriormente. Isso permite a criação de um código flexível, simples e de fácil manutenção. Usando o polimorfismo, é possível diminuir o acoplamento entre as classes, evitando que alterações no código resultem em modificações em diversos outros lugares.

Vejamos agora o que acontece se tentarmos chamar o método **permite_entrada** com um objeto que não seja do tipo **Pessoa** (lembre-se: **Aluno** é uma **Pessoa**, assim como **Professor** e **Coordenador** são do tipo **Pessoa**, pois herdam dela):

```
>>> entrada.permite_entrada(quadrado1)
Traceback (most recent call last):
  File "<stdin>", line 1, in <module>
  File "<stdin>", line 5, in permite_entrada
AttributeError: 'Quadrado' object has no attribute 'consulta_nome'
```

Obviamente, como **Quadrado** não é uma subclasse de **Pessoa**, ele não pode ser passado como parâmetro para o método **permite_entrada**. Para evitarmos este erro quando o método for chamado com um parâmetro de tipo não permitido, podemos verificar se o objeto passado tem um atributo **consulta_nome**, por meio da função *hasattr*. Esta função verifica se o atributo está contido no *__dict__* do objeto. Veja o exemplo a seguir:

```
>>> class EntradaUniversidade:
...     def __init__(self):
...         pass
...     def permite_entrada(self, pessoa):
...         if(hasattr(pessoa, 'consulta_nome')):
...             print("Pode entrar, " + pessoa.consulta_nome())
...         else:
...             print("Entrada não permitida")
>>> entrada = EntradaUniversidade()
>>> entrada.permite_entrada(quadrado1)
Entrada não permitida
```

Isso significa que, na realidade, o que importa não é se o objeto é de um determinado tipo, mas, sim, se o objeto segue um determinado protocolo (neste exemplo, basta que o objeto tenha o atributo **consulta_nome** contido no seu *__dict__*). Python funciona dessa forma porque é uma linguagem com tipagem dinâmica, ao contrário de linguagens como Java, que tem a tipagem estática e, neste caso, exigiria que o objeto fosse realmente de um determinado tipo (ou de um subtipo do tipo esperado).

Classes abstratas

Vamos recordar o primeiro exemplo deste capítulo, onde definimos a superclasse **Pessoa** e as subclasses **Aluno** e **Professor**:

```
>>> # Classe Pessoa
>>> class Pessoa:
...     def __init__(self, nome, login, senha):
...         self.__nome = nome
...         self.__login = login
...         self.__senha = senha
...     def consulta_nome(self):
...         return self.__nome
>>> # Classe Aluno
>>> class Aluno(Pessoa):
...     def __init__(self, nome, login, senha, curso):
...         Pessoa.__init__(self, nome, login, senha)
...         self.__curso = curso
...     def consulta_curso(self):
...         return self.__curso
>>> # Classe Professor
>>> class Professor(Pessoa):
...     def __init__(self, nome, login, senha, titulacao):
...         Pessoa.__init__(self, nome, login, senha)
...         self.__titulacao = titulacao
...     def consulta_titulacao(self):
...         return self.__titulacao
```

Também neste capítulo, em outro exemplo, definimos a classe **EntradaUniversidade**, que declara o método **permite_entrada**. Este método recebe um argumento polimórfico **pessoa** (podendo receber um objeto do tipo **Pessoa** ou de qualquer um dos seus subtipos):

```
>>> class EntradaUniversidade:
...     def __init__(self):
...         pass
...
...     def permite_entrada(self, pessoa):
...         if(hasattr(pessoa, 'consulta_nome')):
...             print("Pode entrar, " + pessoa.consulta_nome())
...         else:
...             print("Entrada não permitida")
```

170 Jornada Python

Entretanto, será que faz sentido termos no nosso sistema uma classe **Pessoa**? Afinal, os usuários do sistema serão de tipos específicos, como **Aluno, Professor, Coordenador**... mas nunca tão genéricos como **Pessoa**. Porém, se removermos a classe **Pessoa** do nosso programa, perderemos duas importantes vantagens: o reúso de código entre as subclasses de **Pessoa** e a flexibilidade de termos um argumento polimórfico no método **permite_entrada**. Além disso, teríamos que escrever muito código repetido, o que não é uma boa prática. Para resolver esse impasse, podemos tornar **Pessoa** uma classe abstrata.

Em orientação a objetos, uma classe abstrata não pode ser instanciada (o que resolverá nosso problema de evitar que sejam criados objetos do tipo **Pessoa**). Em Python, uma classe abstrata deve conter pelo menos um método abstrato, e podemos criar uma classe abstrata herdando da superclasse para classes abstratas ABC (*Abstract Base Classes*), pertencente ao módulo abc. Vamos então tornar a classe **Pessoa** abstrata no exemplo a seguir:

```
>>> import abc
>>> class Pessoa(abc.ABC):
...     def __init__(self, nome, login, senha):
...         self.__nome = nome
...         self.__login = login
...         self.__senha = senha
...     @abc.abstractmethod
...     def consulta_nome(self):
...         raise NotImplementedError()
```

Veja agora o que acontece quando tentamos instanciar um objeto do tipo **Pessoa**:

```
>>> pessoa1 = Pessoa()
Traceback (most recent call last):
  File "<stdin>", line 1, in <module>
TypeError: Can't instantiate abstract class Pessoa with abstract methods
consulta_nome
```

É exatamente o que queríamos: que não seja mais possível instanciar objetos do tipo **Pessoa**. Vamos agora criar uma nova subclasse de **Pessoa**, a classe **Assistente**:

```
>>> # Classe Assistente
>>> class Assistente(Pessoa):
...     def __init__(self, nome, login, senha):
...         Pessoa.__init__(self, nome, login, senha)
```

Herança, polimorfismo e classes abstratas **171**

Agora vamos instanciar um objeto do tipo **Assistente**, o que esperamos que irá funcionar sem problemas, uma vez que a classe **Pessoa** é abstrata, mas a classe **Assistente**, não. Entretanto, observe o que acontece:

```
>>> assist1 = Assistente('Muniz', 'mumu', 'm123')
Traceback (most recent call last):
  File "<stdin>", line 1, in <module>
TypeError: Can't instantiate abstract class Assistente with abstract methods
consulta_nome
```

O erro indica que não é possível instanciar uma subclasse de **Pessoa** sem implementar o método abstrato **consulta_nome**. Isto significa que, ao torná-lo abstrato, o método **consulta_nome** deverá ser obrigatoriamente implementado em todas as subclasses de **Pessoa**. O mesmo acontecerá para todos os métodos abstratos de **Pessoa**.

```
>>> # Classe Assistente
>>> class Assistente(Pessoa):
...     def __init__(self, nome, login, senha):
...         Pessoa.__init__(self, nome, login, senha)
...     def consulta_nome(self):
...         return self.__nome
>>> assist1 = Assistente('Muniz', 'mumu', 'm123')
>>> assist1.consulta_nome()
'Muniz'
```

Neste capítulo, estudamos os conceitos de herança, polimorfismo e classes abstratas. O próximo capítulo apresentará outros três conceitos muito importantes na orientação a objetos: a associação, a agregação e a composição.

29. Associação, agregação e composição

Tatiana Escovedo

Os conceitos de **associação**, **agregação** e **composição** permitem o relacionamento entre objetos. Para ilustrar esses conceitos, vamos continuar com o exemplo do capítulo anterior. Imagine que agora queremos ampliar nossa classe **Aluno** para guardar nela qual é o seu professor orientador. Assim, poderíamos criar um atributo **nome_orientador** na classe **Aluno** para guardar o nome do professor orientador e outros atributos para guardar as demais informações do professor orientador, como a sua titulação. Essa alternativa, além de não ser interessante porque iria fazer com que a classe **Aluno** começasse a ter atributos em excesso, não está de acordo com a programação orientada a objetos.

Para resolver esse problema, podemos criar na classe **Aluno** um atributo **orientador**, do tipo **Professor**, que guardará todas as informações referentes ao objeto do tipo **Professor**, que é o orientador deste **Aluno**. Assim, os atributos de uma classe também podem ser referências para outras classes. Com isso, estamos fazendo uma **associação**, ou seja, associando um professor a um aluno. Vejamos como ficaria a classe **Aluno** no exemplo a seguir:

```
>>> import abc
>>> class Pessoa(abc.ABC):
...     def __init__(self, nome, login, senha):
...         self.__nome = nome
...         self.__login = login
...         self.__senha = senha
...     @abc.abstractmethod
...     def consulta_nome(self):
...         raise NotImplementedError()
>>> class Professor(Pessoa):
...     def __init__(self, nome, login, senha, titulacao):
...         Pessoa.__init__(self, nome, login, senha)
...         self.__titulacao = titulacao
...     def consulta_titulacao(self):
...         return self.__titulacao
...     def consulta_nome(self):
...         return self.__nome
```

Associação, agregação e composição **173**

```python
>>> class Aluno(Pessoa):
...     def __init__(self, nome, login, senha, curso, orientador):
...         Pessoa.__init__(self, nome, login, senha)
...         self.__curso = curso
...         self.__orientador = orientador
...     def consulta_curso(self):
...         return self.__curso
...     def consulta_orientador(self):
...         return self.__orientador
...     def consulta_nome(self):
...         return self.__nome
```

Isto significa que, ao criarmos um **Aluno**, precisaremos passar um **Professor** como orientador, como mostra o exemplo a seguir:

```python
>>> professorRubens = Professor('Rubens', 'rub', 'r123', 'Doutor')
>>> novoAluno = Aluno('Isabela', 'isa', 'i123', 'Engenharia', professorRubens)
```

Neste exemplo, o professor orientador existe independentemente do aluno ao qual está associado, então dizemos que as classes **Professor** e **Aluno** estão relacionadas por uma **associação simples**.

Vejamos mais um exemplo. Imagine agora que o aluno tem **um histórico de ocorrências**, com a data de matrícula e as ocorrências (notas obtidas, disciplinas cursadas, reprovações, etc.). Um exemplo dessa classe pode ser visto a seguir:

```python
>>> import datetime
>>> class Historico():
...     def __init__(self):
...         self.__data_matricula = datetime.datetime.today()
...         self.__ocorrencias = []
...     def imprime(self):
...         print("Matriculado em {}".format(self.__data_matricula))
...         print("Ocorrências:")
...         for o in self.__ocorrencias:
...             print("- ", o)
...     def add_ocorrencia(self, ocorrencia):
...         self.__ocorrencias.append(ocorrencia)
```

Agora vamos modificar a classe **Aluno** para incluir um atributo do tipo **Historico**. Também incluiremos dois novos métodos: **gera_ocorrencia()**, que registra uma nova ocorrência no histórico do aluno, e **consulta_historico()**, que imprime todo o histórico de ocorrências do aluno.

174 Jornada Python

```python
>>> # Classe Aluno
>>> class Aluno(Pessoa):
...     def __init__(self, nome, login, senha, curso, orientador):
...         Pessoa.__init__(self, nome, login, senha)
...         self.__curso = curso
...         self.__orientador = orientador
...     def consulta_curso(self):
...         return self.__curso
...     def consulta_orientador(self):
...         return self.__orientador
...     def consulta_nome(self):
...         return self.__nome
...     def gera_ocorrencia(self, ocorrencia):
...         self.__historico.add_ocorrencia(ocorrencia)
...     def consulta_historico(self):
...         self.__historico.imprime()
```

Veja um exemplo de criação de um novo aluno, inclusão de duas ocorrências no seu histórico e consulta do seu histórico:

```python
>>> novoAluno = Aluno('Isabela', 'isa', 'i123', 'Engenharia', professorRubens)
>>> novoAluno.gera_ocorrencia("Matriculou-se em Calculo 1")
>>> novoAluno.gera_ocorrencia("Nota final de Calculo 1: 9,7")
>>> novoAluno.consulta_historico()
Matriculado em 2020-06-17 00:53:03.908857
Ocorrências:
-   Matriculou-se em Calculo 1
-   Nota final de Calculo 1: 9,7
```

Neste exemplo, dizemos que as classes **Historico** e **Aluno** estão unidas por uma **associação simples**, pois um **Aluno** tem associado a ele um **Historico**.

Quando semanticamente uma classe faz parte da outra, temos uma **agregação**. Já quando uma classe é membro de outra, temos uma **composição**. Tanto a agregação quanto a composição são relacionamentos entre objetos todo-parte. Na **agregação**, o objeto que compõe o todo tem uma parte do tipo de outro objeto e ambos podem existir separadamente (por exemplo, Revista e Artigo). Já na **composição**, se o objeto que representa o todo deixar de existir, o objeto que é uma parte relacionada a ele também deixará de existir (por exemplo, Livro e Capítulo).

30. Decoradores de métodos e de classes

Cláudio Henrique Franco Gomes

Conforme vimos no **Capítulo 21 – Funções**, os *decorators* são uma forma de modificar o comportamento de uma função. Funções, assim como tudo mais em Python, são objetos. Portanto, é seguro dizermos que *decorators* são uma forma de modificar o comportamento de um objeto.

No caso específico de classes, Python disponibiliza alguns *decorators* que modificam o comportamento de métodos de classe. Vale ressaltar que todos os *decorators* de funções também servem para métodos de classe.

Métodos estáticos

O *decorator staticmethod* possibilita a criação de um método estático em uma classe. Esse método não precisa que a classe seja instanciada para ser utilizado. Métodos estáticos não recebem nem a instância nem a classe como parâmetro, ou seja, eles não têm qualquer conhecimento sobre a classe que os encapsula. Além disso, métodos estáticos podem ser usados sem instanciar. Eles só lidam com os parâmetros, como as funções tradicionais. Por exemplo, poderíamos criar uma classe com funções utilitárias e todas estáticas, como mostra o código a seguir:

```
>>> class Calculadora:
...     @staticmethod
...     def soma(a, b):
...         return a+b
...     def subtracao(self, a, b):
...         return a-b
>>> Calculadora.soma(2,5)
7
>>> Calculadora.subtracao(2,5) #objeto não instanciado
Traceback (most recent call last):
  File "<stdin>", line 1, in <module>
TypeError: subtracao() missing 1 required positional argument: 'b'
>>> Calculadora().subtracao(2,5) #objeto instanciado
-3
```

176 Jornada Python

Métodos de classe

O *decorator classmethod* possibilita a criação de um método de classe. O método de classe, assim como os métodos estáticos, não precisa que a classe seja instanciada para ser invocado. Mas, diferentemente dos métodos estáticos, ele recebe a classe como primeiro parâmetro.

Um método de classe é um recurso muito útil para criar funções que retornam instâncias de classes. Por exemplo, suponha uma classe que ao ser instanciada recebe a temperatura em graus Celsius. Poderíamos criar um método de classe para receber o valor da temperatura em graus Fahrenheit e retornar uma instância dessa classe com o valor da temperatura em Celsius. Veja o exemplo a seguir:

```
>>> class Ambiente:
...     def __init__(self, pressao, temperatura, volume):
...         self.pressao = float(pressao)
...         self.temperatura = float(temperatura)
...         self.volume = float(volume)
...     def __str__(self):
...         return f"{self.pressao}atm {self.temperatura}C {self.volume}L"
...     @classmethod
...     def deFahrenheit(cls, pressao, temperatura, volume):
...         return cls(pressao, (temperatura - 32)/1.8, volume)
>>> ambiente_1 = Ambiente(1, 30, 40)
>>> print(ambiente_1)
1.0atm 30.0C 40.0L
>>> ambiente_2 = Ambiente.deFahrenheit(1, 86, 40)
>>> print(ambiente_2)
1.0atm 30.0C 40.0L
```

Propriedades

Quando criamos uma classe com atributos e métodos, sempre pensamos em escrever métodos para obter e informar o valor de cada atributo (os conhecidos métodos *getters* e *setters*). O Python oferece uma maneira mais elegante de escrever tais métodos, por meio do uso do *decorator property* e do *decorator setter*.

Por exemplo, suponha que tenhamos uma classe que espera receber um número de CPF, mas não armazena nada além dos números, isto é, pontos e traços são descartados. Porém, na hora de exibir o CPF, os pontos e traços devem ser utilizados para tornar a formatação mais agradável. O código a seguir ilustra esse exemplo:

Decoradores de métodos e de classes **177**

```
>>> class Pessoa:
...     def __init__(self, nome, num_cpf):
...         self.__nome = nome
...         self.__cpf = num_cpf
...     def __str__(self):
...         return f"{self.__nome} {self.__cpf}"
...     @property
...     def cpf(self):
...         cpf = self.__cpf
...         return f"{cpf[:3]}.{cpf[3:6]}.{cpf[6:9]}-{cpf[9:]}"
...     @cpf.setter
...     def cpf(self, num_cpf):
...         self.__cpf = ''.join([x for x in num_cpf if x.isnumeric()])
>>> pessoa = Pessoa("João","123-456-789-12")
>>> print(pessoa)
João 123-456-789-12
>>> pessoa.cpf = "123.456.789.12" #executa o setter que remove espaço
>>> print(pessoa)
João 12345678912
>>> print(pessoa.cpf) #executa o property que formata para padrão cpf
123.456.789-12
```

Note que, apesar de serem métodos, essas propriedades são acessadas como se fossem atributos. Dessa forma, o código fica muito mais limpo e legível.

> **Atenção: o método decorado com *property* deve sempre vir antes do método *setter*, caso contrário o compilador informa erro.**

```
>>> class Pessoa:
    def __init__(self, nome, num_cpf):
        self.__nome = nome
        self.__cpf = num_cpf
    def __str__(self):
        return f"{self.__nome} {self.__cpf}"
    @cpf.setter
  def cpf(self, num_cpf):
        self.__cpf = ''.join([x for x in num_cpf if x.isnumeric()])
    @property
    def cpf(self):
        cpf = self.__cpf
        return f"{cpf[:3]}.{cpf[3:6]}.{cpf[6:9]}-{cpf[9:]}"
```

```
Traceback (most recent call last):
  File "<stdin>", line 1, in <module>
  File "<stdin>", line 7, in Pessoa
NameError: name 'cpf' is not defined
```

Neste capítulo, vimos como utilizar alguns decoradores da biblioteca padrão de Python: o *decorator* que define métodos estáticos *@staticmethod*; o que define métodos de classe *@classmethod*; e o *decorator* que define propriedades *@property*. A diversidade de usos para decoradores e de bibliotecas que oferecem esses recursos é um dos pontos fortes da linguagem. Desafie-se a desenvolver seus próprios decoradores de código e a explorar os decoradores das bibliotecas que você mais utiliza.

31. *Generators*

Cláudio Henrique Franco Gomes

Generators são uma forma simples e elegante de criarmos iteradores em Python. Para se criar um *generator*, basta escrever uma função que usa a cláusula *yield* para retornar valores. O *yield* possibilita que a função salve o estado, isto é, o contexto e as variáveis da última vez em que foi chamada.

Por exemplo, considere a função **listar_elementos** no trecho de código a seguir. Ela recebe uma lista por parâmetro, faz um *loop* nos elementos dessa lista e retorna o primeiro deles:

```
>>> def listar_elementos(lista):
...     for elemento in lista:
...         return elemento
>>> listar_elementos([1,2,3,4])
1
```

Se substituirmos a cláusula *return* pela cláusula *yield*, transformamos essa função em um *generator*, isto é, a função passa a armazenar o contexto da última execução. Assim, a cada nova chamada ela começa de onde parou na última execução, em vez de começar do princípio.

```
>>> def listar_elementos(lista):
...     for elemento in lista:
...         yield elemento
>>> listar_elementos([1,2,3,4])
<generator object listar_elemento at 0x7f53183e5db0>
>>> list(listar_elementos([1,2,3,4]))
[1, 2, 3, 4]
```

Note que, ao tentarmos chamar a função, assim como fizemos antes da substituição da cláusula *return* pela cláusula *yield*, a função deixa de retornar um valor, passando a retornar sua referência em memória. Para exibirmos os objetos, podemos encapsular a resposta em uma *list*.

Generator Pattern

Se precisássemos de algo mais complexo, como uma paginação em um conjunto de dados muito grande, poderíamos utilizar o *design pattern generator*, isto é, poderíamos criar uma classe com os métodos *__iter__* e *__next__* necessários para iterar. A classe **ListarElementos** a seguir faz exatamente o mesmo que a função **listar_elementos** do exemplo anterior.

```
>>> class ListarElementos(object):
...     def __init__(self, lista):
...         self.__lista = lista
...         self.__indice = 0
...     def __iter__(self):
...         return self
...     def __next__(self):
...         return self.__next()
...     def __next(self):
...         if self.__indice < len(self.__lista):
...             res = self.__lista[self.__indice]
...             self.__indice += 1
...             return res
...         else:
...             raise StopIteration()
>>> list(listar_elementos([1,2,3,4]))
[1, 2, 3, 4]
```

A classe **ListarElementos** recebe uma lista na sua instanciação. Essa lista é atribuída à propriedade privada **__lista**. A propriedade privada **__indice** será utilizada para guardar a referência para o último elemento da lista retornado. O método *__iter__* retorna uma referência para a instância da classe. O método *__next__* chama o método privado *__next*, que retorna o elemento na posição determinada pela propriedade privada **__indice**. Caso o valor da propriedade privada **__indice** atinja o tamanho da lista **__lista**, o método privado *__next* levanta uma exceção *StopIteration*, que informa que a instância do objeto **ListarElementos** realizou sua última iteração.

Expressão *Generator*

Escrever uma função *generator*, conforme vimos anteriormente, é bem mais simples que escrever uma classe seguindo o *design pattern generator*. No entanto, muitas vezes precisamos de algo ainda mais simples do que essas duas opções. Para esses casos, podemos utilizar um recurso um pouco mais "pythônico": as expressões *generators*.

Uma expressão *generator* é basicamente uma *list comprehension*, só que, em vez de colchetes, usamos parênteses. Por exemplo, a classe **ListarElementos** poderia ser escrita simplesmente como:

```
>>> (x for x in [1,2,3,4])
<generator object <genexpr> at 0x7f53183e5e08>
>>> list((x for x in [1,2,3,4]))
[1, 2, 3, 4]
```

As expressões *generators* foram projetadas para situações simples de uso imediato. Como elas só retornam um valor de cada vez e depois são removidas da memória, elas ocupam muito menos espaço em memória que *list comprehensions*. Se importarmos a biblioteca padrão *sys*, podemos utilizar a função *getsizeof* e fazer uma avaliação de o quanto é a diferença de memória entre um exemplo de *list comprehension* e o mesmo exemplo de uma expressão *generator*. Veja o exemplo a seguir:

```
>>> import sys
>>> sys.getsizeof([x for x in range(1000)])
9024
>>> sys.getsizeof((x for x in range(1000)))
88
```

Obviamente, se a lista não fosse tão grande como a do exemplo anterior (com mil elementos), a diferença de espaço de memória ocupado não seria tão significativa. Vejamos de quanto seria a diferença para o caso da nossa lista de quatro elementos de tipo inteiro:

```
>>> sys.getsizeof([x for x in [1,2,3,4]])
96
>>> sys.getsizeof((x for x in [1,2,3,4]))
88
```

182 Jornada Python

A exemplo da biblioteca TensorFlow (utilizada em problemas de aprendizado de máquina e detalhada no **Capítulo 63 – TensorFlow**), que utiliza *generators* para aumentar dados em tempo real durante a etapa de treinamento de um modelo (para mais detalhes, leia sobre *ImageDataGenerator*, do módulo *tf.Keras.preprocessing.image*), poderíamos criar *generators* para retornar registros de um *dataframe*, de um banco de dados, ou até mesmo textos de páginas da internet por meio de *web scraping*.

Como vimos, *generators* são um recurso poderoso de Python que possibilita criarmos iteradores de forma eficiente e com economia de memória. Desafie-se a tornar seu código-fonte mais limpo e elegante ao utilizar *generators* em vez de misturar *loops* e tratamentos de dados.

32. Maps

Jefferson da S. Nascimento

A função *map* é utilizada para aplicar uma função específica a elementos de uma lista. Essa função pode ser aplicada a todos os elementos da lista ou a elementos selecionados. A função executa a transformação dos elementos e retorna uma nova lista. Para exemplificar, imagine que criamos uma lista com valores de 0 a 9 e precisamos elevá-los à segunda potência. Teríamos então:

```
>>> lista = range(0, 10)
```

Criando uma função para elevar um valor à segunda potência:

```
>>> def segunda_potencia(valor):
...     return num ** 2
```

Utilizando um *for* para invocar esta função, teríamos:

```
>>> for i in lista:
...     print(segunda_potencia(i))
```

O índice *i* percorrerá todos os valores da lista e os elevará ao quadrado, produzindo a saída:

```
0
1
4
9
16
25
36
49
64
81
```

184 Jornada Python

Já utilizando a função *map* para chamar a função **segunda_potencia**, teríamos:

```
>>> func_map = map(segunda_potencia, lista)
```

Se tentarmos imprimir os valores de *func_map*, teremos a seguinte saída:

```
>>> print(func_map)
<map object at 0x7f098df6fbe0>
```

O resultado dessa saída não é um erro, ocorre porque o *func_map* agora é um objeto do tipo *map*. Dessa forma, precisamos transformar esse objeto em uma lista. Veja o exemplo a seguir:

```
>>> print(list(func_map))
[0, 1, 4, 9, 16, 25, 36, 49, 64, 81]
```

Nós simplificamos o código em apenas uma linha de comando. Além da diminuição do código e do ganho de performance, a função *map* simplifica a transformação dos elementos de uma lista trazendo uma nova lista.

33. *Descriptors*

Cláudio Henrique Franco Gomes

Em Python, o protocolo *descriptors* possibilita ao desenvolvedor gerenciar o que deve ocorrer quando o atributo de uma classe é referenciado. Ou seja, é possível definir o comportamento padrão de métodos *get*, *set* e *delete* em uma classe. O protocolo *descriptor* é definido conforme segue:

```
descr.__get__(self, obj, type=None) -> value
descr.__set__(self, obj, value) -> None
descr.__delete__(self, obj) -> None
```

Se um objeto é definido com qualquer um desses métodos, ele é considerado um *descriptor* e pode sobrescrever o comportamento padrão de acesso a atributos. Um objeto que define os métodos __set__() e __delete__() é considerado como *data descriptor*. Um objeto que define somente o método __get__() é considerado um *non-data descriptor*:

```
>>> class Descriptor(object):
...     def __init__(self):
...         self.__nome = ''
...     def __get__(self, instance, owner):
...         print (self.__class__.__get__.__qualname__)
...         return self.__nome
...     def __set__(self, instance, nome):
...         print (self.__class__.__set__.__qualname__)
...         self.__nome = ' '.join([n.capitalize() for n in nome.split(' ')])
...     def __delete__(self, instance):
...         print (self.__class__.__delete__.__qualname__)
...         del self.__nome
>>> class Pessoa(object):
...     nome = Descriptor()
>>> usuario = Pessoa()
>>> usuario.nome = 'pedro paulo'
```

186 Jornada Python

```
Descriptor.__set__
>>> print(usuario.nome)
Descriptor.__get__
Pedro Paulo
>>> del usuario.nome
Descriptor.__delete__
```

No exemplo anterior, criamos a classe **Descriptor** com os métodos *__init__*, que inicializa o atributo **__nome**, o método *__get__*, que retorna o valor desse atributo, o método *__set__*, que atribui um valor a **__nome**, colocando a primeira letra de cada palavra em maiúscula por meio de uma *list comprehension*, conforme vimos no **Capítulo 20 – Comprehension**, e o método *__delete__*, que apaga o atributo.

A seguir, declaramos a classe **Pessoa**, com o atributo **nome**, que é uma instância da classe **Descriptor**. Com isso, ao acessarmos o atributo **nome**, estaremos fazendo uso dos métodos definidos na classe **Descriptor**, conforme se pode constatar pela impressão do nome dos métodos acionados ao acessarmos esse atributo.

Classe property

Outra forma de criar *descriptors* é por meio da classe **property**, que recebe como parâmetros em sua inicialização os métodos *get*, *set*, *delete* e a *docstring* da instância. Para maiores detalhes, veja o *help* dessa classe:

```
>>> help(property)
Help on class property in module builtins:

class property(object)
 |  property(fget=None, fset=None, fdel=None, doc=None)
 |
 |  Property attribute.
 |
 |    fget
 |      function to be used for getting an attribute value
 |    fset
 |      function to be used for setting an attribute value
 |    fdel
 |      function to be used for del'ing an attribute
 |    doc
 |      docstring
 ...
```

Veja como ficaria nossa classe **Pessoa** utilizando esse recurso.

```
>>> class Pessoa(object):
...     def init(self):
...         self.__nome = ''
...     def get_prop(self):
...         print (self.__class__.get_prop.__qualname__)
...         return self.__nome
...     def set_prop(self, nome):
...         print (self.__class__.set_prop.__qualname__)
...         self.__nome = ' '.join([n.capitalize() for n in nome.split(' ')])
...     def del_prop(self):
...         print (self.__class__.del_prop.__qualname__)
...         del self.__nome
...     nome = property(get_prop, set_prop, del_prop, 'Sou uma propriedade')
>>> usuario = Pessoa()
>>> usuario.nome = 'pedro paulo'
Pessoa.set_prop
>>> print(usuario.nome)
Pessoa.get_prop
Pedro Paulo
>>> del usuario.nome
Pessoa.del_prop
```

No exemplo, definimos os métodos *get_prop*, *set_prop* e *del_prop* e os passamos como atributos para a classe **property** durante sua instanciação. O atributo **nome**, que recebe a instância da classe **property**, passa a ter esses três métodos como seus métodos *get*, *set* e *delete*. A seguir, verificamos se esses métodos são acionados quando atribuímos um valor, imprimimos esse valor e apagamos o atributo.

Apesar de o resultado aparentar o mesmo, caso um dos métodos *fget*, *fset* ou *fdel* não seja definido, ao tentarmos acessar a propriedade, receberemos uma mensagem de exceção, conforme se pode observar no exemplo a seguir:

```
... nome = property(get_prop, None, del_prop, 'Sou uma propriedade')
```

```
>>> usuario = Pessoa()
>>> usuario.nome = 'pedro paulo'
Traceback (most recent call last):
  File "<pyshell#76>", line 1, in <module>
    usuario.nome = 'pedro paulo'
AttributeError: can't set attribute
```

188 Jornada Python

Decorators

Conforme vimos no **Capítulo 30**, *decorators* são uma forma de modificar o comportamento de uma função. Podemos criar *descriptors* por meio de *decorators*. Note que o código fica mais limpo e elegante que as duas formas apresentadas anteriormente:

```
>>> class Pessoa(object):
...     def __init__(self):
...         self.__nome = ''
...     @property
...     def nome(self):
...         return self.__nome
...     @nome.setter
...     def nome(self, nome):
...         self.__nome = ' '.join([n.capitalize() for n in nome.split(' ')])
>>> usuario = Pessoa()
>>> usuario.nome = 'pedro paulo'
>>> print(usuario.nome)
Pedro Paulo
```

Relembrando, no exemplo anterior, primeiro criamos o atributo **__nome**, no método *__init__*, depois criamos o método *get nome* por meio do *decorator @property*, que retorna esse atributo quando chamado, e, finalmente, criamos o método *set nome* por meio do *decorator @nome.setter*, que informa ao compilador que esse método deve ser chamado quando quisermos atribuir um valor à propriedade **nome**.

Criação dinâmica de *descriptors*

Python oferece uma forma dinâmica de criação de atributos por meio das funções *built-in setattr* e *getattr*. Com isso, nosso código fica mais conciso e podemos adicionar quantos atributos forem necessários à nossa classe em tempo de execução.

O método *setattr* recebe por parâmetros a instância do objeto, a propriedade a ser criada e o valor a ser atribuído a essa propriedade. O método *getattr* recebe por parâmetros a instância do objeto e a propriedade cujo valor deve ser retornado:

```
>>> class Pessoa(object):
...     def set_propriedade(self, atributo, valor):
...         setattr(self, atributo, valor)
...     def get_propriedade(self, atributo):
...         return getattr(self, atributo)
>>> pessoa = Pessoa()
>>> pessoa.set_propriedade('nome', 'Pedro Paulo')
>>> pessoa.get_propriedade('nome')
'Pedro Paulo'
>>> pessoa.nome
'Pedro Paulo'
>>> pessoa.set_propriedade('idade', 25)
>>> pessoa.idade
25
```

Note que, para criar as propriedades, precisamos passar seus nomes em formato *string*, mas, uma vez criadas, podemos acessá-las normalmente.

Prós e contras

Descriptors podem ser utilizados para acionar certas ações quando os atributos da classe são acessados. Ao mesmo tempo em que facilitam o encapsulamento de dados e possibilitam a reutilização de código, dificultam a leitura e a verificação de erros no código, por criarem mais uma camada de abstração. Eles também facilitam a criação de objetos em tempo de execução. Enfim, *descriptors* oferecem ao desenvolvedor uma série de ferramentas que podem ajudar a esconder do usuário a complexidade do código, mas é necessário ter em mente o custo que vem com elas.

34. Métodos mágicos

Sérgio Berlotto Jr.

Vamos tentar entender um pouco como o Python orientado a objetos trabalha e como podemos mudar comportamentos além de adicionar funcionalidades de forma eficaz e limpa. Para isso, temos os chamados métodos mágicos, que fazem a "mágica" acontecer no Python orientado a objetos. Eles definem o comportamento de uma classe e são nomeados com dois *underscores* no início e no fim do seu nome, como o *__init__*.

O que acontece é que o Python utiliza esses métodos para executar as funcionalidades. Por exemplo, quando fazemos a adição de dois números inteiros o método *__add__* é chamado e assim a soma é feita. Isso para a classe dos números inteiros *int*, pois ela implementa esse método. Agora, se implementarmos o método *__add__* também em uma classe que nós construímos, será possível "somar" duas instâncias desta classe, mesmo que elas não sejam inteiras.

Os métodos mágicos permitem alterar comportamentos aparentemente implícitos. Por meio da implementação deles em uma classe criada por nós, podemos adicionar muitas funcionalidades. Veja um exemplo bem prático de uso de métodos mágicos em uma classe:

```python
>>> class Suco():
...     fruta = []
...     def __init__(self, *frutas):
...         self.fruta = [*frutas]
...     def __add__(self, outro_suco):
...         resultado = Suco(*self.fruta, *outro_suco.fruta)
...         return resultado
...     def __str__(self):
...         return f"Suco de {' e '.join(self.fruta)}"
>>> suco_laranja = Suco('laranja')
>>> suco_maca = Suco('maçã')
>>> print(f"Temos dois sucos separados: {suco_laranja} e {suco_maca}")
>>> vitamina = suco_maca + suco_laranja
>>> print(f"Mas se juntarmos tudo em um copo só temos: {vitamina}")
```

Métodos mágicos **191**

A saída da execução deste exemplo é:

```
Temos dois sucos separados: Suco de laranja e Suco de maçã
Mas se juntarmos tudo em um copo só temos: Suco de maçã e laranja
```

Neste exemplo, mostramos o uso de três métodos mágicos que fazem com que o Python entenda perfeitamente nossa classe: *__init__*, *__add__* e *__str__*. Mas o que eles fazem?

O método *__init__* é executado quando criamos uma nova instância da nossa classe, ou seja, no exemplo ele foi executado três vezes: quando instanciamos nossos sucos de laranja, de maçã e a vitamina. O método *init* pode receber ou não parâmetros além do *self*. É neste método que geralmente declaramos nossas variáveis de instância e recebemos algumas propriedades que serão atribuídas à nossa instância por meio do *self*.

O método *__add__* é executado quando fazemos a soma das duas instâncias de sucos. A diferença aqui, da nossa classe **Suco** para números inteiros (*int*), é que, em vez de somar números, estamos personalizando o que é esta soma para nossa classe, que no caso é criar um novo suco com todas as frutas.

O método *__str__* é executado quando o Python solicita uma representação textual da classe, como na hora de imprimir a nossa variável no console em um comando *print*. Se não tivéssemos definido nada no método *__str__*, o resultado do comando *print(suco_laranja)* seria algo meio estranho como: *<__main__.Suco object at 0x7fe6b3650220>*.

Você já utilizou o comando *dir* no terminal passando uma variável qualquer para ele e viu o que ele retornou? Vamos ver no nosso exemplo, com a variável **vitamina**:

```
>>> dir(vitamina)
['__add__', '__class__', '__delattr__', '__dict__', '__dir__', '__doc__',
'__eq__', '__format__', '__ge__', '__getattribute__', '__gt__', '__hash__',
'__init__', '__init_subclass__', '__le__', '__lt__', '__module__', '__ne__', '__
new__', '__reduce__', '__reduce_ex__', '__repr__', '__setattr__', '__sizeof__',
'__str__', '__subclasshook__', '__weakref__', 'fruta']
```

O comando *dir* retorna, em forma de lista, todas as propriedades e métodos de uma variável. Nesta lista, vemos que retornaram todos os métodos mágicos também relacionados à classe que implementamos, além de outros que são implementados por padrão. Veja que são estes com dois *underscores* no início e no fim, e, neste exemplo, há somente uma propriedade comum: **fruta**.

192 Jornada Python

Utilizando o *dir*, conseguimos investigar que tipo de ação se pode fazer com uma classe ou instância, justamente por conseguir ver quais métodos estão disponíveis nesta lista. Agora vamos ver um exemplo de alteração de comportamento de números, estendendo a classe *int* do Python:

```
>>> class meuint(int):
...       def __lt__(self, value):
...          return True
...       def __gt__(self, value):
...          return True
...       def __ge__(self, value):
...          return True
...       def __le__(self, value):
...          return True
...       def __ne__(self, value):
...          return True
...       def __eq__(self, value):
...          return True
>>> x = meuint(10)
>>> y = meuint(20)
>>> print(x < y)
True
>>> print(x <= y)
True
>>> print(x > y)
False
>>> print(x >= y)
False
>>> print(x == y)
False
>>> print(x != y)
True
```

Veja que nossa classe **meuint** herda todo o comportamento da classe *int* do Python e faz a substituição dos métodos mágicos de comparação, fazendo com que todos retornem sempre verdadeiro. Assim, todos os *prints* descritos no exemplo retornarão *True*. Repare que os métodos mágicos devem ser definidos a nível de classe e não a nível de instância. Assim, todas as instâncias da mesma classe terão os mesmos métodos mágicos.

A lista de métodos mágicos não se restringe aos métodos mostrados nos exemplos deste capítulo. Na documentação do Python[46] é possível encontrar detalhadamente todos os métodos mágicos e qual é o comportamento de cada um.

---

[46] <https://docs.python.org/pt-br/3/reference/datamodel.html>.

35. Modelos arquiteturais

Davi Luis de Oliveira
Karine Cordeiro

Martin Fowler, falando sobre a apresentação de Ralph Johnson na QCon, concluiu que:

> *"...arquitetura é sobre coisas importantes. Seja lá o que é". À primeira vista, isso soa banal, mas acho que carrega muita riqueza. Isso significa que o coração de pensar arquitetonicamente sobre software é decidir o que é importante (isto é, o que é arquitetural) e depois gastar energia para manter esses elementos arquitetônicos em boas condições. Para que um desenvolvedor se torne um arquiteto, ele precisa reconhecer quais elementos são importantes, reconhecer quais elementos provavelmente resultarão em problemas sérios, caso não sejam controlados (FOWLER, 2019).*

Com a evolução das tecnologias e o aumento da complexidade dos sistemas onde fomos de códigos que executavam somente operações específicas e passamos a desenvolver sistemas complexos, viu-se a importância de pensar nos sistemas de maneira a otimizar o seu funcionamento, garantindo melhor desempenho, favorecendo a escalabilidade e possibilitando a personalização sem abrir mão da evolução contínua. Neste capítulo, falaremos de alguns modelos arquiteturais mais utilizados no mercado.

Arquitetura em camadas

A arquitetura em camadas surgiu nos anos 1980 (há quem diga que foi inspirada na arquitetura de computadores) com o objetivo de modularizar o desenvolvimento dos sistemas, dividindo responsabilidades e gerindo as dependências de maneira que as camadas superiores se comunicassem com as camadas inferiores, mantendo dependência somente com a camada imediatamente inferior. São elas: camada de apresentação, controle, negócio e acesso a dados. A Figura 35.1 ilustra a arquitetura em camadas.

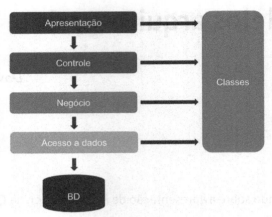

Figura 35.1. Arquitetura em camadas.
Fonte: os autores.

✓ **Camada de apresentação:** é aquela responsável pela interface com o usuário. É por meio dela que o usuário acessa as funcionalidades do sistema e é ela a responsável por apresentar ao usuário quaisquer processamentos solicitados às camadas inferiores.
✓ **Camada de controle:** é responsável por comandar o fluxo da camada de aplicação e intermediar as interações entre a camada de apresentação e a camada de negócio.
✓ **Camada de negócio:** é responsável por implementar as regras de negócio ou requisitos do sistema.
✓ **Camada de acesso a dados:** é a camada responsável por encapsular os mecanismos e expor os dados. É nesta camada que os dados são persistidos, garantindo independência da fonte de dados, e as informações são mantidas entre as diferentes sessões de uso.

A arquitetura em camadas, quando utilizada no contexto de orientação a objetos, emprega fortemente a inversão de dependência para interação entre as camadas. Recomendamos que leia o **Capítulo 36 – SOLID** para se aprofundar neste conceito.

SOA

A sigla vem do termo em inglês *Service Oriented Architecture* e foi introduzida pela primeira vez pelos pesquisadores Roy Schulte e Yefim Natis do Gartner Group em 1996. Inicialmente eles apresentaram o modelo arquitetural com base nas experiências de seus clientes que tinham aplicações cliente-servidor.

Modelos arquiteturais   195

> A arquitetura orientada a serviços (SOA) é um paradigma e disciplina de design que ajuda a TI a atender às demandas de negócios... reduz a redundância e aumenta a usabilidade, a capacidade de manutenção e o valor. Isso produz sistemas modulares interoperáveis que são mais fáceis de usar e manter (GARTNER GLOSSARY, s.d.).

A Figura 35.2 ilustra a arquitetura SOA.

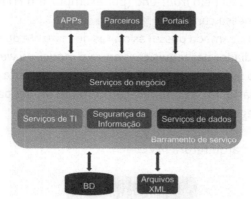

Figura 35.2. Arquitetura SOA.
Fonte: os autores.

Esse modelo arquitetural disponibiliza as regras de negócio como serviços que se comunicam entre si por meio de padrões de comunicação preestabelecidos. A arquitetura SOA é caracterizada pela utilização de um barramento de serviços (*Service Bus*), responsável por realizar a comunicação entre os serviços a ele conectados.

Aqui, os serviços possuem implementações independentes, ou seja, mudanças em regras de negócio de um serviço não influenciam nos outros serviços que o consomem (desde que não haja modificação nos padrões de requisição e resposta), há baixo acoplamento entre os serviços, as plataformas e padrões de infraestrutura são abstraídos, há forte padronização e um grande incentivo ao reúso de componentes.

MVC

O MVC (*Model, View, Controller*) é um padrão arquitetural bastante utilizado em diversos projetos, além de ser o padrão em alguns *frameworks* por possibilitar uma divisão de responsabilidades por cada parte do projeto, assim isolando as regras de negócios da interface com o usuário. Para isso, o MVC é dividido basicamente em *model*, *view* e *controller*.

✓ **Model**: é a representação das informações ou dados que você deseja exibir para o usuário. Logo, é nessa camada que existem recursos para comunicação, armazenamento e até mesmo validação dessas informações em um banco de dados. Geralmente, cada *model* é representado por uma classe no sistema.
✓ **View**: consiste em uma camada de apresentação do usuário, que poderá acessar funcionalidades definidas por meio das regras de negócio do *controller*. Logo, o código responsável pelo *front-end* (por exemplo, em HTML, CSS e JavaScript) será utilizado nessa camada.
✓ **Controller**: esta camada possui as regras de controle do seu projeto, atuando como intermediador das requisições entre o *model* e a *view*. Então, toda requisição feita pelo usuário passa pelo *controller*, que executa as regras de controle e, caso necessário, faz a comunicação com um *model* para manipulação dos dados e, em seguida, renderiza o conteúdo solicitado.

A Figura 35.3 ilustra a arquitetura MVC.

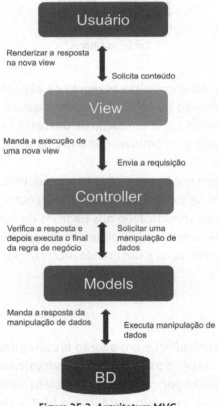

Figura 35.3. Arquitetura MVC.
Fonte: os autores.

Por meio da figura, vamos imaginar o fluxo de um *login* em um sistema feito com MVC. Para isso, começamos com o usuário fazendo a requisição do conteúdo desejado por meio da *view*, a qual requisita a regra de controle do *login* para o *controller*, que, por sua vez, precisa fazer uma requisição para o *model* verificar se o *login* está cadastrado e válido no banco de dados. O *model* então manda uma resposta mostrando se os dados são corretos. Caso a resposta seja positiva, o *controller* renderiza a página programada para aparecer após a realização do *login*.

MVT

Este modelo arquitetural é exclusivo do *framework* Django e é bastante similar à arquitetura MVC. Na MVT (*Model, View, Template*), a requisição do usuário é feita pela interface do projeto que chamamos de *template*. Esta faz as solicitações para a *view*, que é responsável pelas definições de regras de negócio, e utiliza o *model* para realizar o acesso aos dados. Por fim, a *view* renderiza o *template* com as informações solicitadas.

✓ *Model*: esta camada possui a mesma funcionalidade do *model* da arquitetura MVC e consiste em uma abstração da solicitação de operações do banco de dados do sistema. A única diferença é que no MVT a solicitação do *model* ocorre pela *view*.
✓ *View*: é nesta camada que são implementadas as regras de negócios da aplicação, além de ser intermediadora entre o *model* e o *template*.
✓ *Template*: funciona como uma camada de apresentação e lida completamente com a parte da interface do usuário. Todos os arquivos do projeto relacionados à interface do *app* são encontrados nesta camada.

Arquitetura de microsserviços

James Lewis e Martin Fowler (LEWIS; FOWLER, 2014) definem arquitetura de microsserviços como "uma abordagem para o desenvolvimento de um único aplicativo como um conjunto de pequenos serviços, cada um executando seu próprio processo e se comunicando com mecanismos leves, geralmente uma API de recurso HTTP". Ainda utilizando a abordagem dos dois, as aplicações nessa arquitetura são construídas e implementadas de forma independente entre si, em máquinas de implantação totalmente automatizadas com um mínimo de gerenciamento centralizado, podendo ser escritos em diferentes linguagens de programação e usar diferentes tecnologias de armazenamento de dados.

Essa arquitetura consiste em vários projetos que se comunicam entre si, portanto foge do conceito de um sistema monolítico onde toda aplicação se encontra em um único projeto. Outro aspecto importante a ser ressaltado é que, além da divisão de vários projetos que se comunicam entre si, é preciso utilizar várias estratégias para configuração e gerenciamento do ambiente, tanto local como remoto.

Quando se adota uma arquitetura de microsserviços, ganham-se algumas vantagens, como: independência no desenvolvimento de cada projeto, já que cada equipe trabalha focando no seu projeto específico; flexibilidade, devido à inserção de novos projetos no ambiente do sistema; liberdade na escolha da tecnologia, uma vez que cada microsserviço pode ser feito com conjuntos de tecnologias diferentes; forte modularização, o que reduz a complexidade e possibilita o reúso de componentes; e implantações independentes, reduzindo impactos de uma implementação gerar falhas em outra.

Também é importante ressaltar que a utilização de microsserviços tem várias desvantagens, como: complexidade adicional ao sistema, uma vez que sistemas distribuídos são mais propensos a lentidão e falhas de comunicação; aumento da complexidade na criação de testes que analisam as interações entre serviços; cada serviço se torna responsável por manter a consistência eventual dos dados (um dos principais paradigmas em desenvolvimento de sistemas distribuídos); aumento da complexidade do ambiente operacional e eventual necessidade de uma equipe de operações mais madura.

A definição da arquitetura de um sistema deve levar em conta, além da maturidade, o nível de conhecimento e a curva de aprendizado da equipe, os fatores relacionados ao ciclo de vida da aplicação a ser desenvolvida e o que é importante, dado o cenário geral da aplicação. Não existe bala de prata. Para ter sucesso na escolha da arquitetura de um sistema é necessário que o desenvolvedor, arquiteto ou time tenha clara visão do que é importante e, após definida a abordagem, gastar esforços para manter os elementos arquiteturais em boas condições.

PARTE V.
TÓPICOS AVANÇADOS DE PROGRAMAÇÃO

36. SOLID

Eduardo Bizarria Gaspar
Helcio Gomes
Rodrigo Isensee
Sérgio Berlotto Jr.
Tatiana Escovedo
William Villela de Carvalho

Quando falamos de SOLID e qualidade de código na linguagem de programação Python, vemos que há diversas opiniões divergentes devido às características peculiares da linguagem. Com este capítulo, vamos trazer uma reflexão sobre como podemos melhor estruturar nossos programas com os princípios SOLID.

No desenvolvimento de software, a programação orientada a objetos tem papel fundamental quando se trata de escrever um software de código flexível, escalável, sustentável e reutilizável. Para usufruir bem desses benefícios, o desenvolvedor deve ter o conhecimento dos princípios SOLID para realizar um bom projeto orientado a objetos. O termo SOLID foi introduzido por Robert C. Martin e é um acrônimo de cinco princípios:

- ✓ Princípio de responsabilidade única
- ✓ Princípio aberto/fechado
- ✓ Princípio da substituição de Liskov
- ✓ Princípio de segregação de interfaces
- ✓ Princípio da inversão de dependência

Vamos detalhá-los um pouco mais.

Princípio de responsabilidade única

A letra "S" do SOLID corresponde a *Single Responsibility Principle* (SRP), ou seja, princípio de responsabilidade única. Este princípio nos diz que uma classe não deve ter mais de uma responsabilidade. Mais especificamente, uma classe deve ter somente um motivo para ser modificada.

Quando uma classe tem mais de uma responsabilidade e surge uma necessidade de alteração, será difícil modificar uma destas responsabilidades sem comprometer as outras. Veja um exemplo[47]:

```
>>> class Animal:
...     def __init__(self, nome):
...         self.__nome = nome
...     def get_nome(self):
...         return self.__nome
...     def salvar(self):
...         # Salva o animal no banco de dados
...         pass
```

No exemplo anterior, a classe **Animal** possui mais de uma responsabilidade. Ela é responsável por definir um animal e salvá-lo no banco de dados. Aplicando o princípio SRP, teremos uma classe para cada responsabilidade:

```
>>> class Animal:
...     def __init__(self, nome):
...         self.__nome = nome
...     def get_nome(self):
...         return self.__nome
>>> class AnimalDAO:
...     def salvar(self, animal):
...         # Salva o animal no banco de dados
...         pass
```

Violar este princípio pode trazer problemas como alto acoplamento e baixa coesão. O acoplamento se refere ao relacionamento existente entre módulos ou classes, ou seja, o quanto um módulo ou classe depende do outro para funcionar. Já a coesão se refere basicamente ao propósito dos membros desse módulo ou classe e à ligação que eles têm com o mesmo objetivo: quando todos trabalham em direção de um objetivo comum, temos coesão em vez de desentendimento.

Então, uma classe com acoplamento alto e baixa coesão se torna muito complicada de dar manutenção. Não conseguimos movimentar essa classe facilmente, pois para isso será preciso levar muitas dependências, não tendo certeza se uma pequena alteração acarretará problemas em outros pontos do sistema justamente pelo fato de ela atender a muitos tipos de ações.

---

[47] Adaptado de: <https://github.com/heykarimoff/solid.python>.

202 Jornada Python

Assim, cada classe deve possuir apenas um propósito. Fazendo uma analogia, não devemos atribuir a um desenvolvedor de software a função de arrumar o ar-condicionado para mantermos a coesão.

Princípio aberto/fechado

A letra "O" do SOLID corresponde ao *Open/Closed Principle* (OCP). Este princípio nos diz que uma classe deve estar aberta para extensão, porém fechada para modificações.

Quando novos comportamentos e recursos precisam ser adicionados no software, devemos estender e não alterar o código-fonte original. Por exemplo, organizar o seu código com uma superclasse genérica e abstrata o suficiente permitirá que o programa seja estendido acrescentando novas subclasses sem precisar alterar as classes existentes. Veja um exemplo[48]:

```python
>>> class Animal:
...     def __init__(self, nome):
...         self.__nome = nome
...     def get_nome(self):
...         return self.__nome
...     def faz_som(self):
...         if self.__nome == "Cachorro":
...             print("Au Au")
...         elif self.__nome == "Gato":
...             print("Miau")
```

Repare que, à medida que tivermos novos animais no nosso programa, teremos que modificar a classe **Animal**, incluindo uma nova condição no método **faz_som**. Aplicando o OCP, teremos uma classe para cada tipo de animal, que serão subclasses de **Animal** e sobrescreverão o método **faz_som**:

```python
>>> class Animal:
...     def __init__(self, nome):
...         self.__nome = nome
...     def get_nome(self):
...         return self.__nome
...     def faz_som(self):
...         pass
```

---

[48] Adaptado de <https://github.com/heykarimoff/solid.python>.

```
>>> class Cachorro(Animal):
...     def faz_som(self):
...         print("Au Au")
>>> class Gato(Animal):
...     def faz_som(self):
...         print("Miau")
```

Desta forma, se quisermos criar um **Leão**, basta estender a classe **Animal** e sobrescrever o método **faz_som**, sem necessidade de alterar a classe **Animal**.

Princípio da substituição de Liskov

A letra "L" do SOLID corresponde ao *Liskov Substitution Principle* (LSP). O princípio da substituição de Liskov nos diz que uma subclasse deve poder ser substituída pela sua superclasse. O princípio LSP foi definido por Barbara Liskov da seguinte forma: "se q(x) é uma propriedade demonstrável dos objetos x de tipo T, então q(y) deve ser verdadeiro para objetos y de tipo S onde S é um subtipo de T".

Com isso podemos avaliar se o polimorfismo faz realmente sentido no uso da herança. Em tese, qualquer uma das subclasses poderia ser usada no lugar da superclasse, utilizando corretamente os conceitos de herança. Veja um exemplo:

```
>>> class Animal:
...     pass
>>> class Cachorro(Animal):
...     def latir(self):
...         print("Au Au")
>>> class Gato(Animal):
...     def miar(self):
...         print("Miau")
>>> class Dono:
...     def passear(cachorro: Cachorro):
...         cachorro.latir()
```

Veja que a classe **Dono** declara um método **passear()**, que espera um cachorro. Se quiséssemos que esse método aceitasse também gatos, ou seja, animais, teríamos que alterar esse código significativamente, dado que o método **latir()** é exclusivo de cachorros (e não de todos os animais). Para respeitar o princípio LSP, o código deve ser este:

```python
>>> class Animal:
...     def faz_som(self):
...         pass
>>> class Cachorro(Animal):
...     def faz_som(self):
...         __latir()
...     def __latir(self):
...         print("Au Au")
>>> class Gato(Animal):
...     def faz_som(self):
...         __miar()
...     def __miar(self):
...         print("Miau")
>>> class Dono:
...     def passear(animal: Animal):
...         animal.faz_som()
```

Princípio da segregação de interfaces

A letra "I" do SOLID corresponde ao *Interface Segregation Principle* (ISP). O princípio da segregação de interfaces define que várias interfaces específicas são melhores do que uma interface genérica. Este princípio define que uma classe não deve conhecer nem depender de métodos de que não necessita.

Já sabemos que, para que uma classe seja coesa e reutilizável, ela não deve possuir mais de uma responsabilidade. Mas, ainda assim, essa única responsabilidade pode ser quebrada em responsabilidades ainda menores, tornando a interface muito mais amigável. Veja o exemplo da impressora faz tudo:

```python
>>> class ImpressoraFazTudo:
...     def imprime(self):
...         pass
...     def digitaliza(self):
...         pass
...     def envia_fax(self):
...         pass
```

Podemos utilizar esta classe como base para outra chamada **ImpressoraMultifuncional**, porque uma impressora multifuncional imprime, digitaliza e envia fax:

```
>>> class ImpressoraMultifuncional(ImpressoraFazTudo):
...     def imprime(self):
...         pass
...     def escaneia(self):
...         pass
...     def envia_fax(self):
...         pass
```

Para se criar uma classe para uma impressora padrão, utilizar a classe **ImpressoraFazTudo** como base viola o princípio ISP, pois a classe cliente vai herdar métodos que não utilizará (**Escaneia** e **EnviaFax**). Utilizando o princípio ISP, vamos dividir a classe **ImpressoraFazTudo** em classes menores, para que as classes clientes implementem somente o que precisam:

```
>>> class Impressora:
...     def imprime(self):
...         pass
>>> class Digitalizadora:
...     def digitaliza(self):
...         pass
>>> class Fax:
...     def envia_fax(self):
...         pass
```

A classe **ImpressoraMultifuncional** ficaria dessa forma:

```
>>> class ImpressoraMultifuncional(Impressora, Digitalizadora, Fax):
...     def imprime(self):
...         pass
...     def escaneia(self):
...         pass
...     def envia_fax(self):
...         pass
>>> # A classe ImpressoraPadrao pode utilizar somente o método que precisa:
>>> class ImpressoraPadrao(Impressora):
...     def imprime(self):
...         pass
```

Princípio da inversão de dependência

Finalmente, vamos falar da letra "D" do SOLID, que corresponde ao *Dependency Inversion Principle* (DIP). O princípio da inversão de dependência define que devemos depender de classes abstratas e não de classes concretas.

Este é um princípio interessante, pois nos diz que uma classe não tem a necessidade de conhecer a outra para realizar uma operação. Portanto, usando uma interface genérica, podemos intermediar o acesso de forma abstrata. Para ficar mais claro, vamos ver um exemplo:

```
>>> class Animal:
...     def faz_som(self):
...         pass
>>> class Cachorro(Animal):
...     def faz_som(self):
...         latir()
...     def latir(self):
...         print("Au Au")
>>> class Gato(Animal):
...     def faz_som(self):
...         miar()
...     def miar(self):
...         print("Miau")
```

Sem utilizar o princípio DIP, poderíamos ter um código dependendo do subtipo **Cachorro**, chamando diretamente o método **latir()**:

```
>>> class Dono:
...     def passear(cachorro: Cachorro):
...         cachorro.latir()
```

Utilizando o princípio DIP, dependeríamos de um nível de abstração maior, no caso, **Animal**. O código ficaria assim:

```
>>> class Dono:
...     def passear(animal: Animal):
...         animal.faz_som()
```

Dessa forma, quando um novo tipo de animal for incluído, não haverá a necessidade de alterar a classe **Dono**, que agora conhece apenas a superclasse **Animal**, e não as suas subclasses.

37. Guia de estilos

Alexandro Angelo Romeira

Assim como em uma redação de um jornal, um programador de qualidade deve seguir boas práticas para escrever seu programa, além de manter seu código organizado e fácil para que outros programadores, seja de seu time ou de projetos parceiros, possam ler e entender seu código.

Este capítulo tem o objetivo de tratar do **guia de estilos**, mas por que isso é tão importante? Os guias de estilo contêm práticas recomendadas para escrever e manter seus códigos de forma organizada e são escritos e organizados por profissionais experientes. Para se ter ideia, o principal autor do guia de estilos da linguagem Python é o próprio Guido Von Rossum, criador do Python.

Os guias de estilo mantêm padrões e nos ensinam como escrever códigos mais padronizados e consistentes. Lembre-se de que seu código será muito mais lido do que escrito, não só por você mas também por clientes, colegas e até mesmo parte de seu repositório, que, além de fazer parte de seu portfólio, pode ser observado por contratantes. Isso pode ser um importante ativo para sua carreira.

Uma das principais falhas quando desenvolvemos é seguirmos uma lógica muito própria, ou que muitas vezes faz sentido naquele momento, considerando nossos prazos e projetos. Também podemos, principalmente com pouca experiência, não nos preocuparmos com esses detalhes e depois de dias isso pode ser um problema até para você mesmo dar manutenção em seu código. Utilizando boas práticas desde o início, isso se tornará natural e você continuará sendo produtivo, porém com estilo.

208 Jornada Python

Indo direto ao assunto, muitos guias de estilo fazem parte dos próprios PEPs, conforme tratado no **Capítulo 5 – PEP –** *Python Enhancement Proposal*, entre eles um destaque especial para a PEP-8 (VAN ROSSUM; WARSAW; COGHLAN, 2001), que descreve os padrões de formatação de código, o que tem relação direta com a proposta do guia de estilos da linguagem Python. Outra referência interessante são os guias de estilo do Google[49], bem como o Zen do Python (PETERS, 2004), uma espécie de poema contendo 19 princípios de design orientadores, escrito pelo engenheiro de software Tim Peters. A seguir, apresentaremos alguns pontos importantes.

Nomenclatura

Segundo o Zen do Python, "explícito é melhor que implícito", ou seja, quando escrevemos nosso código Python, é muito importante deixar muito bem claro o que queremos desenvolver naquele bloco de código. Para isso, é preciso saber nomear variáveis, funções, classes, pacotes, etc. Escolher nomes que façam sentido poupa tempo na interpretação e manutenção de seu código, de forma que você seja capaz de descobrir naturalmente do que se trata.

> **Observação: evite utilizar letras únicas como I ou O para definir uma variável, pois estas podem ser facilmente confundidas com 1 ou 0. Veja o exemplo a seguir.**

```
>>> O = 2
>>> # Isso pode parecer que você está tentando atribuir 2 a zero
```

A tabela a seguir descreve alguns estilos de nomenclatura comumente adotados na linguagem Python:

---

[49] <https://google.github.io/styleguide/pyguide.html>.

Tabela 37.1. Estilos de nomenclatura.
Fonte: o autor.

Tipo	Convenção de nomeação	Exemplos
Função	Use uma palavra ou palavras minúsculas. Palavras separadas por sublinhados para melhorar a legibilidade.	function, my_function
Variável	Use uma letra, palavra ou palavras minúsculas. Palavras separadas com sublinhados para melhorar a legibilidade.	x, var, my_variable
Classe	Comece cada palavra com uma letra maiúscula. Não separe palavras com sublinhados.	Model, MyClass
Método	Use uma palavra ou palavras minúsculas. Palavras separadas com sublinhados para melhorar a legibilidade.	class_method, method
Constante	Use uma letra, palavra ou palavras maiúsculas. Palavras separadas com sublinhados para melhorar a legibilidade.	CONSTANT, MY_CONSTANT, MY_LONG_CONSTANT
Módulo	Use uma palavra ou palavras curtas e minúsculas. Palavras separadas com sublinhados para melhorar a legibilidade.	module.py, my_module.py
Pacote	Use uma palavra ou palavras curtas e minúsculas. Não separe palavras com sublinhados.	package, mypackage

Layout de código

Segundo o Zen do Python, "belo é melhor que feio", ou seja, como você formata seu código tem papel fundamental na forma como ele é entendido.

✓ **Indentação:** pelo padrão da linguagem Python, devemos usar quatro espaços (ou um Tab) por nível de indentação; caso seu código seja antigo, você pode manter como oito espaços (ou dois Tabs). A linguagem Python reconhece automaticamente o nível de indentação predominante e segue esse padrão.

✓ **Tabulações ou espaços:** nunca misture tabulações e espaços. A forma mais popular de indentar um código Python é somente com espaços; a segunda forma é somente com tabulações. Nunca devemos misturar os dois tipos de indentação: quando temos essa situação, devemos convertê-la para usar somente espaços. Para novos projetos, dê preferência para uso somente de espaços. Muitos editores já trazem opções para facilitar sua utilização.

✓ **Comprimento máximo de linhas:** ainda nos dias atuais, temos muitos monitores limitados a linhas de 80 colunas. Além disso, muitas pessoas usam a limitação de janelas a 80 caracteres, que permite ter várias janelas abertas, lado a lado. As quebras de linha nessas características ficam muito ruins; portanto, limite todas as linhas de seu programa a um máximo de 79 caracteres.

210 Jornada Python

Para longos blocos de texto (*docstrings* ou comentários), devemos limitar seu comprimento em 72 colunas. A melhor maneira de continuar linhas longas é usando a continuação implícita, entre parênteses, colchetes e chaves. Se necessário, você pode adicionar um par extra de parênteses em uma expressão, mas, em alguns casos, uma barra invertida fica melhor. Por exemplo:

```python
>>> class Rectangle():
...     def __init__(self, width, height,
...         color='black', emphasis=None, highlight=0):
...         if width == 0 and height == 0 and \
...             color == 'red' and emphasis == 'strong' or \
...             highlight > 100:
...             raise ValueError("sorry, you lose")
...         if width == 0 and height == 0 and \
...         (color == 'red' or emphasis is None):
...             raise ValueError("I don't think so")
```

✓ **Linhas em branco**: sempre separe as funções e definições de classes com duas linhas em branco, enquanto os métodos dentro de uma classe devem ser separados somente por uma única linha em branco. Quando linhas em branco são usadas para separar métodos, deve haver também uma linha em branco entre a linha *class* e o primeiro método da classe. Use linhas em branco também para separar blocos lógicos dentro de métodos e funções. A linguagem Python aceita o caractere *Control-L* (^L) como espaço em branco.

✓ *Import*: os *imports* devem ser sempre feitos em linhas separadas, nunca na mesma linha, mesmo que separados por ",". Exemplo:

```python
>>> import sys
>>> import os
```

Também podem ser usados da seguinte forma:

```python
>>> from subprocess import Popen, PIPE
```

Todos os *imports* devem ser sempre colocados no topo do arquivo, logo depois de quaisquer comentários ou *docstrings*, e antes de constantes ou globais. Você deve colocar uma linha em branco entre cada grupo de importações. Eles devem ser agrupados seguindo a ordem:

1. módulos da biblioteca padrão;
2. módulos terceiros relacionados entre si (por exemplo, todos os módulos de chamada de uma API proprietária, usadas na aplicação);
3. aplicações locais/bibliotecas específicas da aplicação.

Guia de estilos **211**

Comentários e notas explicativas

Segundo o Zen do Python, "se a implementação é difícil de explicar, isso é uma má ideia", ou seja, um programador de qualidade deve documentar de forma bem objetiva e precisa o seu código. Isso facilita a manutenção e a "interpretabilidade" do código. É muito importante documentar o seu código não somente para você, mas para outros programadores. Quando você ou outra pessoa lê um comentário, deve ser capaz de entender facilmente o código a que o comentário se aplica e como ele se encaixa com o resto do seu código. Destacamos alguns pontos-chave sobre comentários de código:

✓ Limite o comprimento da linha de comentários e doc*strings* em 72 caracteres.
✓ Use frases completas, começando com uma letra maiúscula.
✓ Certifique-se de atualizar os comentários se você alterar seu código.

Comentários em blocos: use blocos de comentário para documentar as seções de seu código, eles são importantes e ajudam a entender o propósito e a funcionalidade de um determinado bloco de código. A PEP-8 fornece as seguintes regras para escrever comentários em blocos:

✓ Bloqueie comentários de recuo para o mesmo nível do código que eles descrevem.
✓ Inicie cada linha com um # seguido por um único espaço.
✓ Parágrafos devem ser separados por uma linha contendo um único #.

Veja a seguir um exemplo de como fazer um bloco de comentários explicando a função de um *loop*. Observe que a frase envolve uma nova linha para preservar o limite de 79 caracteres:

```
>>> def quadratico (a, b, c, x):
...     # Calcular a solução para uma equação quadrática usando a
...     # Fórmula.
...     #
...     # Há sempre duas soluções para uma equação quadrática, x_1 e x_2.
...     x_1 = (- b+(b**2-4*a*c)**(11/2)) / (2*a)
...     x_2 = (- b-(b**2-4*a*c)**(1/2)) / (2*a)
...     return x_1, x_2
```

Comentários em linha (*inline*): explicam uma única declaração no próprio código. Eles são úteis para lembrá-lo, ou explicar aos outros, o que faz determinada linha de código. Porém, cuidados são necessários, tais como:

212 Jornada Python

✓ Use comentários *inline* com moderação.
✓ Escreva comentários *inline* na mesma linha que a declaração a que se refere.
✓ Separe os comentários *inline* por dois ou mais espaços na sua declaração.
✓ Inicie os comentários *inline* com um # e um único espaço, assim como os comentários de blocos.
✓ Não use comentários para explicar o óbvio.

```
>>> idade = 5 # Este é um comentário inline
>>> nome = 'Alexandro Romeira' # Nome do Estudante
```

Como podemos perceber, existem muitas boas práticas e vários padrões que devem ser seguidos. A padronização mostra como você é organizado e principalmente como consegue expressar suas ideias e objetivos para um grupo. Comunicação é um dos atributos mais valorizados para o profissional atual, e isso não é diferente para o *pythonista*.

Este capítulo trouxe alguns dos principais elementos de formatação, mas existem muitos outros. Recomendamos que essa busca seja aprofundada, porém, já iniciando com essas dicas simples, muito você vai poder evoluir em sua carreira, afinal, segundo o Zen do Python, "legibilidade faz diferença".

38. Programação funcional

Marcell Guilherme C. da Silva

Embora o Zen do Python pregue que só deveria haver uma forma de fazer algo, o Python em si é uma linguagem multiparadigma. Isso significa que, durante o projeto e a implementação de um sistema, há várias formas de programar, diferentes princípios a seguir e padrões diversificados a aplicar. E isso inclui até mesmo operações básicas como as repetições.

Por exemplo, vejamos a escrita de *loops* usando os comandos *for* e *while*. Esse tipo de sintaxe expressa algo como: "para cada valor desta coleção, execute um bloco de comandos" ou "enquanto isso for verdade, execute essa sequência de operações". Repare que a semântica (o sentido) da frase é de ordens ou pedidos, ou seja, é uma forma imperativa de implementação. Predominantemente, esta é a forma mais usual, mas não é a única:

```
>>> idades = [18, 22, 42]
>>> idades_formatadas = []
>>> for idade in idades:
...     idades_formatadas.append(f'{idade} anos.')
...
>>> idades_formatadas
['18 anos.', '22 anos.', '42 anos.']
```

O *script* anterior produz ['18 anos.', '22 anos.', '42 anos.'] como resultado da variável **idades_formatadas**, e continuaremos reproduzindo esse comportamento nos próximos exemplos.

Contrapondo-se à programação imperativa, há a programação declarativa. Em vez de digitarmos uma sequência de passos, daremos um "predicado", ou seja, uma descrição de como cada dado será transformado. A leitura fica algo como: "cada item desta coleção será outro transformado". Repare que a semântica agora não é mais de ordem (imperativa), mas de descrição (indicativa). Exemplos

214 Jornada Python

de expressões declarativas são as *comprehensions* (já detalhadas no **Capítulo 20 – Comprehension**):

```
>>> idades = [18, 22, 42]
>>> [f'{idade} anos.' for idade in idades]
['18 anos.', '22 anos.', '42 anos.']
```

No exemplo anterior, reproduzimos aquele comportamento usando o formato declarativo em vez de imperativo. A variável foi iniciada sem receber "ordens", apenas uma assertiva declarada. Aqui, nosso predicado é a *list comprehension*.

Veja que paradigmas são apenas um "ponto de vista", uma ótica diferente de se implementar algo, uma abstração feita de humanos para outros humanos. A programação declarativa nos serve para entender outro paradigma que dá nome a este capítulo: a programação funcional. Vejamos como nosso predicado ficaria se ele fosse escrito por meio da combinação de funções:

```
>>> idades = [18, 22, 42]
>>> def formatando_idade(idade: int) -> str:
...     return f'{idade} anos.'
>>> list(map(formatando_idade, idades))
['18 anos.', '22 anos.', '42 anos.']
```

Caso nunca tenha visto esse estilo de programação, pode parecer estranho, mas é tão estranho quanto ver um *for* pela primeira vez. No *script* anterior, declaramos a princípio a função **formatando_idade** e, por meio do *map*, a aplicamos para cada elemento da lista **idades**. Analisaremos algumas partes desse código:

✓ O predicado agora é a função **formatando_idade**, responsável por descrever a transformação de cada elemento do *array*.
✓ A função responsável por aplicar o predicado a cada elemento da coleção a fim de produzir uma nova lista é *map*, e essa é nossa primeira estrutura de repetição funcional.
✓ Usamos a função nativa *list* para assegurar que o produto disso tudo será de fato uma lista (veremos algumas armadilhas quanto a isso em breve).

Alguns conceitos novos:

✓ A possibilidade de uma função ser armazenada e passada como argumento assim, como se fosse um valor qualquer, nos diz que Python é uma linguagem com "funções de primeira classe", como se ela tratasse respeitosamente as funções.

Programação funcional **215**

✓ Os predicados, como **formatando_idade**, também são chamados de *callback*, remetendo ao fato de o *map* chamá-los a cada iteração.

✓ A função *map* aceita outras funções como argumento, por isso ela é chamada de "função de alta ordem".

Mas de fato é possível que essa forma ainda pareça meio burocrática ou exagerada. Entraremos nesse mérito em breve. Por ora, vamos experimentar como enxugar o código anterior usando uma função de uma linha só (que no Python é possível com a sintaxe *lambda* – vista no **Capítulo 21 – Funções**):

```
>>> idades = [18, 22, 42]
>>> formatando_idade = lambda idade: f'{idade} anos.'
>>> list(map(formatando_idade, idades))
['18 anos.', '22 anos.', '42 anos.']
```

No trecho anterior, nosso predicado continua sendo uma função, mas agora não temos mais a instrução *return* que antes sujava o paradigma declarativo (veja que "retorne" é uma ordem ou pedido). Está mais declarativo e funcional a cada reescrita. A seguir, enxugaremos ainda mais o código, fazendo a função ser totalmente anônima (sem nome algum):

```
>>> idades = [18, 22, 42]
>>> list(map(lambda idade: f'{idade} anos.', idades))
['18 anos.', '22 anos.', '42 anos.']
```

Além de transformações, é possível fazer também filtragens com a *comprehension*:

```
>>> idades = [18, 12, 22, 14, 42]
>>> [idade for idade in idades if idade >= 18]
[18, 22, 42]
```

A seguir, conheceremos o *loop filter* cujo predicado definirá uma nova lista de maiores de idade a partir de alguma expressão booleana:

```
>>> idades = [18, 12, 22, 14, 42]
>>> list(filter(lambda idade: idade >= 18, idades))
[18, 22, 42]
```

É possível combinar as duas coisas (transformação e filtragem), e quando isso acontece podemos usar o *reduce*. Veremos como formatar as idades, contendo apenas as maiores de 18 anos:

216 Jornada Python

```
>>> from functools import reduce
>>> iteracao = lambda acc, idade: (acc + [f'{idade} anos.']) \
...     if idade >= 18 else acc
>>> idades = [18, 12, 22, 14, 42]
>>> valores_iniciais = []
>>> reduce(iteracao, idades, valores_iniciais)
['18 anos.', '22 anos.', '42 anos.']
```

Basicamente, o *reduce* é uma função que recebe um *callback*, o aplica a cada elemento de uma coleção, e a saída de cada iteração alimenta a entrada da seguinte; essa alimentação é feita por meio do primeiro argumento da *lambda* servindo de acumulador.

Caso a repetição não envolva coleções e queiramos fazer repetições mais livres, a base de todos esses *loops* é a recursividade. Simploriamente, fazer uma recursão é implementar uma função chamando a si própria. Podemos implementar algoritmos bem mais complexos só com a recursão, como encontrar o enésimo valor da série de Fibonacci: "0, 1, 1, 2, 3, 5, 8, 13, 21, 34, 55, 89, ...", que é uma sequência de valores inteiros cujo valor na posição enésima (n) é igual ao seu último (n – 1) e o penúltimo (n – 2) que o antecipam, dado que os valores iniciais são igual a 1 (é nossa condição de parada, assim como todo *loop*, para que não fique infinito):

```
>>> fibonacci = lambda n: fibonacci(n - 1) + fibonacci(n - 2) if n > 2 else 1
```

Entretanto, em linguagens com pouco suporte funcional e muito dinâmicas, como é o caso de Python, as recursões são onerosas ao interpretador. Isso porque, cada vez que uma função chama a si própria, ela empilha essa "chamada" em uma parte especial da memória, e essa pilha (*stack*) tem limite, que, caso seja excedido, lança um erro (chamado *stack overflow*). Ou seja, aqui a recursividade é tecnicamente limitada. Isso não é um ponto negativo inerente à programação funcional, visto que outras linguagens otimizam recursividades para serem tão performáticas quanto *loops* imperativos, como Elm, Haskell e C++.

Se quiser testar como é essa onerosidade na prática, tente implementar isso e fazer chamadas como *fibonacci(10)* (não coloque outras chamadas simultaneamente, deixe só essa linha para testar), depois *fibonacci(30)* e vá avançando até *fibonacci(40)*. A lentidão será bem perceptível, possivelmente travando. Será pior quanto maior for a pilha de chamadas, e, no caso da nossa função, a complexidade computacional é exponencial de base 2.

Isso ainda pode ser contornado por uma função *factory* nativa do Python chamada *lru_cache* (a abreviação significa *last recently used*, traduzido livremente para "*cache* de chamadas recentes*"):

```
>>> from functools import lru_cache
>>> fibonacci = lru_cache()(
...     lambda n: fibonacci(n - 1) + fibonacci(n - 2) if n > 2 else 1
... )
```

Por se tratar de uma função pura, o retorno de um *fibonacci(30)* sempre será 832040, por exemplo. Não há dependência de consulta externa (como disco ou API remota), nem nada que interfira nesse resultado. É determinístico, então seguramente podemos salvar a relação entre entrada e saída para evitar recalcular valores durante a recursão. Isso tornará desnecessário ao interpretador empilhar chamadas de funções, porque uma não ficará mais pendurada esperando o processamento da outra, pois um *cache* será usado sempre. Podemos abrir um novo interpretador e fazer os testes com entradas bem maiores agora sem problemas de performance.

De forma geral, a programação orientada a objetos é a predominante no Python, e usos mais avançados de programação funcional são desencorajados pela biblioteca nativa, por algumas evidências:

- ✓ boa parte das operações em objetos provoca mutações, como os métodos *append* e *pop*, e há pouco suporte para fazer essas coisas com imutabilidade (que é um dos pilares da programação funcional);
- ✓ o *loop reduce* não está mais disponível a qualquer momento e precisa ser importado via módulo *functools* (onde se "esconde" um suporte primitivo a padrões de programação funcional);
- ✓ funções anônimas têm sintaxe muito burocrática (e até desencorajada por *linters* em certos casos), sendo impossível criar funções anônimas de múltiplas linhas para deixar o código mais legível;
- ✓ sem sequer planejamento (no momento de escrita deste livro) de suporte a técnicas mais avançadas, dentre as quais podemos apenas citar *pattern matching*, otimização de *tail recursions* (sem isso, recursões são geralmente lentas e perigosas), nem sintaxe para *currying*.

No entanto, se ainda quisermos insistir em um uso mais produtivo do paradigma funcional com Python, podemos recorrer a bibliotecas como pydash[50] (disponível

---

[50] <https://pypi.org/project/pydash/>.

218 Jornada Python

externamente para instalação via PyPi). No exemplo a seguir, usaremos essa biblioteca para declararmos que uma lista de números virá com seus números pares filtrados (sobrando apenas os ímpares):

```
>>> from pydash import _
>>> numeros = [1, 2, 3, 4]
>>> numeros_impares = _(numeros).without(2, 4).value() # [1, 3]
```

Caso você esteja confortável com o idioma, fica mais normal de ler uma frase no indicativo: "números ímpares recebem esses números sem o 2 e 4". Isso poderia ser feito com uma função de predicado também:

```
>>> impar = lambda x: x % 2 == 0
>>> numeros_impares = _(numeros).reject(impar).value() # [1, 3]
```

Podemos abstrair que o próprio *underscore* (o símbolo de "_") é tratado como uma função, e a saída dele é entrada do *reject*, e a saída do *reject* é a entrada da função *value* que irá nos resolver o valor final disso. Essa técnica é chamada de encadeamento (*chain*) de funções, em que passamos a entrada de uma para outra, executando-as em série. A maioria das funções da pydash carrega também o princípio de imutabilidade e, portanto, tem previsibilidade e facilidade de testes como ponto positivo. Tanto imutabilidade quanto encadeamento são técnicas padrões de modelar soluções usando o paradigma funcional. Outro princípio aplicado é o de composição, feita por meio das funções de ordem superior, ou seja, funções que recebem outras funções (como a *reject* dessa biblioteca, a produto de *lru_cache*, as nativas *map*, *filter*, *reduce* etc.).

Veja como obter o último valor daquela lista de números:

```
>>> _(numeros).last().value()
```

Diferentemente da única opção nativa *pop*, o *last* é seguro e não irá interferir na lista original de números: ela continua com todos os quatro elementos. Isso deixa seu comportamento bem mais previsível e fácil de testar, e é mais legível do que **numeros[-1]** para a mesma finalidade.

Outras funções úteis que inexistem na biblioteca padrão do Python também estão disponíveis, como uma busca por predicado. Dada a lista:

```
>>> from pydash import _
>>> usuarios = [
...     dict(id=24, name='John Doe'),
...     dict(id=42, name='Jane Doe'),
...     dict(id=100, name='Lorem Ipsum'),
... ]
```

Buscaremos alguém com id 42 usando imperativamente:

```
>>> def get_user(id: int) -> dict:
...     for usuario in usuarios:
...         if usuario['id'] == id:
...             return usuario
...     return None
>>> jane = get_user(id=42)   # {'id': 42, 'name': 'Jane Doe'}
```

Mas pydash já fornece algo mais agradável e simples:

```
>>> jane = _(usuarios).find(lambda usuario: usuario['id'] == 42).value()
```

E podemos intensificar o encadeamento (*chain*) criando uma função pura que fornece os nomes dos adultos daquela lista de usuários (encadeando um *filter*, *map* e outras do pydash em uma nova função chamada **recuperar_adultos**):

```
>>> from pydash import _
>>> recuperar_adultos = lambda usuarios: \
...     _(usuarios) \
...     .filter(lambda usuario: usuario['idade'] > 18) \
...     .map(lambda adulto: adulto['nome']) \
...     .join(', ') \
...     .ensure_starts_with('Adultos da lista: ') \
...     .value()
```

... que podemos usar assim:

```
>>> meus_usuarios = [
...     dict(nome='John Doe', idade=15),
...     dict(nome='Jane Doe', idade=25),
...     dict(nome='Lorem Ipsum', idade=99),
... ]
>>> print(recuperar_adultos(meus_usuarios))
Adultos da lista: Jane Doe, Lorem Ipsum
```

220 Jornada Python

Criamos uma função separada apenas para entender como soluções funcionais são mais bem projetadas, mas isso tudo poderia ser feito dentro do *print* mesmo. Note que boa parte das funções usadas já existem na biblioteca padrão Python, mas não fornecem suporte a elaborar uma escrita dessa forma, pois o uso dos paradigmas estrutural e orientado a objetos é o mais estimulado, conforme dito anteriormente.

De todo modo, conseguimos aplicar conceitos fundamentais da programação funcional mesmo com as limitações do Python. Não é o ideal, pois fica difícil elaborar coisas mais complicadas com sintaxe e bibliotecas nativas, mas é o suficiente para tirarmos proveito do conceito de multiparadigma fornecido pela linguagem. Há situações em que é mais conveniente um conjunto de funções puras, bem previsíveis e combináveis (funcional), outra hora apenas um fluxo variado de passos é suficiente (procedural), às vezes contendo um *loop* em *comprehension* (declarativo), e ainda dá pra combinar tudo em um código cheio de classes e métodos seguindo padrões de projetos (orientação a objetos, de forma simplista). Cabe ao desenvolvedor decidir qual ferramenta é a melhor para cada situação, mas essa decisão só é possível conhecendo um pouco de cada uma delas e suas possíveis implicações técnicas.

39. Concorrência e programação assíncrona

Rodrigo Alves Mendonça
Edytarcio Pereira
Marco Alencastro

Neste capítulo vamos falar um pouco sobre os conceitos mais comuns utilizados na programação assíncrona com Python e demonstrar alguns exemplos da estrutura básica para executar código concorrente.

Programação síncrona e assíncrona

Programação síncrona e assíncrona são maneiras de desenvolver programas de computador que estão ligadas à forma como o fluxo do programa será executado. Na programação síncrona, cada instrução é executada após o término da instrução anterior, portanto podemos dizer que é um modelo sequencial, linear e mais previsível de execução. Já a programação assíncrona nos permite continuar o fluxo do programa sem que uma determinada instrução tenha sido finalizada, ou seja, podemos executar outras tarefas sem que uma tarefa prévia seja finalizada, criando dessa forma uma "divisão" no fluxo de execução, um fluxo paralelo, e, portanto, tornando a execução não previsível, pois a ordem de execução/finalização das instruções não é garantida.

No geral, a principal motivação para a adoção de técnicas de programação assíncrona é a redução do tempo de execução de um programa. Contudo, essa abordagem também faz uma melhor utilização dos recursos de hardware, uma vez que passamos a explorar mais o seu potencial.

Essas abordagens são complementares, pois nem sempre é possível ou necessário utilizarmos a programação assíncrona para todas a atividades. Podemos tomar como exemplo a leitura de arquivos ou a conexão com banco de dados. Não podemos iniciar a leitura de um arquivo ou a leitura de uma tabela sem antes abrir o arquivo ou a conexão com o banco de dados.

222 Jornada Python

Concorrência e paralelismo

Para realizarmos tarefas assíncronas, as técnicas mais comuns são concorrência e paralelismo. Essas técnicas nos permitem executar tarefas simultâneas. O paralelismo as executa de forma paralela, por meio de diversos núcleos (*core*) de processamento, enquanto a concorrência ocorre quando essas tarefas utilizam os mesmos recursos de forma concorrente, ou seja, as tarefas são executadas parcialmente e são trocadas de contexto até todas serem finalizadas. É muito comum uma combinação de paralelismo e concorrência nos sistemas atuais. Mas como trocamos de contexto durante a execução de atividades concorrentes?

Antes de detalharmos como ocorre essa gestão de execuções paralelas e concorrentes, precisamos relembrar alguns conceitos. O primeiro deles: o que é uma *thread*?

De modo geral, uma aplicação possui processos que executam suas tarefas por meio de *threads*. Ou seja, uma *thread* é a menor unidade de execução de instruções dentro de uma aplicação.

Em Python, podemos executar tarefas assíncronas por meio do módulo *threading*. Uma das formas de se fazer isso é estendendo a classe **Thread** deste módulo e implementando o método **run()**, pois esse método será chamado quando essa *thread* for iniciada. Exemplo:

```
>>> import time
>>> import random
>>> from threading import Thread
>>> class AvisarSistema(Thread):
...     def __init__ (self, url_do_sistema):
...         Thread.__init__(self)
...         self.url_to_call = url_do_sistema
...     def run(self):
...         # define um valor aleatório entre 0.5 e 2.5
...         sleep_time = random.uniform(0.5, 2.5)
...         # suspende a thread pelo tempo definido (em segundos)
...         time.sleep(sleep_time)
...         print(f">>> Calling {self.url_to_call}")
>>> a = AvisarSistema("Url do sistema A")
>>> a.start()
>>> b = AvisarSistema("Url do sistema B")
>>> b.start()
>>> c = AvisarSistema("Url do sistema C")
>>> c.start()
```

Concorrência e programação assíncrona **223**

No exemplo anterior, criamos uma classe que avisará um determinado sistema. Porém, não queremos aguardar o sistema avisado nos responder para que possamos avisar o próximo sistema. Para isso, implementamos um código assíncrono que, ao iniciar a *thread*, já passe para a próxima instrução. Um dos possíveis resultados do código anterior é:

```
Calling Url do sistema B
Calling Url do sistema C
Calling Url do sistema A
```

Como implementamos o código para imprimir um texto no console de acordo com o retorno de cada *thread*, não temos garantia de que a primeira *thread* iniciada será finalizada antes de qualquer outra. Portanto, em cada execução podemos ter um retorno diferente.

Essa abordagem é bastante útil para contornarmos problemas de tempo de resposta de I/O, como rede, disco ou até mesmo operações de banco de dados. Contudo, também pode trazer alguns desafios, como sincronizar o resultado das execuções das *threads* ou realizar alguma operação por falha na execução de uma das *threads*. O módulo *threading* possui diversos outros objetos que podem auxiliá-lo nesses desafios, como *Semaphore* e *Timer*.

O uso de *threads* aumenta a complexidade do gerenciamento do código, principalmente se forem amplamente utilizadas no código. Essa dificuldade aumenta em decorrência de o interpretador padrão do Python permitir que dados compartilhados entre *threads* sejam modificados ao mesmo tempo, isto é, ele não implementa *thread-safety*. Para evitar que tais situações aconteçam, existe o *Global Interpreter Lock* (GIL).

GIL – *Global Interpreter Lock*

O *Global Interpreter Lock* é responsável por garantir que apenas uma *thread* seja executada por vez, assegurando de certa maneira que as *threads* não interfiram umas nas outras. O GIL é usado para evitar o que chamamos de *race condition*, condição na qual recursos compartilhados são acessados de forma desordenada, provocando situações inesperadas que podem implicar em erros na execução do seu programa.

Uma outra abordagem para trabalharmos com tarefas assíncronas é a utilização do módulo *multiprocessing*. Ele se diferencia do módulo *threading* por ser mais bem aproveitado em processos que exigem maior uso de CPU, pois não sofre interferência

224 Jornada Python

do GIL, permitindo que usemos todos os núcleos de processamento disponíveis em nosso hardware, alcançando um paralelismo de fato.

O módulo *multiprocessing* possui diversas classes que nos auxiliam na criação de tarefas assíncronas, entre elas: *Queue* e *Process*. No exemplo a seguir criaremos um programa que processará pedidos de forma concorrente:

```python
import time
import queue
from multiprocessing import Process, Queue, current_process

def processar_fila_de_pedidos(novos_pedidos, pedidos_processados):
    '''
    A função espera receber dois objetos do tipo Queue
    '''
    while True:
        try:
            '''
            pega um pedido da fila, a função get_nowait() levantará
            uma queue.Empty exception se a fila estiver vazia
            '''
            pedido = novos_pedidos.get_nowait()
        except queue.Empty:
            break
        else:
            # Processa o pedido e adiciona a fila de pedidos processados
            print(pedido[1])
            pedidos_processados.put(
                f'Pedido número: {pedido[0]}, ' + \
                'foi processado por {current_process().name}'
            )
            time.sleep(.5)
    return True
def processar_pedidos():
    quantidade_de_pedidos = 10
    quantidade_de_processos = 4
    novos_pedidos = Queue()
    pedidos_processados = Queue()
    processos = []
    for i in range(quantidade_de_pedidos):
        # para nosso exemplo, um pedido é uma tupla com id, descricao
        pedido = (i, f"Pedido de compra número: {i}")
        novos_pedidos.put(pedido)
```

```python
    # criando os processos
    for w in range(quantidade_de_processos):
        '''
        O parametro TARGET recebe a função que será executada e o
        parametro ARGS os paramentros da função passada no parametro
        anterior.
        '''
        p = Process(
            target=processar_fila_de_pedidos,
            args=(novos_pedidos, pedidos_processados)
        )
        processos.append(p)
        p.start()
    # finalizando os processos
    for p in processos:
        p.join()
    # imprime os resultados
    while not pedidos_processados.empty():
        print(pedidos_processados.get())
    return True

if __name__ == '__main__':
    processar_pedidos()
```

Um dos possíveis resultados é o seguinte:

```
Pedido número: 0, foi processado por Process-1
Pedido número: 1, foi processado por Process-3
Pedido número: 2, foi processado por Process-4
Pedido número: 3, foi processado por Process-3
Pedido número: 4, foi processado por Process-4
Pedido número: 5, foi processado por Process-3
Pedido número: 6, foi processado por Process-4
Pedido número: 7, foi processado por Process-3
Pedido número: 8, foi processado por Process-4
Pedido número: 9, foi processado por Process-3
```

Perceba que o processamento dos pedidos foi feito em paralelo e distribuído de forma não homogênea entre os processos. Saber quantas CPUs há no hardware onde o programa será executado pode o ajudar a aproveitá-lo melhor. Você pode conseguir essa informação através do método *multiprocessing.cpu_count()*.

226 Jornada Python

Como vimos anteriormente, usando os módulos *threading* e *multiprocessing* é possível implementar códigos assíncronos. Além das maneiras descritas aqui, há diversos objetos e técnicas que podem auxiliar nessas implementações, como *pool* de *threads* e processos. Por ser um assunto muito extenso, sugerimos que o leitor verifique a documentação desses módulos para implementações mais avançadas.

É importante falarmos do módulo AsyncIO, pois através dele podemos trabalhar de forma mais simples com tarefas de I/O que exijam uma execução concorrente, seja pelo volume de dados ou pela velocidade exigida.

O módulo AsyncIO

O módulo AsyncIO nos traz conceitos um pouco diferentes do que vimos até o momento. Ele introduz três novos termos: *event loop*, *coroutines* e *futures*. Em linhas gerais, ele nos permite realizar códigos assíncronos usando uma única *thread*.

Antes de continuar, vale a pena ressaltar que, como o IPython, o interpretador interativo utilizado nas IDEs Spyder e Jupyter, usa o AsyncIO, recomendamos executar os códigos aqui descritos direto no terminal.

Ciclo de eventos (*event loop*)

A execução das tarefas assíncronas e a gestão da concorrência são responsabilidade do ciclo de eventos (ou *event loop*). Por ser o responsável pelo gerenciamento das tarefas, o ciclo de eventos organiza as atividades, podendo adiá-las ou, caso necessário, cancelá-las.

Corrotinas (*coroutines*)

Podemos usufruir da concorrência em nossos programas implementando as corrotinas. Uma corrotina é uma rotina (função, método etc.) que concorda (ou permite) que sua execução seja adiada para que outra rotina seja executada e depois retorne a execução para si. Portanto, ela coopera com outras rotinas.

Futures e objetos de espera (*awaitable objects*)

Objetos do tipo *future* são criados na aplicação, porém seu resultado só fica disponível após a execução da rotina assíncrona. De modo geral, há uma referência (*Task*) para receber o resultado futuro do código assíncrono que aguardamos ser executado.

O Python utiliza as palavras reservadas *async* e *await*. A primeira indica que uma função deve ser executada de forma assíncrona. A segunda significa que a corrotina aguardará naquele ponto por um resultado futuro. Em termos práticos, avisa o ciclo de eventos que a troca de contexto pode acontecer.

Segue um exemplo de programação assíncrona usando o AsyncIO:

```
>>> import asyncio
>>> # Executa uma atividade até ser cancelada
>>> async def rotina_rapida():
...     print("Executando rotina_rapida")
...     i = 1
...     while True:
...         print('.' * i)
...         # Aguarda o retorno da função sleep(1).
...         # Nesse momento o event loop entende
...         # que a mudança de contexto pode acontecer.
...         await asyncio.sleep(1)
...         i += 1
>>> # Executa uma atividade demorada
>>> async def rotina_muito_lenta():
...     print("Executando rotina_muito_lenta...")
...     # Aguarda o retorno da função sleep(10)
...     # Nesse momento o event loop entende
...     # que a mudança de contexto pode acontecer.
...     await asyncio.sleep(10)
...     print("rotina_muito_lenta finalizada!")
>>> # Executa as rotinas
>>> async def executar_rotinas():
...     # Cria a Task para controle da tarefa rápida
...     tarefa_rapida = asyncio.ensure_future(rotina_rapida())
...     # Dispara a execução da rotina muito lenta
...     await rotina_muito_lenta()
...     # Cancela a execução da tarefa rápida
...     tarefa_rapida.cancel()
```

228 Jornada Python

```
>>> # Pega o loop de eventos
>>> loop = asyncio.get_event_loop()
>>> # Executa a rotina até finalizar todas as instruções
>>> loop.run_until_complete(executar_rotinas())
>>> # Encerra o loop de eventos
>>> loop.close()
```

O resultado dessa execução é a seguinte:

```
Executando rotina_muito_lenta...
Executando rotina_rapida
.
..
...
....
.....
......
.......
........
.........
..........
rotina_muito_lenta finalizada!
```

Perceba que, apesar de definir que a **rotina_rápida()** fosse iniciada antes da **rotina_muito_lenta()**, o resultado nos diz outra coisa. Isso acontece porque a instrução **asyncio.ensure_future(rotina_rapida())** também é assíncrona, e, nesse caso, a instrução seguinte foi executada primeiro. Perceba também que, após a instrução **await rotina_muito_lenta()**, o programa "retornou" a execução para a **rotina_rapida** e só executou a instrução **tarefa_rapida.cancel()** após uma nova troca de contexto ao finalizar a **rotina_muito_lenta()**.

Pontos de atenção na programação assíncrona

Assim como o uso do módulo *thread* e *multiprocessing*, o uso do AsyncIO exige atenção por parte do desenvolvedor. Devemos nos certificar de que a execução está ocorrendo de forma assíncrona e que não há tarefas bloqueantes, ou seja, devemos garantir que não há módulos ou instruções que bloqueiam a execução assíncrona. Exemplo:

```
>>> async def get_content(url='http://www.Google.com'):
...     response = requests.get(url)
...     return response
```

No código anterior, apesar da cláusula *async*, o módulo *requests* não foi desenvolvido para funcionar de forma assíncrona através da instrução *async*. Uma solução seria utilizar o módulo *aiohttp*, que foi implementado para funcionar de modo assíncrono com base no AsyncIO.

```
>>> async def get_content(url='http://www.Google.com')
...     response = await aiohttp.request('GET', url)
...     return response
```

O mesmo acontece com o módulo *time*. Ao utilizar o método *sleep(x)* em uma função assíncrona, isso causará um bloqueio, fazendo com que as corrotinas sejam executadas uma após o término da outra, ou seja, de forma síncrona. Para isso devemos usar a função *asyncio.sleep(x)*.

Conclusão

Neste capítulo foi possível vermos alguns conceitos e exemplos de códigos para a criação de programas que possam utilizar a programação assíncrona. Essa é uma poderosa técnica de programação que possui diversas abordagens, portanto sugerimos que execute os exemplos deste capítulo e explore as demais alternativas existentes na linguagem para que possa usufruir desses recursos para resolver os problemas computacionais que deseja. Para mais informações, consulte a documentação do Python, utilizada como referência bibliográfica deste capítulo:

✓ *threading – Thread-based parallelism*[51]
✓ *multiprocessing – Process-based parallelism*[52]
✓ *AsyncIO – Asynchronous* I/O[53]
✓ *Coroutines and tasks*[54]

---

[51] <https://docs.python.org/3/library/threading.html>.
[52] <https://docs.python.org/3/library/multiprocessing.html>.
[53] <https://docs.python.org/3/library/asyncio.html>.
[54] <https://docs.python.org/3/library/asyncio-task.html>.

40. Metaprogramação

Cláudio Henrique Franco Gomes

Conforme vimos no **Capítulo 26 – Classes, objetos, métodos e atributos**, em Python, tudo deriva de uma classe, inclusive tipos básicos, como os tipos numéricos. O que não vimos é que todas essas classes e as que porventura viermos a criar em nossos programas derivam de uma única classe, a classe *type*.

```
>>> type(int)
<class 'type'>
>>> type(object)
<class 'type'>
>>> type(str)
<class 'type'>
>>> class Simples():pass
>>> type(Simples)
<class 'type'>
```

Enquanto as instâncias de uma classe são objetos, as instâncias de uma metaclasse são outras classes. Por meio da função *type()* é possível criar classes diretamente utilizando a sintaxe a seguir:

```
>>> from inspect import isclass
>>> Pai = type('Pai', (object,), {})
>>> isclass(Pai)
True
>>> pai = Pai()
>>> isclass(pai)
False
>>> isclass(type)
True
```

A função *type()*, quando utilizada para criar classes, recebe por parâmetros o nome da classe a ser criada, uma tupla contendo as classes das quais deve herdar suas carac-

Metaprogramação **231**

terísticas e um dicionário que serve como *namespace* da classe, contendo atributos e métodos. No exemplo anterior, o nome da classe é **Pai**. Ela herda suas características da classe *object* e não possui nenhum atributo ou método próprio.

Se tivéssemos definido um atributo ou método para essa classe, eles estariam ligados à classe e não às suas instâncias. Isto é, seriam atributos ou métodos de classe. Veja como ficaria o exemplo da classe **Pai** se ela possuísse um atributo de **nome** (se necessário, leia novamente sobre atributos de classe no **Capítulo 26 – Classes, objetos, métodos e atributos**).

```
>>> Pai = type('Pai', (object,), {'nome':''})
>>> Pai.__dict__
mappingproxy({'nome': '', '__module__': '__main__', '__dict__': <attribute
'__dict__' of 'Pai' objects>, '__weakref__': <attribute '__weakref__' of 'Pai'
objects>, '__doc__': None})
>>> pai = Pai()
>>> pai.__dict__
{}
```

O atributo **nome** aparece no atributo *__dict__* da classe, mas não aparece no atributo *__dict__* da instância. Para contornar esse problema, precisamos declarar seus métodos como funções e passá-los como parâmetros durante a criação da classe ou aplicando-os posteriormente aos atributos desejados.

```
>>> Pai = type('Pai', (object,), {'nome':''})
>>> pai = Pai('José')
Traceback (most recent call last):
  File "<pyshell#44>", line 1, in <module>
    pai = Pai('José')
TypeError: Pai() takes no arguments
>>> def init(self, nome):
...     self.nome = nome
>>> Pai = type('Pai', (object,), {'__init__':init})
>>> Pai.__dict__
mappingproxy({'__init__': <function init at 0x0000028473098C10>, '__module__':
'__main__', '__dict__': <attribute '__dict__' of 'Pai' objects>, '__weakref__':
<attribute '__weakref__' of 'Pai' objects>, '__doc__': None})
>>> pai = Pai('José')
>>> pai.__dict__
{'nome': 'José'}
```

232 Jornada Python

No exemplo anterior, primeiro criamos a classe **Pai** só com o atributo de classe **nome**, sem um método *__init__*. Quando tentamos inicializar a instância da classe com o nome **José**, recebemos a mensagem de erro. A seguir, declaramos a função *init* e a passamos como argumento da função *type*, associando-a à chave *__init__* durante a criação da classe. Depois disso podemos instanciar a classe passando um nome, e a instância passou a ter acesso ao atributo **nome**.

A seguir demonstramos como poderíamos ter associado o método *__init__* à inicialização da instância da classe **Pai** após sua criação.

```
>>> Pai = type('Pai', (object,), {})
>>> def init(self, nome):
...     self.nome = nome
>>> Pai.__init__ = init
>>> pai = Pai('José')
>>> pai.__dict__
{'nome': 'José'}
```

Temos certeza de que, até aqui, metaprogramação está sendo um assunto muito interessante, mas talvez pouco prático. Então vamos trazer outro assunto, que já vimos no **Capítulo 30**, onde falamos sobre *decorators*. Com os exemplos a seguir vamos mostrar como tornar a metaprogramação indispensável no nosso dia a dia.

Suponha que você queira saber quanto tempo cada método de sua classe leva para ser executado, a fim de detectar um ponto de lentidão. Você poderia utilizar o nosso já conhecido *decorator* de função que calcula o tempo de execução:

```
>>> from time import time
>>> def func_decorator(func):
...     def wrapper(*args, **kwargs):
...         ini = time()
...         res = func(*args, **kwargs)
...         print(f"Função {func.__qualname__} executada em {time() - ini}s")
...         return res
...     return wrapper
```

Novamente, importamos a função *time* da biblioteca *time* para calcular o tempo. Passamos o resultado da execução da função para a variável **res**. Imprimimos o nome da função executada e o tempo de execução antes de retornar o resultado da execução. Para utilizar esse *decorator*, precisaríamos decorar cada função cujo tempo gostaríamos de medir, conforme o exemplo a seguir:

```
>>> Pai = type('Pai', (object,), {})
>>> @func_decorator
... def init(self, nome):
...     self.nome = nome
>>> Pai.__init__ = init
>>> pai = Pai("Roberto Pai")
Função init executada em 0.0s
```

O problema disso é que teríamos que decorar cada função cujo tempo gostaríamos de obter. Por exemplo: se criássemos uma classe **Filho**, descendente da classe **Pai**, ela não herdaria o decorador da classe **Pai**. Veja no exemplo a seguir que somente quando chamamos a classe ___init___ da classe **Pai** (que está decorada) é que saberemos quanto tempo levou a sua execução:

```
>>> class Filho(Pai):
...     def __init__(self, nome):
...         super().__init__(nome)
...     def __str__(self):
...         return f"Meu nome é {self.nome}"
>>> filho = Filho("Roberto Filho")
Função init executada em 0.0s
>>> print(filho)
Meu nome é Roberto Filho
```

O decorator de classe _class_decorator_ declarado a seguir recebe uma classe por parâmetro, percorre todos os atributos da classe, verifica quais deles são _callable_ (isto é, são funções ou métodos) e os decora com o _decorator_ de função _func_decorator_, conforme descrito anteriormente neste capítulo. Note que, mesmo fazendo uso de um _decorador_ de classe, teríamos que decorar cada classe cujo tempo de execução quiséssemos acompanhar. No exemplo a seguir, somente o método ___init___ da classe **Pai** teve seu tempo cronometrado.

```
>>> def class_decorator(cls):
...     for key, val in vars(cls).items():
...         if callable(val):
...             setattr(cls, key, func_decorator(val))
...     return cls
>>> @class_decorator
... class Pai():
...     def __init__(self, nome):
...         self.nome = nome
```

234 Jornada Python

```
>>> class Filho(Pai):
...     def __init__(self, nome):
...         super().__init__(nome)
...     def __str__(self):
...         return f"Meu nome é {self.nome}"
>>> pai = Pai("Roberto Pai")
Função Pai.__init__ executada em 0.0s
>>> filho = Filho("Roberto Filho")
Função Pai.__init__ executada em 0.0s
```

Para resolver esse impasse, poderíamos criar uma metaclasse da qual todas as nossas classes seriam herdeiras.

```
>>> class Pessoa(type):
...     def __new__(cls, cls_name, bases, cls_dict):
...         obj = super().__new__(cls, cls_name, bases, cls_dict)
...         obj = class_decorator(obj)
...         return obj
```

A classe **Pessoa** herda seus atributos da classe *type* e sobrescreve o método *__new__*, chamado antes da inicialização da instância da classe, método *__init__*. Nesse método ela chama o decorador de classe *class_decorator* que aplica o decorador de função *func_decorator* para cada uma das funções da classe **Pessoa** e de qualquer classe que dela herdar.

A seguir, declaramos novamente a classe **Pai**, informando que ela descende da metaclasse **Pessoa** que declaramos anteriormente. A classe **Filho** descende normalmente da classe **Pai** e, consequentemente, também herda da metaclasse **Pessoa**. Com isso, todos os métodos de ambas as classes são decorados automaticamente. Note que, agora, o tempo é calculado para cada função chamada.

```
>>> class Pai(metaclass=Pessoa):
...     def __init__(self, nome):
...         self.nome = nome
>>> class Filho(Pai):
...     def __init__(self, nome):
...         super().__init__(nome)
...     def __str__(self):
...         return f"Meu nome é {self.nome}"
>>> pai = Pai("Roberto Pai")
Função Pai.__init__ executada em 0.0s
```

```
>>> filho = Filho("Roberto Filho")
Função Pai.__init__ executada em 0.0009965896606445312s
Função Filho.__init__ executada em 0.08169722557067871s
>>> print(filho)
Função Filho.__str__ executada em 0.0s
Meu nome é Roberto Filho
```

A metaprogramação existe principalmente para reduzir a quantidade de código que precisamos escrever para realizar nossas tarefas. Pode ser utilizada na criação de compiladores de linguagens, na criação de bibliotecas ou módulos onde desejamos que todas as classes possuam um comportamento semelhante ou quando precisamos encontrar erros ou gargalos de execução. Isso tudo sem ter que ficar copiando e colando as mesmas linhas de código centenas de vezes ou mesmo na criação de componentes em tempo de execução. A metaprogramação é uma técnica muito poderosa e não deve ser esquecida.

41. *Clean code* e boas práticas

Sérgio Berlotto Jr.

Ao escrever um programa, é necessário ter em mente que sempre haverá mais alguém que precisará alterá-lo posteriormente: seja nós mesmos, dias ou meses depois, seja outro desenvolvedor. Além disso, toda a experiência de anos e anos de programação, compartilhada entre vários desenvolvedores, compilada e organizada, permite que hoje possamos fazer códigos melhores, superando problemas que já ocorreram anteriormente. É o que chamamos de *clean code* e boas práticas.

Clean code são instruções direcionadas ao modo como escrevemos nosso código. Se você não utilizar os métodos de *clean code* não significa que seu código ou programa não irá funcionar, mas significa que, provavelmente, seu código terá legibilidade baixa e consequentemente complexidade mais alta quando você mesmo, posteriormente, ou outro desenvolvedor, for dar manutenção nesse código.

Já "boas práticas" é uma expressão que denomina técnicas identificadas como as melhores para realizar determinada tarefa. Geralmente, mas não exclusivamente, no âmbito do desenvolvimento de software, as boas práticas são direcionadas a alguma linguagem, como no Python.

Esses dois conceitos são levemente diferentes, mas sempre os vemos juntos, pois eles formam uma grande dupla na hora de desenvolver códigos. Se você estudar a fundo *clean code* e boas práticas (há, inclusive, livros inteiros dedicados a explicá-los) e aplicá-los no desenvolvimento, você com certeza estará fazendo um bom trabalho como desenvolvedor, e a manutenção e expansão do seu código serão muito mais eficazes no futuro. Vamos então ver alguns dos conceitos de *clean code* e boas práticas.

Nomes são importantes

Seja para variáveis, classes ou métodos, os nomes são muito importantes no entendimento do que o código faz, ou do que a variável guarda. Utilize sempre nomes significativos e que sejam pronunciáveis. Aqui veremos algumas dicas sobre isso e alguns exemplos.

Não use abreviações

Abreviações fazem com que o leitor se esforce mais na hora de ler o código. Veja como é difícil entender este código:

```
>>> ct_n = len([1,2,3,4,5]) # ruim
>>> quantidade_de_numeros = len([1,2,3,4,5]) # bom
>>> nmdapsa = 'Josivaldo' # horroroso
>>> nome_da_pessoa = 'Josivaldo' # bem melhor
```

Utilize nomes descritivos

Não tenha preguiça na hora de escrever seu código e não tenha medo de utilizar nomes grandes. Se for necessário para que o código seja legível, utilize-os, escrevendo tanto quanto necessário para que o nome seja fácil de entender. Por exemplo:

```
>>> # ruim
>>> def ltTParaMl(x):
...     return x * 1000
>>> # bom
>>> def transforma_litro_para_mililitro(valor_em_lt):
...     return valor_em_lt * 1000
```

Lembre-se de que desejamos que a próxima pessoa que bater o olho no código tenha rápida compreensão do que o código faz.

Não utilize valores constantes soltos pelo código, sem identificação do que significam. Eles não deixam claro o que o valor representa e não permitem que o valor seja reutilizado de maneira mais fácil. Veja os exemplos:

238 Jornada Python

```
>>> # ruim
>>> if soma > 1250:   # O que significa este número?
...     faca_algo()
>>> # bom
>>> MINIMO_NECESSARIO_PARA_DESCONTO = 1250
>>> if soma > MINIMO_NECESSARIO_PARA_DESCONTO:
...     faca_algo()
>>> # ruim
>>> if variavel in (1,15,99,120):
...     raise Exception('Não aceito')
>>> # bom
>>> planos_nao_permitidos = (1,15,99,120)
>>> if variavel in planos_nao_permitidos:
...     raise Exception('Não aceito')
```

Na hora de instanciar os objetos também é importante deixar claro o que cada um deles é:

```
>>> class Pessoa():
...     def falar(self):
...         print('Oi')
>>> # ruim
>>> p1 = Pessoa()
>>> p2 = Pessoa()
>>> # bom
>>> pai = Pessoa()
>>> filho = Pessoa()
```

Uma boa prática também é utilizar verbos na nomeação de métodos e substantivos em classes e objetos. Por exemplo, na nossa classe **Pessoa** é um substantivo e **falar** é um método dessa classe.

Sempre pergunte o que você quer saber de forma clara

Não faça perguntas invertidas. Vamos pensar em um exemplo muito simples: quando você quer saber qual a cor preferida de uma pessoa, você pergunta a ela quais cores ela não gosta? Dificilmente. Então também não faça isso no seu código, em seus condicionais. Por exemplo:

Clean code e boas práticas **239**

```
>>> #ruim
>>> def lista_usuarios():
...     if request not in ('POST','PUT','DELETE'):
...         return get_users_list()
...     else:
...         return "Method not allowed"
>>> #bom
>>> def lista_usuarios():
...     if request.method == 'GET':
...         return get_users_list()
...     return "Method not allowed"
```

Ao ler o primeiro trecho indicado como ruim, você provavelmente teve que dar uma olhadinha a mais para conseguir entender até mesmo o motivo de estar ruim, não é? Já o segundo trecho é direto e claro e o questionamento do condicional é sobre o que ele deseja e não o que ele não deseja.

Outra dica é não utilizar booleanos negativos, pois isso complica também o entendimento. Utilize os operadores de comparação para inverter quando necessário, deixando o código mais claro. Veja o exemplo:

```
>>> # ruim
>>> nao_deve_processar = True
>>> if not nao_deve_processar:
...     # faz algo aqui
>>> # bom
>>> deve_processar = True
>>> # ou
>>> deve_processar = False
>>> if deve_processar:
...     # faz algo aqui
>>> # ou
>>> if not deve_processar:
...     # faz algo aqui
```

Utilize booleanos de forma implícita

Eles ficam mais claros e rápidos de entender quando utilizados assim:

```
>>> # ruim
>>> def contem_letra(letra, nome):
...     if letra in nome:
...         return True
...     else:
...         return False
>>> # bom
>>> def contem_letra(letra, nome):
...     return letra in nome
>>> # ou
>>> # ruim
>>> if conta.numero in get_lista_de_contas_bloqueadas():
...     conta.bloqueada = True
>>> # bom
>>> conta.bloqueada = (conta.numero in get_lista_de_contas_bloqueadas())
```

Cuidado com a quantidade de parâmetros

A primeira ação a se tomar quando precisamos colocar muitos parâmetros em um método ou função é refatorar, pois, provavelmente, esse método está absorvendo mais de uma responsabilidade. Isso vai contra a primeira regra do SOLID (**Capítulo 36 – SOLID**), que diz que um método deve exercer somente uma responsabilidade.

Métodos devem ser pequenos. Quanto menores os métodos, mais fácil sua manutenção e legibilidade. Mas também temos momentos em que realmente precisamos receber muitos parâmetros em nosso método. Nesse momento, devemos optar por receber estruturas de dados que carregam os valores e não uma listagem imensa de parâmetros.

Dicionários (*dict*), listas (*list*), tuplas (*tuple*) e instâncias de alguma classe são opções muito boas para fazer isso. Dicionários, em especial, facilitam esse transporte dos dados por trabalharem com "chave: valor". Por exemplo:

Clean code e boas práticas **241**

```
>>> # ruim
>>> def metodo_com_muitos_parametros(
...     nome, idade, data_nascimento, salario, funcao
... ):
...     # faz algo aqui...
>>> # bom
>>> def metodo_com_muitos_parametros(dados_do_usuario):
...     nome = dados_do_usuario.get('nome', None)
...     # faz algo aqui...
```

Assim, sempre que for necessário adicionar ou remover parâmetros neste método mais complexo, não será necessário sair mudando todas as chamadas já feitas dele. Além disso, fica muito mais claro o que são aqueles parâmetros devido ao nome dado àquela variável.

Comentários são vilões quando mal utilizados

Comentários que estão ali para explicar um código mal escrito e difícil de entender devem ser evitados. Neste caso, o código deve ser reescrito.

```
>>> # ruim
>>> # verifica se a venda entra na regra do desconto promocional
>>> if venda.valor > 120 and venda.itens > 12:
...     venda.desconto = 12
>>> # bom
>>> if venda.permite_desconto_promocional():
...     venda.aplica_desconto_promocional()
```

Também não devemos utilizar comentários óbvios, que só atrapalham a leitura:

```
>>> def soma(a,b):
...     # retorna a soma de a com b
...     return a + b
```

Bons comentários são, por exemplo, os que explicam o porquê daquele método ou classe existir, uma regra de negócio mais complexa, a licença do nosso código, por exemplo, como algumas licenças *open-source* pedem, ou para a documentação do código por meio de *docstrings*.

242 Jornada Python

Tenha em mente que comentários só devem estar ali para complementar informações que o código não consegue passar por outro motivo que não ser estar mal escrito. Eles também devem ser bem escritos e ter sua manutenção sempre feita. Tenha muito cuidado com comentários que estejam desatualizados: ao atualizar um código, é muito importante atualizar os comentários que o referenciam ou remover os comentários desatualizados.

A regra do escoteiro

Quem conhece os escoteiros e seus ensinamentos sabe que uma das premissas difundidas no movimento é: sempre que sair de um lugar onde está acampando, deixe-o melhor do que o encontrou. Trazendo esse ensinamento para nosso código: sempre antes de entregar seu código deixe-o melhor do que encontrou, e aqui entra o *refactoring*.

Refactoring significa reestruturação, ou seja, refazer, remontar, parte de um código que necessita melhorias. Claro que estaremos "refatorando" para deixá-lo melhor, para que siga as dicas do *clean code*, certo? Lembre-se sempre da regra do escoteiro!

Mas é óbvio também que não temos como sair que nem loucos refatorando tudo que encontramos. Este é um trabalho que pode ser feito pouco a pouco, no dia a dia. Mas busque sempre fazê-lo quando possível.

Teste sempre

Todo código que desenvolvemos precisa ser testado de forma automatizada. Os testes devem atingir nosso código de forma que garantam sua funcionalidade conforme o esperado. Sempre que fizermos *refactoring* ou alterações em nosso código precisamos ter certeza de que não quebramos nada da lógica do nosso produto.

Existe uma técnica de desenvolvimento chamada TDD (*Test Driven Development* ou desenvolvimento guiado por testes) que diz que primeiro escrevemos o teste do código, deixando-o quebrado, ou seja, com o teste falhando, e depois implementamos o código que faça com que o teste tenha sucesso. Em seguida, "refatoramos" esse código para que ele tenha um padrão elevado de qualidade e legibilidade. Essa forma de pensar ajuda muito quando queremos elevar o nível do nosso código, garantindo seu funcionamento.

SOLID

Outra dica para quem quer fazer um código limpo é sobre a utilização dos princípios SOLID, os quais vimos no **Capítulo 36** deste livro. Eles andam juntos e devemos sempre procurar utilizá-los.

Padrões de projeto

Padrões de projeto (ou *design patterns*) são soluções para problemas já conhecidos que encontramos no desenvolvimento de códigos orientados a objetos. Esses padrões nos permitem escrever códigos melhores. Não precisamos querer reinventar a roda toda vez que codificamos, então não fique preocupado nem perca tempo em "criar uma solução para chamar de sua". Não estamos abordando esses padrões aqui neste livro, mas busque aprender mais sobre o assunto e como aplicá-los em Python. Esta é uma dica valiosa para quem quer escrever códigos limpos e de qualidade.

Conclusão

Códigos mal escritos geram prejuízos enormes de manutenção. As pessoas levam muito mais tempo tentando entender os códigos do que de fato implementando as correções ou melhorias. Programadores que fazem códigos que seguem as boas práticas do *clean code* contribuem efetivamente para um desenvolvimento ágil e inteligente do seu produto. Para saber mais, recomendamos o seguinte livro de referência, utilizado na elaboração deste capítulo: "Código Limpo: habilidades práticas de agile software" (MARTIN, 2009).

PARTE VI.
TESTES

42. Introdução a testes

Marcell Guilherme C. da Silva

A natureza da linguagem Python é conhecidamente dinâmica, de escrita fácil e rápida. Mas essa velocidade é perigosa, pois quanto mais escrevemos, maior o risco de incidência de erros, um raciocínio válido para qualquer código escrito por humanos.

Para tentar amenizar esses riscos e dar mais confiança à base de código, escrevemos testes automatizados, que é uma prática comum de desenvolvimento de software. Veja a seguir um exemplo simples de teste usando Python:

```
>>> assert 'a' == 'b'  # AssertionError
>>> assert 'a' == 'a'  # Ok
```

A diretiva *assert* provê uma sintaxe simples para checar se uma expressão é verdadeira, lançando uma exceção em caso contrário[55]. Podemos aplicar isso para assegurar o retorno de uma função, por exemplo:

```
>>> def get_a():
...     return 'a'
...
>>> assert get_a() == 'b'  # AssertionError
>>> assert get_a() == 'a'  # Ok
```

Pronto. Se alguém alterar a função e inserir um comportamento não especificado, a execução desse *script* lançará uma exceção e avisará.

Python tem nativamente formas muito mais robustas de estruturar testes, mas antes de avançarmos nessas técnicas precisamos compreender fundamentalmente o que é o teste de software. Vamos começar entendendo que não testamos apenas funções puras (como o exemplo anterior), mas, sim, várias entidades em vários níveis de abstração, conforme detalhado em Vocke (2018):

---

[55] <https://docs.python.org/3/reference/simple_stmts.html#the-assert-statement>.

1. **Aceitação:** teste de aceitação é como um robô simulando um usuário (ou, se for feito manualmente, pode ser o próprio usuário mesmo) abrindo o sistema, dando cliques, digitando coisas e fazendo as assertivas de comportamento, ou seja, confirmando se uma certa história de usuário é realizada como especificado, independentemente da implementação feita.
2. **Integração:** teste de integração é aquele que objetiva averiguar se determinado trecho de código se integra adequadamente com outro(s) trecho(s) externo(s) ao escopo, como checar se uma dada função está chamando uma API remota com os parâmetros corretos.
3. **Unidade:** teste de unidade é voltado para o nível mais "atômico" do código, como testar comportamento de funções e métodos mantidos no escopo da base.

Vários autores divergem um pouco nesse glossário, mas essa classificação é simples o suficiente para o nosso propósito, que é apenas entender as várias faces dos testes automatizados antes de enxergar como o ecossistema Python tenta executá-los.

Uma dica interessante: as três entidades citadas estão ordenadas por "custo", sendo o teste de aceitação o tipo mais custoso de se manter, enquanto o de unidade é o mais "barato" (LEIBRICH, 2016). Por "custo", leia-se: tempo de execução, recursos computacionais, sensibilidade a erros externos, dificuldade de elaboração e trabalho para manter o código à medida que novas demandas surgem. Um teste de unidade é tão simples que fizemos logo no início do capítulo como exemplo, sem sequer introduzir o conceito. Além disso, é o menos custoso e é o que normalmente está em grande quantidade nas bases de código. Já o teste mais custoso, o de aceitação, parece ser o mais confiável (WATHINGTON, 2019), mas também é mais fácil de apresentar defeito quando um simples botão mudar de posição na tela, por exemplo, além de claramente ser mais lento por se tratar de um "usuário" efetuando as ações, experimentando lentidão de operações remotas e coisas assim.

Para quem nunca viu essa classificação antes, pode acreditar que ela serve apenas como estruturação "formal" do conhecimento pelo mero hábito acadêmico de dar nomes às coisas, mas essa diferenciação dos tipos de teste é muito importante no dia a dia. Isso porque se você não colocar um objetivo em mente na hora de escrever um teste, ele acabará tendo múltiplas responsabilidades e falhando em todas. Isso nos leva a tentar formular alguns fundamentos e dicas para assegurar a confiabilidade dos testes automatizados, conforme apresentado em Brizeno (2014):

✓ **Objetivo bem definido:** se, por exemplo, for testar uma integração bem-sucedida entre uma função interna e uma API externa, tal caso deve se ater a somente isso, e não tentar testar unidades, nem outros tipos de integração, e ter até um teste separado para casos de erro.

✓ **Simplista ao máximo:** não escreva lógica em testes, como condicionais ou repetições (afinal, se a lógica fosse tão confiável assim não estaríamos escrevendo testes para ela), ou seja, evite "DRY" (*Don't repeat yourself* – não se repita) aqui e sinta-se confortável para ter um teste repetitivo, pois a prioridade dele é ser confiável, legível e explícito, não "chique".

✓ **Estabilidade e determinismo:** se um teste for executado mil vezes, então mil vezes o resultado deve ser o mesmo, caso contrário ele tende a ser um artefato caro e não confiável (e inútil, já que um teste só serve para assegurar isso).

✓ **De olho nos custos:** testes muito custosos (como os de aceitação) devem existir em menor quantidade, enquanto os menos custosos (como os de unidade) devem ser a base da confiabilidade e existir em maior quantidade, isso tudo para assegurar a escalabilidade dos testes como cultura saudável de desenvolvimento, em vez de virar um fardo no ciclo de implementação.

✓ **Cuidado com a cobertura de testes:** imagine que 100% do seu código está sendo averiguado pelos testes. Isso ainda não implica em perfeição, devemos ser comedidos com ilusões estatísticas.

✓ **Integração Contínua (CI):** sempre que alguém subir uma nova alteração no código, automaticamente rode todos os testes em um servidor isolado para garantir que uma alteração não vai acabar quebrando outra parte do sistema e ainda evitar a frase "mas na minha máquina roda" quando surgirem *bugs*.

✓ **"Regra 10 de *Myers*":** quanto mais cedo o teste for feito, mais barato e eficiente ele será (isso embasará técnicas mais avançadas como desenvolvimento guiado a testes, detalhadas no **Capítulo 43 – TDD – *Test Driven Development***);

✓ **Dublês (*mocks*):** para assegurar estabilidade em testes de integração, às vezes usamos objetos falsos (para evitar que seu teste dependa de uma API externa realmente funcionando, por exemplo), mas cuidado para não haver exageros e existir um cenário em que há tantos dublês que o objetivo do teste se perdeu.

✓ **Testabilidade:** ter uma cultura de testes impacta diretamente na forma como as pessoas escrevem código, pois um código malfeito (isto é, difícil de ler, sem padrões, com funções gigantes, lógicas muito aninhadas etc.) vai dar muito trabalho para ser testado, então as pessoas irão melhorar o que produzem para facilitar a testabilidade, e outras pessoas futuras terão a confiança desses testes servindo de base para refatorações que também melhorarão a qualidade do sistema.

✓ **Responsabilidade do time inteiro:** por consequência do tópico anterior, delegar a escrita de testes apenas a um time segregado de pessoas testadoras é normalmente terrível e custoso (se houver um time de qualidade ou homologação, este será otimizado se puder focar nos muitíssimos outros aspectos do conceito de qualidade de software).

Seguindo esses tópicos e aprofundando-se mais neste livro e no estudo de testes de software, você rapidamente terá retorno na entrega de valor aos usuários. Usuários sentem o impacto da falta de testes, por exemplo, por meio da entrega de um recurso que acaba quebrando outros adjacentes, detalhes malfeitos não percebidos pelos *stakeholders*. Isso sem falar na lentidão exponencial de adicionar esses novos recursos em uma base de código instável, desorganizada e difícil de manter. Os testes ajudam em toda essa manutenibilidade (WALI, 2020). Dito isso, podemos seguir agora para entender como aplicar essa teoria na prática nos próximos capítulos.

43. TDD – *Test Driven Development*

Cláudio Henrique Franco Gomes

O ciclo tradicional de desenvolvimento de software (Figura 43.1) começa pela análise da necessidade do usuário, segue para o projeto do que se acredita ser a solução que vai atender a essa demanda, entra na etapa de codificação da solução, passa para os testes e finalmente chega à implantação do projeto no ambiente de produção, onde o usuário poderá fazer uso do software.

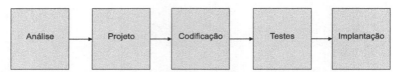

Figura 43.1. Ciclo tradicional de desenvolvimento de software.
Fonte: o autor.

Esse ciclo, no entanto, raramente é sequencial. Quase todo ciclo de desenvolvimento tem muitas idas e vindas, principalmente entre as fases de análise, projeto e codificação. Isso pode ocorrer por alguns motivos, como: o ponto de vista sobre qual é a real necessidade do usuário muda. Ou então a solução mais adequada para resolver o problema do usuário muda. Enfim, o desenvolvedor passa muito tempo nas três primeiras fases e acaba deixando os testes por último. Com isso, a chance desse tipo de desenvolvimento chegar na fase de testes e o desenvolvedor ter que refazer uma boa parte do código é bem alta.

O TDD ou *Test Driven Development* (desenvolvimento guiado por testes) chega para antecipar a etapa de testes, dando maior flexibilidade ao desenvolvimento e facilitando a priorização das etapas de desenvolvimento. O TDD é uma técnica de desenvolvimento onde os testes ocorrem de forma automatizada desde o início do processo de desenvolvimento, identificando quais problemas devem ser resolvidos.

Vamos, por exemplo, supor que estejamos desenvolvendo um aplicativo de calculadora para celulares. Esse aplicativo deve ter uma função de soma que deve retornar a soma de dois números. Se o resultado dessa soma for diferente do esperado, devemos receber uma mensagem de erro da rotina de testes.

```
>>> def soma(a, b):
...     return a+b+1
>>> try:
...     assert soma(2, 3) == 5, "Resposta certa é 5"
... except AssertionError as err:
...     print(err)
Resposta certa é 5
```

No código anterior, a função *soma* retorna um valor incorreto, fazendo a cláusula *assert* lançar uma exceção que nos informa que o código apresenta erro. Para esse caso, o erro seria facilmente corrigido, mas para um caso mais complexo, como a comunicação com um servidor ou uma pesquisa em um banco de dados, sem uma rotina de testes, os erros poderiam passar despercebidos pelo indivíduo que estivesse testando o código.

Quando o desenvolvedor sabe quais funcionalidades estão retornando os valores corretos, ele pode optar por trabalhar naqueles que ou apresentam algum erro ou apresentam alguma lentidão na execução do código (para citar alguns dos contextos possíveis). Isso é especialmente importante quando o desenvolvedor não é o único no projeto e outras pessoas dependem do resultado do seu código-fonte para trabalhar.

Por exemplo, suponha que, no desenvolvimento do nosso aplicativo de calculadora, estejamos dividindo a tarefa com uma equipe de *front-end* que está criando a interface com o usuário. Essa equipe é completamente dependente do resultado das funções de cálculo.

Nesse exemplo, se quisermos ajustar a função de soma para realizar operações com mais números, poderemos manter os casos de teste já criados e só acrescentar outros.

```
>>> from functools import reduce
>>> def soma(*args):
...     return reduce(lambda a,b: a+b, args)
>>> try:
...     assert soma(2, 3) == 5, "Resposta certa é 5"
...     assert soma(2, 3, 4) == 9, "Resposta certa é 9"
... except AssertionError as err:
...     print(err)
```

252 Jornada Python

Aqui importamos a função *reduce* da biblioteca *functools*, utilizada para aplicar uma função particular a todos os elementos de uma lista, retornando um único valor como resultado. Nesse caso a função é do tipo *lambda* e retorna a soma de dois argumentos. A função *reduce* passa como argumentos para a função *lambda* o resultado anterior da função *lambda*, começando por zero e o próximo item da lista. Com isso, ao final do processamento teremos a soma de todos os itens da lista. Para mais detalhes sobre a função *reduce* e a biblioteca *functools*, leia o **Capítulo 38 – Programação funcional** novamente.

```
resultado da função lambda = 0
resultado da função lambda = resultado anterior + próximo item da lista
...
resultado da função lambda = resultado anterior + último item da lista
```

A função *soma* passou a aceitar qualquer quantidade de números e retornar a soma deles. Com isso, nosso segundo caso de testes é atendido. Se tivéssemos tentado aplicar esse segundo caso de testes à primeira função, receberíamos uma mensagem de erro relativa ao número incorreto de parâmetros passados para a função.

Podemos acrescentar casos de testes às rotinas de testes até que todas as funcionalidades do problema em questão estejam contempladas. Com isso, o desenvolvedor não fica dependente de uma equipe para realizar os testes, podendo ele próprio validar o código que foi desenvolvido, ganhando mais produtividade em suas tarefas de desenvolvimento.

No **Capítulo 45 – Testes unitários e testes automatizados** veremos, em detalhes, como podemos escrever os testes unitários do nosso código-fonte, quais tipos de testes existem e como saber se estamos criando corretamente as rotinas de teste.

44. Bibliotecas *built-in*

Jefferson da S. Nascimento

Este capítulo está disponível no repositório GitHub[56] deste livro.

---

[56] <https://github.com/jornada-colaborativa/livro-python>.

45. Testes unitários e testes automatizados

Saulo Filho Perceval
Lourena Ohara

No desenvolvimento de software, é importante que o desenvolvedor possa garantir que o código que ele escreveu possui o comportamento esperado. Para essa finalidade, são utilizados os testes de software.

Testes unitários

Testes unitários podem ser considerados os testes mais básicos de uma aplicação, e geralmente a responsabilidade de elaborá-los é do próprio desenvolvedor que produziu o software a ser testado. Como o nome sugere, o teste unitário, também chamado de teste modular, se encarrega de testar uma unidade do software, ou seja, o menor componente do código que pode ser acionado em separado do resto do código (KOLODIY, 2015). No caso de um software escrito em um paradigma estruturado, esse componente seria uma função; já no paradigma orientado a objetos, seria o método de uma classe. Para assegurar que os módulos estão trabalhando em conjunto de forma adequada, são empregados os chamados testes de integração (KOLODIY, 2015).

Os testes unitários devem ser curtos, rápidos, especificando bem o que se pretende testar e com claras condições para falhar ou passar (HELPER, 2012). Além de garantirem que o componente testado se comporta da maneira desejada, os testes unitários também são úteis para facilitar o processo de "debugar" o programa, ou seja, encontrar a parte específica do programa que está gerando um *bug* ou erro e para assegurar que uma mudança na lógica interna de um módulo ou a adição de um novo módulo não gere um comportamento inesperado no código (KOLODIY, 2015). O processo de criar testes unitários muitas vezes também pode auxiliar o desenvolvedor a identificar que seu programa pode ser modularizado de forma mais eficiente.

Escrevendo testes unitários

Um padrão popular para escrever testes unitários é o chamado AAA (*Arrange*, *Action* e *Assert*). Neste padrão a estrutura do teste é composta por três etapas simples (KHORIKOV, 2020):

- ✓ *Arrange*: nesta etapa o módulo a ser testado é preparado, bem como as dependências desse módulo e também as entradas que serão fornecidas para o módulo. É nesta etapa que os objetos são instanciados e variáveis são criadas. É comum que não seja necessário incluir esta etapa em um teste unitário, principalmente quando não se estiver trabalhando com o paradigma orientado a objeto e não for necessário instanciar objetos.
- ✓ *Action*: nesta etapa o módulo que se deseja testar é então estimulado, ou seja, é invocado passando as entradas desejadas e dependências (quando necessário) e seu retorno é capturado.
- ✓ *Assert*: nesta etapa se verifica o resultado da ação do módulo testado. Aqui é assegurado se o retorno foi o desejado para a entrada fornecida, se o estado final do sistema testado foi o esperado, se as dependências foram chamadas da forma adequada e se os efeitos da chamada foram os previstos.

Para exemplificar a estrutura de um teste unitário, será exemplificado a seguir o teste unitário de um módulo simples. Aqui será utilizada a biblioteca Unittest[57], mas a ferramenta de teste a ser utilizada fica a seu critério. Os conceitos abordados aqui não dependem da biblioteca de teste, podendo inclusive ser empregados na maior parte das linguagens de programação.

```
# Arquivo: calculator.py
class Calculator:
    def pow(self, a, b):
    # modulo a ser testado
        if b < 0:
            raise ValueError("exponent must be postive")
        if b == 0:
            return 1
        result = a
        for i in range(1, b):
            result = result * a
        return result
```

---

[57] <https://docs.python.org/3/library/unittest.html>.

```
import unittest
from calculator import Calculator
class CalculatorTest(unittest.TestCase):
    def test_pow_positive_exponent(self):
        # teste unitario do modulo pow
        # Arrange
        calculator = Calculator()
        # Action
        result = calculator.pow(2, 3)
        # Assert
        self.assertEqual(result, 8)

if __name__ == '__main__':
    unittest.main()
```

Princípios para escrever bons testes unitários

Os testes unitários não devem ser vistos como uma simples "burocracia" no desenvolvimento. Eles trazem benefícios somente quando são efetivos, do contrário apenas consomem tempo do desenvolvedor e causam mais confusão para indicar um *bug* no código. Para criar testes unitários efetivos, alguns princípios devem ser observados pelo desenvolvedor:

✓ **Crie testes objetivos:** saiba o que você deseja testar com seu teste unitário. Um teste unitário deve testar apenas um módulo e conter apenas um cenário de teste para esse módulo. Seguindo o padrão AAA, um teste unitário não deve conter mais que um conjunto de blocos de *Arrange, Action* e *Assert*. Caso isso ocorra, é um indicativo de que seu teste está contemplando mais de um cenário e deve ser dividido em um ou mais testes. Uma boa prática para criar testes objetivos é nomear o método de teste fazendo referência ao cenário que se está testando, em vez de utilizar nomes genéricos e pouco expressivos (HELPER, 2012).

✓ **O teste deve ser independente:** um teste unitário de um módulo deve depender e testar um módulo e apenas ele. O teste não deve depender de variáveis de ambiente, serviços externos ou infraestrutura, como bancos de dados (HELPER, 2012). É recomendado que durante o teste o módulo seja isolado dos demais módulos e não gere efeitos colaterais no sistema. Uma maneira de realizar isso é por meio da utilização de bibliotecas de *mock*, que serão abordadas no **Capítulo 46**.

✓ **Um teste deve ter repetibilidade:** um teste não pode apresentar resultados divergentes em múltiplas execuções; deve sempre passar ou sempre falhar (quando um *bug* foi introduzido no código ou a especificação do módulo sofreu alterações). A aprovação do teste não pode depender da ordem na qual os testes são executados ou do ambiente no qual está sendo reproduzido (HELPER, 2012).

- Para isso, assim como no item anterior, deve-se evitar que o teste dependa de variáveis globais do sistema, de variáveis de ambiente ou da infraestrutura. Também deve-se evitar utilizar entradas randômicas nos testes, pois isso torna difícil reproduzir a exata execução do teste caso ocorra alguma falha (HELPER, 2012). Em vez disso, devem ser escolhidos valores de entradas fixos que testem diferentes cenários do módulo.

✓ **Evitar testar a exata implementação do módulo:** é comum que, ao escrever os testes do módulo que criou, o desenvolvedor opte por testar não o resultado da execução do módulo, mas que o módulo execute exatamente o fluxo planejado, testando a lógica interna do módulo (HELPER, 2012). Isso é prejudicial porque uma refatoração no módulo, que não mude seu funcionamento, exigirá que o teste seja refeito.

Cobertura de código

Cobertura de código são métricas utilizadas para indicar o quanto de um código é executado durante a realização dos testes unitários deste código (GURU99, s.d.). Uma boa cobertura de código nem sempre significa qualidade nos testes unitários, muito menos a ausência de *bugs* no código. Em um exemplo extremo, caso um desenvolvedor crie testes que contemplem todos os possíveis cenários de todos os módulos de seu código, mas não verifique o resultado das execuções nas etapas de *Assert* dos testes, seu código será 100% coberto por testes, mas sem que estes testes tenham qualquer eficiência em indicar *bugs* no código.

Existem diversas maneiras de avaliar a cobertura de código, mas a mais popular e frequente nos *frameworks* de teste é a chamada *Statement Coverage*. *Statement* é basicamente uma instrução ou comando do código, que pode ser, por exemplo, uma atribuição de variável, definição de função ou classe, instanciamento de objeto, avaliação de expressão, retorno de função, exceção, etc. Geralmente, em Python, um *statement* equivale a uma linha de código.

Tomando como exemplo o código da classe **Calculator** apresentada anteriormente, temos dez *statements* no total. O teste **test_pow_positive_exponent** cobre oito desses *statements*, abrangendo então 80% do código testado. Os *statements* marcados com "#" são aqueles cobertos pelo teste, os demais não estão cobertos.

258 Jornada Python

```python
# Arquivo: calculator.py
class Calculator: # ← Coberto pelo teste
    def pow(self, a, b): # ← Coberto pelo teste
        # modulo a ser testado
        if b < 0: # ← Coberto pelo teste
            raise ValueError
        if b == 0: # ← Coberto pelo teste
            return 1
        result = a #
        for i in range(1, b): # ← Coberto pelo teste
            result = result * a # ← Coberto pelo teste
        return result # ← Coberto pelo teste
```

Para alcançar 100% de cobertura neste código é necessário que sejam criados mais dois casos de teste, um com o argumento **b** negativo e outro com o argumento **b** igual a zero.

```python
import unittest
from calculator import Calculator
class CalculatorTest(unittest.TestCase):
    # testes unitarios do modulo pow
    def test_pow_positive_exponent(self):
        # Arrange
        calculator = Calculator()
        # Action
        result = calculator.pow(2, 3)
        # Assert
        self.assertEqual(result, 8)

    def test_pow_negative_exponent(self):
        # Arrange
        calculator = Calculator()
        # Action/Assert
        with self.assertRaises(ValueError):
            calculator.pow(2, -2)

    def test_pow_zero_exponent(self):
        # Arrange
        calculator = Calculator()
        # Action
        result = calculator.pow(2, 0)
        # Assert
        self.assertEqual(result, 1)

if __name__ == '__main__':
    unittest.main()
```

Agora uma observação. No teste **test_pow_negative_exponent** a estrutura difere um pouco dos demais testes, pois é levantada uma exceção no código testado (neste caso). No entanto, o teste ainda segue o padrão AAA, já que o *context manager self. assertRaises* tem a função de validar se a exceção esperada foi levantada durante o código executado.

Com esses dois novos testes, atinge-se então 100% de cobertura do código. O *statement* marcado com "#" é coberto pelo **test_pow_negative_exponent** e o marcado com "##" é coberto pelo **test_pow_zero_exponent**.

```python
# Arquivo: calculator.py
class Calculator:
    def pow(self, a, b):
        # modulo a ser testado
        if b < 0:
            raise ValueError # ← Coberto pelo test_pow_negative_exponent
        if b == 0:
            return 1 ## ← Coberto pelo test_pow_zero_exponent
        result = a
        for i in range(1, b):
            result = result * a
        return result
```

Como já dito anteriormente, a cobertura dos testes é uma métrica relevante, mas por si só não garante a qualidade do código. Por exemplo, se em vez de verificar o resultado exato do retorno do método verificássemos apenas se o retorno é do tipo inteiro, o teste possivelmente não falharia no caso de um *bug* ser inserido no código. Além disso, a cobertura não indica necessariamente que todos os cenários relevantes foram testados. Por exemplo, um cenário relevante que não foi testado durante nossos casos de testes foi o de passar um inteiro negativo no argumento **a** e verificar se o resultado é o esperado.

Tipos de teste unitário

Existem três diferentes tipos ou estilos que podem ser empregados na escrita de testes unitários, sendo possível também utilizar mais de um estilo em um único teste, o que frequentemente ocorre em testes de módulos complexos (KHORIKOV, 2020). Os tipos são:

- ✓ Teste baseado em saída
- ✓ Teste baseado em estado
- ✓ Teste baseado em comunicação

260 Jornada Python

O tipo do teste a ser criado deve ser escolhido levando em conta principalmente as características do módulo que está sendo testado e observando os princípios descritos anteriormente.

Teste baseado em saída

Este tipo de teste é muito frequente nos paradigmas estruturado e funcional, mas também está presente no paradigma orientado a objeto, desde que o módulo a ser testado tenha apenas a função de transformar o dado fornecido em sua entrada e devolvê-lo em sua saída, e não alterar um estado global ou interno. Os testes exemplificados anteriormente se enquadram neste tipo.

O princípio deste tipo de teste é simplesmente fornecer um dado na entrada do módulo testado e verificar se o retorno é o esperado (KHORIKOV, 2020). Vejamos um exemplo:

```python
# Arquivo: reverse_string.py
def reverse_string(string):
    # modulo a ser testado
    reversed_string = ""
    for i in range(len(string), 0, -1):
        reversed_string += string[i-1]
    return reversed_string
```

```python
import unittest
from reverse_string import reverse_string
class TestReversestring(unittest.TestCase):
    def test_reverse_string_not_empty_string(self):
        # Arrange
        string = "onibus"
        # Action
        result = reverse_string(string)
        # Assert
        self.assertEqual(result, "subino")

if __name__ == '__main__':
    unittest.main()
```

Teste baseado em estado

Os testes baseados em estado são mais comuns no paradigma orientado a objeto. Nesse tipo de teste, geralmente a saída do módulo não é relevante e não é verificada na etapa de *Assert*. Como o nome sugere, nestes testes verifica-se a alteração do estado do módulo que está sendo testado, da entrada fornecida ao módulo, de outras entidades que colaboram com o módulo ou de dependências externas, como variáveis globais, bancos de dados, arquivos etc. (KHORIKOV, 2020).

É relevante lembrar que não é uma boa prática que os testes lidem com dependências externas, por isso deve-se considerar o emprego de padrões como injeção de dependência no código a ser testado e substituir as dependências reais por dependências de teste, sem efeitos colaterais no sistema no momento dos testes. Outra opção nestes casos é utilizar testes baseados em comunicação, que serão abordados a seguir. Vejamos um exemplo:

```python
# Arquivo: library_book.py
class Book:
    def __init__(self, title):
        self.title = title
        self.is_lent = False

class Library:
    def __init__(self):
        self.lent_books = []

    def lend_book(self, book):
        # modulo a ser testado
        if not book.is_lent:
            book.is_lent = True
            self.lent_books.append(book)
```

```python
import unittest
from library_book import Library, Book
class TestLibrary(unittest.TestCase):
    def test_lend_book_not_lent(self):
        # Arrange
        new_book = Book("Dom Casmurro")
        new_library = Library()
        # Action
        new_library.lend_book(new_book)
        # Assert
        self.assertTrue(new_book.is_lent)
        self.assertEqual(new_library.lent_books, [new_book])

if __name__ == '__main__':
    unittest.main()
```

Teste baseado em comunicação

Por fim, os testes baseados em comunicação são úteis quando o módulo a ser testado utiliza colaborações que geram uma mudança de estado indesejada, complexa de ser verificada, ou que dependa de serviços externos. Nestes testes, o que se verifica é se o módulo em teste realizou a comunicação com a entidade que colabora com esse módulo da forma esperada (KHORIKOV, 2020).

Para esse fim, são utilizadas as chamadas bibliotecas de *mocks*[58], que serão abordadas no **Capítulo 46**. Por ora, basta saber que a classe *Mock* é utilizada para substituir classes reais do seu código, evitando os possíveis efeitos colaterais das chamadas dos métodos da sua classe real. Qualquer atributo ou método de um objeto do tipo *Mock* é criado assim que é acessado, sendo que as informações de como ele foi acessado ou chamado são armazenadas e acessadas por métodos específicos. Vejamos um exemplo:

```python
class LibraryCommunication:
    def __init__(self, communication_service):
        self.communication_service = communication_service

    def send_return_warning(self, email_address):
        # modulo a ser testado
        text = "Your loan period ends tomorrow. Please " \
                "remember to return or renew your books"
        self.communication_service.send_email(email_address, text)
```

```python
import unittest
from unittest.mock import Mock
class TestLibraryCommunication(unittest.TestCase):
    def test_send_return_warning(self):
        # Arrange
        mock_email_service = Mock()
        new_library_communication = LibraryCommunication(
            mock_email_service
        )
        # Action
```

---

[58] <https://docs.python.org/3/library/unittest.mock.html>.

```
new_library_communication.send_return_warning("test@mail.com")
        # Assert
        mock_email_service.send_email.assert_called_once_with(
            "test@mail.com",
            "Your loan period ends tomorrow. Please "
            "remember to return or renew your books"
        )
        # o metodo assert_called_once_with() verifica se o metodo do
        # objeto mock foi chamado apenas uma vez e como a os argumentos
        # passados. Do contrario levanta uma AssertionError

if __name__ == '__main__':
    unittest.main()
```

Testes automatizados

Quando falamos em realizar testes, estamos também procurando e promovendo velocidade e segurança no nosso desenvolvimento. A automatização de testes é uma atividade que, além de promover essas duas etapas, também diminui consideravelmente o trabalho manual e a redução significativa de custos.

Os testes automatizados são realizados com a utilização de programas e *frameworks* criados com essa finalidade. Com o apoio de uma linguagem de programação, os cenários são descritos, definidos de acordo com a necessidade do projeto, executados e analisados. Essa execução pode ser feita em um certo tempo diversas vezes, demonstrando o ganho de tempo que a automatização promove na ação e análise dos testes.

Automatizando testes funcionais

Os testes funcionais são realizados para validar os requisitos de interface, performance e preparar para a fase de aceitação. Esse tipo de teste gera uma massa considerável de cenários e por isso é um dos mais indicados para automação.

O Selenium[59] é uma das ferramentas mais utilizadas na composição de testes. Com os testes funcionais, também é possível realizar um controle de simulação de execução em tempo real, sendo visualizada através de um *browser*.

---

[59] <https://www.selenium.dev/>.

São necessárias configurações e ferramentas básicas para a execução dos testes funcionais. A seguir, são listadas algumas delas:

- ✓ Linguagem de programação Python
- ✓ Gerenciador de bibliotecas para instalação de *libs*
- ✓ Browser
- ✓ *framework* Selenium
- ✓ IDE preferencialmente com suporte ao Selenium

No exemplo a seguir, temos um teste que realiza a autenticação por *login* e senha no serviço da Netflix. É necessário que sejam levantadas informações como URL, *login* e senha para compor as linhas de testes. Isso pode ser feito através da inspeção de elementos *web* na tela.

Figura 45.1. Tela inicial de autenticação para acesso à conta.
Fonte: os autores.

Figura 45.2. Localização do *label* de *login* por meio do ID.
Fonte: os autores.

Testes unitários e testes automatizados **265**

Figura 45.3. Localização do *label* de senha através do ID.
Fonte: os autores.

Figura 45.4. Localização do botão de *login* por meio do atributo *class*.
Fonte: os autores.

De posse dessas informações, é possível compor o cenário de testes de forma automatizada. No exemplo a seguir, temos um teste que realiza o *login* do usuário na plataforma que definimos como exemplo:

```
from selenium import webdriver
import time

@Test
```

```
public void login() throws Exception {
    browser = webdriver.Firefox()
    brower.get("https://www.netflix.com/br/login")
    time.sleep(10)
    username = browser.find_element_by_id("id_userLoginId")
    password = browser.find_element_by_id("id_password")
    username.sendKeys("usuarioNovo")
    password.senKeys("987654321")
    login_btn = browser.find_element_class_name("login_button")
    login_btn.submit()
    time.sleep(10)
    assert "Netflix" in driver.title
}
```

O arquivo com extensão .py descrito anteriormente utiliza diversos elementos para compor os testes. São realizadas importações de *libs* do *webdriver* e de espera em tela, elementos para acesso ao navegador através da URL, busca de elementos na tela e escrita em campos, além de configurações para assertivas. Com todas as configurações, é possível escrever o teste e executá-lo. Na execução, será aberto um *browser* simulando cada ação especificada e ao final dos testes é esperado que o *login* seja feito (no caso do exemplo), validando a execução.

Os testes automatizados são englobados em três categorias: os testes unitários vistos na seção anterior, os testes de interface ou funcionais, exemplificados nesta seção, e os testes de API, que necessitam de uma discussão à parte. É importante que o desenvolvedor dos testes conheça as técnicas e as melhores formas de automatização para garantir a melhor qualidade dos testes.

Automatizando testes de API com Python

São várias as possibilidades de realizar testes em Interfaces de Programação de Aplicativos (APIs). Com a intenção de garantir o funcionamento, o desempenho, a confiança e a troca de aplicação que esse tipo de sistema aprovisiona, cabe também automatizar os testes referentes às APIs.

Comumente, são realizados testes de API em Python utilizando as restrições de atendimento das diretrizes das requisições HTTP. Essa arquitetura promove o acesso às aplicações de *back-end*, compondo uma parte de automatização e complementando os testes de tela, conhecidos com *front-end*. Esses testes não exigem uma configuração muito complexa. Utilizando o gerenciador de pacotes pip e uma IDE simples, como o VSCode, já é possível compor a automatização.

Para exemplificar nossos testes, foram criados *endpoints* no serviço Beeceptor[60] que nos permite "mockar" (simular) nossas API. O pacote Heroes realiza interações com os verbos mais comuns dos testes em API: *GET, POST, PUT* e *DELETE*.

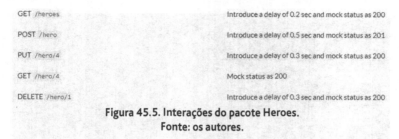

Figura 45.5. Interações do pacote Heroes.
Fonte: os autores.

GET

Devemos compor um arquivo no nosso projeto que fará a requisição do tipo *GET*. Vamos criar um novo arquivo e nomeá-lo de get.py. Ao longo da sessão, novos arquivos serão criados fazendo referência às verbalizações de requisições. Utilizaremos a biblioteca Python *request*. É necessário que seja importada dentro do nosso **get.py**. Esta é a primeira linha do nosso arquivo.

As linhas a seguir fazem referência aos cabeçalhos da nossa requisição. São os dados de autenticação e suas configurações para que possamos enviá-la a fim de obter uma resposta. Configuramos as informações de *Accept* e *User-Agent*. A próxima linha permite que o código realize uma busca na URL informada na linha anterior. Aqui, determinamos uma variável para visualizar posteriormente a nossa busca.

Por fim, realizamos um *print* da variável determinada. Uma vez que ela faz a busca do corpo da requisição, esperamos que o terminal traga exatamente essas informações. Veja a seguir como ficará a nossa requisição *get* no projeto:

```
import requests

headers = {
    'Accept': '*/*',
    'User-Agent': 'request'
}

url = "https://heroes.free.beeceptor.com/heroes"
resp = requests.get(url, headers=headers)

print(resp.text)
```

---

[60] <https://beeceptor.com/>.

268 Jornada Python

Depois de configurada, basta abrir o terminal (Ctrl + Shift + """ no VSCode) e digitar o comando **python get.py**. A requisição será executada e, no terminal, teremos a resposta da nossa requisição.

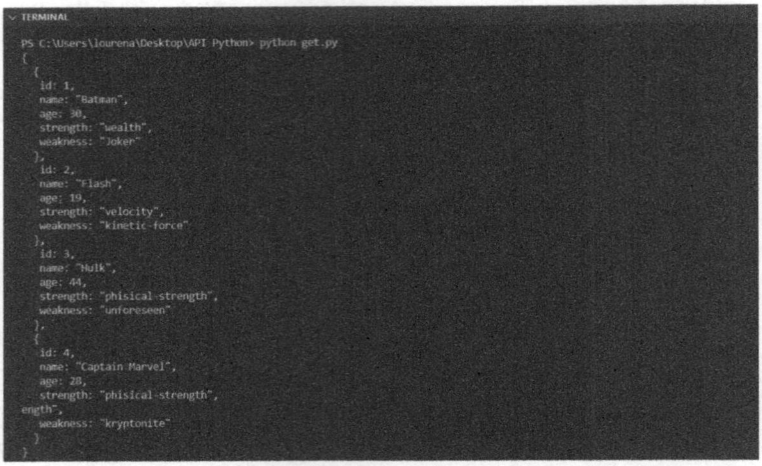

Figura 45.6. Resposta da requisição *GET*.
Fonte: os autores.

São visualizadas todas as informações do corpo (*body*) da requisição *GET*.

POST

A requisição *POST* permite que sejam criadas novas informações. No nosso exemplo, criaremos mais um super-herói para a API. A configuração da requisição é similar ao *GET* anterior, porém cabem algumas explicitações das modificações necessárias. A URL é modificada, uma vez que o *endpoint* pertence a uma nova requisição. Para o *POST*, utilizaremos "https://heroes.free.beeceptor.com/hero".

Adicionaremos o objeto **data**, que trará as informações a serem adicionadas. É muito importante sempre verificar a documentação da API para conseguir inserir os dados no formato correto. No nosso exemplo, o objeto deve ser enviado da seguinte maneira:

```
data = {
   "id": 5,
   "name": "Daredevil",
   "age": 33,
   "strength": "super-sense",
   "weakness": "sound-frequency"
}
```

Por fim, a variável de resposta deve ser modificada para *POST* no lugar de *GET*. Temos então a nossa requisição *POST*:

```python
import requests

headers = {
    'Accept':  '*/*',
    'User-Agent': 'request'
}

url = "https://heroes.free.beeceptor.com/hero"

data = {
    "id": 5,
    "name": "Daredevil",
    "age": 33,
    "strength": "super-sense",
    "weakness": "sound-frequency"
}

resp = requests.post(url, headers=headers, data=data)

print(resp.text)
```

No terminal, executamos o comando **python post.py** e temos a seguinte resposta:

```
PS C:\Users\lourena\Desktop\API Python> python post.py
{ "status": "Created"}
PS C:\Users\lourena\Desktop\API Python>
```

Figura 45.7. Resposta da requisição *POST*.
Fonte: os autores.

Essa resposta não demonstra as informações adicionadas. Mas podemos executar novamente o comando GET e visualizar as atualizações ocorridas.

270 Jornada Python

Figura 45.8. Visualização das atualizações ocorridas.
Fonte: os autores.

Veja que agora os dados da requisição *POST* podem ser visualizados na API completa. Outra forma de buscar os dados com o *GET* é passando a informação de ID na requisição de teste. O arquivo **getone.py** realiza uma busca direta através da informação de um ID existente.

```python
import requests

headers = {
    'Accept':  '*/*',
    'User-Agent': 'request'
}

url = "https://heroes.free.beeceptor.com/hero/4"

resp = requests.get(url, headers=headers)

print(resp.text)
```

No terminal, somente as informações referentes ao ID selecionado serão exibidas.

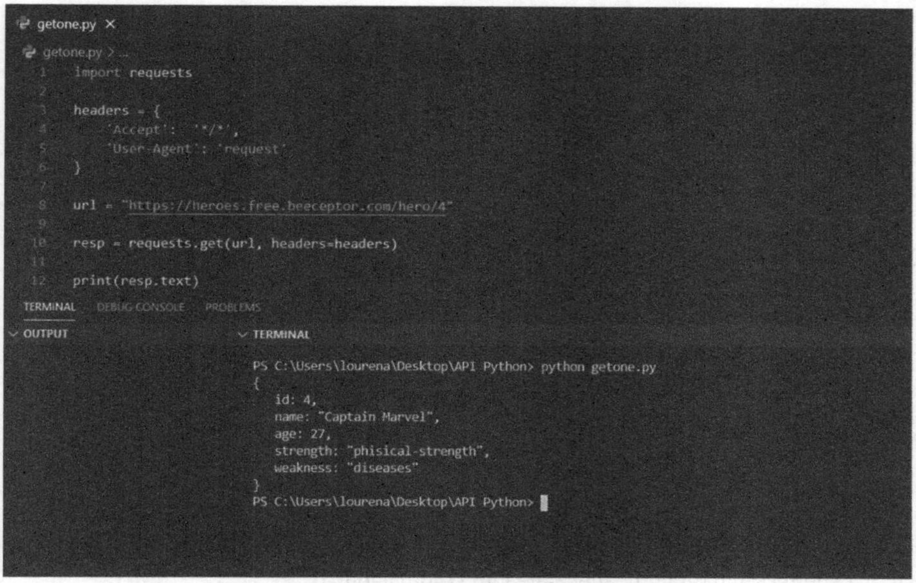

Testes unitários e testes automatizados **271**

```
getone.py ×
getone.py > ...
  1    import requests
  2
  3    headers = {
  4        'Accept': '*/*',
  5        'User-Agent': 'request'
  6    }
  7
  8    url = "https://heroes.free.beeceptor.com/hero/4"
  9
 10    resp = requests.get(url, headers=headers)
 11
 12    print(resp.text)

TERMINAL    DEBUG CONSOLE    PROBLEMS

OUTPUT                          TERMINAL

            PS C:\Users\lourena\Desktop\API Python> python getone.py
            {
              id: 4,
              name: "Captain Marvel",
              age: 27,
              strength: "phisical-strength",
              weakness: "diseases"
            }
            PS C:\Users\lourena\Desktop\API Python>
```

Figura 45.9. Informações referentes ao ID.
Fonte: os autores.

PUT

A requisição *PUT* sobrescreve ou atualiza informações já existentes na API. É possível alterar informações como nome, idade ou fraquezas de um herói. Novamente, é ideal acompanhar a documentação da API para que os dados sejam fornecidos com o formato correto. Problemas dessa natureza ou uma conexão errada com a URL podem causar falhas de requisição, sendo exibidos códigos de erro padrão das APIs (400 ou 500, por exemplo).

Como feito no *POST*, devemos informar o objeto **data** contendo as informações atualizadas para modificação. Além disso, a nossa URL deve ser modificada de acordo com a determinação. Nesse caso, ela é finalizada com o ID do objeto a ser modificado. Atualizando a nossa variável de resposta com o comando *PUT*, temos a nossa requisição a seguir:

272 Jornada Python

```python
import requests

headers = {
    'Accept':  '*/*',
    'User-Agent': 'request'
}

url = "https://heroes.free.beeceptor.com/hero/4"

data = {
    "id": 4,
    "name": "Captain Marvel",
    "age": 27,
    "strength": "phisical-strength",
    "weakness": "diseases"
}

resp = requests.put(url, headers=headers, data=data)

print(resp.text)
```

Executando no terminal o comando **python put.py**, nosso teste trará a seguinte resposta:

Figura 45.10. Resposta da requisição *PUT*.
Fonte: os autores.

Os dados exibidos já estão atualizados de acordo com as informações do objeto **data**. Novamente, executando a requisição *GET* (**get.py** ou **getone.py** com o ID correto), veremos a API completa já atualizada.

Testes unitários e testes automatizados **273**

```
∨ TERMINAL
    id: 1,
    name: "Batman",
    age: 30,
    strength: "wealth",
    weakness: "Joker"
  },
  {
    id: 2,
    name: "Flash",
    age: 19,
    strength: "velocity",
    weakness: "kinetic-force"
  },
  {
    id: 3,
    name: "Hulk",
    age: 44,
    strength: "phisical-strength",
    weakness: "unforeseen"
  },
  {
    "id": 4,
    "name": "Captain Marvel",
    "age": 27,
    "strength": "phisical-strength",
    "weakness": "diseases"
  },
  {
    id: 5,
    name: "Daredevil",
    age: 33,
    strength: "super-sense",
```

Figura 45.11. Novamente a visualização das atualizações ocorridas.
Fonte: os autores.

DELETE

É a requisição que vai permitir que sejam deletadas informações dentro da API. Na URL, deve ser informado qual objeto será apagado através do ID. Modificando também os dados da variável de resposta de acordo com o verbo utilizado, nosso teste será feito da seguinte maneira:

```
import requests

headers = {
    'Accept': '*/*',
    'User-Agent': 'request'
}

url = "https://heroes.free.beeceptor.com/hero/1"
resp = requests.delete(url, headers=headers)

print(resp.text)
```

274 Jornada Python

Executando o comando **python delete.py** no terminal, teremos a validação da nossa execução. É possível observar que o objeto deletado não pertence mais à API, validando o nosso teste de exclusão.

```
v TERMINAL
PS C:\Users\lourena\Desktop\API Python> python delete.py
[
  {
    id: 2,
    name: "Flash",
    age: 19,
    strength: "velocity",
    weakness: "kinetic-force"
  },
  {
    id: 3,
    name: "Hulk",
    age: 44,
    strength: "phisical-strength",
    weakness: "unforeseen"
  },
  {
    id: 4,
    name: "Captain Marvel",
    age: 28,
    strength: "phisical-strength",
    weakness: "kryptonite"
  },
  {
    id: 5,
    name: "Daredevil",
    age: 33,
    strength: "super-sense",
    weakness: "sound-frequency"
  }
]
PS C:\Users\lourena\Desktop\API Python>
```

Figura 45.12. Validação de teste de exclusão.
Fonte: os autores.

Os testes automatizados são englobados em três categorias: testes unitários, testes de interface ou funcionais (exemplificados nas seções anteriores) e os testes de API, aqui descritos. É importante que o desenvolvedor dos testes conheça as técnicas e as melhores formas de automatização para garantir a melhor qualidade dos testes.

46. *Mocks*

Cláudio Henrique Franco Gomes

Suponha que você tenha escrito uma biblioteca de código com diversas interfaces a sistemas externos, como bancos de dados e sites, e que você não tenha acesso administrativo a essas interfaces, isto é, você não possa controlar o comportamento delas, apenas acessar. Suponha também que todo o código-fonte referente à conexão a essas interfaces já tenha sido testado sem os possíveis erros e que o "caminho feliz" esteja funcionando corretamente. Suponha que é hora de inserir as condições de contorno para as situações de exceção, para quando as interfaces estão lentas ou fora do ar. Sem acesso administrativo às interfaces, como simular essas situações?

O módulo *mock* da biblioteca *unittest* do Python[61] possibilita a substituição e imitação de objetos em um ambiente de teste, simulando diversas situações em condições controladas.

Por exemplo, no código a seguir, instanciamos um objeto *Mock* e dizemos que seu valor de retorno é o número inteiro 3. Não importa quais parâmetros são passados para a instância, ela sempre vai retornar o mesmo número inteiro 3.

```
>>> from unittest.mock import Mock
>>> mock = Mock(return_value=3)
>>> mock(2,3,4)
3
>>> mock("Bom dia")
3
```

Também é possível configurar diversos atributos ao mesmo tempo, utilizando o recurso de desempacotamento de dicionários, conforme vimos no **Capítulo 16 – Coleções**. No código a seguir, criamos dois métodos, um que, quando invocado, sempre retorna o texto "valor arbitrário", e outro que levanta uma exceção do tipo

---

[61] <https://docs.python.org/3/library/unittest.mock-examples.html>.

IndexError. Esse recurso é muito útil para entender como o programa se recupera quando ocorrem problemas.

```
>>> atributos = {
...      'metodo.return_value':'valor arbitrário',
...      'metodo_com_erro.side_effect':IndexError
... }
>>> mock.configure_mock(**atributos)
>>> mock.metodo()
'valor arbitrário'
>>> mock.metodo_com_erro()
Traceback (most recent call last):
  File "<stdin>", line 1, in <module>
  File "C:\Python\lib\unittest\mock.py", line 1081, in __call__
    return self._mock_call(*args, **kwargs)
  File "C:\Python\lib\unittest\mock.py", line 1085, in _mock_call
    return self._execute_mock_call(*args, **kwargs)
  File "C:\Python\lib\unittest\mock.py", line 1140, in _execute_mock_call
    raise effect
IndexError
```

Vejamos em mais detalhes os recursos que essa biblioteca disponibiliza.

Decorator patch

Suponha que você tenha o seguinte trecho de código que verifica se um site está *on-line* e, caso esteja, imprime o texto do site. Se você for testar esse código, cada conexão ao site estará dependente da velocidade do tráfego da rede. Para uma solicitação pontual, pode ser um tempo irrisório, mas se ocorrem muitas solicitações ao longo do programa, você pode ter um impacto não desejado na duração dos testes.

```
# Arquivo: jornada.py
import requests

def imprime_site(url, metodo='get'):
    response = requests.__dict__[metodo](url)
    if response.status_code == 200:
        print(response.text)
```

Para contornar esse problema, uma vez verificado que funciona o trecho de código que estabelece se um site está ou não *on-line*, você pode substituir esse código por um *Mock* para testar outras partes do programa. No código a seguir, utilizamos o *decorator patch* para criar um *Mock* da função *is_url_online*. Com isso, toda chamada a essa função durante os procedimentos de testes será redirecionada para o *Mock*. O *decorator patch* também pode ser chamado como uma função comum, como veremos mais à frente.

No código a seguir, definimos uma função **testa_imprime_site**, que recebe dois parâmetros exigidos pelo *decorator patch* para que o elemento imitado seja recebido. Dentro dessa função de teste, chamamos a função em teste **imprime_site** com uma URL do tipo *get* e verificamos se a imitação do método *get*, da biblioteca *requests*, foi chamada em vez do método *get* original. Fazemos o mesmo para o método *post* logo depois.

```
import unittest
from unittest.mock import patch
from jornada import imprime_site

@patch('jornada.requests.post')
@patch('jornada.requests.get')
def testa_imprime_site(mock_get, mock_post):
    imprime_site('http://httpbin.org/get')
    mock_get.assert_called()

    imprime_site('http://httpbin.org/post', 'post')
    mock_post.assert_called()

if __name__ == '__main__':
    unittest.main()
```

Note que precisamos informar o caminho completo da função, método ou classe que vamos imitar com o *Mock* para que a rotina de testes saiba qual elemento está sendo substituído. No nosso caso, as funções imitadas foram os métodos *get* e *post* da biblioteca *requests* importada em **jornada**, ambas do arquivo **jornada.py**, que é importado no início do programa que o testa.

Por meio da utilização de *Mock* é possível estabelecer rotinas de testes amplas, para todo o código-fonte, ou restritas, para algumas partes do código-fonte, agilizando os testes ou criando condições de erro controladas para saber como o programa se recupera.

278 Jornada Python

Valores de retorno e efeitos colaterais

É possível definir valores de retorno ou levantar exceções pelo *Mock*. Para isso, basta infomar o *return_value*, no caso do valor de retorno, ou o *side_effect*, no caso de levantar uma exceção. O *side_effect* também pode retornar valores em sequência. Se tentarmos fazer o mesmo com *return_value*, recebemos uma exceção.

```
>>> from unittest.mock import Mock
>>> mock = Mock()
>>> mock.side_effect = [1, 2]
>>> mock()
1
>>> mock()
2
>>> mock.return_value = [1, 2]
>>> mock()
Traceback (most recent call last):
  File "<stdin>", line 1, in <module>
  File "C:\Python\lib\unittest\mock.py", line 1081, in __call__
    return self._mock_call(*args, **kwargs)
  File "C:\Python\lib\unittest\mock.py", line 1085, in _mock_call
    return self._execute_mock_call(*args, **kwargs)
  File "C:\Python\lib\unittest\mock.py", line 1142, in _execute_mock_call
    result = next(effect)
StopIteration
```

Considere o trecho de código a seguir, derivado do código utilizado na seção anterior. Em vez de utilizarmos uma só função, criamos uma função dedicada para verificar se o site está *on-line* para poder exemplificar como se pode fazer a imitação dessa função.

```
import requests

def esta_online(url, metodo):
    return requests.__dict__[metodo](url).status_code == 200

def imprime_site(url, metodo='get'):
    if esta_online(url, metodo):
        print(requests.__dict__[metodo](url).text)
```

A seguir temos o código-fonte da função de testes. Além dos dois *decorators* para as funções *requests.get* e *requests.post*, acrescentamos um *decorator* para a função **esta_online** com o valor de retorno igual a *False*. Note que *mock_get* e *mock_post* não são chamados, somente o *mock_online*. Isso ocorre porque as funções *get* e *post* são invocadas de dentro da função **esta_online**, que é imitada.

```python
import unittest
from unittest.mock import patch
from jornada import imprime_site

@patch('jornada.esta_online', return_value=False)
@patch('jornada.requests.post')
@patch('jornada.requests.get')
def testa_imprime_site(mock_get, mock_post, mock_online):
    imprime_site('http://httpbin.org/get')
    mock_get.assert_not_called()
    imprime_site('http://httpbin.org/post', 'post')
    mock_post.assert_not_called()
    mock_online.assert_called()

if __name__ == '__main__':
    unittest.main()
```

Agora vamos reescrever a função **imprime_site** para fazer tratamento de exceções, a fim de exemplificar o funcionamento do parâmetro *side_effect* do objeto *patch*. Se ocorrer alguma exceção em **esta_online**, a mensagem "Exceção detectada" será impressa. Utilizaremos o método *pprint* da biblioteca *pprint* para verificarmos se esse trecho de código é efetivamente executado. Explicaremos o porquê logo a seguir.

```python
import requests
from pprint import pprint

def esta_online(url, metodo):
    return requests.__dict__[metodo](url).status_code == 200

def imprime_site(url, metodo='get'):
    try:
        if esta_online(url, metodo):
            print(requests.__dict__[metodo](url).text)
    except Exception:
        pprint("Exceção detectada.")
```

No código da função de teste, além dos *decorators* para os métodos *get* e *post* de *requests*, e do método **esta_online** de **jornada**, acrescentamos um *decorator* para o método *pprint*, a fim de verificar se esse método é de fato executado quando ocorre a exceção.

280 Jornada Python

```python
import unittest
from unittest.mock import patch
from jornada import imprime_site

@patch('jornada.pprint')
@patch('jornada.esta_online', side_effect=Exception('Erro'))
@patch('jornada.requests.post')
@patch('jornada.requests.get')
def testa_imprime_site(mock_get, mock_post, mock_online, mock_pprint):
    imprime_site('http://httpbin.org/get')
    mock_get.assert_not_called()
    imprime_site('http://httpbin.org/post', 'post')
    mock_post.assert_not_called()
    mock_online.assert_called()
    mock_pprint.assert_called()

if __name__ == '__main__':
    unittest.main()
```

Novamente, os métodos *get* e *post* de *requests* não são invocados, o método **esta_online** é invocado e, ao levantar uma exceção, o método *pprint* é invocado, conforme esperado.

Esse código serve para ilustrar como o recurso *side_effect* pode ser utilizado para criar erros dentro de um ambiente controlado, possibilitando escrever um código-fonte que se recupera de erros da forma esperada pelo desenvolvedor.

Imitando métodos de instâncias e de classes

O trecho de código a seguir verifica se um site está *on-line*; se estiver, imprime o texto do site. Utilizamos uma classe dessa vez para exemplificar como criar *Mocks* para métodos de instâncias e de classes.

```python
import requests

class Jornada():
    def __init__(self):
        pass

    def esta_online(self, url, metodo):
        return requests.__dict__[metodo](url).status_code == 200
```

```python
def imprime_site(self, url, metodo='get'):
    try:
        if self.esta_online(url, metodo):
            print(requests.__dict__[metodo](url).text)
    except Exception:
        print("Exceção detectada.")
```

No código de teste a seguir, temos três formas de criar *Mocks* para métodos de instâncias ou de classes. A primeira delas é por meio do *decorator patch* e funciona da mesma forma que para funções, bastando informar o caminho completo para o método a ser imitado. Opcionalmente, pode-se informar um valor de retorno ou um efeito colateral. Em seguida, chamamos o *decorator patch* diretamente, instanciando um objeto *Mock* e atribuindo-o à variável ***mock_method***. Novamente informamos o caminho completo do método a ser imitado. Por último, chamamos o método *object* do *decorator patch*, criando um objeto *Mock* do atributo **esta_online** do objeto **Jornada**. Aqui, a forma como chegamos ao método foi primeiro informando a classe e depois informando o atributo.

```python
import unittest
from unittest.mock import patch
from jornada import Jornada

@patch('jornada.Jornada.esta_online', return_value=True)
def testa_imprime_site(mock_online):
    jornada = Jornada()
    jornada.imprime_site('http://httpbin.org/post', 'post')
    mock_online.assert_called()
    mock_online.reset_mock()

    with patch('jornada.Jornada.esta_online',
    return_value=True) as mock_method:
        jornada.imprime_site('http://httpbin.org/get', 'get')
        mock_method.assert_called()
        mock_method.reset_mock()

    with patch.object(Jornada, 'esta_online',
    return_value=True) as mock_obj:
        jornada.imprime_site('http://httpbin.org/get', 'get')
        mock_obj.assert_called()
        mock_obj.reset_mock()

if __name__ == '__main__':
    unittest.main()
```

282 Jornada Python

Tanto para métodos de instâncias de classes quanto para métodos de classes, a forma de criar *Mocks* para eles é a mesma.

Imitando propriedades de classes

Considere a classe **Jornada** a seguir. Ela possui a propriedade **nome**, formada por dois métodos, um *getter* e um *setter*. Vejamos como criar uma imitação para essa propriedade.

```python
class Jornada():
    def __init__(self, nome):
        self.__nome = nome

    @property
    def nome(self):
        return self.__nome

    @nome.setter
    def nome(self, nome):
        self.__nome = nome
```

Para criar a imitação de uma propriedade, precisamos informar o caminho completo da propriedade e informar que o parâmetro *new_callable* é igual a *PropertyMock*. *PropertyMock* é um objeto da biblioteca *unittest.mock* que disponibiliza métodos *get* e *set*, de forma a permitir ao desenvolvedor estabelecer valores de retorno ou efeitos colaterais.

```python
import unittest
from unittest.mock import patch
from unittest.mock import PropertyMock
from jornada import Jornada

@patch('jornada.Jornada.nome', new_callable=PropertyMock)
def testa_jornada(mock_property):
    jornada = Jornada('Jupiter')
    print(jornada.nome)
    mock_property.assert_called()
    jornada.nome = 'Zeus'
    mock_property.assert_called()
    print(jornada.nome)
    mock_property.assert_called()

if __name__ == '__main__':
    unittest.main()
```

Mocks **283**

Na função de teste anterior, não definimos nenhum valor de retorno ou efeito colateral, somente exemplificamos como criar um *Mock* para propriedades de classes. Dessa forma, fica o incentivo para você modificar o código anterior ou utilizar um código próprio e explorar os recursos de valor de retorno e efeitos colaterais para os métodos *get* e *set* de uma propriedade de classe.

Imitando classes inteiras

Considere o código a seguir, que define a classe **Cubo**. A função de inicialização atribui um valor aleatório à propriedade **__valor**, que pode ser verificado pela propriedade **valor** e modificado pelo método **rolar**. Vamos criar um *Mock* para a classe inteira.

```python
import numpy as np

class Cubo():
    def __init__(self):
        self.__valor = np.random.randint(1, 6)

    @property
    def valor(self):
        return self.__valor

    def rolar(self):
        self.__valor = np.random.randint(1, 6)
```

No código de teste a seguir, utilizamos o *decorator patch* para criar uma instância do objeto *Mock* para o objeto **Cubo**. Dentro da função de teste, criamos a classe **Dado**, com uma propriedade de nome **valor**, igual ao objeto **Cubo**, e um método **rolar**, também igual ao objeto **Cubo**. A seguir, informamos que o valor de retorno da instância **mock_cubo** é igual ao objeto **Dado**. Dessa forma, toda vez que criarmos uma instância do objeto **Cubo** estaremos recebendo uma instância do objeto **Dado**. Alternativamente, poderiam ser informados os atributos a serem imitados, conforme apresentado no início deste capítulo.

284 Jornada Python

```python
import unittest
from unittest.mock import patch
import jornada

@patch('jornada.Cubo')
def testa_jornada(mock_cubo):
    class Dado():
        def __init__(self):
            pass

        @property
        def valor(self):
            return 7

        def rolar(self):
            raise ValueError

    mock_cubo.return_value = Dado()
    cubo = jornada.Cubo()
    assert cubo.valor == 7
    try:
        cubo.rolar()
    except:
        print("Exceção detectada.")

if __name__ == '__main__':
    unittest.main()
```

No código a seguir, demonstramos que uma instância do objeto *Mock* possui todos os atributos do objeto imitado (nesse caso, *requests*), e mais os atributos próprios da classe *Mock*.

```
>>> from unittest.mock import Mock
>>> import requests
>>> mock = Mock(spec=requests)
>>> dir(requests)
['ConnectTimeout', 'ConnectionError', 'DependencyWarning', 'FileModeWarning',
'HTTPError', 'NullHandler', 'PreparedRequest', 'ReadTimeout', 'Request',
'RequestException', 'RequestsDependencyWarning', 'Response', 'Session',
'Timeout', 'TooManyRedirects', 'URLRequired', '__author__', '__author_email__',
'__build__', '__builtins__', '__cached__', '__cake__', '__copyright__', '__
description__', '__doc__', '__file__', '__license__', '__loader__', '__name__',
'__package__', '__path__', '__spec__', '__title__', '__url__', '__version__',
'_check_cryptography', '_internal_utils', 'adapters', 'api', 'auth', 'certs',
'chardet', 'check_compatibility', 'codes',
'compat', 'cookies', 'delete', 'exceptions', 'get', 'head', 'hooks', 'logging',
'models', 'options', 'packages', 'patch', 'post', 'put', 'request', 'session',
'sessions', 'status_codes', 'structures', 'urllib3', 'utils', 'warnings']
>>> set(dir(mock)) >= set(dir(requests))
True
>>> set(dir(mock)) - set(dir(requests))
{'called', 'mock_calls', 'call_args_list', 'attach_mock', 'method_calls', 'mock_
add_spec', 'assert_called_once', 'configure_mock', 'assert_any_call', 'return_
value', 'assert_not_called', 'assert_called', 'call_args', 'assert_called_with',
'assert_has_calls', 'assert_called_once_with', 'side_effect', 'reset_mock',
'call_count'}
```

Conforme pudemos observar neste capítulo, *Mocks* possibilitam a simulação de diversas situações sem a necessidade de acessar sistemas externos, dentro de um ambiente controlado, auxiliando o *pythonista* a escrever código-fonte mais robusto e confiável.

PARTE VII.
DESENVOLVIMENTO
DE APLICAÇÕES *WEB*

47. Fundamentos da *web*

Everton de Castro
Tatiana Escovedo

É comum que a *World Wide Web* ou WWW (também conhecida como *web*) seja confundida com a própria internet (a rede mundial de computadores). Embora sejam tecnologias distintas, elas têm uma forte relação. Utilizando a internet, Tim Berners-Lee criou a *web* entre o final da década de 1980 e início da década de 1990, de forma aberta e livre, partindo de duas visões fundamentais. A primeira delas é relacionada a indexar e ligar documentos de modo que informações que estivessem em computadores por todos os lugares estivessem ligadas em uma teia informacional de âmbito global. Já a segunda visão envolvia dois aspectos de característica humana: o cérebro e sua capacidade de fazer relações aleatórias, diferentes das relações realizadas entre máquinas, e o potencial colaborativo entre indivíduos. Sobre isso ele disse:

> *Sempre me interessei pelo modo como as pessoas trabalham juntas. Eu estava trabalhando com um monte de gente em outros institutos e universidades, e eles tinham de colaborar. Se estivessem na mesma sala, teriam escrito na lousa. Eu estava em busca de um sistema que permitisse que as pessoas pensassem juntas e mantivessem o controle da memória institucional de um projeto (ISAACSON, 2014).*

A evolução que os computadores pessoais já haviam alcançado e a abrangência e popularidade da internet proporcionaram o cenário ideal para a adoção da *web*.

Além de criar padrões e protocolos (que serão abordados posteriormente neste capítulo), Tim Berners-Lee identificou em um conceito da década de 1960 o potencial para o que seria a base da *web*: o hipertexto, um texto que possui *links* para outros textos. É bem provável que você já tenha explorado o conceito de hipertexto em sites visitados, por meio de *hiperlinks* que permitem o acesso a outros blocos de textos, imagens ou sons. De acordo com o W3C (W3C, s.d.), o hipertexto é um conceito e não um produto; é um texto que não necessariamente é organizado de forma linear.

Fundamentos da *web* **289**

A união do hipertexto e internet possibilitou que empresas produtoras de conteúdo publicassem informações de acesso global à medida que os navegadores ganhavam novas funcionalidades, como exibição de imagens e outras mídias. Os blogs surgiram em 1994 como forma de publicar conteúdo para grupos específicos acompanhados pelas wikis como ferramentas de produção de conhecimento colaborativo. Logo surgiriam portais de notícias, listas, buscadores e lojas virtuais. Era o início de gigantes como Yahoo, Google e Amazon.

De seu surgimento até os dias atuais, a *web* passou de uma estrutura estática para uma estrutura dinâmica, com interação entre produtores e consumidores de conteúdo, além de um conjunto de práticas de otimização para motores de busca, até chegar na estrutura que conhecemos hoje, com conteúdo personalizado e alta interatividade.

O protocolo HTTP

Um protocolo é uma convenção para a execução de um procedimento ou processo. Por exemplo, na língua portuguesa e nas mais comuns que conhecemos, escrevemos em uma página seguindo um fluxo de cima para baixo, da esquerda para direita, e quem lê a página deve seguir o mesmo fluxo para a compreensão da mensagem. Na comunicação entre sistemas *web*, protocolos são utilizados para a comunicação entre os agentes, estabelecendo padrões universais que tanto o agente que solicita quanto o agente que responde à mensagem conhecem.

O protocolo HTTP (*Hyper Text Transfer Protocol*, ou Protocolo de Transferência de Hipertexto) é a base para a comunicação ou transferência de dados entre sistemas *web*. Na sua primeira versão, o HTTP/0.9 era um protocolo simples, criado para transferir informações pouco sofisticadas. Esse protocolo evoluiu em versões posteriores, sendo capaz de entregar informações em formatos mais elaborados. O HTTP utiliza outro protocolo, o TCP (*Transmission Control Protocol*, ou Protocolo de Controle de Transmissão), um padrão muito utilizado para transferência de dados na internet. A principal função do HTTP é viabilizar a comunicação entre dois agentes na *web*.

Modelo cliente-servidor

O modelo cliente-servidor representa bem a estrutura da *web* e como os agentes se comunicam. Um servidor, normalmente, é um computador robusto que tem em sua estrutura a capacidade de disponibilizar recursos e serviços para um ou mais clientes.

Esses clientes podem ser navegadores (*browsers*) ou até mesmo outros servidores. A comunicação neste modelo acontece por meio de uma rede de computadores, seja ela local ou global como a internet.

Neste modelo, o cliente faz uma tentativa de conexão HTTP com o servidor, que responde ao cliente se pode ou não estabelecer a conexão. Depois de estabelecida uma conexão entre os dois agentes, a troca de informações pode ocorrer em um formato bidirecional. O cliente pode solicitar informações do servidor, por exemplo, quando um usuário digita no navegador uma URL (*Uniform Resource Locator*) – que é o endereço do servidor e caminho do recurso a ser acessado, por exemplo, http://www.google.com –, ou enviar informações para o servidor quando o usuário preenche um formulário de cadastro e envia o conteúdo. A Figura 47.1 ilustra o modelo cliente-servidor:

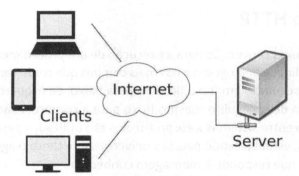

Figura 47.1. Modelo cliente-servidor.
Fonte: Castro, 2018.

Um servidor *web* é um computador onde um site ou sistema *web* é hospedado. Um servidor pode ser um computador em uma rede local ou um computador em algum provedor de infraestrutura como serviço, como Google Cloud ou Amazon EC2. Essa escolha dependerá de como a empresa ou entidade responsável pelo site/sistema organiza a sua infraestrutura.

No servidor *web*, além do computador físico com o seu sistema operacional, geralmente há instalado um software conhecido como servidor de aplicação, como Apache, NGINX e IIS. O servidor de aplicação pode ser instalado no sistema operacional do servidor físico ou aplicado por meio de contêiner. Quem atua na configuração de servidores físicos, virtualização e contêiner é um profissional de infraestrutura; já quem atua no desenvolvimento dos programas que são executados no servidor de aplicação é o desenvolvedor ou programador *back-end*.

Do lado do cliente, o navegador (*browser*) é um programa instalado em computadores para o acesso de páginas *web*. Nos primórdios da *web*, os navegadores foram surgindo e evoluindo em funcionalidade: os primeiros possuíam interfaces limitadas e problemas com exibição de imagens. Já os navegadores atuais são mais ricos em funcionalidades, em parte devido à maior capacidade computacional dos dispositivos atuais.

Navegadores são capazes de interpretar páginas escritas em HTML, folhas de estilo em CSS e *scripts* em JavaScript, termos que serão mais bem explicados ainda neste capítulo. O profissional que atua com desenvolvimento *web* com foco na programação, em processos e em programas que são executados no navegador é conhecido como desenvolvedor ou programador *front-end*.

Assim, o servidor de aplicação é capaz de entregar páginas HTML para clientes que se conectam utilizando o protocolo HTTP a um servidor *web*.

HTML

HTML (*HyperText Markup Language* ou Linguagem de Marcação de Hipertexto) é a linguagem base para a *web* e possibilita a criação de documentos estruturados que os navegadores são capazes de interpretar e exibir como página após receber uma resposta de um servidor com o conteúdo nesse formato.

Para as marcações a linguagem utiliza um conjunto de *tags* em um fluxo de abrir e fechar. Do ponto de vista do navegador e de motores de busca, as *tags* são identificadas como elementos, onde cada um tem um objetivo semântico com uma formatação padrão, por exemplo:

```
<h1>O que é HTML?</h1>
```

Neste exemplo de código HTML temos um texto marcado com a *tag* **h1**. Note que a *tag* **<h1>** abriu a marcação e logo em seguida o texto "O que é HTML?" foi adicionado para finalmente receber o fechamento da marcação com a *tag* **</h1>**.

Para criar um documento HTML podemos utilizar um editor de texto como Notepad++, Sublime, VSCode, ou até mesmo o bloco de notas do computador. Utilizar um editor de texto facilita o processo de desenvolvimento pelo fato de geralmente possuir formatação padrão e identificação automática de *tags*, auxiliando o desenvolvedor no momento da escrita. Já no bloco de notas fica a cargo do desenvolvedor toda a formatação do arquivo. Cada arquivo deve ser gravado com o padrão **nome-do-arquivo.html**. Veja a seguir um exemplo de documento HTML:

```
<!DOCTYPE html>
<html>
<head>
    <title>Fundamentos da web</title>
</head>
<body>
    <h1>O que é HTML?</h1>
    <p>HTML é uma linguagem de marcação...</p>
    <a href="https://pt.wikipedia.org/wiki/HTML">Veja mais</a>
</body>
</html>
```

O exemplo anterior é um código HTML simples, mas que mostra a estrutura básica de uma página com as *tags* mais importantes. No topo vemos a marcação *DOCTYPE*, que não é uma *tag* em si, mas uma instrução para o navegador sobre o tipo do conteúdo e sua versão, que neste exemplo define implicitamente a versão 5 do HTML.

As *tags* **<html></html>** delimitam o documento. As *tags* **<head></head>** delimitam o cabeçalho do conteúdo, que neste exemplo possui apenas o título da página declarado dentro das *tags* **<title></title>**. Em páginas mais elaboradas, dentro das *tags* **<head></head>** é comum encontrar *tags* **<meta>** que declaram configurações da página, por exemplo, como a página deve se comportar em diferentes tamanhos de dispositivos, *tags* **<link>** para carregamento de folhas de estilo e *tags* **<script>** para carregamento de *scripts*. As *tags* **<body></body>** representam o início e o fim do conteúdo da página, aquilo que de fato é exibido pelo navegador. No nosso exemplo, temos as *tags* **<h1></h1>** que marcam o título principal da página, as *tags* **<p></p>** que marcam um pequeno parágrafo e, finalmente, as *tags* **<a></a>** marcando um *link* com o texto "Veja mais" que, ao receber um clique, direciona o usuário para o site do Wikipédia. A seguir vemos esse código HTML renderizado como uma página no navegador Chrome:

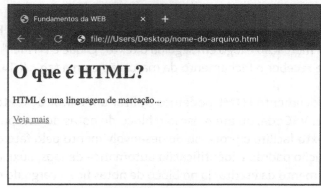

Figura 47.2. Página HTML simples.
Fonte: os autores.

Até aqui vimos as *tags* mais básicas para exibição de texto, mas existem *tags* para exibição de imagens, vídeo, listas etc. Outras *tags* muito utilizadas em sistemas *web* são caixas de texto e formulários. Formulários são utilizados para enviar dados para o servidor, por exemplo, um cadastro de usuário, e devido à sua maior complexidade não será detalhado neste capítulo.

O HTML evoluiu muito desde sua primeira versão, ganhando novas *tags* à medida que os navegadores se tornavam mais poderosos, possibilitando a criação de funcionalidades mais avançadas quando comparadas às funcionalidades básicas dos primeiros navegadores que utilizavam apenas as *tags* básicas de exibição de texto. Atualmente, os profissionais que utilizam HTML para criação de páginas para sites e sistema *web* possuem muitos recursos e ferramentas em suas mãos, tendo apenas a criatividade como limite. Contudo, aspectos como semântica e performance devem ser observados para não impactar negativamente o potencial daquilo que criam.

Folhas de estilo e *scripts*

Já foi citado neste capítulo que os navegadores evoluíram constantemente até chegar ao que temos hoje. Nesse período as páginas *web* passaram do agrupamento de textos *monocolor* e *links* na cor azul para páginas ricas em estilo e funcionalidade, intuitivas e que se adaptam a diversos tamanhos de telas.

Para alterar o estilo do conteúdo em uma página *web* pode-se fazer o uso de um recurso chamado CSS (*Cascading Style Sheet*, ou Folha de Estilo em Cascata). O CSS é um mecanismo para aplicar estilo em páginas *web* alterando propriedades como cores, fontes, tamanhos etc. As regras em CSS são aplicadas utilizando um conjunto de propriedades e valores aplicado a um seletor. Os seletores podem ser aplicados em *tags*, classes, atributos, identificadores e pseudoclasses. É possível fazer o CSS de três formas diferentes:

✓ Aplicando o estilo diretamente no atributo *style* das *tags* do HTML (CSS *inline*).

Arquivo HTML:

```
<h1 style="color:blue; font-size: 40px;">O que é HTML?</h1>
```

✓ Aplicando o CSS internamente por meio de seletores nas *tags* **<style></style>** no cabeçalho do arquivo (CSS interno):

```
<!DOCTYPE html>
<html>
<head>
    <title>Fundamentos da web</title>
    <style>
        h1{
                color:blue;
                font-size: 40px;
        }
    </style>
</head>
<body>
    <h1>O que é HTML?</h1>
    <p>HTML é uma linguagem de marcação...</p>
    <a href="https://pt.wikipedia.org/wiki/HTML">Veja mais</a>
</body>
</html>
```

✓ Criando um arquivo externo .css que pode ser atrelado ao HTML por meio da *tag* **<link>**, dentro do cabeçalho (*head*) do arquivo:

Arquivo estilo.css:

```
h1{
    color: blue;
    font-size: 40px;
}
```

Nas três opções, alteramos o atributo *style* da *tag* **h1** utilizando a própria *tag* como seletor, modificando a cor do texto para azul e o tamanho da fonte para **40px**. Independentemente da opção escolhida, no navegador o resultado será esse:

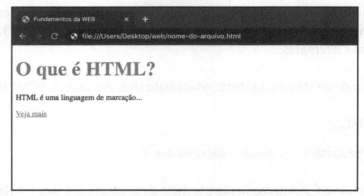

Figura 47.3. Página HTML com formatação CSS.
Fonte: os autores.

Fundamentos da *web* **295**

Outro recurso que adiciona mais funcionalidades a uma página *web* são os *scripts*. O JavaScript é uma das linguagens de *script* mais populares, que os navegadores interpretam para aplicar comportamentos em páginas *web*. JavaScript é uma linguagem multiparadigma e dinâmica utilizada para programar comportamentos atrelados a eventos no navegador. Contudo, ela funciona em outros ambientes além do navegador.

Como o HTML é estático, o JavaScript foi criado para adicionar dinamismo em páginas *web*. Por exemplo, quando utilizamos uma aplicação que possui uma barra superior retrátil, normalmente é um código JavaScript que aplica o comportamento de aparecer e desaparecer atrelado a um clique de botão. O mesmo se aplica para validação de formulários, efeitos de esmaecer, etc. Veja a seguir um exemplo de JavaScript:

```html
<!DOCTYPE html>
<html>
<head>
    <title>Fundamentos da web</title>
    <link rel="stylesheet" href="estilo.css"></link>
    <script>
        function hideLink() {
        var element = document.getElementById("link");
        element.style.display = "none";
  }
    </script>
</head>
<body>
    <h1>O que é HTML?</h1>
    <p>HTML é uma linguagem de marcação...</p>
    <button onclick="hideLink()">Esconder Link</button>
    <a id="link" href="https://pt.wikipedia.org/wiki/HTML">Veja mais</a>
</body>
</html>
```

No código anterior, dentro das *tags* **<script></script>** criamos uma função chamada *hideLink* que ao ser executada captura o elemento que tem o id igual a "link" e o define em uma variável chamada *elemento*; em seguida, a propriedade *style.display* da variável *element* é definida como "none" (esse valor aplicado faz com que um elemento desapareça). Continuando, aplicamos a função *hideLink* às *tags* **<button></button>** por meio do evento *onclick*. Assim, com um clique no botão "Esconder Link", a função *hideLink* é executada e esconde o elemento que tem o id igual a "link", que neste exemplo são as *tags* **<a></a>** com o texto "Veja mais".

Se tiver interesse em aprofundar os seus estudos em HTML, CSS e JavaScript, recomendamos os tutoriais gratuitos da W3Schools, disponíveis em <https://www.w3schools.com/>.

Este capítulo é apenas a ponta do iceberg do que é a *web*. Falamos um pouco de sua história e o problema que seu criador buscou resolver. Vimos os conceitos e as tecnologias que foram surgindo e evoluindo e hoje estão por trás desse vasto mundo que acessamos diariamente. É fundamental que o profissional que pretende trabalhar com desenvolvimento de aplicações *web* busque mais conhecimento sobre os protocolos e suas especificações. Isso lhe dará a base para resolver problemas e criar soluções robustas que agregam valor ao contexto em que estão inseridas.

48. *Web* APIs

Karine Cordeiro
Marcus Paiva
Naiara Cerqueira

É comum que as aplicações nasçam ou estejam migrando para a *web*, surgindo então a necessidade de alimentar seus sistemas com informações externas. Com isso vieram as APIs para facilitar o fornecimento do acesso de comunicação entre sistemas.

O que é uma API?

API é uma sigla para *Application Programming Interface* (Interface de Programação de Aplicações), onde uma aplicação concede uma interface padrão de comunicação. Em outras palavras, é um conjunto de rotinas e padrões estabelecidos por um software, para que outras aplicações possam utilizar suas funcionalidades sem precisar conhecer detalhes da implementação desse software (PIRES, 2017).

As APIs são construídas idealmente por dois elementos diferentes: uma especificação, que descreve como a informação é trocada entre os programas, e um software de interface, escrito especificamente para esse propósito e publicado para ser utilizado.

Como exemplo podemos citar a plataforma Facebook[62] (incluindo o Instagram), que fornece uma API na qual é possível verificar as reações que uma postagem de um determinado perfil recebeu (podendo ainda ver e responder comentários nas postagens, entre outras coisas). E não é somente o Facebook, pois Twitter, Google, Twitch, etc., todos fornecem APIs para conectar e utilizar seus serviços.

Outro exemplo é a API do Google Maps[63], que possibilita apresentar um objeto do Google Maps incorporado em sites. Se APIs como essa não existissem, seria um processo bem mais complicado inserir mapa em site e a complexidade talvez inibisse o uso desse tipo de recurso.

---

[62] <https://developers.facebook.com/>.
[63] <https://cloud.google.com/maps-platform/maps?hl=pt>.

Formatos de comunicação para APIs

Quando fazemos as chamadas para as APIs para obter algum dado, normalmente elas irão se comunicar por um dos formatos: JSON, XML ou YAML. A seguir serão apresentados alguns exemplos desses formatos para uma possível solicitação de dois usuários a uma API.

JSON

Este formato é muito popular, principalmente entre quem utiliza APIs do Facebook, Google e Twitter, e a sintaxe é bastante simples. Seu nome é uma abreviação para *JavaScript Object Notation* (em português, Notação de Objeto do JavaScript) e ele possui esse formato:

```
[
  {
        "nome": "Marcus",
        "email" : "marcus@jornadaPython.com",
        "id":1
    },
    {
      "nome" : "Naiara",
      "email" : "naiara@jornadaPython.com",
      "id" : 2
    }
]
```

Python possui na base um pacote que realiza a leitura de JSON[64]. Para entender o exemplo, suponha que **minha_variavel_json** represente um arquivo *.json* ou a resposta em JSON de uma API.

```
>>> import json
>>> json.loads(minha_variavel_json)
```

XML

Muito utilizado em notas fiscais eletrônicas, o XML é uma abreviação de *eXtensible Markup Language* (Linguagem de Marcação Extensível). Sua sintaxe se assemelha às *tags* HTML.

---

[64] <https://docs.python.org/3/library/json.html>.

```
<?xml version="1.0" encoding="ISO-8859-1">
<usuarios>
   <usuario ordem="1">
        <nome>Marcus</nome>
        <email>marcus@jornadaPython.com</email>
        <id>1</id>
</usuario>
<usuario ordem="2">
        <nome>Naiara</nome>
        <email>naiara@jornadaPython.com</email>
        <id>2</id>
   </usuario>
</usuarios>
```

Python também possibilita a leitura de XML através de pacote base[65]. Similarmente ao exemplo anterior, **minha_variavel_xml** representa um arquivo .xml ou a resposta em XML de uma API.

```
>>> import xml.etree.ElementTree as ET
>>> ET.parse(minha_variavel_xml)
```

YAML

Criado em 2001 com inspiração no XML, Python, C, entre outras, significa *YAML Ain't Markup Language* – em português, YAML não é uma linguagem de marcação. Diferentemente das anteriores, cada marcação deve ser tabulada – a característica, como se percebe, vem do Python.

```
usuarios:
    usuario:
        nome: 'Marcus'
        email: 'marcus@jornadaPython.com'
        id: 1
    usuario:
        nome: Naiara
        email: naiara@jornadaPython.com'
        id: 2
```

Python não disponibiliza na base um pacote para realizar a leitura de YAML e é necessário instalar de terceiros. Similarmente aos exemplos anteriores, **minha_variavel_yaml** representa um arquivo .yaml ou a resposta em YAML de uma API.

---

[65] <https://docs.python.org/3/library/xml.etree.elementtree.html>.

Para instalar o pacote do exemplo, faça:

```
$ pip install pyyaml
```

```
>>> import yaml
>>> yaml.load(minha_variavel_yaml)
```

O que é uma REST?

REST, *REpresentational State Transfer* (ou Transferência de Estado Representacional), é um estilo de arquitetura da *World Wide Web* que consiste em regras, princípios e/ou restrições a serem utilizadas na criação de serviços *web* (*web services*) (PIRES, 2017).

Ao acessarmos uma página, várias requisições HTTP são feitas para solicitar o conteúdo a ser carregado na página. Esse conteúdo retorna e o *browser* monta (renderiza) a página, mas essa página requer outros recursos, como imagens, fontes, folhas de estilo. Para cada recurso, o navegador faz uma nova requisição que contém três informações: URL (endereço que receberá a requisição); verbo (comando a ser feito); e corpo (informações que enviamos). Os verbos mais utilizados são: *GET*, para trazer informações; *POST*, para criar/adicionar informações; *PUT*, para atualizar informações; e *DELETE*, para excluir informações.

O que é uma RESTful API?

Uma RESTful API tem como base a tecnologia REST para extrair (*GET*), inserir (*PUT*), postar (*POST*) e deletar (*DELETE*) dados.

A RESTful API é *resource based*, ou seja, baseada em recursos (elementos de informação), que podem ser identificados e manipulados utilizando uma sintaxe global (um URI, ou Identificador Uniforme de Recurso). Dessa forma, uma aplicação cliente pode interagir com um recurso conhecendo sua URI e a ação requerida.

A aplicação deve também compreender o formato da informação retornada pelo servidor (a representação), que é geralmente um documento em formato JSON ou XML. Exemplo:

- ✓ **Recurso:** pessoa (Naiara)
- ✓ **Serviço:** informação do contato (*GET*)
- ✓ **Representação:** nome, endereço, telefone (em JSON ou XML)

O estilo arquitetural REST descreve seis *constraints*. Isso significa que, ao violar uma dessas *constraints*, exceto a sexta, seu serviço não é estritamente RESTful.

1. Interface uniforme entre cliente e servidor utilizando os URIs como nomes dos recursos e os verbos HTTP (*GET, PUT, POST, DELETE*) como ações a serem aplicadas nesses recursos.
2. Operações sem estado, que significa que cada mensagem HTTP contém toda a informação necessária para compreender o pedido. Como resultado, nem o cliente nem o servidor necessitam gravar nenhum estado das comunicações entre mensagens.
3. Arquitetura cliente-servidor – essa separação significa que, por exemplo, os clientes não estão preocupados com o armazenamento de dados, que permanece interno a cada servidor, para que a portabilidade do código do cliente seja aprimorada. Os servidores não estão preocupados com a interface ou o estado do usuário para que os servidores possam ser mais simples e escaláveis.
4. As respostas do servidor (representações) podem ser armazenáveis em *cache* (*cacheable*); as respostas devem, portanto, implícita ou explicitamente, se definir como armazenáveis em *cache* ou não. Ou seja, a representação pode ser armazenada para ser recuperada e usada posteriormente, evitando nova solicitação no servidor.
5. A arquitetura RESTful pode ter múltiplas camadas de software, ou seja, o cliente não deve presumir uma conexão direta com o servidor, podendo haver intermediários.
6. *Code on demand*, código sob demanda, é uma *constraint* opcional, que significa que lógica, ou um executável, pode ser transferida para o cliente como a representação.

A conformidade com essas *constraints* permite escalabilidade, simplicidade, manutenibilidade, visibilidade, portabilidade e confiabilidade.

Com o aumento da utilização de nuvens, o REST é uma escolha lógica para a construção de APIs que permitem ao usuário conectar e interagir com aplicações na nuvem. APIs RESTful são usadas por sites como Google, Amazon, LinkedIn e Twitter. A qualidade dessa API é essencial para que a interação do usuário com a aplicação que você possui seja boa.

O que é GraphQL?

O GraphQL é uma sintaxe que descreve como solicitar dados e é geralmente utilizada para carregar dados específicos de um servidor para um cliente. Ele permite que o cliente especifique exatamente de quais dados ele precisa, o que facilita a agregação de dados de várias fontes. Usa um sistema de tipos para descrever dados.

Como ele permite que os clientes definam quais dados esperados e seu formato, e essa mesma estrutura é retornada do servidor, impede o retorno de quantidades excessivas de dados, mas isso tem implicações na eficácia do armazenamento em *cache* da *web* dos resultados da consulta.

Assim, o GraphQL, por padrão, fornece a menor solicitação possível, ao contrário do REST, que envia tudo de uma vez, a solicitação mais completa. Por esse motivo, o GraphQL pode ser mais útil em casos de uso específicos em que um tipo de dado necessário é bem definido e um pacote de dados baixo é preferido.

Além disso, com o GraphQL, o usuário pode fazer uma única solicitação para buscar as informações necessárias, em vez de construir várias solicitações REST para buscá-las.

Uma metáfora para explicar: o modelo REST é como pedir pizza, buscar as compras no supermercado e as roupas limpas na lavanderia. Três serviços, três ligações. GraphQL é como ter um assistente pessoal: uma vez que você fornece o endereço dos três locais, você pode simplesmente pedir o que você quer (me dê minhas roupas limpas, uma pizza grande e uma dúzia de ovos) e aguardar o retorno. Em outras palavras, o GraphQL estabelece uma linguagem padrão para conversar com esse assistente pessoal mágico.

Na prática, uma API GraphQL é organizada em torno de três componentes principais: o esquema, as consultas e os resolvedores.

A seguir, um breve exemplo de esquema que mostrará para os clientes o que pode ser utilizado para consumir da sua aplicação:

```
type query{
    pessoas : [Pessoa]
}
type Pessoa{
    id : ID
    nome : string
    emails : [Email]
}
type Email{
    email : string
}
```

Utilizando o esquema anterior, a seguir será realizada uma solicitação de cadastros, onde será retornado apenas o nome do cadastro:

```
query{
    pessoas{
        nome
        emails
    }
}
```

O resultado da *query* será assim:

```
{
    "pessoas": [{
        "nome": "Marcus",
        "emails": ["marcus@jornadaPython.com"]
    }, {
        "nome": "Naiara",
        "emails": ["naiara@jornadaPython.com", "naiara@jornada.com"]
    }]
}
```

Como observado, ele respondeu apenas os campos solicitados, sem o id de cada cadastro.

GraphQL não é exclusivo para HTTP/APIs nem é uma nova forma de criar APIs com HTTP. Na verdade, ele nem usa verbos HTTP, ele desconhece completamente essa camada. GraphQL não se limita ao contexto de aplicações HTTP.

O que é WSGI?

Originalmente apresentada na PEP 333 e com uma nova revisão na PEP 3333, WSGI é uma interface padrão proposta entre servidores da *web* e aplicativos ou estruturas da *web* Python para promover a portabilidade de aplicativos da *web* em uma variedade de servidores da *web* (EBY, 2010).

A interface WSGI possui dois lados: o lado "servidor" ou *gateway* e o lado "aplicação" ou *framework*. O lado do servidor chama um objeto *callable* fornecido pelo lado do aplicativo. Os dois lados são independentes, o que dá flexibilidade ao desenvolvedor para escolher tanto o *framework* de desenvolvimento quanto o servidor *web*.

Mas atenção: WSGI não é um *framework*, e sim uma ferramenta para simplificação da interface entre os diferentes *frameworks* de desenvolvimento Python e os muitos servidores *web* disponíveis. Os desenvolvedores ganham tanto em flexibilidade, à medida que podem escolher o melhor *framework* para cada aplicação específica, quanto em escalabilidade, visto que o responsável por atender às milhares de solicitações de conteúdo dinâmico de uma só vez é o WSGI, não os *frameworks*.

Um ponto muito importante para esse tipo de implementação é a segregação de responsabilidades, que deve ser muito bem feita para garantir a correta e eficiente escalabilidade do tráfego *web*.

A imagem a seguir ilustra o fluxo de uma requisição utilizando WSGI:

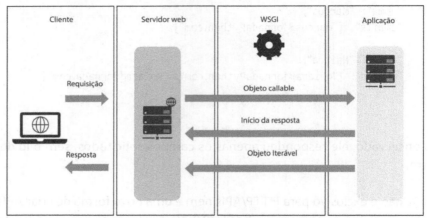

Figura 48.1. Fluxo de requisição com WSGI.
Fonte: os autores.

A utilização de Python para desenvolver *web* APIs vem crescendo. E entender aplicações *web* é cada vez mais um diferencial para profissionais nas mais variadas áreas da tecnologia.

49. Conceito de *frameworks*

Tatiana Escovedo

Em engenharia de software, muito se fala de *frameworks*, uma tecnologia que possibilita que diversos produtos sejam gerados a partir de uma estrutura única que abstrai (generaliza) os conceitos mais gerais e comuns de uma família de aplicações. Diversas definições de *frameworks* são encontradas na literatura, tais como em Buschmann et al (1996) e Pinto (2000), que definem um *framework* como um software parcialmente completo, projetado para ser instanciado, ou seja, implementado para alguma aplicação específica.

O uso de *frameworks* em desenvolvimento de software traz uma série de benefícios, tais como a diminuição do esforço de entendimento e manutenção da aplicação e o reúso de código. Entretanto, na sua utilização também podem ser encontrados alguns desafios, dentre eles a curva de aprendizagem (que pode ser elevada), a eficiência (que pode ser comprometida) e a falta de padrões (ESCOVEDO, 2005).

Em Python existem vários *frameworks* disponíveis para apoiar o desenvolvimento de aplicações, sejam elas *web*, *mobile* ou até mesmo de inteligência artificial. A maioria dos *frameworks* mais conhecidos possui uma documentação detalhada, com diversos exemplos de código, o que ajuda muito no processo de aprendizado do desenvolvedor.

Neste livro, abordaremos com mais detalhes os seguintes *frameworks*:

- ✓ Django e Flask (**Capítulo 50** e **Capítulo 51**), amplamente utilizados para o desenvolvimento de aplicações *web*.
- ✓ Celery (no **Capítulo 52**), utilizado para execução de tarefas assíncronas.
- ✓ Spark e PySpark (no **Capítulo 57**), especializados em aplicações de *big data*.
- ✓ Scikit-Learn, TensorFlow, PyTorch e Keras (**Capítulo 62**, **Capítulo 63**, **Capítulo 64** e **Capítulo 65**), muito utilizados para aplicações de inteligência artificial.

306 Jornada Python

Além destes, também são muito populares os *frameworks* web2Py, CherryPy e Bottle, também utilizados no desenvolvimento de aplicações *web*. Você pode ler mais sobre esses *frameworks* em Geekhunter (2019), que os inclui (juntamente com Django e Flask) dentre os cinco melhores *frameworks* de Python para desenvolvimento *web*. Outra fonte interessante sobre *frameworks* para desenvolvimento *web* é Petlovana (s.d.), que indica 13 *frameworks* para aprender em 2020. Ainda nesta área, Garbade (2017) apresenta uma comparação interessante entre os *frameworks* Django, Flask e Pyramid.

Já no campo de inteligência artificial e *big data*, Ramuvel (2018) aponta os *frameworks* TensorFlow, Spark, Caffe, PyTorch e Scikit-Learn como os melhores para aprender dentro desta área de estudos. Por sua vez, Desale (2016) apresenta uma lista que inclui 15 *frameworks* interessantes para *machine learning*.

Seja no desenvolvimento *mobile* ou *web* ou em aplicações de IA e *big data*, é importante ressaltar que, independentemente do(s) *framework*(s) escolhido(s) para trabalhar, é importante que você esteja familiarizado com os conceitos teóricos que estão por trás da sua implementação. Isso fará com que você seja um profissional mais completo, entendendo todo o processo implementado independentemente da tecnologia escolhida, além de potencializar os benefícios e os recursos oferecidos pelo *framework*.

50. Django

André Guilhon
Élysson Mendes Rezende

O Django é um *framework web* completo, um dos mais robustos da atualidade. Como foi dito no capítulo anterior, um *framework* é um conjunto de componentes que auxilia na criação de uma determinada tarefa. Dessa forma, o Django possibilita o desenvolvimento ágil de aplicações *web*, de modo que o desenvolvedor não precise se aborrecer "reinventando a roda". O *framework* abstrai diversas tarefas, complexas ou não, com as quais normalmente lidamos quando estamos desenvolvendo uma aplicação *web*. Essas características o tornam um *framework* muito amigável para quem está começando a trabalhar com o desenvolvimento de aplicações *web*.

As facilidades que o Django oferece permitem a criação de uma vasta gama de aplicações, fazendo com que o *framework* seja utilizado por governos, redes sociais e até plataformas de processamento científico. Utilizando o Django, podemos lançar um MVP (*Minimum Viable Product* – Mínimo Produto Viável) de uma aplicação *web* em questão de horas, graças às abstrações que ele nos oferece. O *framework* toma conta da autenticação de usuários, da administração do conteúdo, do mapa do site, de *feeds* RSS e muito mais. O Django ainda possui diversos pacotes extras que adicionam muitas outras funcionalidades e facilitam ainda mais o desenvolvimento *web*. E, além dos pacotes do próprio *framework*, também é possível adicionar pacotes de terceiros, graças à intensa participação da comunidade no crescimento da linguagem.

A segurança também é algo levado muito a sério no Django. Os desenvolvedores da ferramenta estão sempre melhorando e implementando *patches* para evitar problemas com a segurança da sua aplicação. O Django ainda se destaca por ser gratuito, de código aberto e de alta escalabilidade.

Ao final deste capítulo você terá acesso a um *link* onde poderá acompanhar uma videoaula mostrando o passo a passo da criação da aplicação que veremos a seguir.

308 Jornada Python

Como o Django funciona?

O Django utiliza uma arquitetura simples chamada *model-template-view* (MTV). Ela é uma adaptação da famosa arquitetura *model-view-controller* (MVC), onde cada item pode ser definido como uma camada e cada uma delas possui responsabilidades únicas.

A camada *Model* é responsável pelo acesso ao banco de dados da aplicação e pelas regras de negócio sobre esses dados. Por exemplo, se precisarmos salvar algum registro no banco de dados, vamos ter que descrever um *Model* com os dados que vamos precisar salvar e então utilizar as funções do *Model* que efetivamente farão a persistência dos registros.

A camada *Template* é responsável pela visualização dos dados, ou seja, como os dados serão apresentados. Um *template* recebe os dados da *View* e os formata, por exemplo, em HTML, CSS e JavaScript.

A camada *View* é responsável por descrever quais dados devem ser exibidos para o usuário. A *View* recebe os dados da requisição, invoca o *Model* para buscar ou salvar algo no banco de dados e então indica qual *Template* poderá ser utilizado para formatar (exibir) a resposta.

Essas definições estão de acordo com a documentação oficial do Django, mas ainda existe uma polêmica na comunidade de desenvolvedores, pois alguns acreditam que a *view* do Django faz o papel do *Controller* da arquitetura tradicional. Mas, conforme dissemos, a documentação nos ensina que é o próprio Django que faz esse papel, pois ele recebe a requisição e procura qual *view* deve invocar, ou seja, exerce exatamente a função de um *Controller*.

Além da arquitetura MTV, que é um conhecimento conceitual importante, ao utilizarmos o Django devemos começar a nos acostumar com o fato de que estamos trabalhando com projetos e cada um desses projetos vai possuir uma ou mais aplicações. Na prática, projetos e aplicações são pastas dentro de pastas. As aplicações são mais comumente chamadas de *Apps* e é assim que iremos nos referir a elas a partir de agora. Esses *Apps* são, basicamente, pequenas partes do nosso sistema que possuem a arquitetura MTV dentro delas, ou seja, cada *App* terá a sua arquitetura MTV exclusiva. Dessa forma, conseguimos organizar melhor a nossa aplicação e, dependendo de como foi desenvolvida, podemos reutilizar um *App* em outro projeto, aproveitando todo o código e suas funcionalidades.

Estrutura do Django

Para conseguirmos criar nossas aplicações utilizando o Django, é necessário entender um pouco de seus componentes mais comuns. Para explicar melhor esses componentes, vamos criar uma aplicação básica que implementa um CRUD, que é uma sigla para o conceito de *create, read, update* e *delete*. Ou seja, vamos criar uma aplicação que possibilita a criação de dados em um banco de dados, a leitura desses dados (listagem), a atualização e a exclusão dos dados. Assim, todos os exemplos estarão relacionados, possibilitando um entendimento maior dos conceitos. A partir de agora você irá acompanhar de forma prática a criação do projeto.

Início do projeto

Para começar, precisamos ter o Python instalado no computador, conforme você acompanhou no **Capítulo 6 – Instalando**. Após a instalação, aconselhamos a criação de um ambiente virtual com o comando **python -m venv nomedoseuambientevirtual**, que deverá ser dado via linha de comando (via terminal, por exemplo, o CMD do Windows). Apesar desse procedimento não ser mandatório, ele será muito útil para um aprendizado completo da linguagem. Se você optar pela criação do ambiente virtual, todo o seu projeto deverá ser desenvolvido dentro da pasta do ambiente virtual (uma pasta **nomedoseuambientevirtual** será criada automaticamente) e será necessário manter o seu ambiente virtual ativado durante o desenvolvimento do seu projeto (para ativar o ambiente virtual, você precisa executar – via linha de comando – o arquivo **activate** localizado dentro da pasta **nomedoseuambientevirtual\Scripts**). Consulte o **Capítulo 9 – Criação de ambiente virtual** para mais detalhes. A partir de agora não mencionaremos mais a necessidade de ativar o ambiente virtual durante o desenvolvimento do seu projeto. Após isso, vamos instalar o Django no seu ambiente de trabalho. Você pode utilizar o gerenciador de pacotes da sua preferência (ver **Capítulo 10 – Gerenciadores de pacotes**). No nosso caso, vamos optar pelo comando pip: **pip install django==3.1.5** (versão do Django quando este livro foi escrito).

Após a instalação, agora precisamos criar um projeto com o comando **django-admin startproject produto**. Com a execução do comando, será criada, no diretório em que você executou o comando, uma nova pasta chamada **produto**. Lembrando que a palavra **produto** é o nome do projeto que escolhemos; você pode dar o nome que desejar. Dentro da pasta **produto** você terá o arquivo **manage.py** e uma outra pasta chamada **produto**. Sim, outra pasta com o mesmo nome. Dentro dessa outra pasta,

310 Jornada Python

você terá os seguintes arquivos: **__init__.py**, **asgi.py**, **settings.py**, **urls.py** e **wsig.py**. Essa é a estrutura padrão de uma aplicação *web* Django.

Todas as configurações do Django ficam no arquivo **settings.py**. Ele é o coração do seu sistema e você estará sempre em contato com esse arquivo durante o desenvolvimento do seu sistema. Sempre que você precisar efetuar alterações relativas à configuração, é esse arquivo que você deverá alterar. Para iniciar as configurações, podemos efetuar a alteração de fuso horário e de idioma. Procure, dentro do arquivo, a linha que contém *TIME_ZONE* e modifique para *TIME_ZONE = 'America/Sao_Paulo'*. Altere também a linha *LANGUAGE_CODE* para *LANGUAGE_CODE = 'pt-BR'*.

Outro arquivo de extrema importância para o seu projeto é **urls.py**, também chamado de *root URLconf*. É por intermédio desse arquivo que você monta a estrutura de URLs do sistema. Ou seja, esse arquivo associa uma determinada URL a um código Python, chamado de *Views*. Quando uma requisição chega na aplicação, o Django se encarrega de procurar nas configurações de URLs qual *View* ele deverá invocar para processar a requisição. Imagine, por exemplo, que digitamos a URL **www.meusite. com.br/meus_produtos** no *browser*. O Django vai quebrar a URL em partes e vai utilizar a parte **/meus_produtos** para poder procurar, no arquivo **urls.py**, qual a *View* adequada para invocar.

Os arquivos **asgi.py** e **wsgi.py** são necessários para que a aplicação seja executada em ambiente de produção, sendo o **asgi.py** para *web servers* assíncronos e o **wsgi. py** para *web servers* síncronos. Devido ao curto espaço que temos para falar sobre Django, não entraremos em detalhes sobre esses arquivos, pois executaremos a nossa aplicação em ambiente local.

Em relação ao arquivo **__init__.py**, ele serve para indicar que o conjunto de arquivos em um diretório é um pacote Python. Porém, a partir do Python 3, esse arquivo deixou de ser necessário (porém não inútil). De qualquer forma, não precisaremos nos preocupar com ele, pois não irá interferir diretamente na nossa aplicação.

O último arquivo que compõe a estrutura padrão de uma aplicação Django é o **manage.py**. Esse arquivo será muito importante para nós, pois nos auxiliará na execução dos diversos comandos necessários para o processo de desenvolvimento de uma aplicação *web*. Aproveitando que falamos nele, vamos acessar a pasta produto e criar o nosso primeiro *App*, com o comando **python manage.py startapp meus_produtos**. Com esse comando o Django vai criar uma nova pasta chamada **meus_produtos** (você pode dar o nome que desejar) com o mínimo necessário de módulos, são eles: __init__.py, admin.py, apps.py, models.py, tests.py e views.py. E dentro dessa pasta também será criado o diretório *migrations*.

Para finalizarmos as informações e os procedimentos relativos à estrutura de um *App* dentro do Django, precisamos agora adicionar o nosso *App* 'meus_produtos' nas configurações do Django, ou seja, no arquivo **settings.py**. Para isso, abra esse arquivo, procure por *INSTALLED_APPS* e adicione o nome do *App* entre aspas simples ao final da relação de *Apps* que já estão previamente configurados pelo Django.

Configurando um banco de dados

Existem diversos softwares de banco de dados disponíveis para utilizarmos nas aplicações Django, mas nesse projeto vamos utilizar o banco padrão do Django, que é o sqlite3. Dentro do arquivo **settings.py** você verá que esse banco já está configurado, basta procurar por *DATABASES*. Para criarmos um banco de dados, precisamos dar o comando **python manage.py migrate**. Mas lembre-se de que você precisa estar dentro da pasta que contém o arquivo **manage.py**. Pronto! Agora já é um bom momento para você acessar o seu projeto. Execute o servidor *web* do Django utilizando o comando **python manage.py runserver**. Em seguida, abra o navegador e digite: http://127.0.0.1:8000/ ou http://localhost:8000/. Ambas as opções deverão funcionar, mas a partir de agora mencionaremos apenas a opção http://127.0.0.1:8000/. Se tudo tiver dado certo, você deverá ver a imagem a seguir.

The install worked successfully! Congratulations!

You are seeing this page because DEBUG=True is in your settings file and you have not configured any URLs.

Figura 50.1. Teste com sucesso.
Fonte: os autores.

Você acabou de executar sua aplicação usando um servidor *web*! Para executar novos comandos enquanto o servidor estiver em execução, você deverá abrir outro terminal. Para interromper a execução do seu servidor *web*, basta pressionar Ctrl + C ou

312 Jornada Python

Ctrl + Break. A partir de agora, sempre que solicitarmos que você execute o servidor Django, você deverá dar o comando **python manage.py runserver**.

Modelos do Django

Agora que temos o nosso banco de dados, precisamos criar um modelo que armazene todos os produtos do nosso sistema. Para simplificar, vamos dizer que os nossos produtos precisam de um nome, uma descrição e um preço. Com o Django nós não vamos precisar acessar o banco diretamente e criar as tabelas na mão; essa tarefa será feita modificando o arquivo **models.py**. Acesse esse arquivo, localizado dentro da pasta do *App*, e execute a seguinte configuração:

```python
from django.db import models

class Produto(models.Model):
    nome = models.CharField('Nome', max_length=50)
    descricao = models.CharField('Descrição', max_length=150)
    preco = models.DecimalField('Preço', decimal_places=2, max_digits=8)

    def __str__(self):
        return f'Produto: {self.nome} / Preço: R$ {self.preco}'
```

Nós definimos uma classe chamada **Produto** (você pode dar o nome que desejar). Essa classe também é um objeto Python. Se você ainda não conhece bem os conceitos de orientação a objeto, leia o **Capítulo 25** deste livro. Dentro da classe nós definimos as propriedades que já citamos, ou seja, nome, descrição e preço. Para fazer isso, é necessário definir um tipo para cada campo. Por exemplo, o campo de nome e descrição são do tipo texto, enquanto o campo de preço pode ser do tipo decimal. Além dos campos mencionados, também implementamos a função *__str__*. Essa implementação não é obrigatória, mas é aconselhável, para que o nosso painel de administração do Django (que veremos a seguir) fique mais amigável ao nosso entendimento.

Migrations

Para que o Django sincronize as informações do arquivo **models.py** com o nosso banco de dados, primeiramente precisamos fazer com que o Django saiba que fizemos essas alterações. Para isso precisamos construir uma migração do banco de dados para a adição da tabela de **Produtos** utilizando o comando **python manage.py makemi-**

grations meus_produtos. A título de conhecimento, esse comando criará o arquivo **0001_initial.py** dentro da pasta **meus_produtos/migrations**. Pronto? A nossa base de dados recebeu as informações do arquivo **models.py**? Não, o que fizemos foi apenas criar o arquivo de migração. Esse arquivo contém tudo que o Django precisa saber para atualizar a base de dados. Para concluir o processo de migração, devemos executar o comando **python manage.py migrate**. Se tudo correr bem, algumas informações aparecerão na tela e a linha de comando logo voltará ao modo de digitação.

Módulo de administração do Django

No arquivo **admin.py**, podemos definir como o módulo de *admin* do Django irá configurar os *models* desse *App* para exibir a interface de administração de conteúdo de acordo com o que for configurado. Nós podemos configurar quais campos devem aparecer no gerenciador, quais filtros podemos aplicar nos registros, agrupamentos etc. Também podemos configurar a edição, adição e exclusão dos registos, bem como ações especiais, como dar um desconto no preço dos produtos que selecionamos na interface. Todas essas personalizações tornam o *admin* do Django uma ferramenta muito poderosa e indispensável no seu aprendizado para o desenvolvimento de sistemas robustos e facilmente gerenciáveis. De forma simples, vamos acessar o arquivo **admin.py** e configurá-lo de acordo com os códigos a seguir.

```
from django.contrib import admin
from meus_produtos.models import Produto

class ProdutoModelAdmin(admin.ModelAdmin):
    pass


admin.site.register(Produto, ProdutoModelAdmin)
```

Após essa configuração, vamos criar um super usuário para que você possa acessar o painel de administração do Django. Utilize o comando **python manage.py createsuperuser** e cadastre seu usuário e senha. Não é necessário cadastrar um e-mail, mas se você esquecer sua senha a recuperação é feita somente por esse e-mail. Se a sua senha for muito curta, comum ou similar ao seu nome de usuário, o Django solicitará uma confirmação; basta digitar a letra 'y'. Como estamos em um ambiente de aprendizado, você poderá colocar uma senha simples. Mas é claro que em ambiente de produção essa senha precisará ser bem mais robusta. Agora que você já tem a sua senha de administrador, você já pode acessar o módulo de administração do Django. Para isso, precisamos executar o nosso servidor e, após alguns segundos,

314 Jornada Python

abrir o navegador e digitar: http://127.0.0.1:8000/admin. Entre com o seu usuário e senha. Após a autenticação, clique em '+Adicionar' ao lado de '**Produtos**'. Agora você já poderá cadastrar alguns produtos no sistema. Depois de adicionar alguns produtos, a nossa tela ficou assim.

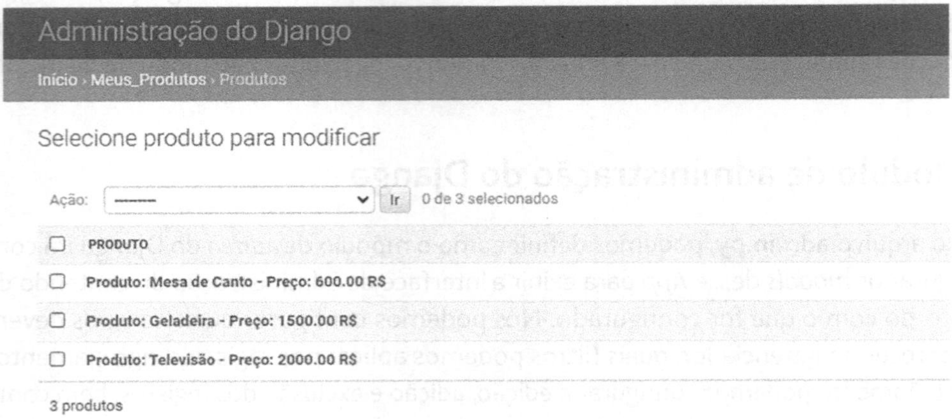

Administração do Django

Início › Meus_Produtos › Produtos

Selecione produto para modificar

Ação: [———] [Ir] 0 de 3 selecionados

☐ PRODUTO

☐ Produto: Mesa de Canto - Preço: 600.00 R$

☐ Produto: Geladeira - Preço: 1500.00 R$

☐ Produto: Televisão - Preço: 2000.00 R$

3 produtos

Figura 50.2. Tela de produtos.
Fonte: os autores.

Reparou que faltou a descrição do produto? Para adicionarmos a descrição devemos voltar ao arquivo **models.py** e alterar a função __*str*__. Essa alteração ficará como atividade para que você possa exercitar o seu aprendizado.

Como você pôde ver, a interface de administração do Django é uma ferramenta muito completa. Diversas outras configurações podem ser feitas acessando o arquivo **admin.py**, mas nós vamos finalizar por aqui esse assunto para podermos avançar na interface de acesso do usuário ao sistema.

Telas de acesso do usuário

A partir de agora nós vamos começar a focar nos conceitos de *Views* e *Templates*, que serão necessários para a criação das telas de acesso ao sistema por parte dos usuários. Vamos criar uma função dentro do arquivo **views.py** que vai extrair informações do *model* que criamos (buscar todos os dados cadastrados no banco de dados). Essa função é frequentemente chamada de uma *view* da aplicação. Após a extração dos dados, a *view* irá entregá-los a um *template* para que sejam exibidos na tela do usuário. Veja como deverá ficar o código dentro do arquivo **views.py**.

```python
from django.shortcuts import render
from meus_produtos.models import Produto

def lista_produtos(request):
    query_set_produtos = Produto.objects.all()
    return render(
        request, 'listagem_produtos.html',
        {'produto': query_set_produtos}
    )
```

Dentro da nossa *View*, que chamamos de **lista_produtos**, nós declaramos uma variável chamada **query_set_produtos** que recebe um *QuerySet*. Um *QuerySet* é um conjunto de informações resultantes de uma busca (uma lista de objetos extraídos de um *model*). O nosso *QuerySet* retorna todos os objetos que estão associados ao nosso *model* **Produto**, ou seja, retorna todos os registros do banco de dados. Todos esses registros são armazenados na variável **query_set_produtos**.

Por fim, a instrução *return* aciona a função *render* que irá renderizar todos os registros do *model* **Produto** no arquivo **listagem_produtos.html**. Repare também que dentro dos argumentos passados pela função *render* temos um dicionário com a chave **produto** associada ao nosso *QuerySet* **query_set_produtos**. Legal, mas esse arquivo HTML nós ainda nem criamos. Então chegou a hora de começarmos a falar de *Templates*.

Primeiramente, precisamos voltar ao arquivo **settings.py** para configurar a pasta de *templates* que ainda iremos criar. Procure por *BASE_DIR* e adicione mais uma informação referente a *TEMPLATE_DIR*. A sua configuração deverá ficar conforme segue:

```python
BASE_DIR = Path(__file__).resolve().parent.parent
TEMPLATE_DIR = str(BASE_DIR / 'templates')
```

Ainda dentro do arquivo **settings.py**, você deverá colocar a variável *TEMPLATE_DIR* dentro de *TEMPLATES*. A sua configuração deverá ficar conforme segue:

316 Jornada Python

```
TEMPLATES = [
    {
        'BACKEND': 'Django.template.backends.Django.DjangoTemplates',
        'DIRS': [TEMPLATE_DIR],
        'APP_DIRS': True,
        'OPTIONS': {
            'context_processors': [
                'Django.template.context_processors.debug',
                'Django.template.context_processors.request',
                'Django.contrib.auth.context_processors.auth',
                'Django.contrib.messages.context_processors.messages',
            ],
        },
    },
]
```

Agora que configuramos os *templates*, precisamos acrescentar, manualmente, uma pasta chamada *templates* dentro da pasta **produto** (nesse caso, a pasta **produto** que está localizada no mesmo nível do arquivo **manage.py**). E dentro dessa pasta será o local onde vamos armazenar os nossos arquivos HTML. Vamos começar criando o arquivo **listagem_produtos.html** com o seguinte código:

```html
<html>
  <head>
    <title>Meus Produtos</title>
  </head>
    <body>
      <h1>Meus Produtos</h1>
        {% for i in produto %}
          <div style= "width: 500px; border: solid 2px black; margin-bottom:
10px; padding-left: 8px;">
            <p>
              {{ i.id }} - <b>Nome:</b> {{ i.nome }}
              <b>Preço:</b> R$ {{ i.preco }}
            </p>
            <p>
              <b>Descrição:</b> {{ i.descricao }}
            </p>
          </div>
        {% endfor %}
    </body>
</html>
```

O sistema de *templates* do Django dispõe de *tags* especiais que auxiliam na intera-ção do Python com o HTML do *template*. Para utilizar uma variável Python dentro do *template*, utilizamos a *tag* {{ }}, que permite, por exemplo, imprimir o valor de uma variável na tela. Para utilizarmos alguma expressão Python dentro do *templa-te*, utilizamos a *tag* {%%}, que permite executar comandos do Python dentro dos nossos *templates*. O arquivo HTML anterior será a nossa tela de listagem de todos os produtos cadastrados no banco de dados. Se você voltar e analisar a nossa *View*, vai relembrar que tínhamos uma chave **produto** que estava associada à variável **query_set_produtos**. Pois bem, essa chave **produto** representa o nosso *QuerySet*, que contém todos os arquivos do nosso banco de dados. Para poder montar a nossa lista de produtos, temos que passar por cada item disponível na variável **produto**. Para isso, vamos utilizar um conceito muito conhecido em linguagem de programação de um modo geral, que é o *for* (ver **Capítulo 18 – Controle de fluxo**).

Após a criação desse arquivo, precisamos configurar a nossa URL no *URLconf*, que são as configurações de URL que já citamos aqui. Vamos abordar essa importante configuração no próximo item.

Configuração de rotas internas

Após a criação de uma nova *View* é necessário adicionar, na configuração de rotas da aplicação, a URL necessária para acessar essa *View*. Para que possamos fazer isso, precisamos adicionar uma nova configuração no arquivo **urls.py** localizado dentro da pasta **produto**. Essa configuração vai criar a ligação da *View* com uma determinada URL e também fazer uma associação de qual *template* deverá ser exibido após a re-quisição. No nosso caso, vamos utilizar a *View* que já criamos (que retorna todos os produtos cadastrados no banco de dados), o arquivo HTML (que também já criamos) e vamos optar pela criação da seguinte URL: http://127.0.0.1:8000/produtos/. Mas como fazemos isso tudo? Simples, abra o arquivo **urls.py** e deixe-o configurado da seguinte forma:

```
from django.contrib import admin
from django.urls import path
from meus_produtos.views import lista_produtos

urlpatterns = [
    path('admin/', admin.site.urls),
    path('produtos/', lista_produtos),
]
```

318 Jornada Python

Agora basta executar o nosso servidor e acessar a URL http://127.0.0.1:8000/ produtos/ no navegador. Você verá que a lista dos produtos será impressa na tela, conforme segue:

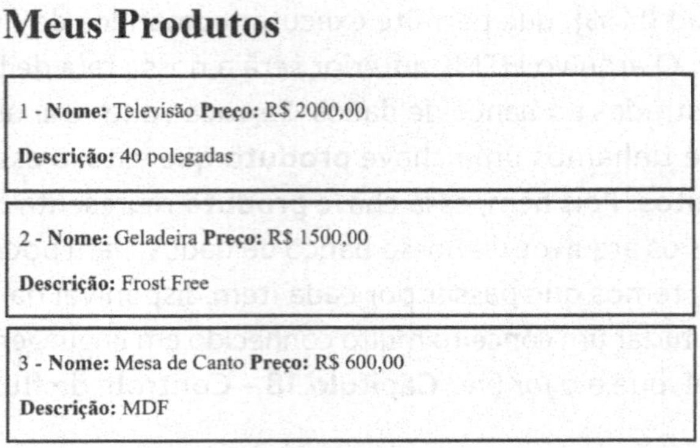

Meus Produtos

> 1 - **Nome:** Televisão **Preço:** R$ 2000,00
>
> **Descrição:** 40 polegadas

> 2 - **Nome:** Geladeira **Preço:** R$ 1500,00
>
> **Descrição:** Frost Free

> 3 - **Nome:** Mesa de Canto **Preço:** R$ 600,00
>
> **Descrição:** MDF

Figura 50.3. Tela com Meus Produtos.
Fonte: os autores.

Vamos agora fazer uma pequena alteração no arquivo **urls.py** para que a nossa listagem de produtos apareça na página principal do site. A linha a seguir deverá ser alterada:

```
path('produtos/', lista_produtos),
```

Vamos deixar o primeiro argumento do *path* como uma *string* vazia. Após isso, salve e acesse a URL http://127.0.0.1:8000/ no navegador com o servidor em execução.

```
path('', lista_produtos),
```

Pronto, a partir de agora, sempre que fizermos alguma manipulação dos dados de produtos no nosso banco de dados, será na página principal que você verá.

Cadastrando novos produtos no banco de dados

Já aprendemos a cadastrar produtos acessando o painel de administração do Django, porém agora precisamos criar uma forma de o usuário também conseguir fazer o cadastro de produtos direto no banco. Para permitir esse cadastro, vamos precisar trabalhar com formulários. Esse conhecimento será muito importante para o seu aprendizado, pois os formulários nos permitem ter o domínio quase que absoluto da interface com o usuário.

Para trabalhar com formulários, podemos optar por construir um novo formulário do zero ou criar um de forma mais fácil utilizando o *ModelForm* do Django. Vamos optar pela forma mais fácil, pois o nosso formulário vai ter exatamente os mesmos campos que estão cadastrados na classe **Produto** (localizada no arquivo **models.py**). Então vamos lá! Acesse a pasta **meus_produtos** e dentro dela crie um novo arquivo chamado **forms.py**. Abra esse arquivo e configure-o da seguinte forma:

```
from django import forms
from .models import Produto


class cadastroForm(forms.ModelForm):
    class Meta:
        model = Produto
        fields = ['nome', 'descricao', 'preco']
```

O arquivo faz a importação do módulo de formulários do Django e também importa o nosso modelo **Produto**. O nome do nosso formulário será **cadastroForm** e vamos dizer ao Django que este formulário é um *ModelForm*. A classe **Meta** será utilizada para dizermos qual o *model* que vamos utilizar e quais os campos que queremos que apareçam no nosso formulário. Se quiser, você pode optar por não colocar todos os campos. Agora vamos retornar ao arquivo **views.py** e acrescentar uma nova *View* ao final do código:

```
def cadastra_produtos(request):
    if request.method == "POST":
        formulario = cadastroForm(request.POST)
        if formulario.is_valid():
            objeto = formulario.save()
            objeto.save()
            formulario = cadastroForm()
    else:
        formulario = cadastroForm(request.POST)
    return render(request, 'cadastra_produtos.html',{'formulario': formulario})
```

Essa *View* será a principal responsável pela inserção dos dados no banco. Repare que temos duas situações diferentes que podem ocorrer. A primeira é quando acessamos a página pela primeira vez e precisamos de um formulário totalmente em branco. Já a segunda coisa que pode ocorrer é quando voltamos para a *View* com todos os dados do formulário preenchidos que o usuário do site acabou de digitar. Se o acesso à página for feito pela primeira vez, a nossa condicional irá direto para o *else*, que vai gerar uma instância vazia da classe **cadastroForm** (variável **formulario**). Isso quer

320 Jornada Python

dizer que um formulário vazio será impresso na tela. Após algum usuário digitar informações no formulário e clicar em enviar (você verá o layout do formulário mais à frente), a nossa condicional entrará logo no primeiro *if*, pois o procedimento de enviar é um *request* do tipo *POST*. Nesse caso, a primeira linha após o *if* vai instanciar um objeto **formulario** contendo as informações que foram digitadas pelo usuário. A partir daí, no segundo *if*, o objeto **formulario** é conferido se está correto (se, por exemplo, atende a exigências como campo requerido etc.) e posteriormente salvo no banco de dados. Ainda no arquivo **views.py**, não podemos esquecer de fazer a importação do nosso formulário **cadastroForm** conforme segue:

```
from .forms import cadastroForm
```

Precisamos também acrescentar uma nova rota no nosso arquivo **urls.py**. Acrescente dentro da lista *urlpatterns* a seguinte linha:

```
path('cadastra_produtos/', cadastra_produtos),
```

Ainda nesse mesmo arquivo precisamos importar a nossa nova *View*. Para isso precisamos alterar a linha a seguir acrescentando **cadastra_produtos** ao final:

```
from meus_produtos.views import lista_produtos, cadastra_produtos
```

E, para finalizar, precisamos criar o nosso arquivo **cadastra_produtos.html** dentro da pasta *template* com o seguinte código:

```html
<html>
  <head>
    <title>Cadastrar Produtos</title>
  </head>
  <body>
    <h1>Cadastrar Produtos</h1>
      <form method="POST">
        {% csrf_token %}
        {{ formulario.as_p }}
        <button type="submit">Salvar</button>
      </form>
  </body>
</html>
```

A novidade no HTML anterior é a inclusão do *{% csrf_token %}*, que torna o nosso formulário seguro, e do *.as_p*, que nos ajuda apenas a renderizar o formulário em formato de parágrafo. Agora você pode executar o servidor e acessar a URL http://127.0.0.1:8000/cadastra_produtos/. Faça o teste você mesmo! Cadastre um novo produto e logo depois acesse a URL principal do site. Você verá que o seu novo produto foi cadastrado no banco de dados.

Editando produtos no banco de dados

Já sabemos ler (listar) e criar produtos no nosso banco de dados. Isso corresponde ao R de *read* e ao C de *create* do nosso CRUD. Lembra que falamos disso no início do capítulo? Pois bem, agora falta o U de *update* e D de *delete*. Neste tópico vamos aprender como editar/atualizar produtos, ou seja, fazer o *update*.

A primeira coisa é editar o *template* **listagem_produtos.htm** acrescentando um parágrafo que servirá de *link* para a edição do produto desejado. Veja a seguir o local onde deverá entrar esse parágrafo:

```
    <b>Descrição:</b> {{ i.descricao }}
  </p>
  <p>
  <a href="{% url 'editar' i.id %}">Editar</a>
  </p>
</div>
```

Vamos reutilizar o *template* **cadastra_produtos.htm** para ser a tela de edição de produtos, mas precisaremos criar uma nova rota no arquivo **urls.py**. Veja como deverá ficar o arquivo:

```
from django.contrib import admin
from django.urls import path
from meus_produtos.views import lista_produtos
from meus_produtos.views import cadastra_produtos
from meus_produtos.views import editar_produtos

urlpatterns = [
    path('admin/', admin.site.urls),
    path('', lista_produtos, name='listagem'),
    path('cadastra_produtos/', cadastra_produtos),
    path('cadastra_produtos/<int:id>', editar_produtos, name='editar'),
]
```

322 Jornada Python

Observe que adicionamos uma nova linha com algumas novidades. A indicação *<int:id>* significa que essa URL vai receber a *id* do produto que desejamos editar. Ainda na mesma linha colocamos **editar_produtos**, que será a nova *View* que iremos criar, e já acrescentamos a mesma na importação de *Views* no topo do arquivo. Outra novidade é que nomeamos a URL com o nome **editar**. Essa ação é importante para o funcionamento do nosso *link*. Se você observar, quando criamos o *link* **Editar** no nosso *template*, já estamos utilizando o nome **editar** para indicar ao Django qual URL ele deverá exibir quando o usuário clicar em **Editar**. Nós aproveitamos e também nomeamos a URL **lista_produtos** com o nome de **listagem**. Essa nomeação será importante quando criarmos a nossa *View*.

Agora vamos ao arquivo **views.py** e adicionar uma nova *View* ao fim do arquivo, conforme segue:

```python
def editar_produtos(request, id):
    produto_para_editar = get_object_or_404(Produto, id=id)
    if request.method == "POST":
        formulario = cadastroForm(request.POST, instance=produto_para_editar)
        if formulario.is_valid():
            objeto = formulario.save()
            objeto.save()
            formulario = cadastroForm()
            return redirect('listagem')
    else:
        formulario = cadastroForm(instance=produto_para_editar)
    return render(request, 'cadastra_produtos.html', {'formulario': formulario})
```

Se você observar, essa *View* é parecida com a *View* **cadastra_produtos**, mas não completamente. Primeiramente, passamos um parâmetro novo (*id*), que veio da nossa URL. Em seguida, salvamos na variável **produto_para_editar** o produto específico que desejamos editar. Se o acesso à página for feito pelo *link* **Editar** que está no nosso *template* **listagem_produtos.html** (página principal), a condicional *else* será acionada e o formulário será carregado com todos os dados do produto selecionado carregado. A partir daí o usuário poderá editar o que desejar e clicar no botão **Salvar**. Após clicar no botão **Salvar**, a condicional *if* será acionada e todas as novas informações serão atualizadas no banco de dados. Repare, no final do *if*, que temos um redirecionamento para a URL nomeada como **listagem**. Essa configuração nós fizemos no arquivo de rotas **urls.py**.

Antes que possamos fazer os nossos testes, precisamos adicionar o *redirect* e o *get_object_or_404* no topo do arquivo **views.py**. Veja a linha que deverá ser editada:

```
from django.shortcuts import render, redirect, get_object_or_404
```

Agora sim, execute o servidor Django e acesse a URL http://127.0.0.1:8000/. Já será possível clicar em **Editar** e **Salvar** as edições nos produtos.

Excluindo produtos no banco de dados

Chegamos ao último passo da nossa aplicação, que é criar uma forma de excluirmos um produto do nosso banco de dados. Para isso vamos repetir alguns passos, como editar o *template* inicial, acrescentar uma nova rota e acrescentar uma nova *View*.

Primeiramente vamos editar o *template* **listagem_produtos.htm** acrescentando um novo parágrafo que servirá de *link* para a exclusão do produto desejado. Veja o local onde deverá entrar esse novo parágrafo:

```
<p>
   <a href="{% url 'editar' i.id %}">Editar</a>
</p>
<p>
   <a href="{% url 'excluir' i.id %}">Excluir</a>
</p>
</div>
```

A edição anterior criará um *link* **Excluir** em cada um dos produtos na nossa página principal. Ao clicar nesse *link* a nossa aplicação chamará uma nova URL, relacionada com uma nova *View*, com um simples código que excluirá o produto do banco de dados (que ainda vamos criar). Veja a nova linha necessária a ser criada no arquivo **urls.py**.

```
path('/<int:id>', excluir_produtos, name='excluir'),
```

Ainda no arquivo **urls.py**, não esqueça de adicionar a nova *View* na importação de *Views* no topo do arquivo. Veja como a linha poderá ficar:

```
from meus_produtos.views import lista_produtos, cadastra_produtos
from meus_produtos.views import editar_produtos, excluir_produtos
```

324 Jornada Python

Agora vamos acessar o arquivo **views.py** e criar a nossa nova *View*. Basta acrescentar o código a seguir ao final do arquivo.

```
def excluir_produtos(request, id):
    produto_para_excluir = get_object_or_404(Produto, id=id)
    produto_para_excluir.delete()
    return redirect('listagem')
```

Para finalizar a nossa aplicação, podemos incluir um *link* para adicionar um novo projeto na nossa tela inicial. Acesse o *template* **listagem_produtos.htm** e veja a seguir o local onde você poderá adicionar esse *link*:

```
<h1>Meus Produtos</h1>
  <p>
    <a href="/cadastra_produtos/">Adicionar Novo Produto</a>
  </p>
  {% for i in produto %}
```

Pronto, a nossa aplicação está finalizada. Ao acessar a URL http://127.0.0.1:8000/, você poderá adicionar novos produtos, listar todos os produtos, editá-los e excluí-los.

Todos os arquivos e códigos utilizados para criar o nosso sistema compõem uma aplicação muito básica em Django e não refletem, nem de longe, todas as possibilidades que o poderoso *framework* tem a nos oferecer. A partir dessa aplicação, você pode aproveitar e implementar novos recursos e funcionalidades com o auxílio da documentação oficial do Django[66].

---

[66] <https://docs.djangoproject.com/pt-br>.

51. Flask

Marcos Alexandre Castro
Sérgio Berlotto Jr.

Flask é um *microframework* voltado para criar aplicações para a *web*, ou seja, com ele conseguimos criar aplicações e sistemas que atendam às requisições HTTP feitas por uma rede de computadores, seja ela interna ou externa, como a internet.

Mas por que um *microframework*? Para entender melhor, vamos ver o que a própria documentação do Flask nos diz.

Micro significa que o Flask tem uma estrutura e um núcleo simples, porém extensível, ele não o obrigará a praticamente nada, como qual tipo de banco de dados utilizar, se utiliza ou não um ORM (*Object-Relational Mapping*), se quer ou não *cache* na aplicação etc.

Por padrão, o Flask não inclui uma camada de abstração de banco de dados nem validação de formulário. Porém, por ser extensível, ele conta com várias bibliotecas que tratam dessas questões e que se conectam a ele como se fossem já criadas no próprio *framework*. Com isso, qualquer desenvolvedor consegue criar, utilizando o Flask, desde uma microaplicação, que atenda a apenas um *endpoint*, por exemplo, até grandes aplicações e sistemas que necessitem de muitas funcionalidades e controles.

Flask conta, por padrão, apenas com três itens:

1. **Flask Core** – O próprio Flask.
2. **Jinja** – Um motor de *templates* muito poderoso e prático.
3. **Werkzeug** – Um motor WSGI completo que permite que suas aplicações atendam às requisições *web*.

Seguindo na documentação do Flask, temos a seção "Decisões de design no Flask". Nela, podemos encontrar as bases para o desenvolvimento utilizando o *microframework*: os motores de *template* (jinja2) e de implementação de rotas (Werkzeug), além da classe **Flask**, utilizada para instanciar as aplicações *Apps*.

326 Jornada Python

O Flask fornece uma classe homônima, responsável por criar as aplicações que serão servidas. Para criar uma nova aplicação, basta instanciar essa classe, passando como parâmetro o nome do módulo __name__ (*dunder name*). Ao criar um *app* (instância de Flask), temos o nosso conjunto de configurações e recursos, responsáveis por receber as requisições, processá-las e retornar o que o desenvolvedor determinar. A necessidade de instanciar a aplicação, que não existe em outros *frameworks*, é justificada ao longo da documentação. Os pontos principais para isso são a possibilidade de personalização, por meio da criação de subclasses de Flask ou modificações no próprio código-fonte.

Ao criar o objeto *app*, podemos criar funções para as *views* e utilizar decoradores para atribuí-las às rotas. Para visualizar a utilização da classe **Flask** e dos *decorators* de *view*, podemos utilizar o próprio exemplo da documentação, criando uma aplicação com uma única *view*:

```
# Importação da classe responsável pelo gerenciamento de rotas
from flask import Flask

# Criação do objeto app, instanciando a classe e passando o nome do módulo
app = Flask(__name__)

# Criação da rota
@app.route('/')
def index():
    return '<h1>Olá Mundo!!!</h1>'

# Bloco principal de código (executado apenas quando o arquivo é chamado)
if __name__ == '__main__':
    app.run()
```

Ao executar o arquivo, encontramos algumas informações importantes:

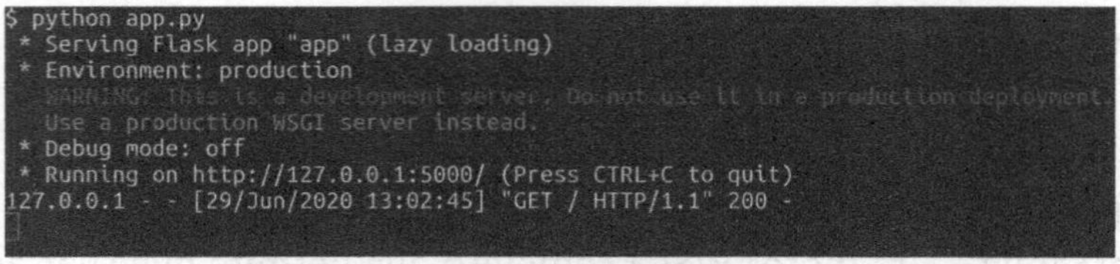

Figura 51.1. Executando a aplicação no terminal.
Fonte: os autores.

Primeiro temos um aviso: "este é um servidor de desenvolvimento. Não utilize em um ambiente de produção". Como já dito, o Flask conta com a biblioteca Werkzeug para subir o servidor de desenvolvimento e gerenciar as requisições e rotas. Contudo, esse servidor nativo não é recomendado para ambientes mais complexos e que necessitem de mais confiabilidade e performance. Para tal, recomenda-se utilizar um servidor WSGI (como o Gunicorn).

Além disso, ele informa o endereço e a porta pelos quais o serviço poderá ser acessado. Por padrão, a aplicação criará um processo para "ouvir" na porta 5000, o que pode ser modificado se passarmos alguns parâmetros para a função *app.run()*. Agora podemos acessar a nossa primeira aplicação *web* através do endereço http://localhost:5000:

Olá Mundo!!!

Figura 51.2. Visualização da aplicação no *browser*.
Fonte: os autores.

Nem sempre o cliente vai apenas solicitar uma informação a ser fornecida por nossa aplicação. Muitas vezes, o programa precisa receber informações por meio da requisição e processá-las para gerar o retorno devido. Para exemplificar, vamos alterar a nossa aplicação para receber parâmetros de dois tipos de requisição:

```
# Importação da classe responsável pelo gerenciamento de rotas
# Importamos a função render_template, para criar e retornar a página
from flask import Flask, request

# Criação do objeto app, instanciando a classe e passando o nome do módulo
app = Flask(__name__)

# Criação da rota
# Podemos explicitar quais métodos serão tratados por esta view
@app.route('/', methods=['GET', 'POST'])
@app.route('/<nome>')
def ola_get(nome=None):
    if request.method == "POST":
        nome = request.POST['nome']
    elif request.args.get('nome'):
        nome = request.args.get('nome')
    elif nome:
        nome = nome
    else:
        nome = 'mundo'
    return "<h1> Olá " + nome + "!!!</h1>"
# bloco principal de código (executado apenas quando o arquivo é chamado)
if __name__ == '__main__':
    app.run(port=5000, debug=True)
```

Na aplicação anterior, temos três formas de acessar dados passados por uma requisição. A primeira é por meio de endereço variável. O Flask vai "quebrar" a URL da requisição, vai pegar tudo que estiver após a barra ("/") e atribuir à variável **nome**, que será passada como parâmetro da função *index*. Além disso, utilizamos o objeto *request* para recuperar os dados da requisição, que podem ser acessados através do atributo *POST*, que é um dicionário, e pela função *requests.args.get*.

Podemos passar o parâmetro **nome** fazendo uma requisição do tipo *GET* para as URLs http://localhost:5000/seu_nome e http://localhost:5000/?nome=seu_nome; ou fazer uma requisição do tipo *POST* para http://localhost:5000 passando o parâmetro **nome** no corpo da requisição. O resultado será o mesmo:

Figura 51.3. Visualização da aplicação no *browser*.
Fonte: os autores.

A visualização do conteúdo também pode ser feita via requisição *web* passando como endereço http://localhost:5000.

```
import requests

url = 'http://localhost:5000/?nome=seu_nome'
r = requests.get(url)
print(r.status_code)
>>> 200
```

A aplicação está rodando e respondendo às nossas requisições, mas surgiu a pergunta: "e se eu quiser retornar uma página *web*, reativa, com toneladas de CSS e JavaScript, tenho que escrever tudo no retorno da função?". Para resolver esse problema e alguns outros que ainda não observamos, o Flask conta com um motor de renderização de *templates* muito poderoso e empregado em diversos *frameworks*, tanto para desenvolvimento *web* quanto para outros fins: o Jinja2.

Antes de continuar com os *templates*, vale observar que as *views* podem retornar qualquer tipo de dado, assim como outras funções em Python. A diferença é que, com o decorador, elas serão executadas quando o cliente fizer uma requisição naquela rota (no nosso caso, no endereço original), direcionando o retorno para ele por meio do protocolo HTTP.

A aplicação instanciada herda algumas configurações da classe original. Além do número da porta, temos também o endereço relativo da nossa pasta de *templates* e de arquivos estáticos (CSS, JavaScript, imagens, etc.). Portanto, para criar um *template*, precisamos criar a pasta *templates* no mesmo diretório do código-fonte da aplicação e escrever o código HTML dentro dela. Além disso, podemos explicitar quais tipos de requisição serão tratados pela *view*.

Agora vamos alterar a nossa aplicação para resolver os problemas que encontramos. Após aplicar o que vimos nos parágrafos anteriores, teremos a seguinte estrutura:

```
diretório do projeto
├── app.py              # código fonte da aplicação
├── static              # diretório para os arquivos estáticos
└── templates  # páginas a serem renderizadas pelo Flask
    └── index.html
```

No arquivo **index.html**, teremos o seguinte:

```html
<!DOCTYPE html>
<html lang="en">
<head>
    <meta charset="UTF-8">
    <title>Olá mundo!!!</title>
</head>
<body>
    <h1>Olá mundo!!!</h1>
</body>
</html>
```

Agora vamos alterar o arquivo **app.py** para renderizar esta página. Além disso, está explícito que a *view* responderá apenas a requisições do tipo *GET*. Por fim, adicionamos dois parâmetros à função *run*: o primeiro é *debug=True*, que permite ao desenvolvedor escrever código enquanto a aplicação está rodando, o que elimina o trabalho de reiniciar o serviço toda vez que o código é alterado; e o segundo parâmetro determina a porta utilizada pela aplicação (explícito é melhor que implícito – veja o *zen of Python* (PETERS, 2004).

```python
# Importação da classe responsável pelo gerenciamento de rotas
# Importamos a função render_template, para criar e retornar a página
from flask import Flask, render_template
```

330 Jornada Python

```python
# Criação do objeto app, instanciando a classe e passando o nome do módulo
app = Flask(__name__)

# Criação da rota
# Podemos explicitar quais métodos serão tratados por esta view
@app.route('/', methods=['GET'])
def index():
    return render_template('index.html')

# Bloco principal de código (executado apenas quando o arquivo é chamado)
if __name__ == '__main__':
    # inclusão de 2 parâmetros
    app.run(port=5000, debug=True)
```

Ao executar o código novamente, teremos o mesmo resultado anterior. Agora, como podemos receber os parâmetros, passar para o *template* a ser renderizado e devolver para o cliente? Para resolver essa questão, utilizaremos o parâmetro *context* na *render_template*. Antes disso, será necessário alterar o arquivo **index.html**:

```html
<!DOCTYPE html>
<html lang="en">
<head>
    <meta charset="UTF-8">
    <title>Olá {{ nome }}!!!</title>
</head>
<body>
    <h1>Olá {{ nome }}!!!</h1>
</body>
</html>
```

Vamos juntar tudo o que fizemos na aplicação, resultando no código a seguir:

```python
# Importação da classe responsável pelo gerenciamento de rotas
# Importamos a função render_template, para criar e retornar a página
from flask import Flask, render_template, request

# Criação do objeto app, instanciando a classe e passando o nome do módulo
app = Flask(__name__)

# Criação da rota
# Podemos explicitar quais métodos serão tratados por esta view
@app.route('/', methods=['GET', 'POST'])
```

```
@app.route('/<nome>')
def index(nome=None):
    if request.method == "POST":
        nome = request.POST['nome']
    elif request.args.get('nome'):
        nome = request.args.get('nome')
    elif nome:
        nome = nome
    else:
        nome = 'mundo'

    return render_template('index.html', nome=nome)

# Bloco principal de código (executado apenas quando o arquivo é chamado)
if __name__ == '__main__':
    # inclusão de 2 parâmetros
    app.run(port=5000, debug=True)
```

Um pouco mais sobre o Jinja

Como sempre, primeiramente faremos uma consulta à documentação do módulo[67]. Segundo os próprios desenvolvedores da *engine*, Jinja é uma linguagem moderna e amigável para criar *templates* utilizando código Python. Ele permite que o desenvolvedor implemente lógica no corpo do *template*, que será processada quando ele for renderizado. Por exemplo, no nosso *template*, quando usamos a sintaxe **{{ nome }}**, estamos utilizando o Jinja para fazer referência à variável **nome**, presente no contexto da renderização.

Alguns dos recursos importantes do Jinja para desenvolvedores que pretendem usar o Flask são os *blocks*, *partials* e os *placeholders*, que podem implementar lógica utilizando a sintaxe **{% codigo_a_ser_executado %}** ou imprimir variáveis utilizando a sintaxe **{{ variavel }}**, conforme já visto neste capítulo. A aplicação desses recursos está amplamente explicada nas documentações do Jinja2 e do próprio Flask. Porém, um recurso pouco conhecido (difícil até de encontrar no próprio Stack Overflow[68]) é o *escaping*.

---

[67] <https://jinja.palletsprojects.com/en/2.11.x/>.
[68] <https://stackoverflow.com/>

332 Jornada Python

Por padrão, o Jinja reproduz o conteúdo da variável sem verificar seu valor. Portanto, se passarmos uma variável contendo **<h1> Hello world </h1>** para o *template*, ela não será renderizada. E as *tags* serão reproduzidas no *browser* e não interpretadas como HTML. Um exemplo prático desse problema (e sua resolução) é o uso de *DataFrames* do Pandas com *templates*.

O objeto *DataFrames*, do módulo Pandas possui um método *to_html()* que retorna código HTML correspondente à reprodução do *dataframe*. Vejamos o código a seguir:

```
# Importamos a função render_template, para criar e retornar a página
from flask import Flask, render_template
import pandas as pd

# Criação de um dataframe a partir de um dicionário
d = {'col1': [1, 2], 'col2': [3, 4]}
df = pd.DataFrame(data=d)

# Geração de código html contendo o dataframe
table = df.to_html()

# Criação do objeto app, instanciando a classe e passando o nome do módulo
app = Flask(__name__)

# Criação da rota
@app.route('/')
def index():
    # Renderiza o template passando a tabela em html
    return render_template('index.html', table=table)

# Bloco principal de código (executado apenas quando o arquivo é chamado)
if __name__ == '__main__':
    app.run(port=5000, debug=True)
```

Ao executar o código anterior, você observará o seguinte resultado no *browser*:

Olá mundo

<table border="1" class="dataframe"> <thead> <tr style="text-align: right;"> <th></th> <th>col1</th> <th>col2</th> </tr> </thead> <tbody> <tr> <th>0</th> <td>1

Figura 51.4. Tabela gerada com *scaping*.
Fonte: os autores.

Tanto a origem do problema como a sua resolução residem no uso de *escaping*. Como já vimos, por padrão, o Jinja "escapa" o conteúdo do contexto, ou seja, não o renderiza. Para fazer com que o conteúdo de uma variável também seja renderizado, é necessário criar um bloco *escape* em torno da variável. Vejamos como ficará o nosso **index.html**:

```
<!DOCTYPE html>
<html lang="en">
<head>
    <meta charset="UTF-8">
    <title>Olá mundo </title>
</head>
<body>
    <h1>Olá mundo </h1>
    <hr>
{% autoescape false %}
    {{ table }}
{% endautoescape %}
</body>
</html>
```

Com isso, teremos a nossa tabela renderizada de acordo com o esperado:

Figura 51.5. Tabela renderizada.
Fonte: os autores.

No início deste capítulo, escrevemos uma pequena aplicação *web* utilizando o *microframework* Flask e alguns de seus principais recursos. Vimos também como receber informações presentes nas requisições e como limitar os métodos que podem ser respondidos pelas *views*.

Ao longo do texto, abordamos alguns problemas encontrados no desenvolvimento e as soluções que o Flask apresenta. Decidimos não discutir a persistência em bancos

334 Jornada Python

de dados ou a criação de modelos para tal. Existem diversas extensões que permitem que o desenvolvedor utilize outras bibliotecas e *frameworks* em conjunto com o Flask – e, seguindo o raciocínio dos desenvolvedores, não vamos decidir quais você deveria utilizar.

Por fim, é importante relembrar que, apesar de ser um *microframework*, o Flask não deixa a desejar em relação a outros *frameworks* maiores (mais pesados e complexos) e seu código-fonte foi feito para ser lido. Portanto, consulte a documentação, leia o código-fonte e beneficie-se da ampla possibilidade de personalização que esse *framework* oferece.

52. Executando tarefas assíncronas

Guilherme Arthur de Carvalho

Este capítulo está disponível no repositório GitHub[69] deste livro.

---

[69] <https://github.com/jornada-colaborativa/livro-python>

PARTE VIII.
ANÁLISE DE DADOS

53. Introdução ao processo de ETL

Guilherme de Almeida Gasque

O que é ETL?

A sigla ETL é uma abreviação para *Extraction, Transform and Load* (Extração, Transformação e Carga). Trata-se de um conceito bastante difundido na área de dados e com presença constante na realidade dos engenheiros de dados. Este capítulo abordará de forma sucinta os macroprocessos que constituem a etapa de ETL.

A **extração,** de maneira geral, é composta pela fonte de dados, a estrutura da informação que será obtida e seu formato. Já a **transformação** consiste na manipulação de dados, como filtragem das observações ou junção de informações, comumente conhecidos como *joins,* além da higienização, garantido assim a confiabilidade da informação extraída. Por fim, temos a **carga**, processo responsável por disponibilizar a informação extraída e transformada em um local para que possa ser acessada e usada para consultas, análises e construção de *dashboards*, dentre outros.

Antes de pensar em qualquer processo de ETL, é preciso definir a arquitetura do projeto, tal como dimensionamento de máquinas, seleção de serviços, definição de *pipeline* e tecnologias adotadas. É importante, antes de iniciar qualquer processo de dados que envolvam ETL, o entendimento profundo da informação e da entrega de valor que deve ser feita, além do conhecimento das fontes de informações, de onde os dados serão extraídos, do ambiente de processamento, onde serão transformados, e do "cliente", onde o dado será carregado e persistido.

Extração

Antes de entender como a informação será extraída, é necessário compreender a estrutura da informação para selecionar a biblioteca apropriada para que o dado, após extraído, possa ser manipulado e transformado. Os dados são comumente

Introdução ao processo de ETL **339**

organizados em três categorias: dados estruturados, dados semiestruturados e dados não estruturados.

Os **dados estruturados** possuem duas dimensões: linhas e colunas. De maneira técnica, são denominados como variáveis e observações e a dimensão de uma tabela é sempre interpretada como linha *versus* coluna, ou variáveis por observações. Também conhecido como tabelas ou matrizes, é o tipo de estrutura utilizada em bancos de dados SQL ou em *data warehouses*. Uma função bastante utilizada para a visualização e a quantidade de variáveis por observações é *shape*, que retorna uma tupla representando a dimensionalidade do *Dataframe*, conforme demonstrado a seguir.

```
>>> iso3166.shape
(245, 4)
```

Os **dados não estruturados** são encontrados de maneira abundante em nosso dia a dia. Como exemplos temos imagens, vídeos, músicas e texto. Tal nomenclatura para este tipo de informação se deve ao fato de possuírem estrutura não linear, estando diretamente ligados à capacidade de interpretação da informação.

Os **dados semiestruturados** recebem essa denominação por apresentarem uma estrutura não trivial, que extrapola a definição de dimensões dos dados estruturados. Possui um esquema de apresentação autodescritivo, mas que exige uma visualização para que a estrutura seja identificada. Podemos citar como exemplos deste tipo de dado os formatos XML e JSON.

A origem dos dados pode ser de fontes distintas, sendo algumas delas:

- ✓ **Banco de dados SQL:** a informação é armazenada de maneira tabular, onde as tabelas são indexadas e podem conter chaves que permitem a existência de inter-relacionamentos.
- ✓ **Banco de dados NoSQL:** armazena os formatos de dados semiestruturados, não havendo um limite de dimensões dentro de um campo.
- ✓ **Plataforma/Serviços (API):** o formato da informação originária de APIs varia conforme a aplicação e o uso da informação, a qual é fornecida por meio de uma requisição HTTP.
- ✓ **FTP:** as informações também podem ser disponibilizadas por meio de um protocolo de transferência, que permite o armazenamento independentemente de qual seja a sua estrutura.

340 Jornada Python

Transformação

A transformação de dados abrange o processo de tratamento e preparação da informação. Para possibilitar tal processo, é necessário entender quais são os conjuntos de dados, seus formatos e como combiná-los.

São exemplos de conjunto de dados:

- ✓ *Datasets*: consistem em um conjunto de dados relacionados a alguma especificidade, como consumo histórico de alimentos nos continentes do planeta, informações demográficas sobre a população de um país, uma planilha de gastos etc. São dados tabulares, onde cada coluna representa uma variável e cada linha corresponde a um registro (observação) do conjunto de dados em questão.
- ✓ *Dataframes*: o conceito de *Dataframe* é bem similar ao de *Dataset*, sendo também um conjunto de dados representados por variáveis e observações em formato tabular. O que difere um *Dataframe* de um *Dataset* é a existência de metadados, mais bem definidos para o *Dataframe*, pois há um contexto para as variáveis. Por exemplo, para um *Dataframe* de uma tabela de cadastros de usuários, a variável **nome** deve conter apenas *strings*, já a variável **idade** deve conter apenas dados de tipo inteiro.

De maneira prática, essa identidade dada a cada observação é conhecida como *schema*. Para exibição do *schema* de um *Dataframe*, pode-se utilizar a função *info()*, mostrada na próxima seção. Também é possível utilizar o atributo *dtypes* para exibir o *schema* de todo o *dataframe*, como no exemplo a seguir.

```
>>> iso3166.dtypes
Country          object
Alpha2Code       object
Alpha3Code       object
NumericCode       int64
dtype: object
>>> iso3166.NumericCode.dtype
dtype('int64')
```

Quando estamos trabalhando com transformação, e, principalmente, quando estamos combinando informações de fontes diferentes, uma mesma informação pode estar em formatos diferentes. Por exemplo, campos de Identificação (ID) podem ser escritos como *string*, *int*, *float* etc., mas, para que se comuniquem, precisam estar em um mesmo formato.

Introdução ao processo de ETL **341**

Para facilitar a compreensão, imagine que você está em um hortifruti e tenha que comprar maçãs. Você pega algumas maçãs vermelhas e algumas verdes. Na hora de fazer o pagamento, elas são cobradas de formas separadas. Isso acontece devido ao fato de que, mesmo sendo maçãs, ainda são diferentes e possuem propriedades distintas, como a cor e o sabor. Da mesma forma funciona o formato dos dados – apesar de, em teoria, serem os mesmos, suas propriedades e aplicações se diferenciam de acordo com seu formato (veja mais no **Capítulo 12 – Tipos de dados e variáveis**).

Uma função que auxilia a visualização de informações, tal como qual o tipo de dado de cada observação do *Dataframe*, é a função *info()*. Para utilizar a função, é necessário informar o objeto junto à sua invocação:

```
>>> iso3166.info()
<class 'pandas.core.frame.DataFrame'>
RangeIndex: 245 entries, 0 to 244
Data columns (total 4 columns):
Country        245 non-null object
Alpha2Code     244 non-null object
Alpha3Code     245 non-null object
NumericCode    245 non-null int64
dtypes: int64(1), object(3)
memory usage: 7.7+ KB
```

Para que seja feita a combinação de diferentes bases de dados, as informações podem ser juntadas com a função *append()*, mescladas com a função *merge()* ou concatenadas com a função *concat()*. Para a junção, é necessário que as duas bases/tabelas utilizem as mesmas colunas como índice. A mesclagem é usada para combinar duas ou mais tabelas com base em valores de índices ou colunas comuns. A concatenação é usada para anexar uma ou mais tabelas lateral ou verticalmente, dependendo do parâmetro da função. Veja os exemplos a seguir:

```
>>> import pandas as pd
>>> df1 = pd.DataFrame({'A': ['A0'], 'B': ['B0'], 'C': ['C0'], 'D': ['D0']},
index=[0])
>>> df2 = pd.DataFrame({'A': ['A4'], 'B': ['B4'], 'C': ['C4'], 'D': ['D4']},
index=[1])
>>> df3 = pd.DataFrame({'A': ['A8'], 'B': ['B8'], 'C': ['C8'], 'D': ['D8']},
index=[2])
>>> # Concatenação de bases
...
```

342 Jornada Python

```
>>> pd.concat([df1, df2, df3], axis = 1)
     A    B    C    D    A    B    C    D    A    B    C    D
0   A0   B0   C0   D0  NaN  NaN  NaN  NaN  NaN  NaN  NaN  NaN
1  NaN  NaN  NaN  NaN   A4   B4   C4   D4  NaN  NaN  NaN  NaN
2  NaN  NaN  NaN  NaN  NaN  NaN  NaN  NaN   A8   B8   C8   D8
>>> # Mesclagem de bases
...
>>> df1.append(df2).append(df3)
    A   B   C   D
0  A0  B0  C0  D0
1  A4  B4  C4  D4
2  A8  B8  C8  D8
```

Quando trabalhamos com enriquecimento de informações, o *join* costuma ser utilizado de quatro formas distintas:

- ✓ **Esquerda (*left join*)**: retorna todos os registros da tabela esquerda e os registros correspondentes da tabela direita. O resultado é nulo do lado direito, quando não há correspondência.
- ✓ **Direita (*right join*)**: retorna todos os registros da tabela direita e os registros correspondentes da tabela esquerda. O resultado é nulo do lado esquerdo, quando não há correspondência.
- ✓ **Interior (*inner join*)**: retorna apenas registros presentes em ambas as tabelas.
- ✓ **Externa (*outer join*)**: retorna todos os registros de ambas as tabelas, correspondendo aos registros da tabela da esquerda e da direita.

Um ponto de atenção é que, para que a junção entre as bases seja possível, as chaves usadas devem possuir o mesmo formato (tipo de dados). Isso possibilita que as informações em comum se comuniquem. Uma boa prática para a junção de bases é comparar se os formatos dos dados a serem combinados são do mesmo tipo. O código a seguir ilustra exemplos de *join*:

```
>>> left = pd.DataFrame({'key1': ['K0', 'K0', 'K1', 'K2'],
                         'key2': ['K0', 'K1', 'K0', 'K1'],
                         'A': ['A0', 'A1', 'A2', 'A3'],
                         'B': ['B0', 'B1', 'B2', 'B3']})
```

```
>>> right = pd.DataFrame({'key1': ['K0', 'K1', 'K1', 'K2'],
                          'key2': ['K0', 'K0', 'K0', 'K0'],
                          'C': ['C0', 'C1', 'C2', 'C3'],
                          'D': ['D0', 'D1', 'D2', 'D3']})
```

```
>>> left
  key1 key2   A   B
0   K0   K0  A0  B0
1   K0   K1  A1  B1
2   K1   K0  A2  B2
3   K2   K1  A3  B3
```

```
>>> right
  key1 key2   C   D
0   K0   K0  C0  D0
1   K1   K0  C1  D1
2   K1   K0  C2  D2
3   K2   K0  C3  D3
```

```
>>> # Left Join
...
>>> pd.merge(left, right, how='left', on=['key1', 'key2'])
  key1 key2   A   B    C    D
0   K0   K0  A0  B0   C0   D0
1   K0   K1  A1  B1  NaN  NaN
2   K1   K0  A2  B2   C1   D1
3   K1   K0  A2  B2   C2   D2
4   K2   K1  A3  B3  NaN  NaN
```

```
>>> # Right Join
...
>>> pd.merge(left, right, how='right', on=['key1', 'key2'])
  key1 key2    A    B   C   D
0   K0   K0   A0   B0  C0  D0
1   K1   K0   A2   B2  C1  D1
2   K1   K0   A2   B2  C2  D2
3   K2   K0  NaN  NaN  C3  D3
```

```
>>> # Inner Join
...
>>> pd.merge(left, right, on=['key1', 'key2'], how='inner')
  key1 key2   A   B   C   D
0   K0   K0  A0  B0  C0  D0
1   K1   K0  A2  B2  C1  D1
2   K1   K0  A2  B2  C2  D2
```

```
>>> # Outer Join
...
>>> pd.merge(left, right, how='outer', on=['key1', 'key2'])
  key1 key2    A    B    C    D
0   K0   K0   A0   B0   C0   D0
1   K0   K1   A1   B1  NaN  NaN
2   K1   K0   A2   B2   C1   D1
3   K1   K0   A2   B2   C2   D2
4   K2   K1   A3   B3  NaN  NaN
5   K2   K0  NaN  NaN   C3   D3
```

Carga

Após extraídos e tratados, os dados estão preparados para ser inseridos no seu destino. Uma das possibilidades de carregamento dos dados é armazená-los em bancos de dados, relacionais ou não, ou *data warehouses*. Neste caso, um dos pontos a considerar é a modelagem, que precisa ser feita de forma adequada.

Outra possibilidade é carregar os dados em um repositório de dados. Nesse caso, é necessário analisar previamente com qual periodicidade a informação será acessada, permitindo assim a seleção de um repositório adequado. Quando o acesso constante é necessário, utilizamos repositórios conhecidos como *hot storage*, que permitem particionamento e oferecem melhor performance. Para informações que serão consultadas com menor frequência, podemos utilizar repositórios do tipo *cold storage*, refletindo em um menor custo de armazenamento, porém com maior latência. O *data lake* é um exemplo desse repositório. Como exemplos de repositórios de dados amplamente utilizados, podemos citar S3 Bucket (AWS – *Amazon Web Service*), Cloud Storage (GCP – *Google Cloud Platform*) e Azure Blob Container (Microsoft Azure).

Em decorrência da difusão dos serviços de nuvem, cada vez mais precisamos realizar processos de extração, transformação e carga de dados entre repositórios localizados, a fim de atender às necessidades dos diferentes clientes, possibilitando um maior ganho de produtividade e facilitando o trabalho de análise, nesse nosso mundo cada vez mais complexo.

54. *Web scraping*

Francisco Hugo Siqueira Rosa

Em um mundo cada vez mais digital, todos os dias são disponibilizadas mais informações na internet. Com tantas informações disponíveis, muitas delas de graça, sempre haverá alguém interessado nesses dados, seja para utilizá-los no trabalho, seja para fazer algum estudo, previsões ou quaisquer outras possibilidades.

Dependendo da necessidade da coleta de informações, esta pode ser uma tarefa maçante e repetitiva. Por exemplo, há pessoas que são pagas apenas para preencher planilhas ou alimentar algum tipo de sistema utilizando dados da internet. Todo esse tempo "perdido" poderia ser investido em resolver problemas que exigem mais raciocínio do que "braço". Felizmente, temos uma forma de contornar essa situação, e essa técnica é chamada de *web scraping*.

Web scraping é uma técnica de coleta de dados da *web*, de forma automática e customizada, de modo a armazenar essas informações em arquivos, bancos de dados, na nuvem, criar *dataframes* ou colocar em qualquer lugar válido. A escolha por um *web scraping* pode ser motivada pelo tempo ou trabalho gastos para recolher a informação de forma manual. Podemos criar essas "raspagens de dados" utilizando diversas linguagens de programação. Apesar de utilizarmos aqui Python como nossa linguagem principal, é necessário conhecimento básico de HTML para que você possa aproveitar melhor o capítulo.

O *web scraping*, por lei, não é proibido no Brasil. Porém, existem alguns pontos que devem ser considerados na hora de realizar a extração de dados na *web*, tais como o conteúdo do arquivo **robots.txt** (um padrão usado pelos sites para se comunicar com *web crawlers* e outros robôs, que indica o que pode ser coletado), cláusulas específicas nos termos de serviço do site de onde se deseja coletar as informações, existência de leis contra o *web scraping* no país onde está hospedado o servidor da informação que será coletada, dados protegidos por direitos autorais e mecanismos de segurança que podem atuar contra os seus robôs.

346 Jornada Python

A *web* funciona basicamente com o modelo de requisição e resposta. O cliente (pode ser um *browser*) faz uma requisição para alguma página *web*, que está dentro de alguma máquina (servidor) e pode estar em qualquer lugar do mundo. Quando o cliente solicita uma página ou algum conteúdo, o servidor devolve uma resposta. Essa resposta, na maioria das vezes, é um HTML com diversos recursos, como imagens, *links*, CSS, JavaScript, entre outros. Essa resposta enviada para o cliente é o que o usuário vê na sua tela: o conteúdo renderizado pelo *browser*.

Iremos recuperar esse HTML com as informações referentes à estrutura da página e manipular essa estrutura conforme nossa necessidade. Para o exemplo prático deste capítulo, vamos utilizar duas bibliotecas externas do Python: a **BeautifulSoup**[70] e a **urllib**[71].

Utilizaremos o site do Stack Overflow para a prática de *web scraping*, mais especificamente a URL <https://pt.stackoverflow.com/questions>, que está liberada para *bots* acessarem. Essa página exibe perguntas que foram postadas no Stack Overflow em algum momento. Vamos recuperar o HTML dessa página utilizando o código a seguir:

```
>>> from urllib.request import urlopen
>>> if __name__ == '__main__':
...     url_stackoverflow_questions = 'https://pt.stackoverflow.com/questions'
...     response = urlopen(url_stackoverflow_questions)
...     print(response.read())
```

O código anterior vai exibir todo o HTML da página. Utilizamos o *urlopen* para acessar a página e buscar o seu conteúdo. Você pode armazenar o retorno em uma variável e utilizar como quiser.

O primeiro passo é recuperar o HTML. Uma vez com ele, podemos manipulá-lo conforme a nossa necessidade. Para isso, temos que tratar o HTML, porque nesse retorno podem vir tabulações, quebras de linhas, espaços ou algum tipo de sujeira. Veja o exemplo a seguir:

```
>>> from urllib.request import urlopen
>>> from bs4 import BeautifulSoup
>>> url_stackoverflow_questions =
'https://pt.stackoverflow.com/questions'
>>> response = urlopen(url_stackoverflow_questions)
>>> html = response.read().decode('utf-8')
>>> soup = BeautifulSoup(html, 'html.parser')
>>> print(type(soup))
<class 'bs4.BeautifulSoup'>
```

---

[70] <https://pypi.org/project/beautifulsoup4/>.
[71] <https://pypi.org/project/urllib3/>.

Nesse exemplo, adicionamos .*decode('utf-8')* no retorno para que não haja problema de *encoding* com a biblioteca BeautifulSoup, que tem como finalidade deixar esse HTML em um formato mais amigável para sua manipulação. Além de tratar os dados, temos que tratar a requisição para o site, pois ele pode estar fora do ar, a URL pode estar errada, entre outros possíveis erros. Devemos utilizar um *try/except* como mencionado no **Capítulo 19 – Tratamento de exceções e erros**. Existem muitas exceções que podemos utilizar no nosso *scraping*, mas usaremos apenas duas para os erros mais comuns.

```
>>> print(soup)
```

Já esse último trecho apresenta todo o HTML obtido pela função *read()*. Os próximos passos são determinados pelo entendimento dessa resposta.

Vamos pegar o título da primeira pergunta disponível na página. Analisando um pouco, veremos que o título está dentro de uma hierarquia de *tags*. Vamos escolher a *tag* 'mãe' que representa aquele trecho da informação a recuperar. Note que as perguntas estão separadas pela *tag* **<div class='question-summary'>**, e todas as informações da pergunta estão dentro dessa *tag*. O título da pergunta está dentro de uma *tag* **<h3>** e dentro dela existe um *link* (*tag* **<a>**).

```
>>> from urllib.request import urlopen
>>> from urllib.error import HTTPError, URLError
>>> from bs4 import BeautifulSoup
>>> url_stackoverflow_questions = 'https://pt.stackoverflow.com/questions'
>>> try:
...       response = urlopen(url_stackoverflow_questions)
...       html = response.read().decode('utf-8')
...       soup = BeautifulSoup(html, 'html.parser')
...       question_elem = soup.find('div', {'class': 'question-summary'}).h3
...       tag_a = question_elem.find('a', {'class': 'question-hyperlink'})
...       print(tag_a.get_text())
... except HTTPError as e:
...       print(f"Erro: {e.reason}, STATUS: {e.reason}")
... except URLError as e:
...       print(f"Erro: {e.reason}")
... except Exception as e:
...       print(f"Tipo da exceção: {type(e)}, Erro: {e.args[0]}")
Inserir código de país em máscara de telefone e gerar saída E-164 [fechada]
```

348 Jornada Python

Utilizamos a função *find()* do BeautifulSoup para localizar um elemento pela *tag* e por suas características. Dentro da *tag* **<div class='question-summary'>** só existe um **<h3>**, então recuperaremos tudo de uma vez, seguido do valor do *link*, que é o nome do título da pergunta, utilizando o *get_text()*. Caso o texto fique dentro de uma hierarquia de *tags* e só haja aquele texto, você pode utilizar o *find()* na *tag* 'mãe' e o *get_text()* retornará o texto sem que você precise mencionar as *tags* filhas.

Agora vamos buscar todas as perguntas da primeira página. Existe uma paginação e um limite de perguntas exibidas na tela que pode ser alterado (veremos isso mais à frente).

```
>>> from urllib.request import urlopen
>>> from urllib.error import HTTPError, URLError
>>> from bs4 import BeautifulSoup
>>> url_stackoverflow_questions = 'https://pt.stackoverflow.com/questions'
>>> try:
...     response = urlopen(url_stackoverflow_questions)
...     html = response.read().decode('utf-8')
...     soup = BeautifulSoup(html, 'html.parser')
...     question_elem = soup.findAll('div', {'class': 'question-summary'})
...     for elem in question_elem:
...         tag_a = elem.find('h3').find('a', {'class': 'question-hyperlink'})
...         print(tag_a.get_text())
... except HTTPError as e:
...     print(f"Erro: {e.reason}, STATUS: {e.reason}")
... except URLError as e:
...     print(f"Erro: {e.reason}")
... except Exception as e:
...     print(f"Tipo da exceção: {type(e)}, Erro: {e.args[0]}")
```

Como são muitas as respostas, vamos mostrar aqui as três primeiras:

```
Inserir código de país em máscara de telefone e gerar saída E-164 [fechada]
Select SQL - Extração de nomes [fechada]
Como definir os controle do pong no Python utilizando o pygame
Dúvida em portugol
Como salvar dados para manter WhatsApp aberto com GeckoDriver e Selenium [fechada]
```

Utilizando a função *findAll()*, é retornada uma lista de elementos, os títulos das perguntas, nesse caso, com as características definidas no parâmetro dessa função. Como agora devemos iterar pela lista, acrescentamos um *loop for*. Podemos capturar quaisquer informações no *body* do HTML, até mesmo as imagens dos perfis das pessoas que fazem as perguntas, mas não faremos isso neste capítulo.

Vamos buscar mais algumas informações e criar dicionários que representem uma pergunta. Como são várias perguntas, devolveremos uma lista de dicionários. Com cada dicionário, você pode criar arquivos (PDFs, planilhas, CSV, etc.), inserir no banco de dados, inserir na nuvem, alimentar API ou uma série de outras coisas.

```
>>> from urllib.request import urlopen
>>> from urllib.error import HTTPError, URLError
>>> from bs4 import BeautifulSoup
>>> url_stackoverflow_questions = 'https://pt.stackoverflow.com/questions'
>>> dict_question = {}
>>> list_questions = []
>>> try:
...     response = urlopen(url_stackoverflow_questions)
...     html = response.read().decode('utf-8')
...     soup = BeautifulSoup(html, 'html.parser')
... except HTTPError as e:
...     print(f"Erro: {e.reason}, STATUS: {e.reason}")
... except URLError as e:
...     print(f"Erro: {e.reason}")
... except Exception as e:
...     print(f"Tipo da exceção: {type(e)}, Erro: {e.args[0]} ")
>>> question_elem = soup.findAll('div', {'class': 'question-summary'})
>>> for elem in question_elem:
...     try:
...         title_question = elem.find('h3').find('a', {
...           'class': 'question-hyperlink'}).get_text().strip()
...         description_question = elem.find('div', {
...           'class': 'excerpt'}).get_text().strip()
...         number_votes = elem.find('span', {
...           'class': 'vote-count-post'}).get_text().strip()
...         # Essas classes representam o status da pergunta
...         number_answers = elem.find(class_=[
...           'status answered', 'status unanswered',
...           'status answered-accepted']).strong.get_text().strip()
...         dict_question['title'] = title_question
...         dict_question['description'] = description_question
...         dict_question['votes'] = number_votes
...         dict_question['answers'] = number_answers
...         list_questions.append(dict_question.copy())
...     except Exception as e:
...         print(f"ERRO: {e}")
...         continue
```

350 Jornada Python

```
>>> print(dict_question)
{'title': 'Search em tabela com JavaScript puro. Como posso definir a
propriedade display?',
 'description': 'Estou criando uma pesquisa para uma tabela carregada com dados
da web. Estou usando javascript puro. No entanto, no final, quando eu faço o
condicional, causa um erro que não é possível definir a ...',
 'votes': '-2',
 'answers': '0'}
```

No exemplo anterior recuperamos o título, a descrição, o número de votos e o número de respostas. Na linha a seguir, fizemos algo diferente para recuperar o valor de número de respostas: deparamos com classes diferentes que podem estar se referindo à mesma *tag*.

```
>>> number_answers = elem.find(class_=[
...        'status answered', 'status unanswered',
...        'status answered-accepted']).strong.get_text().strip()
>>> print(number_answers)
0
```

Conseguimos recuperar todas as perguntas da página. Agora vamos recuperar todas as perguntas de todas as páginas disponíveis.

Se você for para a próxima página manualmente, vai perceber que a URL 'https:// pt.stackoverflow.com/questions' ganhou um novo parâmetro, sendo agora 'https:// pt.stackoverflow.com/questions?page=2'. O parâmetro *page* indica em qual página estamos atualmente. Vamos utilizar essa URL para recuperar todas as perguntas do site:

```
>>> from urllib.request import urlopen
>>> from urllib.error import HTTPError, URLError
>>> from bs4 import BeautifulSoup
>>> url_stackoverflow_questions = 'https://pt.stackoverflow.com/questions?page='
>>> number_of_pages = 1
>>> dict_question = {}
>>> list_questions = []
>>> while True:
...        print(f"Número da página: {str(number_of_pages)}")
...        try:
...            response = urlopen(
...
```

```
f'{url_stackoverflow_questions}{str(number_of_pages)}')
...          html = response.read().decode('utf-8')
...          soup = BeautifulSoup(html, 'html.parser')
...      except HTTPError as e:
...          print(f"Erro: {e.reason}, STATUS: {e.reason}")
...      except URLError as e:
...          print(f"Erro: {e.reason}")
...      except Exception as e:
...          print(f"Tipo da exceção: {type(e)}, Erro: {e.args[0]} ")
...      question_elem = soup.findAll('div', {'class': 'question-summary'})
...      for elem in question_elem:
...          try:
...              title_question = elem.find('h3').find('a', {
...                  'class': 'question-hyperlink'}).get_text().strip()
...              description_question = elem.find('div', {
...                  'class': 'excerpt'}).get_text().strip()
...              number_votes = elem.find('span', {
...                  'class': 'vote-count-post'}).get_text().strip()
...              number_answers = elem.find(class_=[
...                  'status answered', 'status unanswered',
...                  'status answered-accepted'
...              ]).strong.get_text().strip()
...              dict_question['title'] = title_question
...              dict_question['description'] = description_question
...              dict_question['votes'] = number_votes
...              dict_question['answers'] = number_answers
...              list_questions.append(dict_question.copy())
...          except Exception as e:
...              print(f"ERRO: {e}")
...              continue
...      number_of_pages += 1
...      if number_of_pages >= 11:
...          break
...  print(list_questions)
```

Como a saída é muito comprida, não será demonstrada aqui.

Utilizando o *while True* e um contador, conseguimos avançar nas páginas e recuperar todas as perguntas. No exemplo anterior, paramos na página 10, mas é possível continuar até o final.

É importante ressaltar que existem muitas outras formas de fazer a mesma coisa e diversas customizações disponíveis. Sugerimos que você leia a documentação do BeautifulSoup e pratique sempre que possível.

55. Manipulação e tratamento de dados

Luiz Paulo O. Paula
Bruno Hanai
Davi Frazão
Joan Davi

Em 2012, a Harvard Business Review descreveu a carreira de ciência de dados como a mais sexy do século XXI (DAVENPORT; PATIL, 2012); contudo, sabemos que, para chegarmos no ápice das análises e dos modelos de *machine learning*, devemos tomar cuidado com a qualidade dos nossos dados. Portanto, a manipulação e o tratamento de dados são quase sempre necessários. Dados nulos, tipos e formatação errada são apenas alguns fatores dessa complexa empreitada. Segundo a pesquisa da CrowdFlower reportada na Forbes (PRESS, 2016), cientistas de dados gastam 80% do tempo coletando, manipulando e tratando dados, o que nos mostra não somente a importância, mas a complexidade de todo o processo.

O armazenamento e a manipulação eficientes de matrizes numéricas são essenciais para o processo de ciência de dados. É nesse contexto que abordaremos as principais técnicas utilizando as bibliotecas NumPy e Pandas para a realização de manipulação e tratamento de dados. Este capítulo apresentará alguns exemplos de códigos usando essas bibliotecas. Para exemplos adicionais, consulte o repositório GitHub[72] deste livro.

NumPy

O NumPy é o pacote fundamental para a computação científica com Python. Essa biblioteca fornece um *array* multidimensional de alto desempenho que é utilizado como base para diversas operações, principalmente em manipulação de dados. Esta seção apresentará exemplos de uso da manipulação de *arrays* e matrizes.

---

[72] <https://github.com/jornada-colaborativa/livro-python>.

Manipulação e tratamento de dados **353**

Se você instalou o Anaconda, o NumPy já está pronto para uso. Caso contrário, pode acessar <http://www.numpy.org/> e seguir as instruções de instalação. Com o NumPy já instalado na sua máquina, você poderá importá-lo:

```
>>> # Importando o módulo Numpy
>>> import numpy as np
```

Criação de *arrays* unidimensionais

O exemplo a seguir ilustra a criação de um *array* unidimensional:

```
>>> # Criando um array unidimensional
>>> array1 = np.array([1, 2, 3, 4, 5])
>>> array1
```

Saída:

```
array([1, 2, 3, 4, 5])
```

O atributo *shape* exibe que o *array* criado possui uma única dimensão com cinco elementos.

```
>>> # Verificando o formato (shape) do array
>>> array1.shape
```

Saída:

```
(5,)
```

É possível ainda criar *arrays* com o método *arange*, indicando o número de elementos do *array*.

```
>>> # Criando array com o método arange
>>> array = np.arange(10)
>>> array
```

Saída:

```
array([0, 1, 2, 3, 4, 5, 6, 7, 8, 9])
```

354 Jornada Python

Reshape de *arrays*

O método *reshape* permite alterar o formato do *array*, transformando um objeto unidimensional em um objeto multidimensional. Neste exemplo, o *array* de dez elementos foi alterado para um formato de duas linhas e cinco colunas:

```
>>> # Alterando o formato do array para 2 linhas e 5 colunas
>>> array = array.reshape(2, 5)
>>> array
```

Saída:

```
array([[0, 1, 2, 3, 4],
       [5, 6, 7, 8, 9]])
```

Split de *arrays*

Podemos dividir o *array* em partes com o método *split*, passando como argumento o *array* e em quantas partes queremos dividi-lo:

```
>>> np.array_split(array, 2)
```

Saída:

```
[array([0, 1, 2, 3, 4]), array([5, 6, 7, 8, 9])]
```

Operações com matrizes

O NumPy fornece diversos métodos para realizarmos operações com *arrays* e matrizes, e aqui veremos algumas delas. Vamos primeiro criar duas matrizes, ou seja, dois *arrays* com duas dimensões:

```
>>> A = np.array([[1,0],[0,1]])
>>> B = np.array([[1,2],[3,4]])
```

Soma

Podemos trabalhar com somas em diferentes eixos, usando 0 para linhas e 1 para colunas. Vejamos alguns exemplos. A seguir, faremos uma soma de linhas:

```
>>> np.sum(B, axis=0, keepdims=True) # linhas
```

Saída:

```
array([[4, 6]])
```

Agora faremos uma soma de colunas:

```
>>> np.sum(B, axis=1, keepdims=True) # colunas
```

Saída:

```
array([[3],
       [7]])
```

Também podemos somar duas matrizes:

```
>>> A + B
```

Saída:

```
array([[2, 2],
       [3, 5]])
```

Pandas

O pandas é um pacote construído sobre o NumPy e bastante utilizado para manipular e analisar dados. Apresenta duas estruturas de dados primárias. Os *dataframes* são matrizes multidimensionais que podemos imaginar como uma tabela de dados relacionais, com linhas e colunas rotuladas. Já a estrutura *Series* é uma única coluna, e *dataframes* possuem um ou mais *Series*.

É comum o pandas ser importado sob o nome de "pd":

```
>>> import pandas as pd
```

Podemos construir um objeto *Series* da seguinte maneira:

```
>>> pd.Series(['Espirito Santo', 'Minas Gerais', 'Rio de Janeiro', 'São Paulo'])
```

356 Jornada Python

Saída:

```
0    Espírito Santo
1    Minas Gerais
2    Rio de Janeiro
3    São Paulo
dtype: object
```

Objetos *dataframes* podem ser criados a partir de dicionários:

```
>>> dados = {
...      'col1': ['Ana','João','Fernanda','Maria'],
...      'col2': [56.0, 76.5, 85.0, 67.0],
...      'col3': [1.56, 1.76, 1.89, 1.66]}
>>> df = pd.DataFrame(dados)
>>> df
```

Saída:

```
       col1  col2  col3
0       Ana  56.0  1.56
1      João  76.5  1.76
2  Fernanda  85.0  1.89
3     Maria  67.0  1.66
```

Muitas vezes um arquivo inteiro é carregado em um *dataframe*. O exemplo a seguir lê um *dataframe* a partir de um arquivo .csv:

```
>>> dataframe = pd.read_csv('meuarquivo.csv', delimiter=",", decimal=".")
```

Operações com *dataframes*

O exemplo a seguir cria um *dataframe* do quadro de medalhas dos Jogos Olímpicos Rio 2016 a partir de um dicionário (*dict*):

```
>>> Medalhas_Rio2016 = {
...      'País' : [
...          'USA', 'Grã-Bretanha', 'China', 'Rússia', 'Alemanha', 'Japão',
...          'França', 'C. do Sul', 'Itália', 'Austrália', 'Brasil'],
...      'Ouro': [46, 27, 26, 19, 17, 12, 10, 9, 8, 8, 7],
...      'Prata': [37, 23, 18, 18, 10, 8, 18, 3, 12, 11, 6],
...      'Bronze': [38, 17, 26, 19, 15, 21, 14, 9, 8, 10, 6]}
>>> olimpiadas_rio2016 = pd.DataFrame(Medalhas_Rio2016)
>>> olimpiadas_rio2016
```

Saída:

	País	Ouro	Prata	Bronze
0	USA	46	37	38
1	Grã-Bretanha	27	23	17
2	China	26	18	26
3	Rússia	19	18	19
4	Alemanha	17	10	15
5	Japão	12	8	21
6	França	10	18	14
7	C. do Sul	9	3	9
8	Itália	8	12	8
9	Austrália	8	11	10
10	Brasil	7	6	6

Figura 55.1. Quadro de medalhas.
Fonte: os autores.

Descrevendo informações básicas sobre o *dataframe*:

```
>>> # Quantidade de linhas e colunas do DataFrame
>>> olimpiadas_rio2016.shape
```

Saída:

```
(11,4)
```

```
>>> # Colunas presentes no DataFrame
>>> olimpiadas_rio2016.columns
```

Saída:

```
Index(['País', 'Ouro', 'Prata', 'Bronze'], dtype='object')
```

358 Jornada Python

Criando colunas

A partir do *dataframe* criado, criaremos uma nova coluna **Total**, com o total de medalhas de cada país:

```
>>> olimpiadas_rio2016['Total'] = olimpiadas_rio2016['Ouro'] + \
...     olimpiadas_rio2016['Prata'] + olimpiadas_rio2016['Bronze']
>>> olimpiadas_rio2016
```

Saída (com a coluna inserida em destaque):

	País	Ouro	Prata	Bronze	Total
0	USA	46	37	38	121
1	Grã-Bretanha	27	23	17	67
2	China	26	18	26	70
3	Rússia	19	18	19	56
4	Alemanha	17	10	15	42
5	Japão	12	8	21	41
6	França	10	18	14	42
7	C. do Sul	9	3	9	21
8	Itália	8	12	8	28
9	Austrália	8	11	10	29
10	Brasil	7	6	6	19

Figura 55.2. Quadro de medalhas com total.
Fonte: os autores.

Renomeando colunas

Agora renomearemos a coluna **Total** que foi anteriormente criada. O parâmetro *inplace* informa que a alteração será diretamente no *dataframe* original:

```
>>> olimpiadas_rio2016.rename(columns={'Total':'Total_Medalhas'}, inplace=True)
>>> olimpiadas_rio2016
```

Saída (com a coluna alterada em destaque):

	País	Ouro	Prata	Bronze	Total_Medalhas
0	USA	46	37	38	121
1	Grã-Bretanha	27	23	17	67
2	China	26	18	26	70
3	Rússia	19	18	19	56
4	Alemanha	17	10	15	42
5	Japão	12	8	21	41
6	França	10	18	14	42
7	C. do Sul	9	3	9	21
8	Itália	8	12	8	28
9	Austrália	8	11	10	29
10	Brasil	7	6	6	19

Figura 55.3. Quadro de medalhas com coluna alterada.
Fonte: os autores.

Removendo colunas

Muitas vezes, o conjunto de dados terá informações irrelevantes ou redundantes. Podemos excluir colunas que não serão utilizadas por meio do método *drop*, que receberá no exemplo três parâmetros: o primeiro é a coluna que queremos excluir, o segundo informa que as alterações devem ser feitas no *dataframe* original, sem criar cópias, e o terceiro indica que a exclusão deve ser aplicada na coluna.

```
>>> # Removendo colunas utilizando o argumento axis=1
>>> olimpiadas_rio2016.drop(['Total_Medalhas'], inplace=True, axis=1)
>>> olimpiadas_rio2016
```

360 Jornada Python

Saída:

	País	Ouro	Prata	Bronze
0	USA	46	37	38
1	Grã-Bretanha	27	23	17
2	China	26	18	26
3	Rússia	19	18	19
4	Alemanha	17	10	15
5	Japão	12	8	21
6	França	10	18	14
7	C. do Sul	9	3	9
8	Itália	8	12	8
9	Austrália	8	11	10
10	Brasil	7	6	6

Figura 55.4. Quadro de medalhas com coluna removida.
Fonte: os autores.

Fatiamento (*slicing*)

A indexação do pandas foi herdada da biblioteca NumPy para ganho de versatilidade no fatiamento e na identificação de campos. O índice é iniciado a partir da posição zero. Assim, é possível fatiar (*slicing*) o *dataframe* com base nesse contexto. O exemplo a seguir seleciona as linhas 0, 1 e 2 (a linha 3 não é selecionada):

```
>>> olimpiadas_rio2016[:3]
```

Saída:

	País	Ouro	Prata	Bronze
0	USA	46	37	38
1	Grã-Bretanha	27	23	17
2	China	26	18	26

Figura 55.5. Quadro de medalhas com três primeiras linhas.
Fonte: os autores.

Métodos *iloc* e *loc*

Os métodos *loc* e *iloc* recuperam dados a partir de um determinado índice ou rótulo nos eixos do *dataframe*. A diferença entre loc e *iloc* é que no *loc* a busca é feita por *labels* (rótulos) e com *iloc* a busca é por índices.

```
>>> olimpiadas_rio2016.iloc[[3,6], [1,3]]
```

Saída:

	Ouro	Bronze
3	19	19
6	10	14

Figura 55.6. Quadro de medalhas com recuperação de linhas.
Fonte: os autores.

Neste exemplo, estamos acessando as linhas 3 e 6 das colunas 1 e 3. O elemento à direita da vírgula são os índices das linhas e os da esquerda são os índices das colunas (esse padrão é o mesmo do *loc*). No trecho de código seguinte, alcançamos o mesmo resultado utilizando o *loc*.

```
>>> olimpiadas_rio2016.loc[[3, 6], ['Ouro', 'Bronze']]
```

Tanto no *loc* quanto no *iloc* podemos usar lista para realizar buscas (como nos exemplos anteriores), mas também é possível, em ambos, utilizar um *slice object*, por meio do operador :, um único rótulo (*loc*) ou um único inteiro (*iloc*) é uma lista de valores booleanos (*True* ou *False*) do mesmo tamanho do eixo que está sendo buscado.

Método *apply*

O método *apply* aplica uma função a cada elemento de um determinado eixo do *dataframe*, ou a uma *Series*. Para escolher em qual eixo aplicaremos a função, utilizamos o argumento *axis*, que pode receber os valores 0 ou 1, onde 0 aplica a função a cada coluna e 1 aplica a função a cada linha. Para entender melhor, vejamos alguns exemplos:

```
>>> olimpiadas_rio2016.loc[0:2, ['País', 'Ouro']].apply(
...     lambda x: print(x), axis = 1)
```

362 Jornada Python

Saída:

```
País    USA
Ouro      46
Name: 0, dtype: object
País    Grã-Bretanha
Ouro                 27
Name: 1, dtype: object
País    China
Ouro          26
Name: 2, dtype: object
0    None
1    None
2    None
dtype: object
```

Neste exemplo, aplicamos a função *print()* nas três primeiras linhas das colunas **País** e **Ouro**. Quando configuramos o argumento *axis=1*, estamos aplicando a função *print()* em cada linha. Note que são retornadas três *Series*, uma para cada linha, onde cada *Series* contém as duas colunas selecionadas. Já quando configuramos *axis=0*, temos o seguinte resultado:

```
>>> olimpiadas_rio2016.loc[0:2, ['País', 'Ouro']].apply(
...      lambda x: print(x), axis=0)
```

Saída:

```
0                USA
1      Grã-Bretanha
2              China
Name: País, dtype: object
0    46
1    27
2    26
Name: Ouro, dtype: object
País    None
Ouro    None
dtype: object
```

No exemplo anterior, o que nos é retornado são duas *Series*, uma para cada coluna selecionada, já que agora estamos aplicando a função *print()* para cada coluna.

Este capítulo apresentou alguns exemplos de códigos de manipulação de dados usando as bibliotecas NumPy e pandas. Para exemplos adicionais, consulte o repositório GitHub[73] deste livro.

---

[73] <https://github.com/jornada-colaborativa/livro-python>.

56. Visualização de dados

Tatiana Escovedo
Marcos Alexandre Castro

A visualização de dados por meio da plotagem de gráficos é parte fundamental em diversas tarefas relacionadas a dados. Durante a análise exploratória, os gráficos permitem ao desenvolvedor/cientista de dados obter *insights* sobre a base de dados estudada, tais como a existência de possíveis padrões, tendências, correlações e *outliers*.

Além da análise exploratória, os gráficos têm papel fundamental na apresentação dos resultados e ainda poderão ser incorporados ao produto final, como criação de *dashboards* e produção de outras formas de relatórios técnicos ou executivos. Neste capítulo, serão abordadas algumas das principais ferramentas "pythônicas" de plotagem gráfica de dados.

Além dessas bibliotecas, também utilizaremos a biblioteca pandas (já apresentada no **Capítulo 55 – Manipulação e tratamento de dados**), para que possamos manipular os dados por meio de seus objetos do tipo *dataframe*. Vamos então carregar o *dataset* que utilizaremos nos exemplos (um grande conhecido da maioria dos iniciantes na área de ciência de dados), o *dataset* **Iris**. Veja o exemplo a seguir:

```
# Importação do pandas
import pandas as pd
# URL de leitura dos dados
url_dados = 'https://archive.ics.uci.edu/ml/machine-learning-databases/iris/iris.data'
# Labels dos atributos do dataset
atributos = ['comprimento_sepala', 'largura_sepala', 'comprimento_petala',
'largura_petala', 'especie']
# Carga do dataset por meio do csv
iris = pd.read_csv(url_dados, names=atributos)
# Exibe as primeiras linhas do dataset
iris.head()
```

364 Jornada Python

O resultado exibido será semelhante ao da Figura 56.1:

	comprimento_sepala	largura_sepala	comprimento_petala	largura_petala	especie
0	5.1	3.5	1.4	0.2	Iris-setosa
1	4.9	3.0	1.4	0.2	Iris-setosa
2	4.7	3.2	1.3	0.2	Iris-setosa
3	4.6	3.1	1.5	0.2	Iris-setosa
4	5.0	3.6	1.4	0.2	Iris-setosa

Figura 56.1. Primeiras linhas do *dataset* Iris.
Fonte: os autores.

Com isso, temos o nosso *dataset* importado e pronto para uso. Agora vamos iniciar a visualização.

Matplotlib

Não por acaso a Matplotlib será a primeira biblioteca a ser utilizada aqui. Além de apresentar um baixo nível de implementação e, portanto, possibilitar um alto nível de customização dos trabalhos, fornece uma API que é utilizada por diversas outras bibliotecas de plotagem gráfica. É uma excelente biblioteca para criar gráficos básicos, como de linhas, de barras, histogramas e muitos outros.

O primeiro que criaremos será o gráfico conhecido como *scatter plot*, no qual são marcados os pontos de cruzamento entre duas variáveis. Para isso, é necessário importar o módulo *pyplot* do Matplotlib, atribuindo a ele um *alias* para que ele possa ser mais facilmente referenciado ao longo do código.

```
# Importação do pyplot
import matplotlib.pyplot as plt

# Plotando o gráfico de comprimento x largura da sépala
plt.scatter(iris['comprimento_sepala'], iris['largura_sepala'])

# Incluindo título do gráfico e rótulos dos eixos
plt.title('Iris: comprimento x largura da sépala')
plt.xlabel('comprimento_sepala')
plt.ylabel('largura_sepala')
plt.show()
```

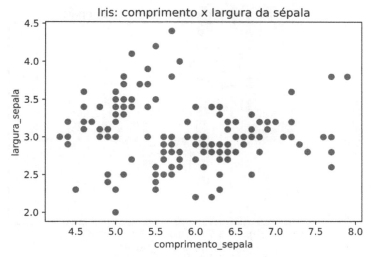

Figura 56.2. *Scatter plot* do *dataset* Iris.
Fonte: os autores.

Se quisermos, também podemos plotar o mesmo gráfico, mas com cores diferentes, de acordo com as espécies das flores (setosa, versicolor e virginica). Para tal, faremos:

```
# Criando o dicionário de cores
# Podemos referenciar as cores pela inicial de seus nomes em inglês, por
# Exemplo: 'g' para 'green' (verde)
cores = {'Iris-setosa':'r', 'Iris-versicolor':'g', 'Iris-virginica':'b'}

# plotando cada um dos pontos de dados
# o atributo shape retorna uma tupla com o formato (número de linhas, número
# de colunas)
for i in range(iris.shape[0]):
    plt.scatter(
        iris['comprimento_sepala'][i], iris['largura_sepala'][i],
        color=cores[iris['especie'][i]])

# incluindo título do gráfico e rótulos dos eixos
plt.title('Iris: comprimento x largura da sépala')
plt.xlabel('comprimento_sepala')
plt.ylabel('largura_sepala')
plt.show()
```

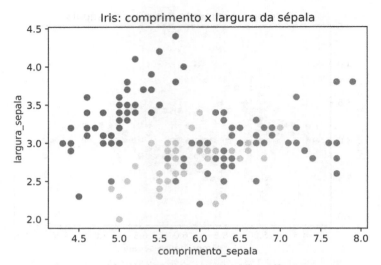

Figura 56.3. Scatter plot do dataset Iris colorido por espécies.
Fonte: os autores.

> Obs.: para ver as cores, consulte esta figura no repositório do *GitHub*[74] deste livro.

Também podemos separar as classes no *scatter plot* usando diferentes marcadores em vez de usar cores (o que é útil em relatórios impressos em preto e branco). Para tal, basta fazer:

```
# Criando o dicionário de marcadores
marcadores = {
    'Iris-setosa':'.', 'Iris-versicolor':'+', 'Iris-virginica':'x'}

# Plotando cada um dos pontos de dados
for i in range(len(iris['comprimento_sepala'])):
    plt.scatter(
        iris['comprimento_sepala'][i], iris['largura_sepala'][i],
        color='blue', marker=marcadores[iris['especie'][i]])

# Incluindo título do gráfico e rótulos dos eixos
plt.title('Iris: comprimento x largura da sépala')
plt.xlabel('comprimento_sepala')
plt.ylabel('largura_sepala')
plt.show()
```

---

[74] <https://github.com/jornada-colaborativa/livro-python>.

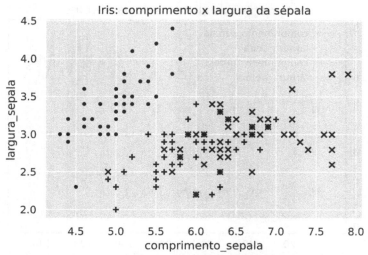

Figura 56.4. *Scatter plot* do *dataset* Iris com marcadores por espécies.
Fonte: os autores.

Vamos agora trabalhar com um tipo diferente: o **gráfico de linhas** (*line plot*). Este gráfico é utilizado geralmente quando estamos interessados em expressar a evolução de uma variável com o passar do tempo. Imagine que nosso *dataset* **Iris** esteja representado na ordem em que as amostras foram coletadas ao longo do tempo e queremos visualizar a variação dos atributos dos exemplos coletados ao longo do tempo. Neste caso, faríamos:

```
# Selecionando apenas os atributos para serem plotados
atributos = iris.columns.drop(['especie'])

# Criando o eixo x
x_data = iris.index

# Plotando cada atributo
for atributo in atributos:
    plt.plot(x_data, iris[atributo], label=atributo)

# Incluindo título do gráfico e legenda
plt.title('Variação dos atributos do dataset Iris')
plt.legend()
plt.show()
```

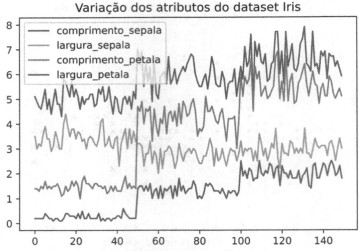

Figura 56.5. Gráfico de linhas dos atributos do *dataset* Iris.
Fonte: os autores.

O **histograma** exibe a distribuição de frequências de uma determinada variável. É um gráfico de barras contíguas, com as bases proporcionais aos intervalos de classe, e a área do retângulo proporcional à respectiva frequência. É possível informarmos como parâmetro (entre muitas outras possibilidades) o número de *bins*, ou de barras, que queremos exibir. O exemplo de código a seguir cria um histograma para o atributo comprimento da sépala, com sete *bins*.

```
# Plotando o histograma
plt.hist(iris['comprimento_sepala'], bins=7, edgecolor='black')

# Incluindo título do gráfico e legenda
plt.title('Distribuição de comprimento da sépala')
plt.xlabel('comprimento_sepala')
plt.ylabel('Frequência')
plt.show()
```

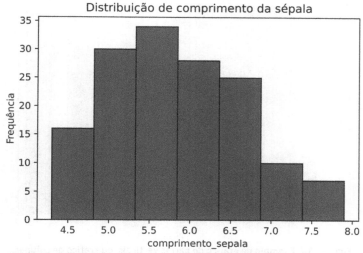

**Figura 56.6. Histograma do atributo comprimento da sépala do *dataset* Iris.
Fonte: os autores.**

Por sua vez, o **gráfico de barras** (*bar plot*) apresenta retângulos (barras) com uma das dimensões proporcional à quantidade a ser representada e a outra arbitrária, mas igual para todas as barras. Essas barras são dispostas paralelamente às outras, horizontal ou verticalmente. Os exemplos a seguir ilustram gráficos de barras (o primeiro, com barras verticais, também chamado de **gráfico de colunas**; e o segundo, com barras horizontais) para um *dataset* simples, que representa a profissão dos respondentes de uma pesquisa fictícia.

```
# Atribuindo os valores de x e y
profissoes = [
    'Engenheiro', 'Médico', 'Professor', 'Vendedor', 'Administrador', 'Outros']
quantidade = [15, 22, 25, 28, 33, 39]

# Criando o gráfico de barras
plt.bar(profissoes, quantidade)

# Incluindo título do gráfico e legenda
plt.title("Profissão dos respondentes")
plt.xlabel("Profissão")
plt.ylabel("Número de respondentes")
plt.show()
```

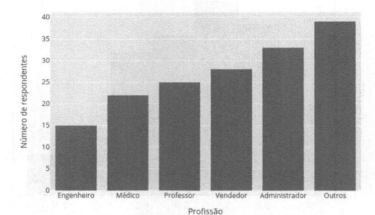

Figura 56.7. Exemplo de gráfico de barras verticais, ou gráfico de colunas.
Fonte: os autores.

```
# Criando o gráfico de barras
plt.barh(profissoes, quantidade)

# incluindo título do gráfico e legenda
plt.title("Profissão dos respondentes")
plt.xlabel("Número de respondentes")
plt.ylabel("Profissão")
plt.show()
```

Figura 56.8. Exemplo de gráfico de barras horizontais.
Fonte: os autores.

Outra visualização interessante para quantidades de uma variável é o **gráfico de pizza** (*pie plot*), também conhecido como gráfico de setores. Ele apresenta a composição (geralmente em %), das partes de um todo e consiste em um raio arbitrário (representando o todo) dividido em setores (fatias da pizza) que correspondem às partes de maneira proporcional. Vejamos este gráfico com os mesmos dados do exemplo anterior:

```
# criando o gráfico de pizza
plt.pie(quantidade, labels = profissoes)
plt.show()
```

Figura 56.9. Exemplo de gráfico de pizza.
Fonte: os autores.

O exemplo a seguir mostra como fazer para plotar em uma única figura os gráficos dos dois últimos exemplos, cada um como um *subplot*:

```
# configurando um grupo de subplots em um grid de 1 linha e 2 colunas
# e também o tamanho da figura
fig, ax = plt.subplots(1,2, figsize = (12, 4))

# retirando os "ticks" (marcações) e os rótulos dos subplots
plt.setp(ax, xticks=[], xticklabels=[], yticks=[], yticklabels=[])

# subplot1: gráfico de barras
ax1 = fig.add_subplot(1,2,1)
ax1.barh(profissoes, quantidade)

# subplot2: gráfico de pizza
ax2 = fig.add_subplot(1,2,2)
ax2.pie(quantidade, labels = profissoes)
plt.show()
```

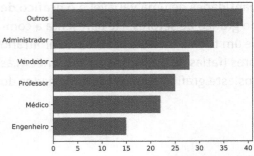
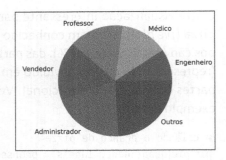

Figura 56.10. Exemplo de *subplots*.
Fonte: os autores.

Para finalizar os exemplos da biblioteca Matplotlib, vamos plotar, em uma única figura, quatro histogramas do *dataset* Iris, um para cada atributo:

```
# Configurando um grupo de subplots em um grid de 1 linha e 2 colunas
# e também o tamanho da figura
fig, ax = plt.subplots(2,2, figsize = (8, 8))

# subplot1: histograma do comprimento_petala
ax[0,0].hist(iris['comprimento_sepala'], bins=7, edgecolor='black')
ax[0,0].set_title("comprimento_sepala")

# subplot2: histograma da largura_petala
ax[0,1].hist(iris['largura_sepala'], bins=7, edgecolor='black')
ax[0,1].set_title("largura_sepala")

# subplot3: histograma do comprimento_petala
ax[1,0].hist(iris['comprimento_petala'], bins=7, edgecolor='black')
ax[1,0].set_title("comprimento_petala")

# subplot4: histograma da largura_petala
ax[1,1].hist(iris['largura_petala'], bins=7, edgecolor='black');
ax[1,1].set_title("largura_petala")
plt.show()
```

Visualização de dados 373

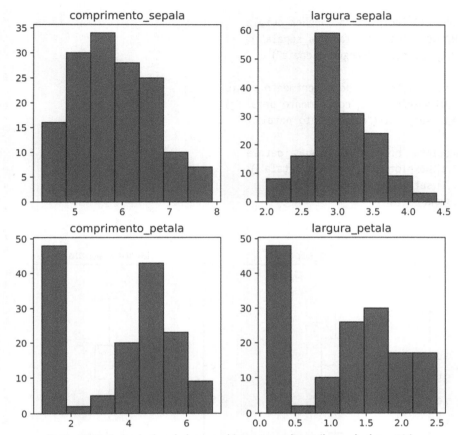

Figura 56.11. Exemplo de *subplots* com histogramas dos atributos do *dataset* Iris.
Fonte: os autores.

Poderíamos fazer o mesmo do exemplo anterior substituindo os histogramas por *boxplots* (também conhecidos como *whisker plots*). Neste gráfico, dentro do quadrado (*box*), encontramos 50% dos dados, delimitados pelo primeiro e terceiro quartis e pela mediana. Fora do quadrado, os delimitadores representados por pequenas linhas retas mostram o limite razoável dos dados, e os pequenos círculos fora desses delimitadores representam possíveis *outliers*.

```
# Configurando um grupo de subplots em um grid de 1 linha e 2 colunas
# e também o tamanho da figura
fig, ax = plt.subplots(2,2, figsize = (8, 8))

# subplot1: boxplot do comprimento_petala
ax[0,0].boxplot(iris['comprimento_sepala'])
ax[0,0].set_title("comprimento_sepala")
```

```
# subplot2: boxplot da largura_petala
ax[0,1].boxplot(iris['largura_sepala'])
ax[0,1].set_title("largura_sepala")

# subplot3: boxplot do comprimento_petala
ax[1,0].boxplot(iris['comprimento_petala'])
ax[1,0].set_title("comprimento_petala")

# subplot4: boxplot da largura_petala
ax[1,1].boxplot(iris['largura_petala'])
ax[1,1].set_title("largura_petala")
plt.show()
```

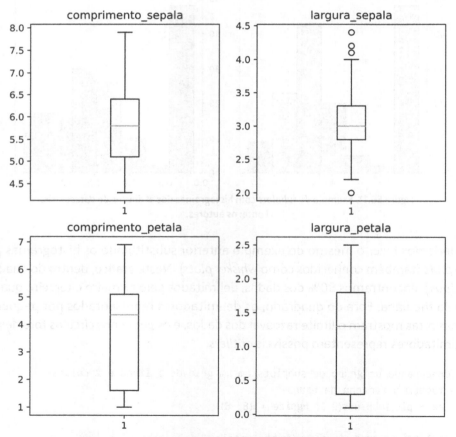

Figura 56.12. Exemplo de *subplots* com *boxplots* dos atributos do *dataset* Iris.
Fonte: os autores.

É importante ressaltar que a biblioteca Matplotlib é muito extensa e seus gráficos são altamente configuráveis. Neste capítulo procuramos trazer apenas exemplos simples para facilitar o entendimento dos códigos. Entretanto, praticamente tudo pode ser customizado, desde configurações mais simples, como cores, tamanhos ou exibição de *labels*, e até outras personalizações mais avançadas. Recomendamos que você procure essas opções na documentação oficial (<https://matplotlib.org/>) de acordo com a sua necessidade de uso.

Pandas

A biblioteca pandas oferece alguns métodos de visualização, construídos com base na Matplotlib, que servem para uma visualização rápida dos dados. Apesar da sintaxe mais simples do que a da biblioteca Matplotlib, os métodos herdados pelo pandas são mais limitados quanto às possibilidades de customização. Por esse motivo, caso você queira ter mais flexibilidade para customizar seus gráficos, recomendamos o uso direto da biblioteca Matplotlib.

As estruturas do pandas (*Series* e *dataframe*) possuem um método **plot**, que também é um atributo e pode ser utilizado para a geração de diversos tipos de gráficos, encadeado com os respectivos métodos (*hist* para histograma, *pie* para gráfico de pizza, entre outros). A seguir, veremos alguns exemplos com o *dataset* **Iris**, utilizado na seção anterior.

```
# Plotando um scatterplot com Pandas
iris.plot.scatter(x='comprimento_sepala', y='largura_sepala', title='Iris:
comprimento x largura da sépala')

# Também podemos especificar o tipo de gráfico por meio do argumento kind
iris.plot(
    'comprimento_sepala', 'largura_sepala', kind='scatter',
    title='Iris: comprimento x largura da sépala')
plt.show()
```

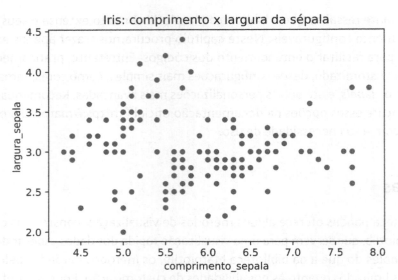

Figura 56.13. *Scatter plot* do *dataset* Iris com pandas.
Fonte: os autores.

Observe, no gráfico gerado, que os rótulos (*labels*) dos eixos x e y foram automaticamente configurados de acordo com os nomes das colunas. Vejamos agora um exemplo com *subplots* de histogramas, um para cada atributo numérico do *dataset* Iris, utilizando algumas parametrizações como tamanho da figura, número de *bins* e cor da borda das colunas:

```
# Plotando um subplot de cada atributo numérico do dataset Iris
iris.plot.hist(
    subplots=True, layout=(2,2), figsize=(8, 8), bins=7, edgecolor='black')
plt.show()
```

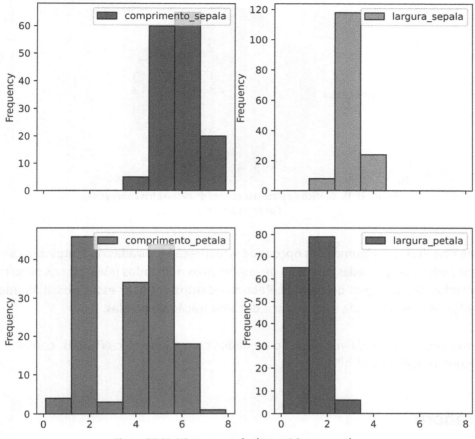

Figura 56.14. Histogramas do *dataset* Iris com pandas.
Fonte: os autores.

Finalmente, vamos plotar um gráfico de pizza com a biblioteca pandas, que mostrará a distribuição de classes do *dataset*:

```
# Plotando um gráfico de pizza com as classes do dataset Iris
iris['especie'].value_counts().plot.pie()
plt.show()
```

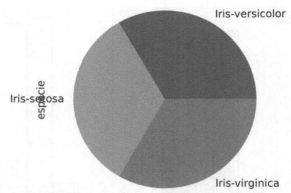

Figura 56.15. Gráfico de pizza das classes do *dataset* Iris com pandas.
Fonte: os autores.

Vale ressaltar que algumas das opções de visualização utilizadas no Matplotlib também podem ser passadas por meio de argumentos nomeados (*Kwargs*) nos próprios métodos de plotagem do pandas. Recomendamos verificar essas possibilidades conforme a necessidade e consultar a documentação do pandas.

Para mais detalhes da visualização de dados com a biblioteca *Pandas*, consulte a documentação oficial[75,76].

Seaborn

Seaborn também é uma biblioteca de visualização baseada em Matplotlib que oferece uma interface de alto nível para a criação de gráficos atrativos, profissionais e com análises estatísticas. Com ela, é possível escrever em uma linha um gráfico que precisaria de diversas linhas usando apenas Matplotlib. Assim como na biblioteca pandas, os métodos de visualização da biblioteca Seaborn têm uma sintaxe mais simples, porém são mais limitados, sendo necessário utilizar a biblioteca Matplotlib para customizações adicionais.

Todos os exemplos a seguir utilizarão o *dataset* **Iris**, que já carregamos previamente. Você notará que os dois primeiros exemplos de gráficos com Seaborn produzem o mesmo resultado de alguns gráficos que criamos anteriormente com Matplotlib. Vamos começar importando a biblioteca e configurando o estilo dos gráficos:

---

[75] <https://pandas.pydata.org/pandas-docs/stable/reference/api/pandas.DataFrame.plot.html>.
[76] <https://pandas.pydata.org/pandas-docs/stable/user_guide/visualization.html>.

```
# Importação da biblioteca seaborn
import seaborn as sns
# Configurando o estilo dos gráficos
sns.set()
```

Agora vamos plotar um *scatter plot* simples e o mesmo *scatter plot* colorido por espécies do *dataset* **Iris**. Repare que são necessárias bem menos linhas de código em comparação com o Matplotlib:

```
# Scatter plot com seaborn
sns.scatterplot(x='comprimento_sepala', y='largura_sepala', data=iris)
plt.show()
```

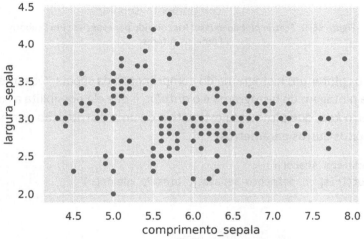

Figura 56.16. *Scatter plot* do *dataset* Iris com Seaborn.
Fonte: os autores.

```
# Scatter plot com seaborn colorido por classes
sns.scatterplot(
    x='comprimento_sepala', y='largura_sepala', hue='especie', data=iris)
plt.show()
```

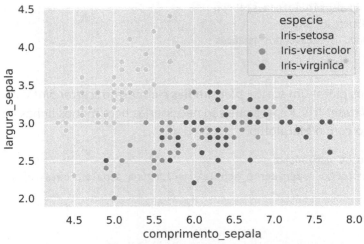

Figura 56.17. *Scatter plot* do *dataset* Iris colorido por espécies com Seaborn.
Fonte: os autores.

Agora vamos plotar um histograma do comprimento da sépala. Observe que o método para a plotagem do histograma é o *distplot*, e que ele possibilita a configuração do parâmetro *kde*, que plota uma estimativa de uma distribuição normal (além de permitir muitos outros parâmetros).

```
# Histograma com seaborn
sns.distplot(iris['comprimento_sepala'], bins=7, kde=True)
plt.show()
```

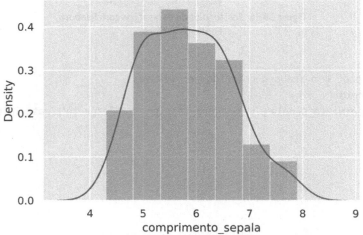

Figura 56.18. Histograma do comprimento da sépala.
Fonte: os autores.

Um gráfico muito útil para a análise de dados é a **matriz de correlação**, que exibe graficamente as correlações entre os atributos numéricos de um *dataset*. Com Seaborn, basta uma linha de código para plotá-la. Para fazer algo similar com Matplotlib, são necessárias diversas linhas de código (e, por esse motivo, optamos por não exibir este exemplo de gráfico com Matplotlib neste capítulo):

```
# Matriz de correlação com seaborn
sns.heatmap(iris.corr(), annot=True, cmap='RdBu')
plt.show()
```

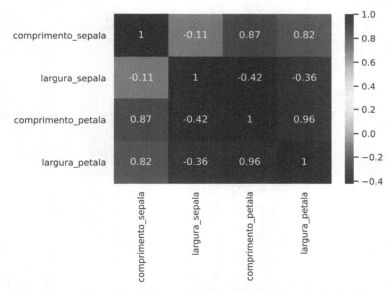

Figura 56.19. Matriz de correlação dos atributos numéricos do *dataset* Iris.
Fonte: os autores.

Para finalizar, vamos plotar o *pair plot*, um gráfico composto muito interessante que apresenta, em uma só figura, *scatter plots* de cada par de atributos numéricos do *dataset* e o histograma do atributo na diagonal principal. Se configurarmos o parâmetro *hue*, em vez do histograma, o gráfico exibirá na diagonal principal a distribuição de cada uma das espécies pelo atributo usando *density plots*. Os dois exemplos são exibidos a seguir. Repare que basta uma única linha de código para que esse gráfico tão interessante seja exibido.

```
# Pair plot 1 com seaborn
sns.pairplot(iris)
plt.show()
```

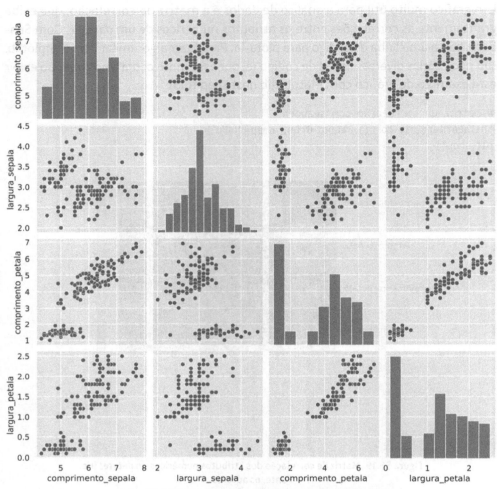

Figura 56.20. Primeiro exemplo de *pair plot* do *dataset* Iris.
Fonte: os autores.

```
# Pair plot 2 com seaborn
sns.pairplot(iris, hue = "especie")
plt.show()
```

Visualização de dados 383

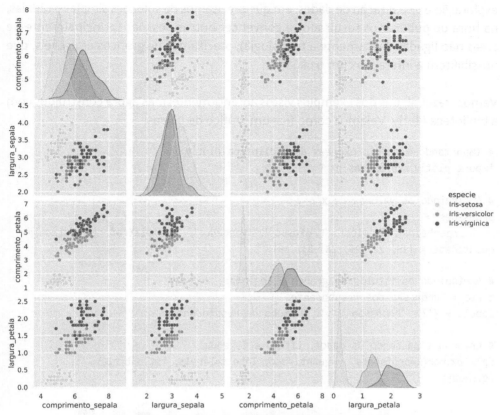

Figura 56.21. Segundo exemplo de *pair plot* do *dataset* Iris.
Fonte: os autores.

Assim como a Matplotlib, a biblioteca Seaborn é muito extensa e seus gráficos podem ser personalizados de acordo com a sua necessidade. Recomendamos que você explore mais exemplos na documentação oficial[77] de acordo com a sua necessidade de uso.

Plotly

Até aqui vimos algumas opções muito interessantes para visualização de dados e produzimos imagens com qualidade satisfatória para publicação e até para emprego em produtos orientados a dados. Veremos agora a biblioteca **Plotly**, especializada na criação de gráficos interativos e com qualidade de publicação, que é uma excelente opção para a entrega final ao usuário. Diferentemente das etapas de desenvolvimento,

---
[77] <https://seaborn.pydata.org/>.

exploração e visualização de dados, em que precisamos de soluções simples e rápidas, na hora de publicar os resultados e convencer outras pessoas (principalmente de áreas não ligadas diretamente a tecnologia), precisamos de gráficos amigáveis, que possibilitem a interação com o usuário.

Vamos trazer alguns dos exemplos vistos anteriormente, mas agora construídos com a biblioteca Plotly. Vejamos como fica um gráfico de barras:

```python
# Importando o módulo express da biblioteca plotly
import plotly.express as px

# Atribuindo os valores de x e y
profissoes = [
    'Engenheiro', 'Médico', 'Professor', 'Vendedor', 'Administrador', 'Outros']
quantidade = [15, 22, 25, 28, 33, 39]

# Atribuindo os títulos do gráfico e legenda:
title = "Profissão dos respondentes"
labels = {'x': 'Profissão', 'y': "Número de respondentes"}

# Criando e passando os dados, título e legenda
fig = px.bar(x=profissoes, y=quantidade, labels=labels, title=title)
fig.show()
```

Figura 56.22. Barra de navegação de um gráfico no Plotly.
Fonte: os autores.

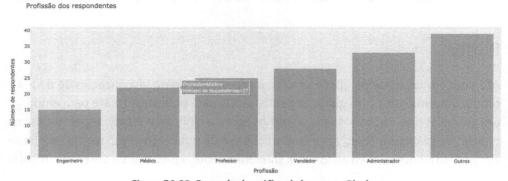

Figura 56.23. Exemplo de gráfico de barras no Plotly.
Fonte: os autores.

Além de um gráfico de barras com um estilo um pouco mais profissional, podemos ver duas funcionalidades muito importantes. A primeira são os botões na extremidade superior direita, visíveis ao passar o mouse por esta área (detalhados na Figura 56.22), que servem para salvar a imagem do gráfico (em formato estático), controlar o *zoom*, selecionar partes do gráfico, um *link* para a página inicial do Plotly e mais alguns recursos. A segunda funcionalidade interessante é que, ao passar o mouse por uma das barras, são exibidos no gráfico os seus respectivos valores. Também podemos customizar as cores e exibir a legenda, como ilustra o exemplo a seguir:

```
# Criando e passando os dados, título e legenda
labels = {'x': 'Profissão', 'y': "Número de respondentes", 'color': 'Legenda'}

# Chamaremos o gráfico de "primeiro_grafico" e já veremos o porquê
primeiro_grafico = px.bar(
    x=profissoes, y=quantidade, labels=labels, title=title, color=profissoes)
primeiro_grafico.show()
```

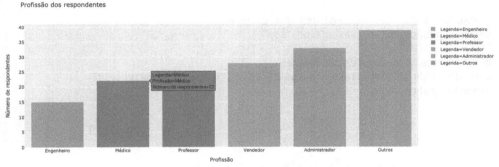

Figura 56.24. Exemplo de gráfico de barras customizado no Plotly.
Fonte: os autores.

Vamos voltar ao mapa de calor (*heatmap*) com o *dataset* **Iris**, mostrando mais um recurso importante do Plotly: os *datasets* embutidos. O módulo *express* do Plotly, além de facilitar a tarefa de plotagem por ter um nível de implementação mais alto, também possui um módulo *data* com funções que retornam alguns *datasets* prontos em formato de *dataframe*. Vamos utilizar esse recurso para carregar o *dataset* e plotar nosso *heatmap*, mas, dessa vez, vamos plotar o gráfico utilizando outro módulo do Plotly, o *graph_objects*:

```python
# Carregando o módulo graph_objects usando o alias "go"
import plotly.graph_objects as go

# Carregando os dados novamente, utilizando o plotly.express
iris = px.data.iris()

# Criando o mapa de correlações
data = iris.corr()

# Atribuindo o título
title = "Mapa de correlações do dataset Iris"
labels = {'color': 'Correlação'}

# Criando o mapa de calor
heatmap = go.Heatmap(
    z=data, x=data.index, y=data.columns,
    hoverongaps = False, colorscale="RdBu")

# Criando uma figura para receber o nosso gráfico
segundo_grafico = go.Figure(heatmap)

# Mudando a posição dos rótulos das colunas
segundo_grafico.update_xaxes(side="top")

# Alterando as dimensões da figura
segundo_grafico.update_layout(autosize=False, width=500, height=500)
segundo_grafico.show()
```

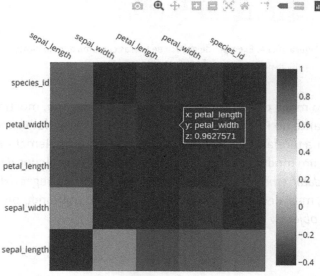

Figura 56.25. Mapa de calor do *dataset* Iris com o Plotly.
Fonte: os autores.

Podemos perceber que o nosso mapa de calor está um pouco parecido com aquele gerado pela biblioteca Seaborn, mas os valores das correlações sumiram! Como já observado anteriormente, o gráfico gerado pelo Plotly é interativo e ao passar o mouse nos nichos do mapa serão exibidos os nomes dos atributos e sua correlação.

A biblioteca Plotly oferece inúmeras outras possibilidades de visualização de dados, sendo, inclusive, muito utilizada para a criação de *dashboards*. Recomendamos que você explore mais possibilidades de utilização consultando os exemplos na documentação oficial.

Dash

Em várias seções da documentação do Plotly, existem exemplos de como incluir gráficos no Dash. Mas o que seria esse tal de Dash? Novamente vamos à documentação da ferramenta[78]. Segundo os próprios desenvolvedores, o Dash é "um *framework* simples e produtivo para construir aplicações *web*".

Esse *framework* é construído com base em um outro já visto no **Capítulo 51 – Flask** e se beneficia de tecnologias externas ao Python, como Plotly.js (o pacote do Plotly escrito em JavaScript) e React.js (outra tecnologia baseada na linguagem JavaScript). Portanto, oferece uma API muito útil para desenvolvimento e prototipação de *dashboards* e ainda possui componentes para encapsular a geração de HTML.

Não entraremos em muitos detalhes sobre a ferramenta, mas, por haver uma forte relação entre Dash e Plotly, resolvemos reaproveitar os dois exemplos anteriores e integrar ao exemplo mostrado na documentação do Dash:

```
# Importando o dash
import dash

# Importando demais componentes de desenvolvimento web
import dash_core_components as dcc
import dash_html_components as html

# Criando a aplicação (nos moldes do Flask)
app = dash.Dash()

# Criando o título do nosso dashboard
titulo = html.H1('Meu primeiro dashboard!!!')
```

---

[78] <https://dash.plotly.com/introduction>.

```
# Redimensionando o gráfico de barras
primeiro_grafico.update_layout(autosize=False, height=400)

# Gerando objetos do tipo gráfico para incluir no nosso dashboard
first_graph = dcc.Graph(figure=primeiro_grafico)
second_graph = dcc.Graph(figure=segundo_grafico)

# Montando um documento html, que recebe uma div com nossos objetos
app.layout = html.Div([titulo, first_graph, second_graph])

# Iniciando um servidor para exibir o dashboard na porta 5000
app.run_server(port=5000, debug=True, use_reloader=False)
```

Se você estiver utilizando o Jupyter Notebook ou outra ferramenta baseada no IPython, poderá ter resultados diferentes. Por esse motivo, recomendamos que execute o código anterior utilizando o terminal (MacOS e Linux), CMD (Windows) ou a sua IDE. Se tudo correr bem, o resultado deverá ser o seguinte:

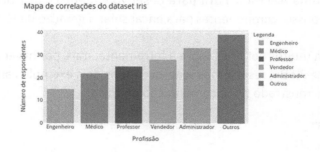

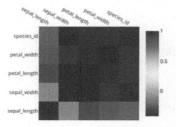

Figura 56.26. Aplicação *web* estilo *dashboard* criada com o módulo Dash.
Fonte: os autores.

Este capítulo apresentou as principais bibliotecas utilizadas para visualização de dados em Python: Matplotlib, Seaborn, Plotly e Dash. Entretanto, há outras bibliotecas também interessantes que ficaram de fora deste capítulo, mas que você pode querer conhecer, tais como plotnine[79], Bokeh[80] e Pygal[81].

---

[79] <https://plotnine.readthedocs.io/en/stable/index.html>.
[80] <https://docs.bokeh.org/en/latest/index.html>.
[81] <http://www.pygal.org/en/latest/index.html>.

57. Conceitos e aplicações de *big data*

Sidnei Santiago
Lucas Pastana

O que é *big data*?

Dados, dados e mais dados, e só isso que ouvimos. Geramos dados quando assistimos nossa *smart TV*, ouvimos música, pedimos comida, chamamos nosso transporte, realizamos compras. Até as geladeiras mais modernas são capazes de produzir dados. Hoje geramos uma quantidade massiva de dados, porém o que gera valor é o que fazemos e como trabalhamos com esses dados. Esse grande volume de dados, de diversas fontes e constantemente sendo gerados, é o conceito conhecido como *big data*.

Para entendermos mais do conceito, primeiramente precisamos ter clareza dos cinco pilares de *big data*, conhecidos como 5Vs: volume, variedade, velocidade, veracidade e valor:

- ✓ **Volume:** este é o pilar mais reconhecido e lembrado do *big data*; está ligado diretamente à quantidade de dados gerados todos os dias, muitas vezes ininterruptamente, de todas as fontes possíveis, seja de sistema interno ou de fora das empresas, como redes sociais ou dispositivos de IoT (*Internet of Things* – internet das coisas).
- ✓ **Variedade:** pilar ligado à quantidade inesgotável de fontes que podem ser analisadas. No varejo, por exemplo, pode-se analisar como os clientes chegam ao site, tempo de navegação, produtos que procuram, *ticket* médio, análise de posição do cursor, entre outros, pensando apenas no portal e em lojas virtuais. Para complementar, seria possível colocarmos algumas outras variáveis como perfis no YouTube, Instagram, análise de sentimento em rede social, geolocalização e distribuição de lojas físicas, aumentando ainda mais essa variedade de dados.
- ✓ **Velocidade:** este é um pilar que descreve o tempo em que as informações são geradas, adquiridas e processadas. *Big data* está diretamente ligado a grandes

Conceitos e aplicações de *big data* **391**

quantidades, mas também à velocidade com que elas serão obtidas. Saber que seu cliente está na sua loja naquele momento pode ser muito importante para que você possa oferecer uma experiência mais rica para ele.

✓ **Veracidade:** em tempos de *fake news*, saber se a informação é de fato verdadeira é muito importante. De nada adianta ter uma informação obtida de forma rápida e de diversas fontes, se ela não retrata a realidade. Por isso, é muito importante ter confiança nas fontes que estão sendo utilizadas e nos processos sendo executados nesses dados.

✓ **Valor:** chegamos ao V que mais interessa, sendo o objetivo dos 4Vs discutidos anteriormente. O valor que esses dados confiáveis de diversas fontes, em uma velocidade enorme e em grande volume podem gerar para o negócio é o que coloca a empresa em um outro patamar em relação à tomada de decisão baseada em dados. De nada adianta gerar um volume gigantesco de dados se eles não agregarem valor para a tomada de decisão.

Volume de dados produzidos

Com o avanço tecnológico da internet e a conversão de muitas aplicações do mundo analógico para o digital, começamos a gerar muitos dados, seja conscientemente ou não. Dados estes que continuam a crescer de maneira exponencial devido às nossas ações e necessidades digitais.

Para efeito de comparação, 33 *zettabytes* (33 milhões de milhões de *gigabytes*) de dados foram consumidos em 2018, enquanto a expectativa é que esse número cresça para 175 *zettabytes* até 2025, onde 30% será demandado em tempo real, de acordo com estudos da IDC em parceria com a empresa Seagate (IDC, 2018). Esse crescimento de quase 27% ao ano criará várias oportunidades para as empresas que estão preparadas para trabalhar com esse grande volume de dados para gerar valor aos seus clientes.

Dados estruturados e não estruturados

Quando trabalhamos com *big data* podemos ter dados estruturados e não estruturados. As empresas têm em geral seus sistemas de maneira estruturada; porém, cerca de 80% dos dados do mundo não são estruturados. Vamos relembrar como são definidos esses conceitos (já apresentados no **Capítulo 53 – Introdução ao processo de ETL**).

✓ **Dados estruturados:** são aqueles dados que possuem uma estrutura definida, com linhas e colunas e tipos de dados bem definidos. Esse conceito é utilizado por banco de dados relacional e diversos sistemas como ERP, CRM ou sistemas internos.

✓ **Dados não estruturados:** essa estrutura não possui definição prévia. É necessário analisar todos os dados para criar padrões e classificações. Esses dados são muito utilizados em redes sociais (Twitter, Instagram, Facebook), portais públicos ou conteúdo por áudio e vídeo.

Os dados podem ser provenientes de diversas fontes, sendo as mais comuns:

✓ **Rede social:** uma das fontes de maior volume e velocidade de dados sem dúvida são as redes sociais. Nelas podemos saber muito sobre cada pessoa, seus hábitos, do que gostam e do que não gostam. Podemos obter diversas informações em tempo real nas redes sociais por meio de uma série de dados não estruturados, que são alimentados diariamente por interação dos usuários.

✓ **Sistema de Gerenciamento de Banco de Dados (SGBD):** pode integrar informações de diversos sistemas da organização. Todos os seus dados estão estruturados.

✓ **Internet das coisas:** com diversos dispositivos conectados ao mesmo tempo e a utilização do 5G, a internet das coisas veio para ficar. Ela será responsável por conectar informações da nossa geladeira até a nossa TV. Serão gerados milhões de dados em tempo real que podem dizer muito sobre os hábitos de seus usuários. Por ser tão ampla, essa fonte de dados é não estruturada.

✓ **APIs:** é possível a utilização de APIs para ter acesso a diversas informações complementares, como clima, consulta a CPF, CEP, entre outros. Esses dados são não estruturados.

Com os conceitos anteriores bem definidos, vamos falar sobre algumas ferramentas que tornaram possível todo esse universo de *big data*:

✓ *Cloud computing*: também conhecido como computação em nuvem, é um dos conceitos que tornou possível implementações de *big data*. Com ele podemos criar *clusters* e implementar *jobs* e *pipelines*, permitindo uma escalabilidade rápida e de forma inteligente de acordo com a necessidade, ganhando performance e diminuindo os custos.

✓ **MapReduce:** é o algoritmo que possibilita todo o processamento paralelo, distribuído e em larga escala de forma clusterizada. Ele é o modelo de programação que roda por baixo do Hadoop e possibilita processar uma grande quantidade de dados. Esse algoritmo resolveu um grande problema que tínhamos: apesar de produzir grandes quantidades de dados, tínhamos um processo de leitura e escrita tradicional, não correspondendo a essa grande velocidade. Com o MapReduce podemos processar de forma paralela leitura e escrita utilizando vários discos ao mesmo tempo.

✓ **Hadoop:** é um sistema que consegue implementar o algoritmo MapReduce para o processamento de grandes quantidades de dados de forma paralela, criando diversos nós e executando as funções *map* (mapeamento) e *reduce* (redução).

✓ **Spark:** é um *framework* de código-fonte aberto para computação distribuída. Desenvolvido pela Universidade da Califórnia, hoje é mantido pela *Apache Software Foundation*. Spark é um dos principais *framework*s para programação de *clusters* com paralelismo e tolerância a falhas.

✓ **Pyspark:** é um pacote para programação em Python usando o *framework* Spark que permite utilizar a computação paralela para trabalhar com grandes conjuntos de dados, a fim de organizá-los e construir um *pipeline* de processamento.

Um exemplo de utilização de *big data* é a produção da série *House of Cards*, lançada pela Netflix em 2013. A Netflix utilizou análises e dados coletados para pensar em como conquistar novos usuários para sua plataforma. Eles observaram que os espectadores que gostam de *House of Cards* tinham algumas características em comum: eram fãs de filmes do Kevin Spacey e gostavam dos filmes dirigidos por David Fincher. Eles então utilizaram um algoritmo para prever e entender as preferências de visualização e apostaram em criar conteúdo que tivesse algumas das informações captadas por eles por meio da análise de dados.

PARTE IX.
INTELIGÊNCIA DE DADOS

58. Introdução à inteligência artificial

Mikaeri Ohana Estevam Candido

A inteligência artificial é um dos campos de estudo que mais despertam a curiosidade atualmente. Assim como a psicologia e a filosofia, que buscam entender a inteligência e o comportamento humano, a inteligência artificial também o faz, com uma peculiaridade – ela busca criar componentes que se assemelham ao que chamamos de humano, com capacidades de raciocínio, tomada de decisão e resolução de problemas. Sua presença pode ser vista nos mais diversos campos – desde a parte lógica, jogando xadrez com uma pessoa e desafiando suas percepções, até diagnosticando doenças graves, analisando imagens do corpo humano e detectando anomalias severas.

Visões de inteligência artificial

A inteligência artificial é composta por diferentes visões. Podemos verificar, na tabela a seguir, quatro diferentes pontos de vista do conceito de inteligência artificial, que se dividem no pensar/agir de forma horizontal e humano/racional de forma vertical:

Tabela 58.1. Conceitos de inteligência artificial.
Fonte: Russell; Norvig (1995).

Pensam como humanos	Pensam racionalmente
Automação de atividades que associamos com o pensamento humano, como tomada de decisão e aprendizado (Bellman, 1978)	O estudo dos cálculos que tornam possível perceber, raciocinar e agir (Winston, 1992)
Agem como humanos	**Agem racionalmente**
A arte de criar máquinas que executam funções que requerem inteligência quando executadas por pessoas (Kurzweil, 1990)	Um campo de estudo que procura explicar e emular comportamento inteligente em termos de processos computacionais (Schalkoff, 1990)

Como é possível observar na tabela, as quatro divisões são de sistemas que:

✓ **Pensam como humanos:** denotam capacidades de introspecção (análise dos próprios pensamentos à medida que se mostram) e de experimentos psicológicos (técnicas experimentais precisas e testáveis da psicologia sobre o funcionamento da mente humana), que caracterizam o pensamento humano.

✓ **Agem como humanos:** relacionados à capacidade das máquinas de executar ações possíveis apenas a humanos. Um exemplo é o "Teste de Turing", que será abordado ainda neste capítulo.

✓ **Pensam racionalmente:** ligados a sistemas inteligentes que, baseados em lógica, conseguem resolver problemas com base em tempo, memória e descrição, por exemplo, fundamentado no campo de estudo 'lógica', introduzido por Aristóteles – um dos primeiros a estudar o tema do correto pensar.

✓ **Agem racionalmente:** referentes ao estudo e à construção de agentes (algo que percebe e age) racionais, bem como da maneira que tais agentes atingem determinado objetivo. Um agente é considerado racional ao poder realizar inferências corretas e analisar se uma ação poderá atingir o objetivo esperado por outrem e agir com base na conclusão dessa análise.

As duas primeiras definições mencionadas são mais direcionadas à elaboração de hipóteses e confirmação experimental, ao passo que a racionalista é composta pela combinação de matemática e engenharia. Todas as direções são muito importantes para o conceito de inteligência artificial e trazem importantes contribuições desde seu início.

História da inteligência artificial

A inteligência artificial, embora tida com algo relativamente novo, teve seu surgimento um pouco depois da Segunda Guerra Mundial. Ela foi formalmente iniciada em 1956, durante um *workshop* que ocorreu no Dartmouth College (universidade localizada em New Hampshire, Estados Unidos) onde vários pesquisadores, como John McCarthy, Minsky, Claude Shannon e Nathaniel Rochester estavam envolvidos. Nesse *workshop*, já havia estudos relacionados com redes neurais e o estudo da inteligência, tendo em seu final um acordo que aceitava nomear este campo, que estava surgindo, como inteligência artificial.

Antes mesmo de se ter o campo nomeado como "inteligência artificial", já eram feitas pesquisas relacionadas ao tema. O matemático Alan Mathison Turing, nascido em 23 de junho de 1912 em Londres, na Inglaterra, foi uma figura importantíssima para se chegar ao conceito de inteligência artificial que existe hoje (COPELAND, 2021).

Quando não estava praticando corrida – seu esporte favorito desde criança –, estava envolvido em seus estudos de matemática e ciência. Ele passou por universidades renomadas, como a King's College (onde fez sua pesquisa sobre teoria da probabilidade) e Universidade de Princeton (onde concluiu seu doutorado em 1938 com a tese "Systems of Logic Based on Ordinals").

Em 1950, ele firmou ainda mais sua presença no campo da matemática com uma definição muito rica de inteligência artificial. O chamado "teste de Turing" foi desenvolvido como uma forma de definir inteligência. Segundo Turing, um comportamento inteligente é uma habilidade de alcançar performance no nível humano em tarefas cognitivas, suficientes para enganar um interrogador (RUSSEL; NORVIG, 1995). O teste, de forma resumida, consistia em um computador sendo interrogado por um humano por meio de um terminal, sendo a máquina considerada inteligente caso seu interrogador humano não soubesse distingui-la entre um humano ou um computador. A Figura 58.1 ilustra o teste de Turing.

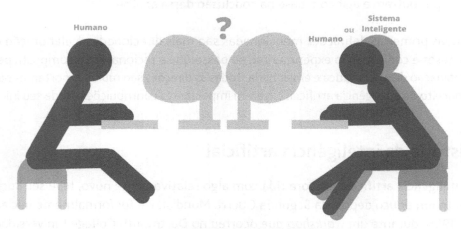

Figura 58.1. Representação do teste de Turing.
Fonte: os autores.

Para um computador passar no teste de Turing, ele deve possuir as seguintes competências (RUSSEL; NORVIG, 1995):

- ✓ **Processamento de linguagem natural:** o computador deve possuir comunicação fluente com o humano.
- ✓ **Representação de conhecimento:** é necessário que o computador armazene as informações enviadas por quem se comunica com ele durante todo o processo de interrogação.
- ✓ **Raciocínio automatizado:** um computador inteligente deve ser capaz de utilizar as informações enviadas pelo seu interrogador para responder questões feitas e traçar conclusões.

Introdução à inteligência artificial **399**

✓ **Aprendizado de máquina:** a máquina deve se adaptar a novas circunstâncias e detectar padrões para aprendizado.

Com os avanços da inteligência artificial, não é mais tão complexa a tarefa de uma máquina passar no teste de Turing, sabendo que esse tipo de sistema interage diretamente com o ser humano e, para se fazer compreendido por este último, a máquina deve interagir de forma semelhante.

Abordagens da inteligência artificial

A seguir, são apresentadas as aplicações mais comuns da inteligência artificial seguidas de um exemplo prático:

✓ **Conexionista:** baseia-se na simulação da mente humana, principalmente do funcionamento dos neurônios e dos componentes do cérebro humano. Um dos exemplos que mais se assemelham a esse tipo de abordagem são as redes neurais.

✓ **Simbólica:** relacionada a regras lógicas e *workflows*, sendo constituída por sistemas que utilizam diversas regras para se assemelhar ao raciocínio humano. Um exemplo prático seria os sistemas especialistas.

✓ **Evolucionária:** é a abordagem relacionada à evolução natural, cuja iteração em um número enorme de vezes leva à evolução do indivíduo e sua adaptação ao ecossistema. Relacionada com a teoria defendida por Charles Darwin sobre a evolução das espécies, é muito representada pelos algoritmos genéticos.

✓ **Híbrida:** caracteriza-se pela combinação de abordagens em busca da criação de mecanismos ainda mais potentes para um fator estabelecido.

Divisões da inteligência artificial

Desde seu início, este campo de estudo foi evoluindo até tomar grandes proporções. Alguns conceitos tiveram tamanho desenvolvimento que passaram a estabelecer seus próprios pilares e se tornaram subcampos de estudos distintos, porém ainda ligados à inteligência artificial. É o caso do aprendizado de máquina (*machine learning*) e do aprendizado profundo (*deep learning*), como pode ser visto na Figura 58.2.

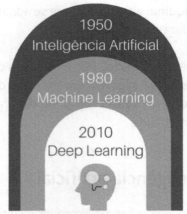

Figura 58.2. Representação da inteligência artificial (1950), *machine learning* (1980) e *deep learning* (2010).
Fonte: os autores.

Machine learning

É definido como aprendizado de máquina o campo de estudo de algoritmos que podem aprender a realizar tarefas sem terem sido programados explicitamente para isso. Para que tal objetivo seja atingido, são utilizados modelos com dados de exemplo – chamados de dados de treino (ou *training data*) –, tomando decisões sem programação específica para tal problema. A ideia é que novos dados sejam colocados para teste de tais modelos, obtendo, no final, predições e *outputs* que tragam a informação necessária para uma finalidade específica. O campo de *machine learning* e suas contribuições para a inteligência artificial serão vistos com mais detalhes no **Capítulo 59 – *Machine Learning* – Conceitos e Modelos**.

Deep learning

Outra abordagem proveniente da evolução das tecnologias de aprendizagem e um subcampo de *machine learning* é a chamada aprendizagem profunda, ou *deep learning*, que tem como principal inspiração as redes neurais que compõem o cérebro humano e sua distribuição de neurônios. Tais redes neurais são compostas por uma série de camadas, conectadas umas com as outras, a fim de transitar a informação recebida e gerar uma informação ao final do processamento – que é definido por um cálculo dos pesos atribuídos para cada dado que se conecta ao neurônio. Tal definição será mais bem estudada no **Capítulo 60 – *Deep Learning***, responsável por explicar e exemplificar esse campo em específico.

Aplicações da inteligência artificial

Embaixo do guarda-chuva da inteligência artificial há diversas aplicações, cada uma responsável por atender a um tipo de demanda específica. Há algumas mais focadas em imagens, outras em texto e outras em diferentes tipos de predições. É possível analisar com mais clareza na Figura 58.3.

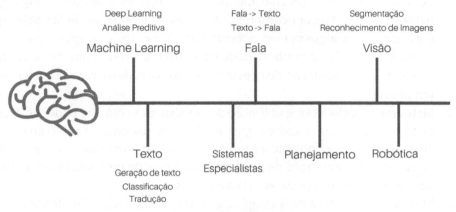

Figura 58.3. Subáreas da inteligência artificial.
Fonte: os autores.

✓ *Machine learning*: o setor financeiro se beneficia muito de algoritmos que predizem uma situação do mercado no futuro. É possível também verificar o nível de atração do consumidor por determinado produto – a fim de obter o máximo de seu engajamento –, análises de risco e recomendação de investimentos. O *e-commerce* também se beneficia muito desse tipo de tecnologia, onde produtos são sugeridos para o usuário por meio de algoritmos de recomendação, de acordo com suas compras anteriores e preferências de consumo/atividades em sites parceiros.

✓ **Fala:** os assistentes virtuais, presentes no setor de interação com o usuário, são o maior exemplo da inteligência artificial na fala. É possível dialogar com tais assistentes e obter a previsão do tempo, a agenda de compromissos para o dia atual e até mesmo marcar uma viagem por meio de poucas palavras. O reconhecimento da fala é um setor que vem crescendo de maneira forte e sendo aprimorado com frequência.

✓ **Visão:** a visão computacional, área da inteligência artificial marcada pelo processamento de imagens, é capaz de reconhecer objetos de forma clara e precisa. Exemplos da sua presença estão no setor automotivo, em carros autônomos, que são capazes de verificar obstáculos na pista e a cor do semá-

402 Jornada Python

foro; no setor da saúde, atuando no diagnóstico de doenças e tumores; e na agricultura, com drones que podem verificar qual parte da plantação necessita de um cuidado melhor, podendo identificar a presença de pragas ou de uma planta pobre em nutrientes.

✓ **Texto:** muitos negócios já optaram por *chatbots* para efetuar os primeiros atendimentos aos seus clientes antes destes entrarem em contato com uma pessoa especialista. Os *chatbots* utilizam o processamento de linguagem natural, responsável por compreender os textos e obter predições sobre qual é a intenção de alguém com determinada frase, por exemplo. Esse tipo de inteligência artificial também pode gerar textos, fazer traduções e verificar qual o nível de satisfação do consumidor com uma determinada avaliação de um produto.

✓ **Sistemas especialistas:** a utilização desses sistemas com alto poder de decisão pode ser vista em áreas como segurança de computadores, na detecção de vírus, análise de riscos e controle e monitoramento de processos; na manufatura, no reparo e manutenção de produtos e no setor de pessoas, como a análise do engajamento das pessoas colaboradoras.

✓ **Planejamento:** área da inteligência artificial marcada pelo alcance de um objetivo com uma sequência de ações com pré-condições para sua realização, presente em computadores e no setor industrial.

✓ **Robótica:** a robótica está presente em vários setores, junto com o que chamamos de internet das coisas. No setor de hotelaria, por exemplo, temos exemplos de robôs efetuando o serviço de quarto, sendo responsáveis pela recepção aos hóspedes e auxílio no recebimento de diferentes tipos de solicitações. Muitos supermercados também utilizam robôs para atendimento de seus clientes, verificando se possuem alguma dúvida ou auxiliando no encontro de algum produto específico. Além dos benefícios nos setores mencionados, a robótica também atua na saúde, auxiliando em cirurgias que demandam grande precisão e cálculo e permitindo que médicos tenham uma atuação ainda mais focada em suas respectivas áreas de interesse.

Tendo em vista todo o universo de ciência de dados, temos a linguagem Python sendo utilizada para o desenvolvimento de grande parte de suas aplicações. Devido à facilidade de aprendizado relatada pela maioria dos profissionais e pela versatilidade que apresenta, ela é uma das mais indicadas para a construção de aplicações de sucesso dentro da área de dados.

59. *Machine learning* – conceitos e modelos

Tatiana Escovedo

Machine learning – ou aprendizado de máquina – é uma das técnicas utilizadas na inteligência artificial que usa algoritmos baseados em matemática e estatística para realizar a tarefa de aprendizado. *Machine learning* surge da necessidade de processar e obter informação útil a partir dos dados. Uma vez que é inviável realizar manualmente o processamento e a análise da grande quantidade de dados que temos disponíveis atualmente, é necessário automatizar tarefas, simulando o comportamento humano.

Dessa forma, podemos definir *machine learning* como a utilização de algoritmos com a finalidade de extrair informações de dados brutos e representá-los por meio de algum tipo de modelo matemático. Esse modelo é então usado para fazer inferências – ou predições – a partir de novos conjuntos de dados. *Machine learning* busca, em geral, descobrir padrões ou fórmulas matemáticas que expliquem o relacionamento entre os dados e estuda formas de automatização de tarefas inteligentes que seriam difíceis ou até mesmo impossíveis de ser realizadas manualmente por seres humanos.

Vale a pena ressaltar que a maioria das técnicas de *machine learning* é antiga e, em sua grande parte, proveniente da área de estatística. Porém, elas só passaram a ser efetivamente utilizadas para exploração de dados nos últimos anos devido a diversos fatores, como a disponibilidade de maior volume de dados devido à popularização de aplicativos e dispositivos móveis, a popularização de técnicas de *data warehousing* (grandes armazéns de dados com arquitetura voltada para a tomada de decisão), melhoria exponencial da potência dos recursos computacionais, como capacidade de processamento, e forte competição empresarial.

Em *machine learning*, o aprendizado é o objetivo principal. Aprendizado é a capacidade de se adaptar, modificar e melhorar seu comportamento e suas respostas, sendo uma das propriedades mais importantes dos seres inteligentes (humanos ou não). Diz-se que se está aprendendo (treinando, construindo, formulando ou induzindo um modelo de conhecimento) a partir de um conjunto de dados quando se procura por padrões nesses dados. Quando se faz uma estimativa (teste, predição) dos valores desconhecidos para atributos do conjunto de dados, diz-se que o modelo está sendo aplicado.

Podemos dividir o aprendizado em *machine learning* em dois grandes tipos: supervisionado e não supervisionado. No aprendizado supervisionado, o modelo (ou algoritmo) é construído a partir dos dados de entrada (também chamados de *dataset*), que são apresentados na forma de pares ordenados (entrada – saída desejada). Dizemos que esses dados são rotulados, pois sabemos de antemão a saída esperada para cada entrada de dados. Neste caso, o aprendizado (ou treinamento) consiste em apresentarmos para o algoritmo um número suficiente de exemplos (também chamados de registros ou instâncias) de entradas e saídas desejadas (já rotuladas previamente). Assim, o objetivo do algoritmo é aprender uma regra geral que mapeie as entradas nas saídas corretamente, o que consiste no modelo final. Os dados de entrada podem ser divididos em dois grupos:

- ✓ X, com os atributos (também chamados de características) a serem utilizados na determinação da classe de saída (também chamados de atributos previsores ou de predição).
- ✓ Y, com o atributo para o qual se deseja fazer a predição do valor de saída categórico ou numérico (também chamado de atributo-alvo ou *target*).

É comum particionar os dados de entrada (rotulados) em dois conjuntos: o conjunto de treinamento, que servirá para construir o modelo, e o conjunto de teste (também chamado na literatura de conjunto de validação), que servirá para verificar como o modelo se comportaria em dados não vistos, de forma que possamos ajustá-lo, se necessário, para a construção final do modelo, a ser aplicado em novos dados dos quais ainda não conhecemos a saída esperada. A Figura 59.1 ilustra o funcionamento de um modelo de aprendizado supervisionado:

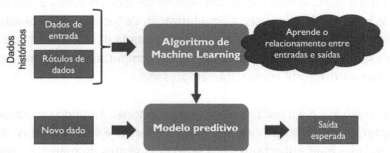

Figura 59.1. Esquema do aprendizado supervisionado.
Fonte: Escovedo; Koshiyama (2020).

Já no aprendizado não supervisionado, não existe a informação dos rótulos históricos, ou seja, não temos as saídas desejadas a serem estimadas, e, por esse motivo, dizemos que nossos dados são não rotulados. Assim, o algoritmo não recebe durante o treinamento os resultados esperados, devendo descobrir por si só, por meio da exploração dos dados, os possíveis relacionamentos entre eles. Neste caso, o processo de aprendizado busca identificar regularidades entre os dados a fim de agrupá-los ou organizá-los em função das similaridades que apresentam entre si. Como não temos dados rotulados, não há necessidade de realizar particionamento em conjuntos de treino e teste. A Figura 59.2 ilustra o funcionamento de um modelo de aprendizado não supervisionado:

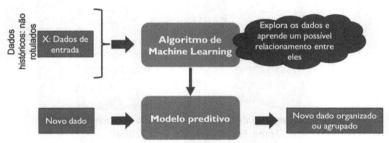

Figura 59.2. Esquema do aprendizado não supervisionado.
Fonte: Escovedo; Koshiyama (2020).

Apesar da essência principal de *machine learning* consistir na construção de algoritmos de aprendizado supervisionado ou não supervisionado, esta não é a única etapa em que devemos nos concentrar. É muito importante que entendamos bem o problema a ser resolvido para que possamos traçar os objetivos principais. Em seguida, será necessário coletar e analisar os dados adequados para o problema e prepará-los, pois na maioria das vezes eles virão com informações faltantes, incompletas ou inconsistentes. Após essas etapas é que podemos construir o modelo de *machine learning*, que deve ser avaliado e criticado e, se necessário, voltar à etapa de coleta e análise de dados para a obtenção de mais dados, ou mesmo retornar à etapa de construção do modelo usando diferentes estratégias. Quando se chegar a um modelo satisfatório para o problema, será necessário apresentar os resultados para o demandante e distribuir o modelo em ambiente produtivo. A sequência a seguir resume essas sete etapas que, idealmente, devem ser realizadas em todos os projetos de *machine learning*.

1. Entender o problema e definir objetivos – Que problema estou resolvendo?
2. Coletar e analisar os dados – De que informações preciso?
3. Preparar os dados – Como preciso tratar os dados?
4. Construir o modelo – Quais são os padrões nos dados que levam a soluções?

5. Avaliar e criticar o modelo – O modelo resolve meu problema?
6. Apresentar resultados – Como posso resolver o problema?
7. Distribuir o modelo – Como resolver o problema no mundo real?

A Figura 59.3 resume este fluxo:

Figura 59.3. Esquema de um projeto completo de *machine learning*.
Fonte: Escovedo; Koshiyama (2020).

Como vimos anteriormente, os problemas de *machine learning* podem ser resumidos em dois grandes tipos: aprendizado supervisionado e não supervisionado. São exemplos de problemas de aprendizado supervisionado a **classificação** e a **regressão**; e são exemplos de problemas de aprendizado não supervisionado a **clusterização** (ou **agrupamento**) e a **associação**. Esses quatro grandes tipos de problemas serão detalhados a seguir.

Classificação

Um exemplo típico de problema de classificação é a detecção de clientes com perfis fraudulentos. Imagine a seguinte situação: um determinado cliente deseja obter um empréstimo de R$ 10.000,00. O gestor desse sistema poderia se perguntar: "será que esse cliente vai pagar o empréstimo?". Ou ainda: "qual é o melhor modelo de financiamento para esse cliente (juros, prazo etc.)?". Este é um problema típico de classificação, pois deseja-se colocar o cliente em uma das possíveis classes do problema, por exemplo, bom pagador/mau pagador ou juros/prazo/outros.

A classificação é uma das categorias de problemas de *machine learning* mais importantes e mais populares, e o objetivo do algoritmo é aprender uma regra geral que mapeie as entradas nas saídas corretamente. Conforme já mencionamos, os dados de entrada podem ser divididos em dois grupos: X, com os atributos a serem utilizados na determinação da classe de saída, e Y, que representa a classe de saída (o atributo para o qual se deseja fazer a predição do valor da classe), sendo que, em problemas de classificação, o Y é sempre categórico.

Informalmente, um problema de classificação pode ser definido como a busca por uma função matemática que permita associar corretamente cada exemplo X_i de um conjunto de dados a um único rótulo categórico, Y_i, denominado classe. Essa função, uma vez identificada, poderá ser aplicada a novos dados para prever suas respectivas classes. A Figura 59.4 ilustra esse problema:

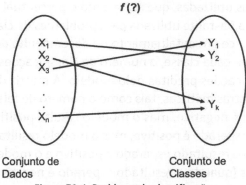

Figura 59.4. Problema de classificação.
Fonte: Escovedo; Koshiyama (2020).

O fluxo resumido de um problema de classificação inicia gerando, a partir de uma base de dados rotulada (aquela em que para cada exemplo conhecemos a sua respectiva classe), dois subconjuntos disjuntos: a base de treino (contendo, por exemplo, 70% dos dados originais) e a base de teste (contendo o restante dos dados originais, no caso, 30%).

Em seguida, é realizado o treinamento do modelo: a base de treino é submetida ao modelo (classificador) para que seus parâmetros sejam calibrados de acordo com os dados apresentados. Após essa etapa, ocorre a etapa de predição de classes: os exemplos da base de teste são apresentados para o modelo treinado para que este realize a predição de suas classes. Medimos a qualidade do modelo comparando as classes preditas com as classes verdadeiras da base de teste, permitindo medir sua habilidade em classificar corretamente exemplos não vistos durante o treinamento. Esse fluxo pode ser resumido pela Figura 59.5.

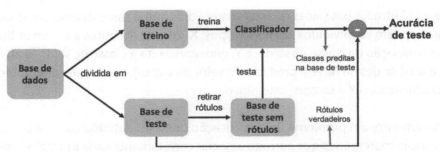

**Figura 59.5. Fluxo resumido de problemas de classificação.
Fonte: Escovedo; Koshiyama (2020).**

Existem diversas medidas para estimar o desempenho de um classificador, sendo a acurácia uma das mais utilizadas, que representa o percentual de acertos do classificador. Outra métrica bastante utilizada para problemas de classificação é a matriz de confusão, que oferece um detalhamento do desempenho do modelo de classificação mostrando, para cada classe, o número de classificações corretas em relação ao número de classificações preditas pelo modelo. A matriz de confusão pode ser usada para calcular outras métricas, tais como o número de falsos positivos (quando o resultado esperado é negativo, mas o modelo resulta positivo), falsos negativos (quando o resultado esperado é positivo, mas o modelo resulta negativo), verdadeiros positivos (quando o resultado esperado é positivo e o modelo resulta positivo) e verdadeiros negativos (quando o resultado esperado é negativo e o modelo resulta negativo).

A Figura 59.6 ilustra a matriz de confusão para um problema de classificação binária, no qual há somente duas classes possíveis, C1 e C2. Para problemas de classificação múltipla (no qual há mais de duas classes possíveis), a matriz de confusão pode ser um pouco difícil de se interpretar, sendo desencorajado o seu uso como única métrica de avaliação neste caso.

Classes	Predita C1	Predita C2
Verdadeira C1	Verdadeiros Positivos	Falsos Negativos
Verdadeira C2	Falsos Positivos	Verdadeiros Negativos

**Figura 59.6. Matriz de confusão para problema de classificação binária.
Fonte: Escovedo; Koshiyama (2020).**

Regressão

O problema de classificação, apresentado anteriormente, pode ser considerado um subtipo do problema de regressão, pois ambos são bem similares. Sua principal diferença consiste na saída do modelo: na classificação o resultado é categórico e na regressão o resultado é numérico (contínuo ou discreto). Um exemplo de problema de regressão é a predição do valor estimado das vendas em uma nova filial de uma determinada cadeia de lojas. Se essa pergunta for mapeada em um problema de classificação, as respostas possíveis poderiam ser: alto/médio/baixo. Se mapeada em um problema de regressão, as respostas poderiam ser valores monetários. As tarefas de separação em conjuntos de treino e teste são feitas de forma equivalente para ambos os problemas.

Assim como na classificação, a regressão consiste em realizar aprendizado supervisionado a partir de dados históricos. Além do tipo do resultado de saída do modelo, os dois problemas também se diferem quanto às métricas utilizadas para a avaliação de saída: na regressão, verifica-se a distância ou o erro entre a saída do modelo e a saída desejada. A saída do modelo é um valor numérico que deve ser o mais próximo possível do valor desejado, e a diferença entre esses valores fornece uma medida de erro de estimação do algoritmo.

Podemos definir um problema de regressão como: dado um conjunto de n padrões, cada um deles composto por variáveis explicativas (independentes) e por uma variável resposta contínua ou discreta (dependente), busca-se construir um modelo de regressão que estime o valor mais esperado para a variável resposta dado um novo padrão i. Assim, seja d_i o valor de resposta desejada para o padrão i e seja z_i a resposta predita do algoritmo, obtida a partir da entrada do padrão i, então $d_i - z_i$ é o erro observado para o objeto i. O processo de treinamento do modelo de regressão tem por objetivo "corrigir" esse erro observado e, para tal, busca ajustar os parâmetros do modelo de forma a aproximar as saídas preditas dos valores de saída desejados.

Dentre as diversas métricas de avaliação utilizadas para problemas de regressão, uma das mais usadas é a RMSE (*Root Mean Square Error*, ou raiz do erro quadrático médio). Quanto menor o valor de RMSE, melhor é o modelo de regressão analisado. Outra métrica muito utilizada é o coeficiente de determinação, ou R^2. Quanto mais próximo de 1, melhor é o ajuste do modelo.

410 Jornada Python

Clusterização

O problema de clusterização (ou agrupamento) tem o objetivo de agrupar os dados de interesse ou separar os registros de um conjunto de dados em subconjuntos ou grupos (*clusters*), de tal forma que elementos em um *cluster* compartilhem um conjunto de propriedades comuns que os diferencie dos elementos de outros *clusters*. São os problemas de aprendizagem não supervisionada mais comuns. Um exemplo desse problema seria imaginar que quiséssemos determinar localidades promissoras para abertura de novas filiais de uma loja. Nesse caso, os bairros de uma cidade poderiam ser agrupados em localidades mais ou menos promissoras.

Nesse tipo de problema, os grupos são formados de acordo com alguma medida de similaridade, de forma que elementos pertencentes a um dado grupo devem ser mais similares entre si, ou seja, compartilham um conjunto maior de propriedades comuns, do que em relação aos pertencentes a outros grupos. Sendo assim, é necessário definir o que significa que duas observações são similares ou diferentes dentro do domínio do nosso problema. Essa informação geralmente é obtida por meio da consulta a especialistas do negócio, que auxiliam na interpretação dos resultados, mas também existem métricas que aferem o resultado do agrupamento, tais como o coeficiente de *silhouette*. Alguns algoritmos de clusterização requerem que o usuário forneça o número de *clusters* a formar, enquanto outros buscam detectar a quantidade de *clusters* naturais existentes no conjunto de dados de entrada.

Os algoritmos de clusterização podem ser divididos em duas categorias: partitivos ou hierárquicos. Os algoritmos partitivos dividem o conjunto de dados em *k clusters* e produzem agrupamentos simples, tentando fazer os *clusters* tão compactos e separados quanto possível. Eles funcionam bem quando os *clusters* são compactos, densos e bastante separados uns dos outros. Entretanto, quando existem grandes diferenças nos tamanhos e geometrias dos diferentes *clusters*, podem dividir desnecessariamente grandes *clusters* para minimizar a distância total calculada.

O funcionamento dos algoritmos partitivos pode ser resumido como:

- ✓ Inicialmente, *k* objetos são escolhidos aleatoriamente como os centros dos *k clusters*.
- ✓ Os objetos são divididos entre os *k clusters* de acordo com a medida de similaridade adotada, de modo que cada objeto fique no *cluster* que forneça o menor valor de distância entre o objeto e o centro do *cluster*.

✓ Uma estratégia iterativa determina se os objetos devem mudar de *cluster*, fazendo com que cada *cluster* contenha somente os elementos mais similares entre si.
✓ Após a divisão inicial, há duas possibilidades na escolha do "elemento" que vai representar o centro do *cluster* e que será a referência para o cálculo da medida de similaridade:
  - Média dos objetos que pertencem ao *cluster* (centroide ou centro de gravidade do *cluster*).
  - O objeto que se encontra mais próximo ao centro de gravidade daquele *cluster* (medoide).

Já os algoritmos hierárquicos criam uma decomposição hierárquica do conjunto de dados, representada por um dendrograma, uma árvore que iterativamente divide o conjunto de dados em subconjuntos menores até que cada subconjunto consista em somente um objeto. Cada nó da árvore representa um *cluster* do conjunto de dados, e a união dos *clusters* em um determinado nível da árvore corresponde ao *cluster* no nível exatamente acima. A figura a seguir ilustra um dendrograma:

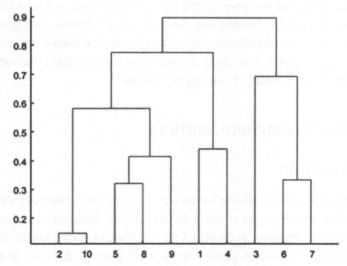

Figura 59.7. Exemplo de um dendrograma.
Fonte: a autora.

Os algoritmos hierárquicos podem seguir a abordagem aglomerativa (*bottom-up*), que começa considerando cada um dos elementos do conjunto de entrada um *cluster* (uma folha da árvore) e vai agrupando-os segundo um critério de distância até que se chegue à raiz da árvore; ou divisiva (*top-down*), na qual se parte da raiz para as folhas, considerando inicialmente todos os elementos do conjunto de entrada pertencentes a um único *cluster* (raiz) e realizando sucessivas divisões em *clusters* até obter *n clusters* ou alguma condição de parada seja satisfeita.

Associação

O problema de associação pode ser exemplificado pela oferta de novos serviços e produtos a clientes. Por exemplo, em um sistema de *e-commerce*, poderíamos nos perguntar: "quem observa esse produto tem interesse em ver qual outro?". Ou ainda: "quem observa esse produto costuma comprar qual outro?". Apesar de ser considerado um problema de aprendizado não supervisionado e ser bastante utilizado na prática, o detalhamento desse tipo de problema, cujo algoritmo mais conhecido é o Apriori, está fora do escopo deste livro.

Para cada um dos problemas de *machine learning* – classificação, regressão, clusterização e agrupamento – existem diversos algoritmos que podem ser utilizados. Entretanto, vale a pena mencionar o conhecido teorema "não existe almoço grátis": não existe um algoritmo de aprendizado que seja superior a todos os demais quando considerados todos os problemas possíveis. A cada problema, os algoritmos disponíveis devem ser experimentados a fim de identificar aqueles que obtêm melhor desempenho. Em seguida, apresentaremos alguns dos modelos mais utilizados para aprendizagem supervisionada e não supervisionada.

Algoritmos de *machine learning*

Árvore de decisão

A árvore de decisão é inspirada na forma como humanos tomam decisões e, por este motivo, um dos modelos mais simples de se entender. Uma das principais vantagens deste algoritmo é a apresentação visual da informação, facilitando o entendimento pelo ser humano. As árvores podem ser usadas para problemas de classificação (árvores de classificação) ou regressão (árvores de regressão). De forma resumida, uma árvore de decisão usa amostras das características dos dados para criar regras de decisão no formato de árvore, mapeando os dados em um conjunto de regras que podem ser usadas para uma decisão.

As árvores de decisão costumam ter bons resultados e boa interpretabilidade, e podem realizar automaticamente a seleção de variáveis para compor suas estruturas. Cada nó interno representa uma decisão sobre uma característica, que determina como os dados serão particionados pelos seus nós filhos. Para aplicar o modelo a um novo exemplo, basta testar os valores dos atributos em cada nó da árvore e percorrê-la até se atingir um nó folha, que representará a classe ou o valor predito, dependendo de o problema ser de classificação ou de regressão. A Figura 59.8 ilustra uma árvore de classificação.

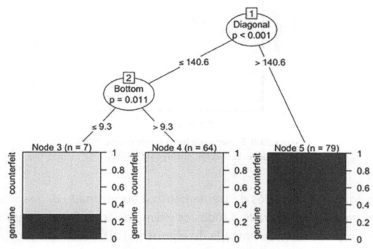

Figura 59.8. Exemplo de árvore de classificação.
Fonte: a autora.

Existem diferentes algoritmos para a elaboração de uma árvore de decisão. Alguns exemplos são: ID3, C4.5, C5.0 e CART (sendo este último implementado pela biblioteca Scikit-Learn, que exploraremos nos próximos capítulos). A ideia geral de todos esses algoritmos é bem parecida: a construção da árvore é realizada, em geral, de acordo com alguma abordagem recursiva de particionamento do conjunto de dados. A principal distinção entre os algoritmos está nos processos de seleção de variáveis, critério de particionamento e critério de parada para o crescimento da árvore.

K-vizinhos mais próximos (KNN)

O algoritmo KNN (*k-Nearest Neighbours* ou k-vizinhos mais próximos) é de simples entendimento e funciona muito bem na prática, podendo ser utilizado tanto para problemas de classificação quanto para problemas de regressão. Sua ideia principal é considerar que os exemplos vizinhos são similares ao exemplo cuja informação se deseja inferir, uma ideia parecida com "diga-me com quem andas e eu te direi quem és!". O KNN considera que os registros do conjunto de dados correspondem a pontos no espaço R_n, em que cada atributo corresponde a uma dimensão desse espaço. A Figura 59.9 ilustra um exemplo no espaço R_2.

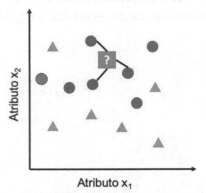

Figura 59.9. Exemplo de funcionamento do KNN.
Fonte: Escovedo; Koshiyama (2020).

No KNN, o conjunto de dados de treinamento é armazenado e, quando um novo exemplo chega, ele é comparado a todos os exemplos armazenados para identificar os *k* (que é um parâmetro de entrada do algoritmo) vizinhos mais próximos (mais semelhantes) de acordo com alguma métrica de distância (por exemplo, distância euclidiana). No caso de ser um problema de classificação, a classe do novo registro é determinada por inspeção das classes dos *k* vizinhos mais próximos, de acordo com a métrica escolhida. No caso de um problema de regressão, em vez da classe, examina-se o valor de Y dos *k* vizinhos. Na maioria das implementações do KNN, os atributos são normalizados no início do algoritmo, para que contribuam igualmente na predição da classe ou do valor.

As etapas a seguir resumem o algoritmo KNN:

1. Definição da métrica de distância utilizada e valor de *k*.
2. Cálculo da distância do novo exemplo a cada um dos exemplos existentes no conjunto inicial de entrada.
3. Identificação dos *k* exemplos do conjunto de referência que apresentaram menor distância em relação ao novo exemplo (mais similares).
4. Apuração da classe mais frequente entre os *k* exemplos identificados no passo anterior, usando votação majoritária (para problemas de classificação) ou estimação do valor Y como a média aritmética dos *k*-vizinhos mais próximos.

Regressão linear

A regressão linear é um algoritmo utilizado apenas para problemas de regressão e, resumidamente, consiste em escolher coeficientes para construir uma reta que minimize a soma dos quadrados dos erros (SQE) entre os valores reais dos exemplos de treinamento e essa reta. Observe um exemplo de regressão linear para o problema de se estimar o faturamento esperado para uma filial em um bairro, considerando a renda *per capita* desse bairro, ilustrado na Figura 59.10.

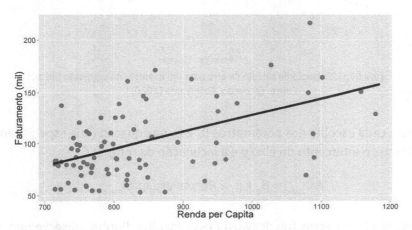

Modelo: $\widehat{Fat}_{Bairro} = -24{,}49 + 0{,}15 \times RendaPerCapita_{Bairro}$

Figura 59.10. Exemplo de regressão linear.
Fonte: Escovedo; Koshiyama (2020).

Neste caso, os coeficientes da reta de regressão linear são -24,49 e 0,15. Esse modelo significa que, a cada aumento de R$ 100 na renda *per capita* do bairro, espera-se que isso reflita em 0,15 * 100 = 15 mil de faturamento para a filial. Essa solução é dita ótima porque ela representa a reta que passa mais perto dos pontos (considerando a distância euclidiana), como ilustra a Figura 59.11.

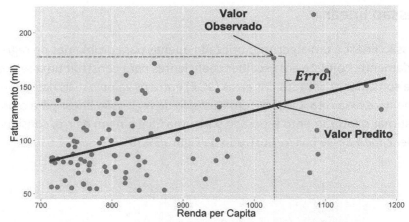

Figura 59.11. Exemplo de cálculo de erro para um exemplo na regressão linear.
Fonte: Escovedo; Koshiyama (2020).

Assim, para cada escolha dos parâmetros β_0 e β_1 na equação (que especificam, respectivamente, o intercepto do eixo y e a inclinação da reta):

$$\overline{Fat}_{Bairro} = \beta_0 + \beta_1 \times RendaPerCapita_{Bairro}$$

podemos calcular os erros (ou desvios) dessa escolha. Porém, observe que, se somarmos todos os erros individuais para calcular o erro total do modelo, eles irão se anular, uma vez que os erros individuais são positivos e negativos. Dessa forma, é mais indicado trabalhar com a magnitude do erro, como, por exemplo, o erro ao quadrado.

É importante ressaltar que nesse exemplo consideramos apenas a relação entre faturamento e renda *per capita*, mas, em problemas reais, dificilmente haverá uma única variável *x* capaz de prever a saída *y*. Assim, se quiséssemos adicionar uma ou mais variáveis *x* ao problema, teríamos uma **regressão linear múltipla**, acrescentando mais coeficientes à equação, um para cada variável de *X*, e estendendo a equação da reta para a equação de um plano (quando temos três dimensões) ou hiperplano (quando temos mais de três dimensões).

Formalmente, a regressão linear modela a relação entre a variável de resposta *y* e as variáveis preditoras *X*, e corresponde ao problema de estimar uma função a partir de pares entrada-saída, considerando que *y* pode ser explicado por uma combinação linear de *X*. Assim, a solução de um problema de regressão consiste em encontrar valores para os coeficientes de regressão de forma que a reta (ou plano/hiperplano) se ajuste aos valores assumidos pelas variáveis no conjunto de dados.

A saída do modelo é um valor numérico contínuo que deve ser o mais próximo possível do valor desejado, e a diferença entre esses valores fornece uma medida de erro do algoritmo. Se a equação de regressão aproxima suficientemente bem os dados de treinamento, então ela pode ser usada com novos dados (onde não conhecemos o valor de y) para estimar y a partir do valor das variáveis X, assumindo uma relação linear entre essas variáveis. Em suma, a regressão linear procura pelos coeficientes da reta que minimizem a distância dos objetos até a reta.

Regressão logística

A regressão logística, apesar do nome, é um algoritmo utilizado exclusivamente para problemas de classificação, mas seu funcionamento lembra muito o funcionamento do algoritmo de regressão linear. A regressão logística é usada para estimar valores discretos de classes binárias (valores como 0/1, sim/não, verdadeiro/falso) com base em um conjunto de variáveis independentes. Internamente, a regressão logística calcula a probabilidade de ocorrência de um evento, ajustando os dados a uma função *logit*, que mapeia a saída em valores entre 0 e 1.

De forma similar à regressão linear, a regressão logística usa uma equação como representação: os valores de entrada X são combinados linearmente usando coeficientes para prever um valor de saída y. A diferença é que o valor de saída é modelado em valor de classe binário em vez de um valor numérico.

A regressão logística modela a probabilidade da classe padrão do problema. Por exemplo, se estivermos modelando o perfil de um cliente (bom ou mau pagador) dado seu salário, podemos escolher considerar a classe "bom pagador" como padrão e modelar a probabilidade de uma entrada X pertencer à classe padrão. Os melhores coeficientes resultarão em um modelo que vai prever um valor muito próximo de 1 para a classe padrão e um valor muito próximo de 0 para a outra classe. Após determinados os coeficientes e construir a equação resultante, basta utilizá-la para fazer predições para novos exemplos.

Naïve Bayes

O *Naïve* Bayes (Bayes Ingênuo) é um dos métodos mais utilizados para classificação, por ser computacionalmente rápido e por necessitar de poucos dados de treinamento. Por esse motivo, é um modelo especialmente adequado quando o problema tem um

418 Jornada Python

grande número de atributos (características). Basicamente, este modelo determina a probabilidade de um exemplo pertencer a uma determinada classe.

O *Naïve* Bayes é chamado de ingênuo (*naïve*) porque desconsidera completamente qualquer correlação existente entre os atributos do *dataset*. Por exemplo, em um problema de classificação de animais, se determinado animal é considerado um "gato" se tiver bigodes, rabo e aproximadamente 30 cm de altura, o algoritmo não vai levar em consideração a correlação entre esses fatores e tratará cada um deles de forma independente.

Além disso, este modelo foi assim batizado por ser baseado no Teorema de Bayes, estando relacionado com o cálculo de probabilidades condicionais. O Teorema de Bayes determina a probabilidade de um evento com base em um conhecimento prévio (*a priori*) que pode estar relacionado a esse evento.

Formalmente, seja $X(A_1, A_2, ..., A_n, C)$ um conjunto de dados. Considere que $c_1, c_2, ..., c_n$ são as classes do problema (valores possíveis do atributo alvo C) e que R é um novo exemplo que deve ser classificado. Sejam ainda $a_1, a_2, ..., a_k$ os valores que R assume para os atributos previsores $A_1, A_2, ..., A_n$, respectivamente. Resumidamente, o algoritmo consiste em dois passos:

1. Calcular as probabilidades condicionais $P(C=c_i|R)$, $i = 1, 2, ..., k$.
2. Indicar como saída do algoritmo a classe c tal que $P(C=c|R)$ seja máxima, quando considerados todos os valores possíveis do atributo alvo C.

A intuição por trás do algoritmo é dar mais peso para as classes mais frequentes, considerando que os atributos são estatisticamente independentes entre si. Apesar de isso não ocorrer em muitos casos práticos, o método mostra-se bastante efetivo mesmo quando os atributos não são estatisticamente independentes.

Support Vector Machines (SVM)

O algoritmo *Support Vector Machine* (SVM, ou Máquina de Vetores de Suporte) é um dos algoritmos mais populares e efetivos para problemas de classificação (apesar de também poder ser usado para problemas de regressão). Apesar de o treinamento do SVM geralmente ser lento, esses modelos exigem poucos ajustes e tendem a apresentar boa acurácia, conseguindo modelar fronteiras de decisão complexas e não lineares.

Resumidamente, o SVM realiza um mapeamento não linear (utilizando funções *kernel*) para transformar os dados de treino originais em uma dimensão maior, buscando nessa nova dimensão um hiperplano que separe os dados linearmente de forma ótima. Com um mapeamento apropriado para uma dimensão suficientemente alta, dados de duas classes poderão ser sempre separados por um hiperplano. O SVM encontra esse hiperplano usando vetores de suporte (exemplos essenciais para o treinamento) e margens definidas pelos vetores de suporte.

A Figura 59.12 ilustra um classificador linear (ilustrado pela reta sólida) e duas retas paralelas a esse classificador, pontilhadas. Cada uma das retas pontilhadas é movida a partir da posição da reta sólida e determina quando a reta paralela intercepta o primeiro ponto do conjunto de dados, que é denominado vetor de suporte. A margem é a distância construída entre essas duas retas paralelas pontilhadas.

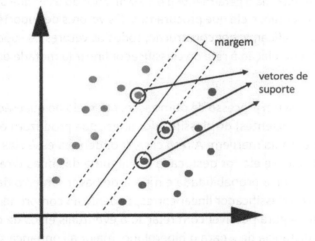

Figura 59.12. Exemplo de classificador linear, margem e vetores de suporte.
Fonte: Escovedo; Koshiyama (2020).

Como na maioria das vezes infinitas retas (ou hiperplanos) dividem corretamente o conjunto de treinamento em duas classes, o SVM deve, então, realizar um processo de escolha da reta separadora dentre o conjunto infinito de retas possíveis. Assim como existem infinitas retas que separam os pontos em duas classes, há diversos tamanhos de margem possíveis dependendo da reta escolhida como classificador. A Figura 59.13 ilustra dois possíveis classificadores para um mesmo problema, com dois tamanhos de margem diferentes.

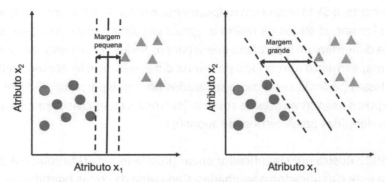

Figura 59.13. Diferentes tamanhos de margem possíveis para um mesmo problema.
Fonte: Escovedo; Koshiyama (2020).

O classificador associado ao valor máximo de margem é denominado classificador linear de margem máxima e geralmente é o classificador do SVM que apresenta o melhor resultado – e, então, é ele que procuramos. Os vetores de suporte são os pontos mais difíceis de classificar, e, por construção, todos os vetores de suporte possuem a mesma distância em relação à reta do classificador linear (a metade do comprimento da margem).

Assim, o SVM realiza um processo de otimização, por meio do qual são determinados os parâmetros (coeficientes) do classificador linear que produzam o valor máximo para o comprimento da margem. A reta correspondente a esse classificador linear é dita ótima porque, se ela for deslocada em alguma das duas direções das retas perpendiculares a ela, a probabilidade é menor de haver um erro de classificação. Assim, a posição do classificador linear correspondente ao comprimento de margem máximo é a mais segura possível com relação a eventuais erros de classificação, e quanto maior a distância de x para o hiperplano, maior a confiança sobre a classe a que x pertence. Uma vez obtidos os valores dos coeficientes e encontrado o classificador linear de margem máxima, aplica-se uma função de decisão para classificar um novo exemplo, cuja classe é dada pelo sinal do resultado dessa função.

Na prática, o SVM é implementado usando funções *kernel*, objetos matemáticos que permitem que trabalhemos em um espaço de dimensão maior. Os tipos de *kernel* mais utilizados são linear, polinomial e radial. Para um conjunto de dados que não é linearmente separável, o SVM utiliza funções *kernel* para mapear o conjunto de dados para um espaço de dimensão maior que a original, e o classificador é ajustado nesse novo espaço. Assim, o SVM é, na verdade, a combinação do classificador linear com um *kernel* não linear. O processo de mapeamento de um espaço em outro de dimensão maior é ilustrado pela Figura 59.14.

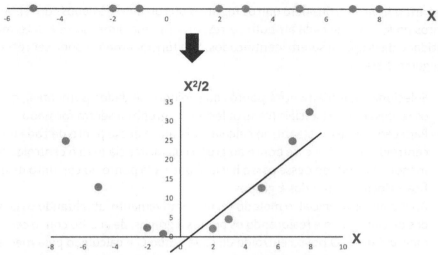

Figura 59.14. Exemplo de mapeamento de um conjunto não linearmente separável em um linearmente separável.
Fonte: Escovedo; Koshiyama (2020).

K-means

Um dos algoritmos de clusterização mais conhecido e utilizado é o *K-means*, baseado em distâncias. Este algoritmo exige que seja informado previamente o parâmetro *k* (número de *clusters* ou grupos) e atribui cada observação a um dos *k clusters*. A Figura 59.15 ilustra os resultados deste algoritmo em uma mesma base de dados, considerando três diferentes valores de *k*:

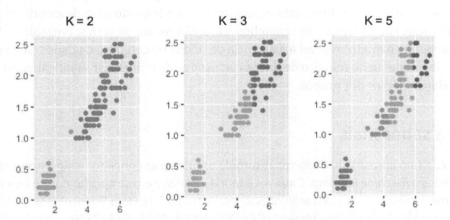

Figura 59.15. Exemplo do resultado do algoritmo K-*means* para diferentes valores de *k*.
Fonte: Escovedo; Koshiyama (2020).

422 Jornada Python

O algoritmo *K-means* considera que os registros do conjunto de dados correspondem a pontos no R_n, em que cada atributo corresponde a uma dimensão e k determina a quantidade de grupos a serem identificados. Seu funcionamento pode ser resumido nas seguintes etapas:

1. Seleciona aleatoriamente k pontos do conjunto de dados (sementes), que são os representantes iniciais (centroides) dos k grupos a serem formados.
2. Para cada ponto, o algoritmo calcula a distância desse ponto de cada um dos centroides e atribui esse ponto ao grupo cuja distância para o centroide seja a menor. O resultado desse passo inicial é que cada ponto do conjunto de dados fica associado a um dos k grupos.
3. Após a alocação inicial, o método segue iterativamente, atualizando os centroides de cada grupo e realocando os pontos a grupos, de acordo com o centroide mais próximo. O novo centroide de cada grupo G é calculado pela média dos pontos alocados a G.
4. O processo iterativo termina quando os centroides dos grupos param de se modificar, ou após um número preestabelecido de iterações ter sido realizado.

Inicialmente, as sementes são selecionadas aleatoriamente e cada exemplo é alocado ao grupo com menor distância do centroide. Os centroides são então atualizados e ocorre nova realocação de pontos. Esse processo continua iterativamente até a convergência.

Em geral, o *K-means* apresenta bom desempenho quando os grupos são densos, compactos e bem separados uns dos outros, além de ser computacionalmente rápido e de fácil entendimento e implementação. Entretanto, há a necessidade de especificar previamente o parâmetro k, sendo preciso realizar experimentos para determinar o valor adequado. Além disso, este algoritmo não é adequado para descobrir grupos com formas não convexas, de tamanhos muito diferentes ou com sobreposição. Seu desempenho é muito sensível à existência de ruídos no conjunto de dados, visto que mesmo um pequeno número de dados ruidosos pode influenciar significativamente os valores médios dos grupos.

Para saber mais

Este capítulo apresentou de forma resumida os principais conceitos e algoritmos relacionados a *machine learning*. Caso você tenha interesse em se aprofundar no assunto, recomendamos a leitura dos seguintes livros: "Introdução a Data Science" (ESCOVEDO; KOSHIYAMA, 2020); "Data Mining" (GOLDSCHMIDT; PASSOS; BEZERRA, 2005); "Data Science para negócios" (FAWCETT; PROVOST, 2018); "Machine Learning Mastery with Python" (BROWNLEE, 2016); e "Introduction to Data Science" (IGUAL; SEGUÍ, 2017).

60. *Deep learning*

Alexandra Raibolt

Como vimos no capítulo anterior, aprendizado de máquina pode ser caracterizado como sendo uma subárea da inteligência artificial que possui como propósito o desenvolvimento de algoritmos que sejam capazes de aprender sem precisarem ser explicitamente programados. Como também visto no capítulo anterior, existe uma infinidade de algoritmos que realizam essa tarefa. Entretanto, existe um algoritmo em especial que se destaca – a *Artificial Neural Networks*, ou Rede Neural Artificial.

Em vista disso, podemos caracterizar o termo *deep learning* (aprendizado profundo) como sendo uma subárea de aprendizado de máquina, no qual grandes redes neurais artificiais com várias camadas intermediárias são utilizadas para modelar abstrações e auxiliar no processamento de dados de alto nível, tudo isso graças ao grande volume de dados (*big data*) e ao poder computacional disponibilizado pelas GPUs (*Graphics Processing Unit* ou Unidade de Processamento Gráfico) que hoje temos à nossa disposição, possibilitando, por exemplo, a programação em paralelo dessas grandes arquiteturas.

Para entendermos o que é aprendizado profundo, a proposta deste capítulo é abordar o que fundamenta todo o seu conceito, começando pelas redes neurais artificiais, passando pelos modelos *Single-Layer Perceptron* (*Perceptron* de Camada Única) e *Multilayer Perceptron* (*Perceptron* Multicamada), perpassando pelas arquiteturas avançadas de aprendizado profundo, como é o caso de arquiteturas como *Convolutional Neural Networks* (Redes Neurais Convolucionais), *Recurrent Neural Networks* (Redes Neurais Recorrentes), *Autoencoders* (Autoencodificadores), *Generative Adversarial Networks* (Redes Adversárias Generativas) e *Deep Reinforcement Learning* (Aprendizado por Reforço Profundo). E, por fim, abordaremos também o uso de aprendizado profundo para aplicações em *Natural Language Processing* (Processamento de Linguagem Natural).

Artificial Neural Networks

A partir do ano de 1943, os primeiros estudos sobre redes neurais artificiais começaram a surgir, principalmente com a teoria desenvolvida pelo neurofisiologista W. McCulloch e pelo matemático W. Pitts (1943) de como funcionam os neurônios por meio do desenvolvimento de um modelo de redes neurais artificiais para circuitos elétricos nomeado modelo McCulloch-Pitts. A estrutura básica do modelo McCulloch-Pitts pode ser visualizada na Figura 60.1.

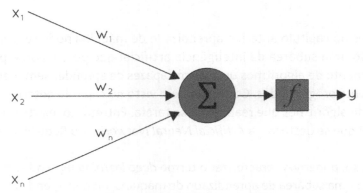

Figura 60.1. Modelo de McCulloch-Pitts.
Fonte: Raibolt-Silva (2018).

Como visto na Figura 60.1, o modelo McCulloch-Pitts é composto por um vetor de entrada x associado a um vetor de pesos w, uma soma ponderada $\sum$ e uma função de ativação f que determina o valor de saída y do modelo. A soma das entradas ponderadas por seus pesos sinápticos associados é submetida à função de ativação. Se a soma ponderada for maior que o limiar de ativação (bias – b), o neurônio é ativado e a saída y será igual a 1. Caso contrário, o neurônio é desativado e a saída y é igual a -1.

Single-Layer Perceptron

Rosenblatt (1957) desenvolveu o que conhecemos hoje como modelo *Single-Layer Perceptron*, ou seja, a rede neural artificial mais antiga. Este modelo possui um número fixo de entradas, processamento e uma única saída. Uma das particularidades deste modelo é ser um classificador linear, ou seja, ele realizará a classificação se o conjunto de dados puder ser linearmente separado em categorias binárias. Após esse processo, as entradas ponderadas serão passadas pela função de ativação, e o modelo será considerado ativado se a soma for maior que o limiar de ativação.

Os pesos são inicializados de forma aleatória. É feito um certo ajuste de pesos se a resposta esperada pela rede não for a correta. Nesse caso, o algoritmo procura por um novo conjunto de pesos ideais para que a rede possa classificar corretamente as entradas. A arquitetura básica do modelo *Single-Layer Perceptron* pode ser vista na Figura 60.2 a seguir.

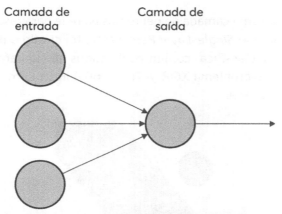

Figura 60.2. Arquitetura do modelo *Single-Layer Perceptron*.
Fonte: adaptado de Beale; Jackson (2017).

O modelo tenta dividir o plano entre duas regiões e classificar as duas classes por um separador linear, conhecido em inglês como *decision boundary*. A Figura 60.3 mostra um conjunto de dados linearmente separável.

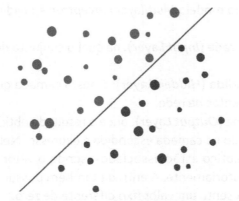

Figura 60.3. Conjunto de dados linearmente separável.
Fonte: Raibolt-Silva (2018).

Multilayer Perceptron

Como vimos anteriormente, as características do modelo *Single-Layer Perceptron* são limitadas à classificação de conjuntos linearmente separáveis. Este modelo, portanto, é incapaz de classificar conjuntos não lineares ou conjuntos com mais de uma classe.

Adicionando mais de uma camada de neurônios na rede para resolver as limitações encontradas no modelo *Single-Layer Perceptron*, foi criado o modelo *Multilayer Perceptron*, capaz de classificar conjuntos de dados não linearmente separáveis, como, por exemplo, o problema XOR. A Figura 60.4 ilustra um conjunto de dados não linearmente separável.

Figura 60.4. Conjunto de dados não linearmente separável.
Fonte: Raibolt-Silva (2018).

A arquitetura básica do modelo *Multilayer Perceptron* é dividida em:

- ✓ **Camada de entrada (*Input Layer*)**: na qual o conjunto de dados é incorporado na rede.
- ✓ **Camada escondida (*Hidden Layer*)**: é nesta camada que acontece a maioria dos processamentos da rede.
- ✓ **Camada de saída (*Output Layer*)**: onde o resultado obtido por meio do processamento atingido na camada escondida é expresso. Nela, cada nó de entrada e seu peso sináptico estão associados, sendo o valor dos pesos sinápticos inicializado aleatoriamente. A entrada também possui um limiar de ativação (*bias*), que representa um valor fixo diferente de zero.

Isso posto, ocorre um processo de combinação linear, gerando o potencial de ativação s, onde os nós de entrada são ponderados por seus respectivos pesos sinápticos associados e o limiar de ativação b. Após esse processo, a soma das entradas ponderadas por seus pesos sinápticos associados ao limiar de ativação, ou seja, o potencial de ativação s, é submetida a uma função de ativação. Se o potencial de ativação for maior que o limiar de ativação, o modelo é considerado ativado; caso contrário, o modelo é considerado desativado. A arquitetura básica do modelo *Multilayer Perceptron* com uma única camada escondida pode ser vista na Figura 60.5.

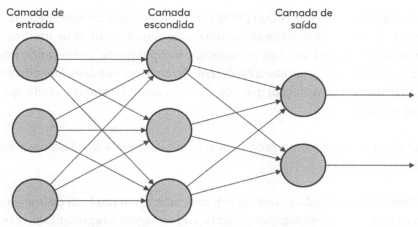

Figura 60.5. Arquitetura básica do modelo *Multilayer Perceptron*.
Fonte: adaptado de Beale; Jackson (2017).

Vale ressaltar que arquiteturas profundas de um modelo *Multilayer Perceptron* possuem *n* camadas escondidas.

Convolutional Neural Networks

O reconhecimento de padrões existentes em imagens é uma área desafiadora, tanto no campo de pesquisa quanto no campo de desenvolvimento, onde algoritmos são capazes de identificar objetos, locais, sinais de trânsito, animais, pessoas, tumores e outros aspectos visuais. Embora as arquiteturas de redes neurais convolucionais sejam aplicadas com sucesso em desafios de reconhecimento e classificação de imagens, como no desafio *Imagenet* (KRIZHEVSKY; SUTSKEVER; HINTON, 2012) a partir do ano de 2012, são facilmente aplicadas também com sucesso em processamento de vídeo (MAMALET; ROUX; GARCIA, 2007) e processamento de linguagem natural (KIM, 2014). Seus resultados as tornam estado-da-arte para resolver problemas na área da visão computacional.

Por meio de estudos, pesquisas e aprimoramentos, existem diferentes modelos de arquiteturas de redes neurais convolucionais atualmente. Além das mais variadas arquiteturas disponíveis, as redes neurais convolucionais igualmente evoluíram em outros aspectos, como funções de ativação, design de camada, otimização e assim por diante. No entanto, os problemas ainda enfrentados ao treinar essas arquiteturas estão relacionados ao poder computacional necessário, pois, apesar das GPUs nos oferecerem recursos de processamento computacional, estes ainda são caros.

Proposta originalmente por LeCun (1998), uma arquitetura de redes neurais convolucionais pode ser caracterizada como uma rede neural artificial de multicamadas, na qual os dados de entrada são assumidos principalmente como sendo imagens. Embora semelhante à arquitetura *Multilayer Perceptron*, sua principal diferença é a operação (chamada convolução) que ocorre nas imagens inseridas na rede, que serão descritas a seguir.

A arquitetura básica de uma rede neural convolucional é dividida nas seguintes camadas:

✓ **Camada de entrada (*Input Layer*)**: onde a imagem (ou base de imagens) é inserida na rede. Computacionalmente, cada imagem é representada como uma matriz de valores de *pixels*. Portanto, quando uma imagem é recebida como entrada, o computador enxerga uma matriz de valores de *pixels*. Suponha que tenhamos uma imagem de entrada colorida no formato .png com um tamanho de 10 x 10. O computador verá uma matriz representativa de tamanho 10 x 10 x 3, onde 3 representa um componente preestabelecido dessa imagem de entrada, o canal (*Channel*). Nesse caso, o valor 3 refere-se ao canal de cor RGB, onde *pixel* terá um valor dentro do intervalo de 0 (ausência de cor) a 255 (maior intensidade de cor). A Figura 60.6 mostra um exemplo dessa representação.

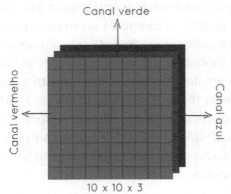

Figura 60.6. Matriz representativa de uma imagem de entrada com dimensão 10 x 10 x 3.
Fonte: Raibolt-Silva (2018).

✓ **Camada de convolução (*Convolutional Layer*)**: seu objetivo principal é extrair recursos da imagem de entrada e é a principal operação que ocorre em uma imagem inserida na rede. É gerada uma imagem pela convolução de um filtro (*kernel*) com a imagem de entrada.

Os filtros podem destacar determinados recursos presentes na imagem, como sombras, bordas etc. A Figura 60.7 mostra os resultados da convolução aplicados à imagem de entrada (imagem à esquerda).

Figura 60.7. Resultado da convolução.
Fonte: a autora.

O resultado da convolução é geralmente chamado de mapa de recursos (*feature maps*).

✓ **Camada ReLU (*ReLU Layer*)**: utiliza-se a camada ReLU (*Rectified Linear Units*) para que a rede possa convergir mais rapidamente. Uma função de ativação não linear é aplicada para as camadas escondidas da rede à saída da anterior. O recurso de ativação da ReLU ajuda a acelerar as etapas de treinamento de rede para arquiteturas profundas.

✓ **Camada de subamostragem (*Pooling Layer*)**: camada utilizada para reduzir a dimensão, ou seja, reduzir o tamanho espacial da representação dos *feature maps* que serão utilizados pelas camadas seguintes. Dessa forma, a camada de subamostragem ajuda a reduzir o número de parâmetros e o processamento computacional da rede. Existem inúmeros tipos de subamostragens, sendo a mais popular o *Max-Pooling*. A Figura 60.8 mostra um exemplo da operação *Max-Pooling* em um *feature map* obtido após as operações de convolução e ReLU.

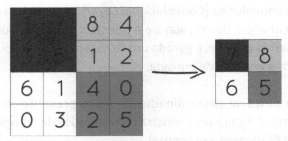

Figura 60.8. Operação de *Max-Pooling* com um filtro 2 x 2 e *stride* 2.
Fonte: Raibolt-Silva (2018).

✓ **Camada totalmente conectada (*Fully Connected Layer*)**: localizada no final da rede, é usada para classificar a imagem de entrada. Isso é feito por meio da identificação de padrões gerados pelas camadas anteriores. Portanto, estima a probabilidade de a imagem de entrada pertencer a qual classe n.

A arquitetura básica de uma rede neural convolucional pode ser vista na Figura 60.9.

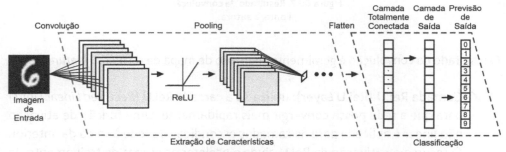

Figura 60.9. Arquitetura básica do modelo de rede neural convolucional.
Fonte: adaptado de Raibolt-Silva (2018).

Recurrent Neural Networks

Com base no trabalho de Rumelhart, Hinton e Williams (1985), uma rede neural recorrente é um modelo de sequência neural, isto é, um tipo de rede neural artificial projetada para trabalhar com dados sequenciais de entrada. Tais dados podem ser sequências de texto, caligrafia, linguagem falada, séries temporais e genomas, dentre outros. Portanto, este tipo de modelo possui uma dimensão temporal, considerando tempo e sequência.

Podemos trabalhar com dados sequenciais de entrada e reconhecer os padrões presentes nesses dados por meio das redes neurais recorrentes, pois esse tipo de modelo possui *loops* em sua arquitetura, os quais permitem que as informações que transitam pela rede persistam, ou seja, os *loops* possibilitam que as informações sejam passadas de etapa a etapa para um sucessor na rede. Na Figura 60.10 é possível ver a representação de um *loop* em uma arquitetura de rede neural recorrente.

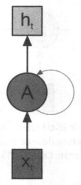

Figura 60.10. Representação de um *loop* em uma arquitetura de rede neural recorrente.
Fonte: adaptado de Olah (2015).

Podemos considerar uma arquitetura de rede neural recorrente como sendo várias cópias de si mesma; em outras palavras, várias cópias de seu *loop*, passando, portanto, uma informação para o seu sucessor. Podemos visualizar tal comportamento se "desenrolarmos" o *loop* de uma arquitetura, ilustrado pela Figura 60.11.

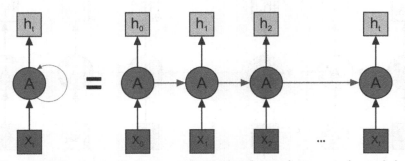

Figura 60.11. Representação de uma arquitetura de rede neural recorrente desenrolada.
Fonte: adaptado de Olah (2015).

Visualizando essa representação, podemos inferir que este tipo de rede neural artificial é o modelo certo para trabalhar com dados sequenciais de entrada; portanto, dados de entrada que estão intimamente relacionados a listas ou sequências.

Com pequenas diferenças entre as informações relevantes e os pontos necessários (tarefa atual), as redes neurais recorrentes operam bem e são capazes de aprender a usar as informações passadas, como pode ser visto na Figura 60.12.

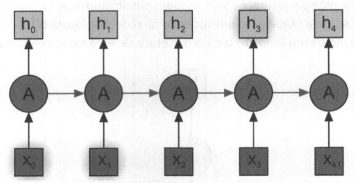

Figura 60.12. Representação de eficiência com dependências de curto prazo de uma arquitetura de rede neural recorrente.
Fonte: Olah (2015).

No entanto, em alguns casos, é necessário um histórico maior ou, dependendo do cenário, é necessário mais contexto. À medida que a lacuna entre informações relevantes e o ponto em que se faz necessário o seu uso aumenta, este modelo se torna ineficiente, pois vai perdendo a sua capacidade de aprender a conectar informações, como ilustra a Figura 60.13.

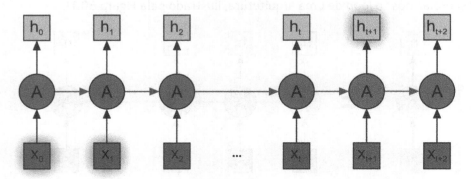

Figura 60.13. Representação de ineficiência com dependências de longo prazo de uma arquitetura de Rede Neural Recorrente.
Fonte: Olah, 2015.

Apesar de seus excelentes resultados nas duas últimas décadas, no início da década de 1990 alguns pesquisadores (HOCHREITER, 1991; BENGIO; SIMARD; FRASCONI, 1994) já apontavam que as redes neurais recorrentes não eram tão eficientes para lidar com dependências de longo prazo.

Long Short-Term Memory

A arquitetura de maior sucesso em relação às redes neurais recorrentes é a *Long Short-Term Memory* – ou Rede de Memória de Curto Prazo –, proposta originalmente por Hochreiter e Schmidhuber (1997). Esta arquitetura de rede neural recorrente é capaz de lidar com dependências de longo prazo, pois foi desenvolvida com a finalidade de evitar tal problema, possuindo a capacidade de lembrar informações relevantes por um extenso intervalo de tempo. A Figura 60.14 mostra um bloco do modelo de *Long Short-Term Memory* tradicional.

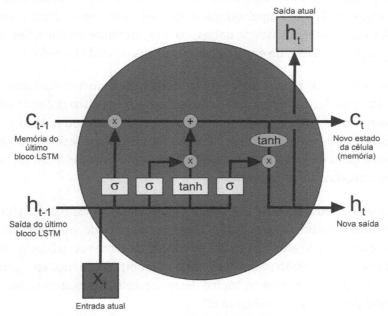

Figura 60.14. Bloco do modelo de *Long Short-Term Memory* tradicional.
Fonte: adaptado de Gref (2016).

Um bloco *Long Short-Term Memory* tradicional é composto por uma célula (*cell*) que representa a unidade de memória do bloco e é responsável por se "lembrar" dos elementos presentes na sequência do conjunto de dados que é inserido na rede e por três portões que são responsáveis pela manipulação e regularização de memória, ou seja, manipulação e regularização do fluxo de informações, tanto para dentro quanto para fora da célula:

✓ **Portão de entrada (*Input Gate*):** responsável por controlar a inserção de informações relevantes para o estado da célula.

✓ **Portão de saída (*Output Gate*)**: responsável por controlar a extração de informações relevantes presentes no estado atual da célula para ser posteriormente apresentada como saída e também como entrada da próxima célula.

✓ **Portão de esquecer (*Forget Gate*)**: responsável por controlar o descarte de informações que não são mais relevantes, ou seja, que se tornaram inúteis no estado da célula.

Autoencoders

Proposta originalmente por Rumelhart, Hinton e Williams (1985), *autoencoders* são redes neurais artificiais não supervisionadas que possuem como objetivo aprender de forma eficiente representações de dados, ou seja, aprender codificações. Com isso, é possível copiar os dados de entrada para os dados de saída da rede.

O interesse em realizar tal atividade está diretamente ligado à compressão de dados, que é uma técnica fundamental para reduzir o espaço em disco utilizado para armazenar informações. A fim de evitar a cópia perfeita duplicando o dado de entrada, os parâmetros dos *autoencoders* são configurados de forma restrita, forçando-os a reconstruir o dado de entrada de forma aproximada. Assim, os aspectos relevantes dos dados copiados são preservados.

A compressão de dados consiste em reduzir a quantidade necessária de *bytes* para que uma determinada informação possa ser representada e pode, portanto, ser utilizada para a compactação de arquivos e para a redução de dimensionalidade. Os *autoencoders* também vêm sendo utilizados para o aprendizado de modelos generativos, que serão abordados no próximo tópico deste capítulo. A arquitetura básica de um *Autoencoder* pode ser vista na Figura 60.15.

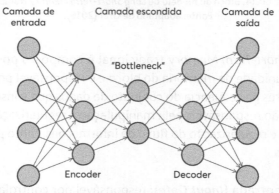

Figura 60.15. Arquitetura básica do modelo de *autoencoder*.
Fonte: a autora.

A arquitetura básica de um *autoencoder* é dividida nas seguintes camadas:

✓ **Codificador (*Encoder*):** realiza a compressão dos dados de entrada em um número de *bits*. O espaço representado por esse menor número de *bits* é chamado de gargalo (*bottleneck*) ou espaço latente. Podemos representar o codificador como sendo uma função que transforma o dado de entrada em uma codificação.

✓ **Gargalo (*Bottleneck*):** também é chamado de "ponto máximo de compressão", pois neste momento os dados de entrada são comprimidos ao máximo. Esses *bits* comprimidos que representam os dados de entrada original são chamados de codificação da entrada.

✓ **Decodificador (*Decoder*):** tenta reconstruir os dados de entrada utilizando apenas a codificação da entrada. O decodificador é uma função que transforma a representação em uma decodificação. O processo de codificação e decodificação acontece dentro do conjunto de dados, que tem seu tamanho reduzido para uma representação menor. Com isso, caso seja necessário utilizar os dados originais, eles podem ser reconstruídos a partir dos dados comprimidos.

Generative Adversarial Networks

Propostas por Goodfellow et al (2014), as redes adversárias generativas são consideradas pela comunidade acadêmica e científica um grande sucesso, tornando-se uma das arquiteturas mais atraentes em *deep learning* nos últimos tempos e, por conta disto, vem ganhando visibilidade desde a sua introdução. No ano de 2016, LeCun, inventor da arquitetura de redes neurais convolucionais, descreveu as redes adversárias generativas como: "a ideia mais legal nos últimos vinte anos em aprendizado de máquina" (LECUN, 1998)[82].

Podemos caracterizar uma rede adversária generativa como sendo uma arquitetura de rede neural artificial não supervisionada de modelos generativos, ou seja, este tipo de rede foi projetado para a geração de novos conteúdos. Assim, a rede adversária generativa é facilmente aplicada em diversos domínios, tais como: texto, imagem, vídeo, música, linguagem falada, entre outros.

Com uma rede adversária generativa é possível fazer a generalização de conteúdo com um conjunto de dados escasso, ou seja, onde o conjunto de dados disponível

---

[82] "the coolest idea in machine learning in the last twenty years".

seja pequeno ou até mesmo limitado, sendo esta uma das suas vantagens. Enquanto outros modelos de *deep learning* (como os apresentados anteriormente neste capítulo) necessitam de um grande volume de dados, a rede adversária generativa pode fazer uso de 10% do volume total de dados para concluir determinada tarefa. Além disso, com esse tipo de rede é possível resolver tarefas de aprendizado supervisionado, aprendizado semisupervisionado e aprendizado por reforço, tópico que será abordado ainda neste capítulo.

Portanto, dado um conjunto de dados de treinamento, este modelo aprenderá a gerar novos conteúdos que terão as mesmas estatísticas que o conjunto de dados de treinamento. Por exemplo, uma rede adversária generativa treinada em fotos pode gerar novas fotos que, pelo menos, parecem reais para um observador humano, com muitos recursos realistas. A Figura 60.16 ilustra esse processo:

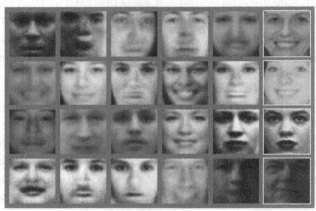

Figura 60.16. Visualização de amostras do modelo de rede adversária generativa.
Fonte: Goodfellow et al (2014).

Na Figura 60.16 podemos visualizar algumas amostras que foram geradas pelo modelo de rede adversária generativa ao fim da etapa de treinamento na base de imagens *Toronto Face Database* (TFD). Isso evidencia que os dados são realmente gerados, não apenas memorizados pelo modelo. A coluna mais à direita contém dados reais que são os mais próximos da amostra gerada como um vizinho direto.

Uma rede adversária generativa é composta por uma função de perda e duas redes neurais artificiais que são inseridas de forma que uma rede fique contra a outra (por isso o nome "adversária"), com a finalidade de produzir novos exemplos sintéticos que geram conteúdos que podem ser anunciados como sendo conteúdos reais para um observador humano.

A seguir, são descritos os componentes de uma rede adversária generativa:

✓ **Rede generativa (*Generator*)**: o propósito de uma rede generativa é receber um dado de entrada aleatório que possua uma densidade e gerar conteúdo de forma que a rede discriminativa não tenha capacidade de distinguir qual conteúdo é verdadeiro e qual conteúdo é falso, isto é, gerar uma saída que, após o treinamento, siga a distribuição da probabilidade alvo. Fazendo uma analogia, podemos dizer que a rede generativa é um "falsificador".
✓ **Rede discriminativa (*Discriminator*)**: o objetivo de uma rede discriminativa é receber um dado de entrada, que deve ser verdadeiro ou falso, e realizar a detecção de conteúdos anômalos, fazendo uso da experiência adquirida anteriormente ao distinguir qual conteúdo é verdadeiro e qual conteúdo é falso. Fazendo uma analogia, podemos dizer que a rede discriminativa é um "policial".
✓ **Função de perda (*Loss Function*)**: os critérios de parada para a etapa de treinamento da rede generativa e da rede discriminativa são fornecidos pela função de perda.

A arquitetura básica de uma rede adversária generativa pode ser vista na Figura 60.17 a seguir.

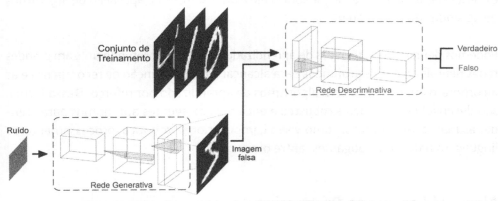

Figura 60.17. Arquitetura básica do modelo de rede adversária generativa.
Fonte: Raibolt-Silva (2018).

A potencialidade para o bem e para o mal de uma rede adversária generativa é colossal, visto que essa arquitetura pode ser utilizada para imitar qualquer tipo de conjunto de dados. Por consequência, este tipo de rede é capaz de gerar falsos conteúdos de mídia, como trocar a face de um indivíduo em fotografias e vídeos, sendo hoje a tecnologia por trás do *deepfake*.

438 Jornada Python

Deep Reinforcement Learning

Para entendermos o que é aprendizado por reforço profundo, precisamos primeiro compreender o conceito de aprendizado por reforço (SUTTON; BARTO, 1998). Podemos caracterizar o aprendizado por reforço como um tipo de aprendizado no qual não é especificado em nenhum momento como uma determinada tarefa deve ser executada. Portanto, a dinâmica adotada neste método é a interação de um agente autônomo em um ambiente dinâmico. A principal função do agente é aprender, por meio de tentativa e erro, a se adaptar, se comportar ou atuar nesse ambiente a fim de atingir determinado propósito, como solucionar um cubo mágico de dimensão 3 x 3 x 3.

Uma vez que o agente possui apenas a própria experiência com o ambiente como fonte de conhecimento e aprendizado, é apresentado ao agente um *feedback* de recompensas e punições na medida em que o agente interage com o problema, com a finalidade de estimar vantagens que maximizem determinadas ações para os diferentes estados encontrados no ambiente.

Aprender a derrotar um adversário em um determinado jogo apenas por meio das experiências adquiridas ao jogar contra ele é um exemplo de aplicação de algoritmos de aprendizado por reforço.

Podemos definir que as técnicas de aprendizado por reforço profundo utilizam grandes redes neurais artificiais profundas para alcançar a melhor função de recompensa e as incorporam em conjunto com algoritmos de aprendizado por reforço. Dessa forma, são desenvolvidos modelos robustos e eficientes de agentes autônomos para atender às mais diversas áreas, como visão computacional, robótica, processamento de linguagem natural, videogames, entre outros.

Natural Language Processing

O processamento de linguagem natural é uma subárea da inteligência artificial e da linguística computacional com o objetivo de fazer com que uma máquina tenha a capacidade de compreender, analisar e manipular as técnicas de geração automática e de compreensão automática do que são consideradas línguas humanas naturais, ao mesmo tempo em que se dedica a entender os problemas gerados por tais técnicas. Este método ainda busca apoio em outras áreas como linguística, filosofia da linguagem, psicologia, lógica e matemática.

Deep learning **439**

O processamento de linguagem natural pode ser caracterizado como sendo um método computacional que visa estreitar os laços entre o processo de comunicação interpessoal e a compreensão de tal comunicação pelas máquinas, por meio da análise de línguas humanas naturais, abrangendo um conjunto de técnicas, métodos e tecnologias.

Quando se diz que uma máquina tem a capacidade de compreender, analisar e manipular um texto, por exemplo, pode-se esperar que essa máquina seja capaz de executar análises gramaticais, sintáticas, morfológicas, semânticas e lexicais. Por meio dessas análises, a máquina torna-se apta a, por exemplo, produzir resumos, traduzir o texto para outra língua, extrair informações do texto investigado, compreender conceitos, fazer a interpretação do texto, explicar o seu significado e analisar as emoções presentes no texto.

Os primeiros estudos sobre processamento de linguagem natural datam de meados da década de 1940; entretanto, foi na década de 1960, com o livro de Chomsky (2014), que a temática começou a ganhar força e o conceito de gramática gerativa foi apresentado.

Os *chatbots*, onde os usuários interagem com um sistema de perguntas e respostas, é um exemplo de aplicação de técnicas de processamento de linguagem natural. A maioria dos *chatbots* é utilizada por empresas e organizações para facilitar a operação de seus serviços como atendimento, suporte, vendas, marketing, entre outros, com os seus clientes.

Outra aplicação com processamento de linguagem natural são os assistentes virtuais, que executam algumas tarefas solicitadas pelos seus usuários. Em geral, os assistentes virtuais são ativados via comando de voz e executam tarefas como ligar e desligar as luzes de ambientes, ligar e desligar uma cafeteira e, até mesmo, realizar um pagamento ou uma transferência bancária. Existem diversos assistentes virtuais, mas destacamos a BIA do banco Bradesco, Siri da Apple, Google Assistente, Alexa da Amazon e Cortana da Microsoft.

A análise de sentimentos em texto é também uma aplicação de processamento de linguagem natural, onde é possível fazer a análise comportamental de um determinado grupo de usuários em uma rede social que fazem uso, por exemplo, de uma determinada *hashtag*. Desse modo, é possível classificar os comentários como positivos ou negativos. É possível também, com a técnica de análise de sentimentos, realizar diversos tipos de pesquisa de opiniões como de clima organizacional.

440 Jornada Python

Considerações finais

Este capítulo apresentou a temática *deep learning* e seus principais modelos. O conteúdo abordado buscou apresentar os principais tópicos e conceitos de forma resumida e introdutória. Para maiores aprofundamentos, recomendamos os seguintes livros: "Deep learning" (GOODFELLOW; BENGIO; COURVILLE, 2016); "Neural networks and deep learning" (NIELSEN, 2015); e "TensorFlow 1.x Deep Learning Cookbook" (GULLI; KAPOOR, 2017).

61. Visão computacional

Alexandra Raibolt

A visão computacional pode ser caracterizada como uma subárea da inteligência artificial, com o objetivo de estudar teorias e tecnologias para desenvolver sistemas artificiais ou máquinas capazes de "enxergar" por meio de métodos e técnicas especializadas em processamento de imagens e vídeos. Dessa forma, os sistemas artificiais ou máquinas desenvolvidas tornam-se capazes de reconhecer e classificar de forma clara e objetiva cenas, paisagens, objetos, pessoas, faces, sinais, gestos, padrões, etc.

Podemos comparar a área de visão computacional com a visão biológica, pois ambos se comportam de maneira semelhante. Enquanto a visão biológica estuda a percepção visual dos animais e seres humanos, a visão computacional estuda e explora a construção de sistemas ou máquinas com visão artificial desenvolvidas por hardware ou software.

As principais tarefas da visão computacional são detecção, reconhecimento e classificação de imagens, estimativa de movimento, restauração de imagens, reconstrução de cenas, entre outras. Para tal, as atividades típicas de sistemas ou máquinas com visão artificial consistem em aquisição de imagem, pré-processamento, detecção e segmentação, extração de características e processamento de alto nível.

Os primeiros estudos avançados sobre visão computacional ocorreram na década de 1980, quando começaram a surgir os primeiros computadores capazes de processar grande volume de dados. Nos últimos anos, tivemos avanços significativos nas mais variadas áreas de aplicação da visão computacional. Em destaque, temos os veículos de exploração espacial não tripulados, nomeados Spirit e Opportunity, desenvolvidos para o programa *Mars Exploration Rovers* (Veículos Exploradores de Marte), que no ano de 2004 pousaram na superfície de Marte (CHENG; MAIMONE; MATTHIES, 2005; MAIMONE; CHENG; MATTHIES, 2007) como parte de um programa da Nasa.

Podemos destacar também os sistemas artificiais para reconhecimento de placas veiculares (WANG; LEE, 2003; YOUSEF et al, 2015), onde a placa é reconhecida e

442 Jornada Python

posteriormente convertida para números e textos que podem ser utilizados para diversas aplicações relacionadas ao tráfego, como controle de acesso a estacionamentos, monitoramento do tráfego rodoviário, consulta aos dados do veículo, entre outros.

Outro fator interessante é que existem outras subáreas da inteligência artificial fortemente relacionadas à visão computacional, como é o caso das áreas de aprendizado de máquina, aprendizado profundo e reconhecimento de padrões. Com isso, destacamos o trabalho apresentado em Myers et al (2015), que consiste na construção de um sistema capaz de reconhecer, por meio de uma única imagem, o conteúdo de uma refeição e, posteriormente, prever o conteúdo nutricional dessa refeição por meio de uma rede neural convolucional.

Dentre as diversas bibliotecas e pacotes Python voltados para aplicações de visão computacional (como Dlib[83], Imutils[84] e Scikit-image[85]), destacamos a biblioteca OpenCV[86]. Escrita em C/C++ e lançada em 2006, é atualmente a principal biblioteca *open source* para aplicações de ponta a ponta em visão computacional, permitindo uma série de análises de imagens e vídeos, como processamento de imagens em tempo real. Ela fornece APIs C/C++, Python e Java estáveis.

Prática: detecção, descrição e correspondência de características com ORB

Apresentaremos um exemplo prático de detecção e descrição de características presentes em uma imagem utilizando o descritor binário local ORB (RUBLEE et al, 2011) e a biblioteca OpenCV. Apesar dessa biblioteca fornecer suporte a uma vasta lista de descritores de recursos locais (métodos para análise de imagens em tons de cinza), neste capítulo faremos uso apenas do descritor binário local ORB. Um descritor de recurso local ou um descritor binário local (tal como o ORB) exerce a função de encontrar características interessantes presentes em uma imagem. Não importa como a imagem é modificada (por exemplo, rotação, escala, redução, expansão, distorção etc.), sempre encontraremos os mesmos recursos para essa mesma imagem.

---

[83] <http://dlib.net>.
[84] <https://github.com/jrosebr1/imutils>.
[85] <https://scikit-image.org>.
[86] <https://opencv.org/>.

Visão computacional **443**

É possível seguir esse exemplo prático digitando os comandos na IDE de sua escolha ou fazer o *download* do código-fonte completo e das duas imagens que serão utilizadas neste exemplo prático no repositório GitHub[87] deste livro.

Para começarmos, certifique-se de que você instalou Python e a biblioteca NumPy em sua máquina. Após essa verificação, é possível realizar a instalação da biblioteca OpenCV por meio dos passos que serão apresentados a seguir. Recomendamos a leitura mais detalhada da instalação no repositório público PyPI[88]. Portanto, é possível instalar a biblioteca OpenCV usando pip:

```
$ pip install opencv-python
```

Ao fim da instalação, veja se é possível importar com sucesso a biblioteca. Caso não encontre erros, você poderá seguir com este exemplo prático.

```
# Import OpenCV
import cv2 as cv

# Check Version
cv.__version__
```

Saída:

```
'4.2.0'
```

O primeiro passo que daremos para realizar a detecção e descrição de características utilizando o descritor binário local ORB é importar todas as bibliotecas de que faremos uso neste exemplo prático, a saber:

```
from matplotlib import pyplot as plt
import cv2 as cv
import numpy as np
```

---

[87] <https://github.com/jornada-colaborativa/livro-python>.
[88] <https://pypi.org/project/opencv-python>.

Agora, importaremos a imagem a seguir para o nosso algoritmo:

Figura 61.1. Imagem da capa do Livro "Jornada DevOps: unindo cultura ágil, Lean e tecnologia para entrega de software de qualidade".
Fonte: a autora.

```
image1 = cv.imread(filename='image1.jpg', flags=cv.IMREAD_GRAYSCALE)
```

Note que, ao importarmos a imagem, utilizamos o parâmetro **flags = cv.IMREAD_ GRAYSCALE** porque no OpenCV a configuração padrão do modo de cor é o RBG. Portanto, para trabalhar com descritores binários locais (ou também com descritores de recursos locais), precisamos fazer uma conversão no padrão do modo de cor, de RGB para escala de cinza. Agora utilizaremos o algoritmo ORB:

```
ORB = cv.ORB_create()
```

Em seguida, encontraremos os pontos-chave da imagem e os descritores desse algoritmo. Um ponto-chave corresponde à localização de uma característica detectada pelo algoritmo, enquanto o descritor é composto por uma matriz que contém números que descrevem essa característica.

```
# Encontra os pontos-chave e os descritores com ORB
keypoints1, descriptors1 = ORB.detectAndCompute (image1, None)

# Imprime a quantidade de pontos-chave detectados
print("Number of keypoints Detected:", len(keypoints1), "\n")

# Imprime o tamanho em bytes do descritor
print("Size of Descriptor:", ORB.descriptorSize(), "\n")
```

Saída:

```
Number of keypoints Detected: 500
Size of Descriptor: 32
```

Finalmente, desenharemos os 50 primeiros pontos-chave detectados pelo algoritmo ORB na imagem de entrada:

```
output = cv.drawKeypoints(
    image=image1, keypoints=keypoints1[:50],
    outImage=None, flags=cv.DRAW_MATCHES_FLAGS_DRAW_RICH_KEYPOINTS)

plt.figure()
plt.axis('off')
plt.imshow(output)
plt.show()
```

Saída:

Figura 61.2. Primeiros 50 pontos-chave detectados pelo algoritmo ORB da capa do livro.
Fonte: a autora.

Agora que conhecemos um pouco sobre os conceitos de pontos-chave, características e o método de detecção e descrição de características, avançaremos para a próxima etapa, que consiste na detecção e correspondência de características com ORB. Para tal, importaremos uma nova imagem, exibida a seguir:

Figura 61.3. Imagem utilizada para treinamento.
Fonte: a autora.

```
image2 = cv.imread(filename='image2.jpg', flags=cv.IMREAD_GRAYSCALE)
```

Note que realizamos o mesmo procedimento feito no exemplo prático anterior para converter o padrão do modo de cor das imagens, de RBG para escala de cinza. Em seguida encontraremos os pontos-chave e os descritores do algoritmo ORB para a nova imagem:

```
# Encontra os pontos-chave e os descritores com ORB
keypoints2, descriptors2 = ORB.detectAndCompute (image2, None)

# Imprime a quantidade de pontos-chave detectados
print("Number of keypoints Detected (training-set image):",
    len(keypoints2), "\n")

# Imprime o tamanho em bytes do descritor
print("Size of Descriptor (training-set image):", ORB.descriptorSize(), "\n")
```

Saída:

```
Number of keypoints Detected (training-set image): 500
Size of Descriptor (training-set image): 32
```

Visão computacional **447**

A partir desse momento, as características detectadas pelo algoritmo ORB podem ser combinadas com a finalidade de encontrar objetos ou padrões que sejam semelhantes entre imagens diferentes. Denominamos essa etapa 'correspondência de características'.

A biblioteca OpenCV dá suporte a alguns algoritmos para correspondência de características. Neste exemplo, usaremos o algoritmo *Brute Force*, que faz uso de um cálculo de distância para combinar os descritores das características detectadas em nossa primeira imagem com todas as outras características detectadas em nossa segunda imagem e retorna o valor mais próximo. Para começar, precisamos chamar o método **cv.BFMatcher()** para criar um objeto *BFMatcher*:

```
BFMatcher = cv.BFMatcher(normType=cv.NORM_HAMMING, crossCheck=True)
```

Note que no método **cv.BFMatcher()** utilizamos dois parâmetros opcionais: **normType = cv.NORM_HAMMING** e **crossCheck = True**. O primeiro é empregado para especificar a medida de distância a ser utilizada em nosso algoritmo (optamos pela distância de Hamming por ser a mais indicada ao fazer uso de descritores binários locais). Já o segundo é uma variável booleana, falsa por padrão. Em nosso caso, empregamos *True* para que desse modo o objeto *BFMatcher* nos retorne apenas correspondências com o valor *(i, j)*. Dessa forma, o *i-ésimo* descritor presente na primeira imagem deve ter o *j-ésimo* descritor presente na segunda imagem como a melhor correspondência e vice-versa. Portanto, as duas características em ambas as imagens devem coincidir.

Após a criação do objeto *BFMatcher*, há outro método que precisamos chamar em nosso algoritmo, o **BFMatcher.match()**. Com isso, esperamos que o algoritmo retorne os melhores resultados, ou seja, retorne as melhores correspondências nas duas imagens.

```
matches = BFMatcher.match(queryDescriptors=descriptors1,
                          trainDescriptors=descriptors2)
```

Em seguida, ordenaremos as correspondências em ordem crescente em relação às suas distâncias. Assim, as melhores correspondências (aquelas com distâncias menores) aparecerão na frente.

```
matches = sorted(matches, key=lambda x: x.distance)
```

Finalmente, desenharemos apenas as 30 primeiras correspondências detectadas entre ambas as imagens pelo algoritmo:

```
output = cv.drawMatches(
    img1=image1, keypoints1=keypoints1,
    img2=image2, keypoints2=keypoints2,
    matches1to2=matches[:30], outImg=None,
    flags=cv.DrawMatchesFlags_NOT_DRAW_SINGLE_POINTS)

plt.figure()
plt.axis('off')
plt.imshow(output)
plt.show()
```

Saída:

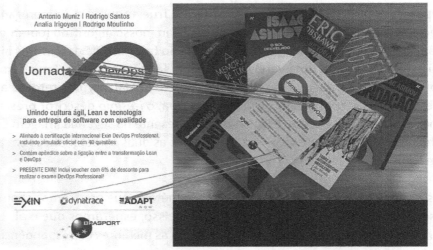

Figura 61.4. Primeiras 30 correspondências detectadas entre ambas as imagens pelo algoritmo.
Fonte: a autora.

A partir dessa aplicação simples, é possível resolver vários problemas na área da visão computacional, como: recuperação de imagens, rastreamento de movimento, detecção de estruturas de movimento, detecção, reconhecimento e rastreamento de objetos, reconstrução de objetos 3D, entre outros.

Neste capítulo apresentamos o conceito e os fundamentos de visão computacional, assim como algumas aplicações que evoluem juntamente com o avanço das tecnologias. Apresentamos também um exemplo prático usando a biblioteca OpenCV, no qual realizamos a detecção e descrição de características com o descritor binário local ORB e o algoritmo para correspondência de características *Brute Force*. Para se aprofundar mais no assunto, recomendamos os seguintes livros: "Computer vision" (FORSYTH; PONCE, 2002); "Introdução a Visão Computacional com Python e OpenCV" (ANTONELLO, 2014); "Learning OpenCV" (BRADSKI; KAEHLER, 2008); "Computer vision" (PRINCE, 2012); e "Computer vision" (SZELISKI, 2010).

Para saber mais em relação às técnicas de Detecção, descrição e correspondência de características, descritores de recursos locais, descritores binários locais e algoritmos para correspondência de características, recomendamos os seguintes repositórios no GitHub:

✓ <https://github.com/whoisraibolt/Feature-Detection-and-Description>
✓ <https://github.com/whoisraibolt/Feature-Detection-and-Matching>

62. Scikit-Learn

Carlos Eduardo Silva Castro
Tatiana Escovedo
Cassius T. C. Mendes

O Scikit-Learn[89] é uma das bibliotecas de *machine learning* mais conhecidas e utilizadas do Python, dentre as diversas existentes, elaborada em código aberto e desenvolvida para suportar e possibilitar o treino de diversas técnicas de estatística e *machine learning*, para aprendizagem supervisionada e não supervisionada.

O Scikit-Learn iniciou em 2007 como um projeto de David Cournapeau dentro do programa *Google Summer of Code*. Posteriormente, ainda no mesmo ano, Matthieu Brucher começou a trabalhar no projeto como parte de sua tese de doutorado. Pesquisadores do INRIA (*Institut National de Recherche en Informatique et en Automatique*) assumiram a liderança do projeto, em 2010, lançando sua primeira *release* em fevereiro do mesmo ano. As *releases* posteriores têm sido publicadas em intervalos aproximados de três meses, havendo atualmente uma grande e próspera comunidade internacional que desenvolve melhorias e correções.

O Scikit-Learn fornece ferramentas importantes para os vários momentos do ciclo de projetos de *machine learning*, como:

- ✓ **Datasets**: disponibiliza alguns *datasets* que podem ser baixados para o projeto com poucos comandos, como o *dataset* **Iris**, um dos mais conhecidos da área de reconhecimento de padrões.
- ✓ **Pré-processamento de dados**: fornece diversas técnicas de preparação de dados, como normalização e *encoding*.
- ✓ **Modelos**: implementa diversos modelos de *machine learning*, tais como regressão linear, SVM e *Random Forest*, possibilitando o ajuste, a avaliação e a seleção do melhor modelo para o problema.

---

[89] <https://scikit-learn.org/>.

Sua API é uniforme, limpa e simplificada, além de possuir uma documentação *on-line* muito completa. Esses são exemplos de vantagens significativas para o profissional de *machine learning*, pois uma vez entendidos o uso básico e a sintaxe para um determinado modelo, a mudança para um modelo diferente será muito simples. Os modelos de *machine learning* implementados no Scikit-Learn estão listados na sua documentação oficial[90]. A seguir, é apresentado um resumo de suas características mais relevantes:

- ✓ **Consistência:** todos os objetos compartilham uma interface comum desenhada a partir de um conjunto limitado de métodos, com documentação consistente.
- ✓ **Inspeção:** todos os valores de parâmetros especificados são expostos como atributos públicos.
- ✓ **Hierarquia limitada de objetos:** somente algoritmos são representados por classes Python; os conjuntos de dados são representados em formatos padrão (matrizes NumPy, pandas *dataframes*, matrizes esparsas SciPy); e os nomes de parâmetros usam sequências padrão do Python.
- ✓ **Composição:** sempre que possível, as tarefas de *machine learning* são expressas como sequências de algoritmos mais fundamentais.
- ✓ **Padrões sensíveis:** quando os modelos requerem parâmetros especificados pelo usuário, a biblioteca define um valor padrão apropriado.

Esses princípios fazem com que o Scikit-Learn seja de fácil utilização em termos práticos, assim que esses princípios básicos são entendidos. A seguir, apresentaremos rapidamente alguns conceitos sobre representação de dados, a API *Estimator* e validação de modelos no Scikit-Learn. Finalmente, teremos um exemplo prático para ilustrar todos os conceitos teóricos apresentados neste capítulo.

Representação de dados

Os dados precisam estar representados de forma adequada para que o computador os entenda, e o principal objetivo de *machine learning* é a criação de modelos a partir de bases ou conjuntos de dados (*datasets*). O Scikit-Learn pode trabalhar com dados como tabelas ou como matrizes de atributos (características ou *features*) e de valores de saída (valores alvo, *targets*, rótulos ou *labels*). A clássica representação

---

[90] <https://scikit-learn.org/stable/user_guide.html>.

bidimensional (2D) como tabela contém todos os exemplos (instâncias, registros). Nela, as linhas são compostas por colunas contendo os atributos e o valor de saída esperado.

Outra representação de dados, mais comumente utilizada no Scikit-Learn, é o formato de matrizes. Nessa representação, geralmente utilizamos a variável **X** para o armazenamento dos atributos. Essa matriz terá a forma [n_exemplos, n_atributos] e frequentemente terá o formato de um arranjo NumPy ou um *dataframe* pandas, apesar de alguns modelos Scikit-Learn também aceitarem matrizes esparsas SciPy.

Ainda nessa representação, geralmente utilizamos a variável **Y** para representar a matriz unidimensional que armazenará os valores de saída, com a forma [n_exemplos]. Essa matriz geralmente terá o formato de um arranjo NumPy ou de uma série pandas. Alguns estimadores tratam valores de múltiplos destinos na forma de arranjos bidimensionais do tipo [n_exemplos, n_destinos], mas também é possível trabalhar o caso do arranjo destino unidimensional, muito comum. Essa matriz irá conter números reais para problemas de regressão ou inteiros para problemas de classificação (ou qualquer outro conjunto discreto de valores). Já para tarefas de aprendizagem não supervisionada, esta matriz não precisa ser especificada.

A Figura 62.1 ilustra a representação matricial:

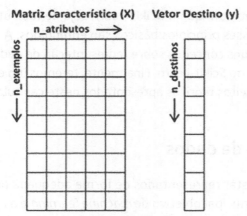

Figura 62.1. Esquema visual da representação matricial.
Fonte: os autores.

A API *Estimator*

Os algoritmos de *machine learning* no Scikit-Learn sempre serão implementados utilizando a API *Estimator*, que em geral segue as etapas:

✓ Escolha uma classe de modelo importando a classe apropriada do Scikit-Learn.
✓ Escolha os hiperparâmetros do modelo instanciando esta classe com os valores desejados.
✓ Organize os dados em uma matriz de recursos **X** e vetor de destino **Y**.
✓ Ajuste o modelo aos seus dados chamando o método **fit()** da instância do modelo.
✓ Aplique o modelo aos novos dados:
  - No aprendizado supervisionado, geralmente estamos interessados na predição de rótulos para dados desconhecidos. Para tal, use o método **predict()**.
  - No aprendizado não supervisionado, geralmente estamos interessados em descobrir associações ou propriedades dos dados. Para tal, use o método **transform()** ou o método **predict()**.

Validação de modelos

Quando vamos treinar e validar nosso modelo de aprendizado supervisionado, uma das alternativas seria utilizar a estratégia *train-test-split*, que consiste em separar nosso *dataset* em dois subconjuntos menores para serem utilizados como dados de treino e dados de validação (ou teste). Uma razão comumente utilizada nessa estratégia é dividir o conjunto de dados inicial em um subconjunto contendo, por exemplo, 70% dos dados e outro contendo 30%. O conjunto contendo 70% seria utilizado para treinar o modelo e o conjunto de 30% seria utilizado para validar o modelo.

Uma alternativa a essa estratégia é a técnica de *cross validation*, ou validação cruzada. De forma simplificada, esta técnica consiste em dividir o conjunto de dados em um número **n** de subconjuntos (partições ou *folders*) contendo aproximadamente o mesmo número de elementos. Durante essa estratégia, escolhe-se 1 dos **n** *folders* para validação, treina-se o modelo nos **n-1** *folders* restantes, validando-se o modelo no *folder* escolhido inicialmente. Esse processo é repetido, escolhendo-se um novo *folder* diferente dos que já foram escolhidos para a validação do modelo e treinando-o com os demais, e continua até que se tenha selecionado cada um dos *folders* para validação. O resultado será um *array* contendo **n** medidas resultantes da avaliação, do qual geralmente extraímos a sua média para calcular o desempenho do modelo.

454 Jornada Python

As técnicas de validação cruzada mais utilizadas são as que usam cinco ou dez partições. Apesar da validação cruzada em geral ser mais adequada para validação de modelos do que a estratégia *train-test-split*, ela pode ser difícil de ser utilizada quando dispomos de poucos dados para treinamento.

Prática: projeto de classificação binária usando o Scikit-Learn

A seguir, apresentamos um exemplo prático de um projeto de classificação binária para demonstrar algumas das principais funcionalidades do Scikit-Learn. Passaremos pelas etapas de carga de dados, análise de dados, pré-processamento de dados, construção de modelos de classificação e finalização do modelo. Obviamente, este exemplo não tem o intuito de ser exaustivo, uma vez que existem inúmeros outros recursos disponíveis na biblioteca que não serão demonstrados. Sugerimos que você explore a documentação do Scikit-Learn para se aprofundar em outros exemplos.

Você pode acompanhar o exemplo digitando os comandos na IDE de sua preferência ou pode baixar o código completo no repositório GitHub[91] deste livro.

Passo 1 – Definição do problema

O *dataset* usado neste projeto será o **Pima Indians Diabetes**, proveniente originalmente do Instituto Nacional de Diabetes e Doenças Digestivas e Renais. Seu objetivo é prever se um paciente desenvolverá ou não diabetes, com base em certas medidas de diagnóstico médico. Esse *dataset* é um subconjunto do *dataset* original e está disponível tanto no Kaggle[92] como em diversas URLs. Nele, todos os pacientes são mulheres com pelo menos 21 anos de idade e de herança indígena Pima.

O *dataset* apresenta diversos atributos relacionados a dados médicos e uma variável de classe binária (0 ou 1). As variáveis preditoras incluem o número de gestações que a paciente teve, seu IMC, nível de insulina, idade e assim por diante. Para este problema, você importará os seguintes pacotes:

---

[91] <https://github.com/jornada-colaborativa/livro-python>.
[92] <https://www.kaggle.com/uciml/pima-indians-diabetes-database>.

```
# Imports
import pandas as pd
import numpy as np
import matplotlib
import matplotlib.pyplot as plt
from sklearn.preprocessing import StandardScaler
from sklearn.metrics import ConfusionMatrixDisplay
from sklearn.metrics import classification_report
from sklearn.model_selection import train_test_split
from sklearn.model_selection import KFold
from sklearn.model_selection import cross_val_score
from sklearn.model_selection import GridSearchCV
from sklearn.metrics import confusion_matrix
from sklearn.metrics import accuracy_score
from sklearn.pipeline import Pipeline
from sklearn.linear_model import LogisticRegression
from sklearn.tree import DecisionTreeClassifier
from sklearn.neighbors import KNeighborsClassifier
from sklearn.naive_bayes import GaussianNB
from sklearn.svm import SVC
```

Passo 2 – Carga de dados

Usando pandas, iremos importar o *dataset* diretamente de uma URL onde ele se
encontra disponível e o carregaremos para a variável *dataset*, conforme mostrado no
código a seguir. Especificaremos nomes para as colunas e também indicaremos que
não há informações de cabeçalho (*header*), para que o primeiro exemplo não seja
considerado o nome da coluna. Com o *dataset* carregado, iremos explorá-lo um pouco.

```
# Carrega arquivo csv usando Pandas usando uma URL
# Informa a URL de importação do dataset
url = "https://raw.githubusercontent.com/jbrownlee/Datasets/master/pima-indians-
diabetes.data.csv"

# Informa o cabeçalho das colunas
colunas = [
    'preg', 'plas', 'pres', 'skin', 'test', 'mass', 'pedi', 'age', 'class']

# Lê o arquivo utilizando as colunas informadas
dataset = pd.read_csv(url, names=colunas, skiprows=0, delimiter=',')
```

456 Jornada Python

Passo 3 – Análise de dados

Como o foco deste capítulo é a biblioteca Scikit-Learn, não realizaremos muitas análises deste *dataset* (veja algumas possibilidades interessantes no **Capítulo 56**). Vamos apenas exibir as dimensões do *dataset*, os tipos de cada atributo e as primeiras linhas.

```
>>> # dimensões do dataset
>>> print(dataset.shape)
(768, 9)
>>> # tipos de cada atributo
>>> print(dataset.dtypes)
preg        int64
plas        int64
pres        int64
skin        int64
test        int64
mass      float64
pedi      float64
age         int64
class       int64
dtype: object
>>> # primeiras linhas do dataset
>>> print(dataset.head())
   preg  plas  pres  skin  test  mass   pedi  age  class
0     6   148    72    35     0  33.6  0.627   50      1
1     1    85    66    29     0  26.6  0.351   31      0
2     8   183    64     0     0  23.3  0.672   32      1
3     1    89    66    23    94  28.1  0.167   21      0
4     0   137    40    35   168  43.1  2.288   33      1
```

Passo 4 – Pré-processamento de dados: separação em conjunto de treino e conjunto de teste

É uma boa prática usar um conjunto de teste (na literatura também chamado de conjunto de validação), uma amostra dos dados que não será usada para a construção do modelo, mas somente no fim do projeto para confirmar a precisão do modelo final. É um teste que podemos usar para verificar quão boa foi a construção do modelo e para nos dar uma ideia de como será o desempenho do modelo nas estimativas em dados não vistos. Usaremos 80% do conjunto de dados para modelagem e guardaremos 20% para teste usando a estratégia *train-test-split*, já explicada anteriormente. Primeiramente, sinalizaremos quais são as colunas de atributos (**X**, as oito primeiras) e qual é a coluna das classes (**Y** – a última). Em seguida, especificaremos o tamanho do conjunto de teste desejado e uma semente (para garantir a reprodutibilidade dos resultados). Finalmente, faremos a separação dos conjuntos de treino e teste por meio do comando *train_test_split*, que retornará quatro estruturas de dados: os atributos e classes para o conjunto de teste e os atributos e classes para o conjunto de treino.

> **Obs.: nesta etapa, poderíamos, se necessário, realizar algumas operações de preparação de dados, como tratamento de valores *missings* (faltantes), limpeza de dados, transformações, entre outras.**

```
# Separação em conjuntos de treino e teste
array = dataset.values
X = array[:, 0:8].astype(float)
Y = array[:, 8]
test_size = 0.20
seed = 7
X_train, X_test, Y_train, Y_test = train_test_split(
    X, Y, test_size=test_size, random_state=seed)
```

Passo 5 – Modelos de classificação

Passo 5.1 – Criação e avaliação de modelos: linha base

Não sabemos de antemão quais modelos desempenharão bem neste conjunto de dados. Assim, será usada a validação cruzada *10-fold* e serão avaliados diversos modelos usando a métrica de acurácia. Inicialmente configuram-se os parâmetros de número de *folds* e métrica de avaliação.

```
# Parâmetros
num_folds = 10
scoring = 'accuracy'
```

Em seguida, vamos criar uma linha base de desempenho para esse problema, verificando vários modelos diferentes com suas configurações padrão. Utilizaremos os modelos de regressão logística, K-vizinhos mais próximos (KNN), árvores de classificação (CART), *Naïve* Bayes (NB) e máquinas de vetores de suporte (SVM).

458 Jornada Python

```python
# Criação dos modelos
models = []
models.append(('LR', LogisticRegression(solver='newton-cg')))
models.append(('KNN', KNeighborsClassifier()))
models.append(('CART', DecisionTreeClassifier()))
models.append(('NB', GaussianNB()))
models.append(('SVM', SVC()))
```

Agora vamos comparar os resultados dos modelos criados, treinando-os com os dados do conjunto de treino e utilizando a técnica de validação cruzada. Vamos definir, inicialmente, uma semente global para esse bloco. Para cada um dos modelos criados, executaremos a validação cruzada e, em seguida, exibiremos a acurácia média e o desvio padrão de cada um.

```python
np.random.seed(7) # definindo uma semente global

# Avaliação dos modelos
results = []
names = []
for name, model in models:
    kfold = KFold(n_splits=num_folds)
    cv_results = cross_val_score(
        model, X_train, Y_train, cv=kfold, scoring=scoring)
    results.append(cv_results)
    names.append(name)
    msg = "%s: %f (%f)" % (name, cv_results.mean(), cv_results.std())
    print(msg)
```

Os resultados dos modelos foram:

```
LR: 0.773559 (0.060644)
KNN: 0.710153 (0.064599)
CART: 0.687335 (0.052398)
NB: 0.750820 (0.050575)
SVM: 0.757271 (0.047915)
```

Esses resultados sugerem que a regressão logística, o *Naïve* Bayes e o SVM têm potencial de ser bons modelos, porém, vale observar que estes são apenas valores médios de acurácia, sendo prudente também observar a distribuição dos resultados de cada *fold* da validação cruzada. Faremos isso comparando os modelos usando *boxplots*.

```
# Comparação dos modelos
fig = plt.figure()
fig.suptitle('Comparação dos Modelos')
ax = fig.add_subplot(111)
plt.boxplot(results)
ax.set_xticklabels(names)
plt.show()
```

A Figura 62.2 ilustra o resultado da execução deste bloco de código:

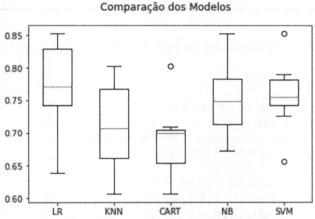

Figura 62.2. Resultado da comparação dos modelos.
Fonte: os autores.

A seguir, repetiremos esse processo usando uma cópia padronizada do conjunto de dados de treinamento para verificar se as diferentes distribuições dos dados brutos impactam negativamente a habilidade de alguns modelos.

Passo 5.2 – Criação e avaliação de modelos: dados padronizados

Como suspeitamos que as diferentes distribuições dos dados brutos podem impactar negativamente o resultado de alguns modelos, vamos agora utilizar uma cópia padronizada do *dataset*: os dados serão transformados de modo que cada atributo tenha média 0 e desvio padrão 1 e executaremos novamente os mesmos modelos.

O Scikit-Learn fornece um poderoso utilitário de *pipeline* para ajudar a automatizar os fluxos de trabalho de *machine learning*. Os *pipelines* permitem que uma sequência linear de transformações de dados seja encadeada, culminando em um processo de modelagem que pode ser avaliado em seguida. O objetivo é garantir que todas

460 Jornada Python

as etapas do *pipeline* sejam restritas aos dados disponíveis para a avaliação, como o conjunto de dados de treinamento ou cada *fold* do procedimento de validação cruzada. Assim, vamos usar *pipelines* que padronizam os dados e já constroem o modelo para cada *fold* de teste de validação cruzada. Dessa forma, poderemos obter uma estimativa justa de como cada modelo treinado com dados padronizados irá se comportar com dados não vistos.

> **Obs.: você pode aprender mais sobre os *pipelines* do Scikit-Learn consultando a documentação oficial[93, 94].**

```python
np.random.seed(7) # definindo uma semente global

# Padronização do dataset
pipelines = []
pipelines.append(('ScaledLR', Pipeline([
    ('Scaler', StandardScaler()),
    ('LR', LogisticRegression(solver='newton-cg'))])))
pipelines.append(('ScaledKNN', Pipeline([
    ('Scaler', StandardScaler()),
    ('KNN', KNeighborsClassifier())])))
pipelines.append(('ScaledCART', Pipeline([
    ('Scaler', StandardScaler()),
    ('CART', DecisionTreeClassifier())])))
pipelines.append(('ScaledNB', Pipeline([
    ('Scaler', StandardScaler()),
    ('NB', GaussianNB())])))
pipelines.append(('ScaledSVM', Pipeline([
    ('Scaler', StandardScaler()),
    ('SVM', SVC())])))
results = []
names = []
for name, model in pipelines:
    kfold = KFold(n_splits=num_folds)
    cv_results = cross_val_score(
        model, X_train, Y_train, cv=kfold, scoring=scoring)
    results.append(cv_results)
    names.append(name)
    msg = "%s: %f (%f)" % (name, cv_results.mean(), cv_results.std())
    print(msg)
```

---

[93] <http://scikit-learn.org/stable/modules/pipeline.html>.
[94] <http://scikit-learn.org/stable/modules/classes.html#module-sklearn.pipeline>.

Os resultados dos modelos foram:

```
ScaledLR: 0.778424 (0.061895)
ScaledKNN: 0.718297 (0.071563)
ScaledCART: 0.684082 (0.052059)
ScaledNB: 0.750820 (0.050575)
ScaledSVM: 0.752565 (0.064295)
```

Analisando os resultados, vemos que aparentemente a padronização de dados não fez muita diferença nos valores de acurácia. Podemos escolher alguns modelos para verificar se outras configurações de hiperparâmetros geram resultados melhores. Faremos isso a seguir.

Passo 5.3 – Ajuste dos modelos

Passo 5.3.1 – Ajuste do KNN

Vamos começar ajustando hiperparâmetros como o número de vizinhos e as métricas de distância para o KNN. Para tal, tentaremos todos os valores ímpares de **k** entre 1 e 21 e as métricas de distância euclidiana, *manhattan* e *minkowski*. Cada valor de **k** e de distância será avaliado usando a validação cruzada *10-fold* no conjunto de dados padronizado, que mostrou resultados um pouco melhores do que os dados originais.

O Scikit-Learn fornece um recurso para avaliar facilmente diversas variações de hiper-parâmetros de algoritmos, a função *GridSearchCV*. Para tal, vamos utilizá-la passando como parâmetros o modelo, o conjunto de parâmetros que queremos variar, a métrica de avaliação utilizada e o número de *folds* utilizados na validação cruzada.

Obs.: você pode aprender mais sobre a funcionalidade *GridSearchCV* do *Scikit-Learn* na documentação oficial.[95, 96]

```
np.random.seed(7) # definindo uma semente global

# Tuning do KNN
scaler = StandardScaler().fit(X_train)
rescaledX = scaler.transform(X_train)
```

---

[95] <https://scikit-learn.org/stable/modules/generated/sklearn.model_selection.GridSearchCV.html>.
[96] <https://scikit-learn.org/stable/modules/grid_search.html>.

462 Jornada Python

```python
k = [1, 3, 5, 7, 9, 11, 13, 15, 17, 19, 21]
distancias = ["euclidean", "manhattan", "minkowski"]
param_grid = dict(n_neighbors=k, metric=distancias)

model = KNeighborsClassifier()
kfold = KFold(n_splits=num_folds)

grid = GridSearchCV(
    estimator=model, param_grid=param_grid, scoring=scoring, cv=kfold)
grid_result = grid.fit(rescaledX, Y_train)
print("Melhor: %f usando %s" %
    (grid_result.best_score_, grid_result.best_params_))

means = grid_result.cv_results_['mean_test_score']
stds = grid_result.cv_results_['std_test_score']
params = grid_result.cv_results_['params']
for mean, stdev, param in zip(means, stds, params):
    print("%f (%f): %r" % (mean, stdev, param))
```

Os resultados foram (exibindo apenas as primeiras linhas, por motivos de legibilidade):

```
Melhor: 0.747329 usando {'metric': 'manhattan', 'n_neighbors': 17}
0.702036 (0.075358): {'metric': 'euclidean', 'n_neighbors': 1}
0.734611 (0.068286): {'metric': 'euclidean', 'n_neighbors': 3}
...
```

Os resultados mostram que a melhor configuração encontrada utiliza distância de *manhattan* e k = 17. Isso significa que o algoritmo fará previsões usando as 17 instâncias mais semelhantes.

Passo 5.3.2 – Ajuste do SVM

Iremos ajustar dois dos principais hiperparâmetros do algoritmo SVM: o valor de C (o quanto flexibilizar a margem) e o tipo de *kernel* utilizado. No Scikit-Learn, o padrão para o algoritmo SVM (implementado pela classe SVC) é usar o *kernel* da Função Base Radial (RBF) e o valor C definido como 1.0. Iremos testar outros valores para esses hiperparâmetros, e cada combinação de valores será avaliada usando a função *GridSearchCV*, além de aplicarmos os modelos nos dados padronizados, como fizemos anteriormente para o KNN. Neste caso, não utilizaremos a versão padronizada dos dados, mas, sim, a versão original, que produziu melhores resultados.

```python
np.random.seed(7) # definindo uma semente global

# Tuning do SVM

c_values = [0.1, 0.5, 1.0, 1.5, 2.0]
kernel_values = ['linear', 'poly', 'rbf', 'sigmoid']
param_grid = dict(C=c_values, kernel=kernel_values)

model = SVC()
kfold = KFold(n_splits=num_folds)

grid = GridSearchCV(
    estimator=model, param_grid=param_grid, scoring=scoring, cv=kfold)
grid_result = grid.fit(rescaledX, Y_train)
print("Melhor: %f com %s" % (grid_result.best_score_, grid_result.
best_params_))

means = grid_result.cv_results_['mean_test_score']
stds = grid_result.cv_results_['std_test_score']
params = grid_result.cv_results_['params']
for mean, stdev, param in zip(means, stds, params):
    print("%f (%f): %r" % (mean, stdev, param))
```

Os resultados foram (exibindo apenas algumas linhas por motivos de legibilidade):

```
Melhor: 0.776838 usando {'C': 0.5, 'kernel': 'linear'}
0.771920 (0.053452): {'C': 0.1, 'kernel': 'linear'}
0.745822 (0.042116): {'C': 0.1, 'kernel': 'poly'}
...
```

Podemos ver que a configuração que alcançou a maior acurácia foi o modelo que utilizou *kernel* linear e C = 0,1. Apesar dessa acurácia ter sido um pouco melhor do que a do resultado anterior, ela não foi alta o suficiente para superar a acurácia da regressão logística do início da etapa de avaliação dos modelos.

Passo 6 – Finalização do modelo

Até aqui, verificamos que a regressão logística foi o modelo que mostrou melhor acurácia para o problema. A seguir, finalizaremos esse modelo treinando-o em todo o conjunto de dados de treinamento (sem validação cruzada) e faremos predições para o conjunto de dados de teste que foi separado logo no início do exemplo, a fim de confirmarmos nossas descobertas.

Como para esse modelo a padronização dos dados de entrada não produziu resultados diferentes, utilizaremos a versão original do *dataset*. Exibiremos a acurácia, a matriz de confusão e um relatório de classificação com diversas métricas, disponíveis com a utilização da função *classification_report*, como ilustra a Figura 62.3.

```python
np.random.seed(7) # definindo uma semente global

# Preparação do modelo
model = LogisticRegression(solver='newton-cg')
model.fit(X_train, Y_train)

# Estimativa da acurácia no conjunto de teste
predictions = model.predict(X_test)
print("Accuracy score = ", accuracy_score(Y_test, predictions))

# Matriz de confusão
cm = confusion_matrix(Y_test, predictions)
labels = ["Sem diabetes", "Com diabetes"]
cmd = ConfusionMatrixDisplay(cm, display_labels=labels)
cmd.plot(values_format="d")
plt.show()
print(classification_report(Y_test, predictions, target_names=labels))
```

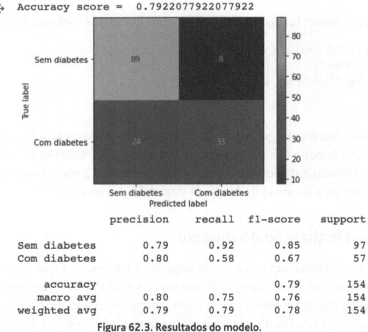

Figura 62.3. Resultados do modelo.
Fonte: os autores.

Por meio do conjunto de testes, verificamos que alcançamos uma acurácia de 79,22% em dados não vistos. Esse resultado foi ainda melhor do que as nossas expectativas, pois no treinamento alcançamos a acurácia de 78%. Valores semelhantes são esperados quando esse modelo estiver executando em produção e fazendo predições para novos dados.

É importante ressaltar que este exemplo prático não buscou ser exaustivo, apresentando apenas uma parte dos muitos recursos disponíveis na biblioteca Scikit-Learn para que você compreenda em linhas gerais o seu funcionamento. Por exemplo, poderíamos ter realizado mais análises exploratórias dos dados, testado outras operações de pré-processamento de dados, utilizado outros valores de hiperparâmetros e, ainda, experimentado outros modelos de classificação, como os *ensembles*. Recomendamos que você explore a documentação disponível e incremente este exemplo com novas possibilidades.

63. TensorFlow

Cláudio Henrique Franco Gomes

O TensorFlow[97] é uma biblioteca de software gratuita de código aberto para computação numérica por meio de grafos computacionais. Foi desenvolvida pelo *Google Brain*, o time de pesquisa em inteligência artificial e redes neurais profundas do Google, inicialmente para uso interno na empresa. Atualmente, é utilizada tanto em pesquisa quanto em produção no Google. Foi disponibilizada para o público sob a licença *Apache License 2.0* em 2015, sendo rapidamente adotada pela comunidade, agregando muitos colaboradores externos.

As APIs do TensorFlow são projetadas hierarquicamente, com APIs de alto nível construídas sobre APIs de baixo nível. Pesquisadores podem utilizar as APIs de baixo nível para criar e explorar novos algoritmos de aprendizado de máquina, enquanto desenvolvedores de diferentes linguagens podem utilizar as APIs de alto nível para treinar tais modelos com seus dados e disponibilizá-los em produção nas mais diferentes plataformas.

O ecossistema TensorFlow provê uma coleção de fluxos de trabalho e desenvolvimento, treinamento e implantação de modelos em produção, seja em dispositivos, em navegadores, infra local ou na nuvem, não importa a linguagem utilizada. Por baixo dessas camadas de abstração roda um núcleo de alto desempenho escrito em linguagem C++. Diversos ambientes são suportados, entre eles o Python, que possibilita o uso de *pipelines* para carregamento e pré-processamento dos dados; construção, treinamento e reutilização de modelos usando o *framework* Keras; e implantação em produção.

A biblioteca TensorFlow é muito popular por conta da sua disponibilização como código aberto, além do fato de ter o Google prestando suporte e trazendo novos conhecimentos por meio de pesquisa. Empresas como Airbnb, Coca-Cola, PayPal e

---

[97] <https://www.tensorflow.org/>.

Twitter utilizam atualmente o TensorFlow. Outros recursos que também ajudaram a tornar o TensorFlow uma plataforma de ciência de dados tão popular são:

- ✓ **TensorFlow Hub**: biblioteca de publicação, descoberta e consumo de partes reutilizáveis de modelos de aprendizado de máquina.
- ✓ **TensorBoard**: *kit* de ferramentas de visualização de modelos do TensorFlow. Com ele é possível visualizar o grafo do modelo, rastrear e visualizar métricas, exibir imagens, textos e dados, dentre outros.
- ✓ **Sonnet**: biblioteca de modelos complexos de redes neurais da DeepMind construída sobre o TensorFlow. A DeepMind é uma empresa britânica com foco em pesquisa e desenvolvimento de máquinas de inteligência artificial adquirida pelo Google em 2014.

Você pode acompanhar o exemplo digitando os comandos na IDE de sua preferência ou pode baixar o código completo no repositório GitHub[98] deste livro.

Instalação

A biblioteca TensorFlow pode ser instalada utilizando o gerenciador de pacotes de sua preferência:

```
$ pip install --upgrade pip
$ pip install TensorFlow
```

Também é possível baixar uma imagem do Docker pré-configurada para rodar a biblioteca TensorFlow:

```
$ docker pull TensorFlow/TensorFlow:latest-py3
$ docker run -it -p 8888:8888 TensorFlow/TensorFlow:latest-py3-jupyter
```

Alternativamente, é possível utilizar o TensorFlow por meio do Google Colab, serviço de nuvem gratuito que disponibiliza *notebooks* Jupyter para incentivar a pesquisa e o desenvolvimento de aprendizado de máquina e inteligência artificial. A versão gratuita desse serviço já permite ao desenvolvedor rodar *notebooks* em máquinas com CPU, GPU ou TPU. A versão paga desse serviço disponibiliza GPUs mais rápidas, mais tempo de processamento e mais memórias para seus assinantes.

---

[98] <https://github.com/jornada-colaborativa/livro-python>.

468 Jornada Python

Tensores

Tensores são *arrays* multidimensionais com um tipo uniforme. Similares aos *arrays* da biblioteca NumPy, a conversão de *tf.Tensor* para *np.array* é transparente para o desenvolvedor. Todos os tensores são imutáveis (como *strings* em Python), não sendo possível atualizar o valor de um tensor, apenas criar um novo. Tensores podem residir em memória acelerada, como uma GPU (*Graphics Processing Unit*) ou uma TPU (*Tensor Processing Unit*). O TensorFlow fornece diversos módulos de operações com tensores, como *tf.math*, *tf.linalg*, *tf.bitwise* e *tf.strings*.

É possível utilizar tensores para criar equações entre variáveis unidimensionais, muito embora o desempenho desse tipo de operação não seja significativo. Na verdade, devido ao custo de cópia de dados entre a memória RAM e a GPU, é provável que se tenha um desempenho pior. No exemplo a seguir, calculamos mil vezes o décimo número da série de Fibonacci utilizando Python e TensorFlow. O resultado dá ganho de desempenho para o Python, que supera em aproximadamente 38 vezes o TensorFlow.

```python
import tensorflow as tf
import numpy as np
from time import time


t0 = time()
for k in range(1000):
    x = [0, 1]
    for i in range(10):
        x = [x[1], sum(x)]
print("Executado em {0:.5f} seg".format(time() - t0))
```

```
Executado em 0.00742 seg
```

```python
with tf.device('GPU:0'):
    x0 = tf.Variable([[0, 1], [1, 1]], dtype=tf.int64)
    x1 = tf.constant([[0, 1], [1, 1]], dtype=tf.int64)
    t0 = time()
    for repetir in range(1000):
        for contar_ate in range(10):
            x0 = tf.matmul(x0, x1)
print("Executado em {0:.5f} seg".format(time() - t0))
```

```
Executado em 0.28148 seg
```

No entanto, se compararmos o desempenho do produto de matrizes, teremos um resultado bem diferente. No exemplo a seguir, criamos dois *ndarrays* preenchidos com valores aleatórios e efetuamos o produto de um pelo outro mil vezes. A diferença do tempo de processamento entre a biblioteca NumPy e a TensorFlow é superior a 600 vezes.

```
m = np.random.rand(1000,1000)
n = np.random.rand(1000,1000)

t0 = time()
for i in range(1000):
    np.matmul(m, n)
print("Executado em {0:.5f}".format(time() - t0))
```

```
Executado em 60.63266
```

```
with tf.device('GPU:0'):
    mc = tf.constant(m)
    nc = tf.constant(n)
    t0 = time()
    for i in range(1000):
        tf.matmul(mc, nc)
print("Executado em {0:.5f}".format(time() - t0))
```

```
Executado em 0.09447
```

Essa diferença de desempenho ocorre porque a GPU é projetada para calcular muitas operações matriciais ao mesmo tempo, enquanto a CPU serve para diversos outros propósitos.

Carregamento de dados

Um modelo em TensorFlow espera receber dados nos seguintes formatos: NumPy *array* ou lista de *arrays* ou lista de listas; tensor do TensorFlow ou lista de tensores; dicionário mapeando os nomes das entradas em seus respectivos tensores ou *arrays*, caso o modelo tenha entradas nomeadas; *tf.data.dataset*; *generator* ou *Keras.utils. Sequence*. Ou seja, qualquer formato de dados que tenha conversão automática para qualquer um desses formatos (como é o caso dos *dataframes* de pandas e Dask) pode servir de entrada para o treinamento de um modelo projetado em TensorFlow.

470 Jornada Python

No pacote *tf.Keras.preprocessing* podemos encontrar diversas funções para carregamento de dados em diversos formatos. Vamos explorar a seguir algumas formas de carregar dados com a biblioteca TensorFlow.

A fim de carregar um arquivo no formato CSV, primeiro definimos o nome e a URL onde se encontra o arquivo. A seguir, por meio da função *get_file*, carregamos o conteúdo desse arquivo para a memória, o qual agora pode ser carregado para um *dataframe* pandas, que será transformado em um *dataset* do módulo *tf.data*.

```
import tensorflow as tf

FILENAME = "train.csv"
SITE_URL = "https://storage.Googleapis.com/tf-datasets/titanic/"
FILE_URL = SITE_URL + FILENAME
file_path = tf.keras.utils.get_file(FILENAME, FILE_URL)

dataset = tf.data.experimental.make_csv_dataset(
    file_path, batch_size=8, label_name='survived',
    na_value="None", num_epochs=1, ignore_errors=True
)
```

O *dataset* pode ser passado diretamente para o modelo durante a fase de treinamento. No código a seguir, embaralhamos o *dataset* e criamos *batches* com 64 elementos para treinar o modelo:

```
train_dataset = dataset.shuffle(len(df)).batch(64)
model.fit(train_dataset, epochs=100)
```

O procedimento para carregar imagens começa de forma análoga ao de carregar um CSV. Primeiro, informamos o caminho onde está o arquivo com as imagens. Esse arquivo será carregado para a memória, de onde poderá ser acessado.

```
import pathlib
data_dir = tf.keras.utils.get_file(
    origin='https://url.de.exemplo/flower_photos.tgz',
    fname='flower_photos',
    untar=True
)
data_dir = pathlib.Path(data_dir)
```

Em seguida, criamos um *generator* do tipo *ImageDataGenerator*, disponível no módulo *tf.Keras.preprocessing.image*. Esse *generator* pode ser utilizado para expandir a base de dados de imagens por meio de diversas transformações, que são aplicadas às imagens em cada época. Nesse momento, no entanto, utilizaremos esse recurso somente para demonstrar como facilita o carregamento das imagens.

Esse *generator* pode carregar as imagens tanto de um *dataframe*, com o método *flow_from_dataframe*, quanto de um diretório, como no código-fonte a seguir. Observe que a variável *data_dir* é a mesma do código-fonte anterior, mas a constante *CLASS_NAMES* não foi definida. Ela deve conter os nomes das classes das imagens da base de dados.

```
import tensorflow.keras.preprocessing.image as I
image_generator = I.ImageDataGenerator(rescale=1./255)
train_generator = image_generator.flow_from_directory(
    directory=str(data_dir), batch_size=32, shuffle=True,
    target_size=(128, 128), classes = list(CLASS_NAMES)
)
```

Assim como o *dataset*, o *ImageDataGenerator* pode ser passado diretamente para treinar o modelo:

```
model.fit(train_generator, steps_per_epoch=100, epochs=20, verbose=1)
```

O módulo *tensorflow.keras.preprocessing* também disponibiliza métodos para facilitar o carregamento de texto e de séries temporais. Para outros formatos, faz-se necessário instalar a biblioteca tf.io, que disponibiliza meios para carregar dados de áudio, *genomics*, *datasets* Kafka, dentre outros. Essa biblioteca pode ser instalada via pip:

```
$ pip install tensorflow-io
```

Pré-processamento

Conforme mencionado anteriormente, é possível utilizar os *generators* do módulo *tensorflow.keras.preprocessing* para fazer o pré-processamento e a expansão da base de dados. A definição do *generator ImageDataGenerator* conforme a versão 2.2 da biblioteca TensorFlow é a seguinte:

472 Jornada Python

```
tensorflow.keras.preprocessing.image.ImageDataGenerator(
    featurewise_center=False, samplewise_center=False,
    featurewise_std_normalization=False, samplewise_std_normalization=False,
    zca_whitening=False, zca_epsilon=1e-06, rotation_range=0,
    width_shift_range=0.0, height_shift_range=0.0, brightness_range=None,
    shear_range=0.0, zoom_range=0.0, channel_shift_range=0.0,
    fill_mode='nearest', cval=0.0, horizontal_flip=False,
    vertical_flip=False, rescale=None, preprocessing_function=None,
    data_format=None, validation_split=0.0, dtype=None
)
```

Ao instanciarmos o *generator*, podemos optar por aplicar diversas transformações. No entanto, quanto mais transformações forem aplicadas, mais tempo de treino será necessário para o modelo, para garantir que a base será toda utilizada para o treino.

No exemplo a seguir, o *generator* é instanciado com quatro transformações: deslocamento horizontal, deslocamento vertical, espelhamento horizontal e rotação. Os dados são carregados a partir de dois *dataframes*, um, *x_train*, contendo as *features*, e outro, *y_train*, com os rótulos.

```
import tensorflow.keras.preprocessing.image as I
train_datagen = I.ImageDataGenerator(
    width_shift_range=0.1, height_shift_range=0.1,
    horizontal_flip=True, rotation_range=15
)
train_generator = train_datagen.flow(x_train, y_train, batch_size=64)
```

Quando os dados carregados são convertidos em *tensorflow.data.Dataset*, torna-se possível fazer o pré-processamento dos dados utilizando funções semelhantes às disponíveis para pandas e NumPy. A grande vantagem de utilizar o pacote *Dataset* em detrimento de pandas ou NumPy é a performance, que é algo possível de atingir graças a ferramentas como *prefetching*, *caching* e processamento em paralelo.

No exemplo a seguir, criamos dois *arrays* NumPy, o primeiro com 10 linhas e três colunas representando as dimensões de um objeto, categorizado pelos valores 0 e 1 do segundo *array* NumPy. Em seguida, carregamos esses *arrays* para um *tensorflow.data.Dataset*, convertemos as dimensões do objeto de pés para metros e filtramos aqueles cuja segunda dimensão é maior ou igual a 20.

```
import numpy as np
import tensorflow as tf

features = np.random.randint(50, 100, size=(10,3))
labels = np.random.randint(0, 2, size=(10,1))
ds = tf.data.Dataset.from_tensor_slices((features, labels))
ds = ds.map(lambda feature, label: feature // 3,28084)
ds = ds.filter(lambda x: tf.math.greater_equal(x[1], 20))
list(ds.as_numpy_iterator())

[array([17, 24, 25]),
 array([27, 23, 31]),
 array([19, 21, 29]),
 array([32, 28, 19]),
 array([18, 26, 30]),
 array([18, 20, 22])]
```

Todas essas operações são convertidas em grafos do TensorFlow e somente executadas quando o *generator* é chamado. Dessa forma, economiza-se em memória e, consequentemente, processamento, pois a máquina fica livre para processar somente aquilo que está sendo requisitado no momento. No caso apresentado, a diferença do consumo de processador e memória é irrelevante, mas o mesmo não se pode afirmar quando estamos processando grandes lotes de imagens ou *big data*.

Modelagem

O TensorFlow disponibiliza uma API *high-level* que pode ser encontrada no módulo *tensorflow.keras* e uma API *low-level* que permite ao desenvolvedor escrever o grafo que descreve o relacionamento entre as *features* dos dados. Por exemplo, uma camada densa, escrita com a API *low-level*, poderia se parecer com o seguinte código:

```
class Dense:
    def __init__(self, input, output, callback, kernel_initializer):
        self.w = tf.Variable(kernel_initializer([input, output]))
        self.b = tf.Variable(kernel_initializer([output]))
        self.f = callback

    def __call__(self, x):
        if callable(self.f):
            return self.f(tf.add(tf.matmul(x, self.w), self.b))
        else:
            return tf.add(tf.matmul(x, self.w), self.b)
```

474 Jornada Python

Já na API *high-level* ela é descrita conforme o código a seguir.

```
tensorflow.keras.layers.Dense(
    units, activation=None, use_bias=True, kernel_initializer='glorot_uniform',
    bias_initializer='zeros', kernel_regularizer=None, bias_regularizer=None,
    activity_regularizer=None, kernel_constraint=None, bias_constraint=None,
    **kwargs
)
```

Para a maior parte dos problemas, o mais comum é encontrar código escrito com a API *high-level* do módulo *tf.Keras*, enquanto para problemas mais complexos (que exigem redes neurais profundas) o mais comum é encontrar um código escrito parte em API *high-level* e parte escrito em API *low-level*, como o exemplo a seguir, extraído de um código derivado da arquitetura residual do modelo ResNet:

```
import tensorflow.keras.layers as L

def layer_type1(inputs, filters, kernel_size=(3, 3), dropout_rate=0):
    x = L.Conv2D(
        filters, kernel_size, padding="same", activation="relu"
    )(inputs)
    if dropout_rate > 0:
        x = L.Dropout(dropout_rate)(x)
    return x

def layer_type2(inputs, filters, kernel_size=(3, 3), dropout_rate=0):
    x = layer_type1(inputs, filters)
    x = L.Conv2D(
        filters, kernel_size, padding="same", activation="relu"
    )(x)
    if dropout_rate > 0:
        x = L.Dropout(dropout_rate)(x)
    x = L.Add()([x, inputs])
    return x
```

No código anterior, utilizamos duas funções para criar camadas em um modelo. A primeira função adiciona uma camada de convolução bidimensional e uma camada de *dropout*, caso a taxa de *dropout* seja diferente de zero. A segunda função chama a primeira, adiciona mais uma camada de convolução bidimensional, uma camada de *dropout*, caso a taxa de *dropout* seja diferente de zero, e retorna a entrada junto com o resultado do processamento da entrada por essas camadas de convolução de *dropout*, isto é, a entrada e a entrada processada. Esse tipo de retorno é chamado residual, pois resíduos de dados "vazam" entre as camadas.

Métricas

A fim de verificar a qualidade de um modelo, isto é, o quanto o modelo consegue classificar corretamente um conjunto de dados ou gerar o dado mais próximo da expectativa, precisamos medir os resultados. Para isso, o TensorFlow disponibiliza diversos algoritmos para calcular o que chamamos de métricas. O pacote *tf.Keras. metrics* concentra as métricas mais utilizadas pela maioria dos problemas resolvidos com aprendizado de máquina. Vamos tratar de algumas delas a seguir.

A **acurácia** é uma métrica que determina com qual frequência as predições do modelo equivalem às expectativas. Essa métrica possui variações dependendo da quantidade de rótulos. Por exemplo, para dois rótulos, o cálculo é feito com o total de acertos pelo total de amostras. Para diversos rótulos, o cálculo é o total de acertos pelo total de amostras por rótulo. Essa métrica é utilizada para problemas de classificação. A seguir, temos três exemplos de como essa métrica pode ser utilizada no treinamento de modelos com TensorFlow.

```
model.compile('sgd', loss='mse', metrics=[tf.keras.metrics.Accuracy()])
model.compile('sgd', loss='mse', metrics=[tf.keras.metrics.BinaryAccuracy()])
model.compile(
    'sgd', loss='mse', metrics=[tf.keras.metrics.CategoricalAccuracy()])
```

A AUC (*Area Under Curve*) é utilizada para calcular a área sob a curva ROC (*Receiver Operating Characteristic*). Essa métrica gera quatro variáveis: verdadeiros positivos (TP), verdadeiros negativos (TN), falsos positivos (FP) e falsos negativos (FN), os quais constituem a **matriz de confusão** (*confusion matrix*), ilustrada pela figura a seguir:

		Actual class	
		P	N
Predicted class	P	TP	FP
	N	FN	TN

Figura 63.1. Matriz de confusão.
Fonte: os autores.

Essa métrica nos possibilita estimar a taxa de positivos (TP/TP+FN) e a taxa de falsos positivos (FP/FP+TN). Essas taxas são então calculadas para vários limites até formar uma curva.

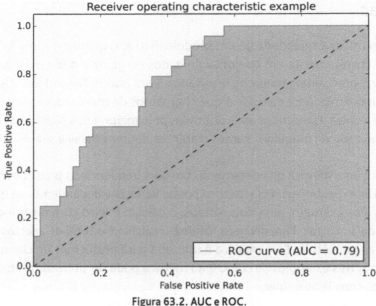

Figura 63.2. AUC e ROC.
Fonte: os autores.

A linha pontilhada descreve a ROC ou a chance de um acerto aleatório. A área colorida é a curva AUC, que demonstra a precisão do algoritmo tanto para indicar os valores positivos quanto os valores negativos corretamente. Essa métrica também é utilizada para problemas de classificação e é apresentada no exemplo a seguir:

```
model.compile('sgd', loss='mse', metrics=[tf.keras.metrics.AUC()])
```

A **entropia cruzada** é uma métrica probabilística que visa calcular o quanto é possível descrever a curva de distribuição dos rótulos a partir da curva de distribuição dos dados por meio da probabilidade de ocorrência de cada um. Essa métrica também é utilizada para problemas de classificação e é apresentada nos exemplos a seguir:

```
model.compile(
    'sgd', loss='mse', metrics=[tf.keras.metrics.BinaryCrossentropy()])
```

```
model.compile(
    'sgd', loss='mse', metrics=[tf.keras.metrics.CategoricalCrossentropy()])
```

A **média** é uma métrica utilizada em problemas de regressão, nos quais se deseja encontrar um valor a partir de dados de entrada. A média é calculada subtraindo cada valor encontrado pelo valor esperado, somando todos os resultados e dividindo a soma pelo total de valores da amostra. A forma de calcular essa métrica esconde grandes desvios com pequenos desvios e é apresentada no exemplo a seguir:

```
model.compile(
    'sgd', loss='mse', metrics=[tf.keras.metrics.Mean()])
```

Para evitar o problema da métrica anterior, pode-se utilizar a média da soma dos quadrados, que dá um peso maior a desvios maiores e um peso menor a desvios menores, elevando-os ao quadrado antes de somar. Essa métrica também é utilizada para problemas de regressão e é apresentada no exemplo a seguir:

```
model.compile(
    'sgd', loss='mse', metrics=[tf.keras.metrics.MeanSquaredError()])
```

Falamos aqui de cinco tipos de métricas para dar uma visão ampla dos algoritmos de métricas oferecidos pelo TensorFlow. Outros algoritmos são disponibilizados no pacote *tf.Keras.metrics*, além da possibilidade de o desenvolvedor escrever sua própria métrica derivada da classe *Metric* desse pacote.

O TensorFlow talvez não possa ser definido como uma simples biblioteca, em decorrência da quantidade de ferramentas, pacotes e recursos que disponibiliza. Também não é preciso mencionar que está em constante desenvolvimento e dificilmente um livro ou mesmo um portal *wiki* consiga acompanhar todas as suas atualizações. Recomendamos fortemente que o leitor inclua em seu caminho de conhecimento o portal do TensorFlow[99] e o seu GitHub[100]. O Google disponibiliza alguns cursos gratuitos dessa plataforma, bem como o *TensorFlow Developer Certificate*.

---

[99] <https://www.tensorflow.org/>.
[100] <https://github.com/tensorflow>.

64. PyTorch

Reinaldo Maciel

O PyTorch[101] é uma biblioteca *open source* em Python (existem também implementações em C++) que facilita a criação de projetos de *deep learning*. O ponto forte do PyTorch é usar a flexibilidade de criar modelos de *deep learning* escritos diretamente em Python. Essa acessibilidade e a facilidade de uso encontraram pioneiros na comunidade de pesquisa e, nos anos desde o lançamento da biblioteca, ela se tornou uma das ferramentas de *deep learning* mais proeminentes para uma ampla variedade de aplicações.

O PyTorch fornece uma estrutura de dados principal, o *Tensor*, que é uma matriz multidimensional muito semelhante às matrizes NumPy. Os tensores aceleram as operações matemáticas (assumindo que a combinação apropriada de hardware e software esteja presente) e o PyTorch possui pacotes para treinamento distribuído, processos de trabalho para carregamento eficiente de dados e uma extensa biblioteca de funções comuns de aprendizado profundo. Assim como o Python é para programação, o PyTorch é uma excelente introdução ao *deep learning* e uma ferramenta utilizável em contextos profissionais para trabalhos de alto nível e reais. Para quem está iniciando no mundo do *deep learning*, o PyTorch deveria ser umas das primeiras bibliotecas a serem utilizadas.

História

Ao longo dos anos de desenvolvimento do *deep learning*, muitos profissionais perceberam claramente que existia um *trade-off* a ser efetuado: o aumento da usabilidade afetava negativamente a velocidade e vice-versa. Olhando o TensorFlow, por exemplo, é possível notar que o uso da biblioteca implica em ser mais verboso, escrever mais código e ser cada vez menos flexível quando há modelos mais complexos.

---

[101] <https://pytorch.org/>.

Diversos *frameworks* populares, como Caffe, TensorFlow e Theano, disponibilizam uma boa velocidade computacional, mas ao custo de usabilidade e flexibilidade. Foi então que surgiu o PyTorch dentro dos laboratórios do Facebook AI. Foi introduzido em 2016, por meio de um artigo produzido por Adam Paszke, Sam Gross, Soumith Chintala e Gregory Chanan explorando sua usabilidade e flexibilidade.

No próprio nome da biblioteca está a sua base: Torch, que é uma rede neural implementada em Lua que data de 2002. Outra grande referência do PyTorch é o Chainer, criado no Japão em 2015. Apesar de ser recente, o Chainer foi uma das primeiras bibliotecas de redes neurais a oferecer dinamismo na criação, no treinamento e na operação de redes neurais. A combinação de Torch com as ideias centrais do Chainer fizeram o PyTorch crescer em popularidade ao longo dos últimos anos.

Por que PyTorch?

Conforme já dito, PyTorch facilita a criação de modelos de *deep learning* e permite que esses modelos sejam expressos em Python, o que facilita enormemente o lado do desenvolvedor de *deep learning*. Em outras palavras, é mais simples implementar *deep learning* usando PyTorch porque a biblioteca possui uma familiaridade muito grande com NumPy *arrays*. Usuários Python vão reconhecer imediatamente que um PyTorch *Tensor* é uma matriz desses *arrays*. Além de tudo isso, PyTorch vem crescendo com uma comunidade muito ativa e, por ser uma biblioteca desenvolvida em Python idiomático, possui melhores práticas, o que é ótimo para a reutilização de código.

Desenvolvedores de modelos de *deep learning* que iniciam suas jornadas com Tensor-Flow ou Keras podem sentir uma enorme frustração ao tentar debugar um código para descobrir o que pode ter saído errado. Isso é extremamente diferente com PyTorch, que possui erros mais explícitos e fáceis de entender para quem já é um *pythonista*.

Não bastando isso, PyTorch tem um histórico de sucesso de transição de modelos de pesquisa para ambientes produtivos. Mesmo sendo inicialmente desenvolvido focado em modelos de pesquisa, PyTorch é equipado com rotinas C++ de alto desempenho que os desenvolvedores podem colocar em sistemas produtivos sem grandes preocupações com velocidade. Apesar de ter o Py em seu nome, a biblioteca é escrita em C++.

Instalação

A instalação do PyTorch é extremamente simples. Você pode navegar até o site[102] e ir até a área *Quick Start Locally*. Nessa área existe uma caixa dinâmica de seleção onde você vai poder escolher algumas configurações existentes na sua máquina e então um comando será apresentado, com o qual você poderá fazer a instalação da biblioteca:

```
$ conda install pytorch torchvision cudatoolkit=10.1 -c pytorch
```

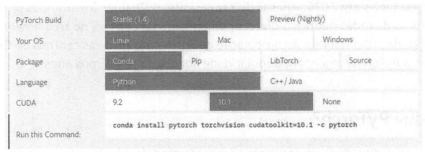

Figura 64.1. Escolhendo a versão correta do PyTorch.
Fonte: o autor.

Trabalhando com o PyTorch

A pedra fundamental do PyTorch está em um objeto chamado *Tensor*. Um *tensor* é muito similar a um *array* multidimensional do NumPy, com o benefício de que um *tensor* pode ser também utilizado em uma GPU (*Graphics Processing Unit* – Unidade de Processamento Gráfico) para se ter um ganho computacional.

Para o Python, todo o trabalho de interação com o PyTorch se dá por meio da biblioteca *torch*. A seguir, um exemplo de como importá-la:

```
import torch
```

Como dito anteriormente, há muita similaridade do PyTorch com o NumPy. Veja um exemplo de como criar um *tensor* em uma matriz 4x3:

```
x = torch.zeros(4, 3)
print(x)
```

---

[102] <https://pytorch.org/>.

Saída:

```
tensor([[0., 0., 0.],
        [0., 0., 0.],
        [0., 0., 0.],
        [0., 0., 0.]])
```

Tensores também podem ser inicializados de forma aleatória durante a sua criação:

```
x = torch.rand(4, 3)
print(x)
```

Saída:

```
tensor([[[0.1546, 0.5690, 0.6597],
        [0.4507, 0.6760, 0.7875],
        [0.6929, 0.1853, 0.5712],
        [0.6059, 0.0269, 0.4399]]])
```

É possível fazer diversas operações matemáticas com uma matriz comum:

```
y = torch.rand(4, 3)
print(x + y)
```

Saída:

```
tensor([[ 1.0066,  1.3078, -0.2703],
        [ 0.0622,  0.7870,  2.1630],
        [-0.1301,  1.0356,  0.6904],
        [ 2.1731,  3.4717, -0.7379]])
```

É possível ressaltar a facilidade que qualquer programador Python pode ter na manipulação desses tensores. Obviamente, quando se faz um trabalho de *deep learning*, todos esses cálculos são efetuados pela biblioteca *torch* de forma mais dinâmica, mas ter um contato com o *Tensor* o ajudará a ver que não se trata de uma tecnologia alienígena.

Desenvolvendo com o PyTorch

A seguir, um exemplo da execução de uma regressão linear a partir de dois NumPy *arrays* usando o PyTorch. O objetivo do exercício é realçar a simplicidade de implementação de modelos de *deep learning* com PyTorch. Vale a pena ressaltar que o exemplo

482 Jornada Python

a seguir foi rodado no *Google Colab*, não sendo necessária nenhuma configuração prévia para sua execução.

```
import torch
import torch.nn as nn
import numpy as np
import matplotlib.pyplot as plt
```

É possível ver que são importadas as bibliotecas *torch* (é ela que vamos usar para transformar o NumPy *array* em *tensor*); *torch.nn*, já que usaremos uma rede neural para criar o modelo; NumPy para criarmos o *array* de dados e, por fim, Matplotlib para visualizarmos os resultados.

```
# Hiperparametros
tamanho_entrada = 1
tamanho_saida = 1
epocas = 60
learning_rate = 0.001
```

Toda rede neural possui alguns parâmetros que precisam ser configurados. No exemplo aqui exibido, a rede neural vai receber apenas um *array* unidimensional. Por isso, entrada e saída possuem o valor de 1.

O parâmetro **epocas** é o total de vezes que a rede neural vai sofrer o processo de retroalimentação dos parâmetros para aprender novos parâmetros. De forma bem simplista, seria como o total de vezes que a rede neural precisaria para ler um livro para aprender com seu conteúdo.

O parâmetro **learning_rate** (ou taxa de aprendizagem) seria o quão rápido o modelo deve avançar nesse aprendizado.

```
# Dados de exemplo
x_train = np.array(
    [[3.3], [4.4], [5.5], [6.71], [6.93],
    [4.168], [9.779], [6.182], [7.59], [2.167],
    [7.042], [10.791], [5.313], [7.997], [3.1]], dtype=np.float32)
```

```
y_train = np.array(
    [[1.7], [2.76], [2.09], [3.19], [1.694],
    [1.573], [3.366], [2.596], [2.53], [1.221],
    [2.827], [3.465], [1.65], [2.904], [1.3]], dtype=np.float32)
```

Nesta etapa são criados os dados de exemplo do modelo a partir de *arrays* NumPy. Estes serão convertidos em tensores PyTorch:

```python
# Modelo de Regressão linear
model = nn.Linear(tamanho_entrada, tamanho_saida)

# Perda e otimizador
criterio = nn.MSELoss()
otimizador = torch.optim.SGD(model.parameters(), lr=learning_rate)
```

Cria-se uma instância do modelo de rede neural de regressão com os parâmetros de entrada e saída definidos no começo da execução. Perceba que aqui só definimos o tamanho da entrada e da saída, não quantos neurônios a rede deve ter. Isso o PyTorch faz por conta própria. São criados também uma instância de um critério de avaliação do modelo (nesse caso, será o erro médio quadrático) e um otimizador de parâmetros:

```python
# Treinamento do modelo
for epoca in range(epocas):
    # Converte os arrays numpy em tensores PyTorch
    entradas = torch.from_numpy(x_train)
    targets = torch.from_numpy(y_train)

    # Foward na rede neural
    saidas = model(entradas)
    loss = criterio(saidas, targets)

    # Backwards na rede neural
    otimizador.zero_grad()
    loss.backward()
    otimizador.step()
    if (epoca+1) % 5 == 0:
        print ('Epoca [{}/{}], Perdas: {:.4f}'.format(
            epoca+1, epocas, loss.item()
        ))
```

Nessa etapa ocorre de fato o treinamento do modelo. Para cada época do nosso programa, acontece o seguinte:

1. Os *arrays* NumPy originais são lidos e transformados em tensores PyTorch.
2. Aplica-se o modelo nas entradas e calculam-se as perdas em relação à resposta (*target*). Essa diferença chamamos de perda ou *loss*.
3. A rede neural é retroalimentada com as perdas, para que novos parâmetros sejam calculados.

4. É impresso, a cada cinco épocas, o valor do erro quadrático médio do modelo (quanto menor, melhor). É possível ver que este modelo converge muito rápido para a resposta.

```
# Imprime o grafico da regressão
previsto = model(torch.from_numpy(x_train)).detach().numpy()
plt.plot(x_train, y_train, 'ro', label='Dados Originais')
plt.plot(x_train, previsto, label='Reta Ajustada')
plt.title('Hello World - PyTorch')
plt.legend()
plt.show()
```

Para concluir, faremos um gráfico para mostrar como os dados foram previstos por este modelo feito em PyTorch:

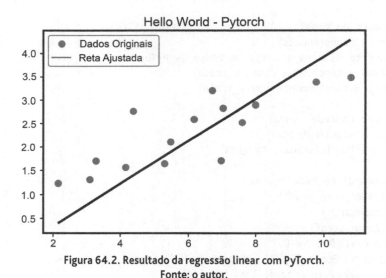

Figura 64.2. Resultado da regressão linear com PyTorch.
Fonte: o autor.

Neste capítulo você viu que o PyTorch é uma biblioteca para implementar *deep learning* com base em tensores. Sua simplicidade se dá pelo fato de que o código pode ser escrito em Python idiomático e é, para os iniciantes em *deep learning*, uma boa forma de se inserir neste mundo.

Por fim, foi mostrado um exemplo de código criado para rodar uma regressão linear a partir de uma rede neural implementada em PyTorch, deixando assim explícitas a facilidade de criação de modelos e a legibilidade de um código feito em PyTorch.

65. Keras

João Pedro Prates da Conceição Galhianne

O Keras[103] é uma API de alto nível para redes neurais escrita em Python para ser utilizada inicialmente tendo como base o *backend* Theano. Hoje suporta múltiplos *backends*, sendo eles o CNTK e o TensorFlow.

Por que Keras?

O Keras é uma API criada para ser utilizada por humanos, não por máquinas. É *user friendly,* mostrando-se fácil de aprender. Além disso, possui sua própria estrutura de dados de gráficos, tornando-se, nesse aspecto, independente de seu *backend*. Assim, é possível realizar algumas operações sem estar conectado ao *backend*.

Um fator também importante é o design orientado a objetos. Modelos de redes neurais profundas podem se tornar bastante complexos, mas tornam-se mais fáceis de serem manipulados se forem entendidos como objetos com camadas parametrizáveis.

Instalação

A instalação do Keras tem como pré-requisito a instalação do TensorFlow, Theano ou CNTK. Para instalar o Keras em si, basta utilizar os comandos no terminal:

```
$ pip install keras
```

Ou, caso utilize Linux:

```
$ sudo pip install keras
```

---

[103] <https://keras.io/>.

486 Jornada Python

Também é possível realizar por meio do GitHub:

```
$ git clone https://github.com/keras-team/keras.git
```

Seguido do comando para concluir a instalação:

```
$ cd keras
$ sudo Python setup.py install
```

Prática

Atualmente, o *dataset* MNIST (*Modified National Institute of Standards and Technology*) é comum na utilização de estudos envolvendo *deep learning*. Tal *dataset* contém imagens de caracteres numéricos escritos à mão. As imagens contidas nele foram tratadas usando um *dataset* mais antigo (NIST). Dentre os tratamentos feitos, houve ajuste da resolução de cada imagem para 28x28 *pixels* e a conversão para uma escala cinza.

A utilização do *dataset* MNIST em larga escala como um padrão para estudos de modelos de *deep learning* e *machine learning* fez com que os resultados para tal *dataset* atingissem valores ótimos, não representando mais um desafio hoje em dia. Devido a esse avanço, novos *datasets* foram sendo utilizados, como o EMNIST (que contém imagens de letras e números feitos à mão). Outro dos *datasets* mais recomendados para esse aprendizado é o *Fashion* MNIST[104], que contém imagens de roupas de uma loja chamada Zalando.

Utilizaremos este *dataset* para criarmos um modelo que consiga classificar diferentes tipos de roupas, separando-as em categorias como camiseta, calça, tênis, casaco, entre outras. O *dataset* encontra-se disponível no GitHub ou também na própria biblioteca do Keras, como utilizaremos no código ao longo do capítulo. Esta prática foi inspirada em tutorial disponível no link <https://www.tensorflow.org/tutorials/keras/classification?hl=pt-br>. Utilizaremos o Keras por meio do TensorFlow. Então precisamos fazer as seguintes importações:

```
import tensorflow
from tensorflow import keras
```

---

[104] <https://github.com/zalandoresearch/fashion-mnist>.

Em seguida, carregaremos os dados do *dataset* utilizando o seguinte código:

```
dados_originais = keras.datasets.fashion_mnist
((imagens_treino, gabarito_treino),
 (imagens_teste, gabarito_teste)) = dados_originais.load_data()
```

Com isso referenciamos todo o *dataset* em **dados_originais**. Tais dados já possuem divisão de treino e teste, sendo 60000 para treino e 10000 para teste. Além disso, os dados já contêm um vetor de identificação dizendo o tipo correto da roupa representado no código, como **gabarito_treino** e **gabarito_teste**.

Portanto, ao aplicar o comando *.load_data()*, podemos carregar o *dataset* de maneira mais organizada, obtendo separadamente as imagens de treino e teste, assim como as identificações de treino e teste.

As identificações originais estão armazenadas em valores numéricos. Para conseguirmos identificá-las mais facilmente, podemos criar um dicionário:

Tabela 65.1. Identificações originais – dicionário.
Fonte: o autor.

Numérico	Classe
0	Camiseta/*Top*
1	Calça
2	Suéter
3	Vestido
4	Casaco
5	Sandália
6	Camisa
7	Tênis
8	Bolsa
9	Bota

Para isso, teríamos o seguinte código:

```
classes_por_nome = ['Camiseta/Top', 'Calça', 'Suéter', 'Vestido', 'Casaco',
                    'Sandália', 'Camisa', 'Tênis', 'Bolsa', 'Bota']
```

É importante manter a ordem correta no dicionário para que as referências em texto se mantenham iguais.

Caso queiramos visualizar as imagens com as quais vamos trabalhar, é possível utilizar o *pyplot* da biblioteca Matplotlib para exibi-las. No comando a seguir, podemos exibir a primeira, seguida de uma barra de escala de cor. Podemos ainda adicionar uma linha de comando para exibir um título na imagem trazendo sua respectiva classificação em texto, como montamos no dicionário:

```
import matplotlib.pyplot as plt
plt.imshow(imagens_treino[0])
plt.title(classes_por_nome[gabarito_treino[0]])
plt.colorbar()
plt.show()
```

Obtemos então a seguinte resposta:

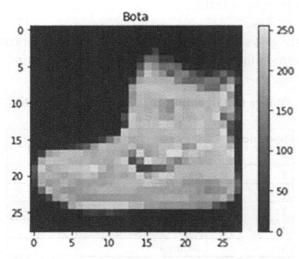

Figura 65.1. Exemplo de imagem do *dataset Fashion* MNIST.
Fonte: o autor.

Iniciando o modelo

Existem duas maneiras principais de realizar um modelo utilizando o Keras: a *Sequential* e a *Funtional* API. Neste exemplo, nos concentraremos na *Sequential*.

A *Sequential* funciona como uma lista de camadas pela qual nossos dados passarão durante o treinamento. Sendo assim, precisaremos de uma camada de entrada, algumas camadas de processamento e uma camada de saída. Portanto, podemos fazer uma analogia da seguinte forma:

```
modelo_sequential = sequential(
    camada de entrada,
    camadas de processamento,
    camada de saída
)
```

Uma prática comum no uso de redes neurais para tratamento de imagens no Keras é alinhar todos os *pixels* da imagem em uma dimensão só, como em um *array*. Essa função é chamada *Flatten* e torna explícita a serialização de um *array* multidimensional.

Como nossas imagens possuem 28 x 28 *pixels* (28 linhas de *pixels* e 28 colunas de *pixels*), no total temos 784 *pixels* em cada imagem. Ao passar pela função *Flatten*, eles serão reorganizados, passando a ter apenas uma linha com 784 *pixels*. Portanto, a função "achata" nossas imagens, sendo assim chamada de *Flatten* (do inglês achatar).

A função necessita de um parâmetro informando o formato de sua entrada, no caso (28, 28). Podemos então escrever nossa camada de entrada da seguinte forma em Python:

```
modelo = keras.Sequential([keras.layers.Flatten(input_shape=(28, 28))])
```

Com isso criamos nossa camada 0. Para prosseguirmos com nossa rede neural, criaremos mais camadas que darão sequência a essa. A camada seguinte é conhecida como *Dense*. Tal camada se conectará com todas as saídas obtidas na *Flatten*, como mostra a imagem a seguir:

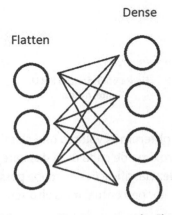

Figura 65.2. Interconexão entre as camadas *Flatten* e *Dense*.
Fonte: o autor.

Justamente por se conectar com todas as saídas da *Flatten*, ela é considerada uma camada *densely connected* (densamente conectada), recebendo assim o nome *Dense*. Para que a camada *Dense* funcione, precisamos fornecer no mínimo dois parâmetros: o número de neurônios que teremos na camada (documentado como *units*) e a função de ativação que usaremos nessa camada.

A função de ativação determinará parte dos cálculos que acontecerão em cada neurônio da camada. Para a camada em questão, utilizaremos a função de ativação chamada ReLU e utilizaremos 256 neurônios na camada. Sendo assim, o código em Python para o modelo com a nova camada será:

```
modelo = keras.Sequential([
    keras.layers.Flatten(input_shape=(28, 28)),
    keras.layers.Dense(256, activation='relu'),
])
```

Basicamente, a função ReLU fornecerá uma saída igual a zero para qualquer valor de entrada negativa e uma saída igual ao próprio valor de entrada caso ele seja positivo. Esta função será ilustrada pelo seguinte gráfico:

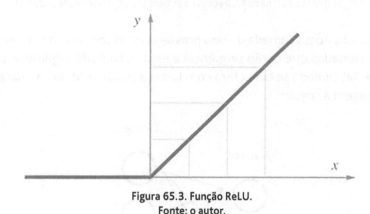

Figura 65.3. Função ReLU.
Fonte: o autor.

Em nossa camada de saída, obteremos valores que classificarão percentualmente o quanto nossa imagem se aproxima de cada uma das categorias de roupa do *dataset*. Dessa forma, como existem dez classificações de roupa possíveis, obteremos dez valores finais para cada imagem. O valor percentual mais alto será a classificação considerada.

A Figura 65.4 ilustra uma classificação com números hipotéticos em que se obtém sucesso na classificação da imagem:

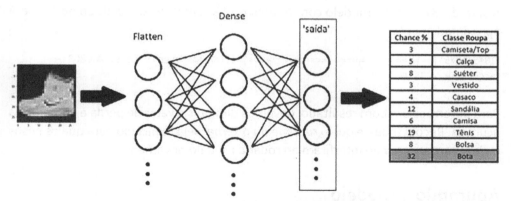

Figura 65.4. Esquemático do funcionamento do modelo.
Fonte: o autor.

A construção da camada de saída em código também é feita utilizando uma camada *Dense*. Porém, o número de neurônios precisa ser igual a 10, uma vez que existem 10 classes de roupas. A função de ativação que utilizaremos é a *Softmax*, que nos devolve uma distribuição normal de probabilidades:

```
modelo = keras.Sequential([
    keras.layers.Flatten(input_shape=(28, 28)),
    keras.layers.Dense(256, activation='relu'),
    keras.layers.Dense(10, activation='softmax')
])
```

Com esse código, finalizamos um modelo de rede neural em Keras, mas tal código não é suficiente para colocar o modelo em uso. Ainda é preciso treiná-lo e compilá-lo. Para compilar, precisamos passar parâmetros de otimizador, perda e métrica.

Utilizaremos um otimizador chamado Adam. Uma forma eficaz de acompanhar a perda em um algoritmo de classificação é a entropia cruzada categórica esparsa (*sparse categorical crossentropy*). Como métrica, adotaremos a acurácia. Sendo assim, o código será o seguinte:

```
modelo.compile(optimizer='adam', loss='sparse_categorical_crossentropy',
               metrics=['accuracy'])
resultado = modelo.fit(imagens_treino, gabarito_treino)
```

Agora já podemos executar o modelo pela primeira vez. Os resultados podem variar mesmo utilizando parâmetros iguais. Porém, quanto mais trabalharmos em nossa rede neural, mais o modelo tenderá a obter resultados que convergem para um mesmo resultado. Ao rodar o modelo com os mesmos parâmetros, o resultado obtido será aproximadamente:

```
1875/1875 [==============================] - 6s 3ms/step - loss: 4.0863 -
accuracy: 0.7346
```

Para obtermos um bom resultado, devemos diminuir o valor de perda e aumentar a acurácia. Recomenda-se que o *runtime* ou o *kernel* seja reiniciado para que os pesos e vieses anteriores não interfiram ao rodar o modelo novamente.

Apurando o modelo

Ao buscar um resultado melhor, podemos adicionar mais camadas de processamento em nossa rede (como mais uma *Dense* com ReLU) e variar o número de neurônios da rede.

Além disso, podemos treinar o modelo mais vezes para que ele "reforce" o que aprendeu (atualizando valores de pesos e vieses), tornando-se mais eficaz. Treiná-lo mais vezes significa aumentar o número de épocas. Para tal, devemos colocar um parâmetro a mais no método *fit* do modelo:

```
resultado = modelo.fit(imagens_treino, gabarito_treino , epochs=6)
```

O resultado obtido para o modelo em seis épocas será algo parecido com:

```
Epoch 1/6
1500/1500 [==============================] - 4s 3ms/step - loss: 4.6419 -
accuracy: 0.7269
Epoch 2/6
1500/1500 [==============================] - 4s 3ms/step - loss: 0.6294 -
accuracy: 0.7849
Epoch 3/6
1500/1500 [==============================] - 4s 3ms/step - loss: 0.5452 -
accuracy: 0.8132
Epoch 4/6
1500/1500 [==============================] - 5s 3ms/step - loss: 0.5091 -
accuracy: 0.8270
Epoch 5/6
1500/1500 [==============================] - 4s 3ms/step - loss: 0.4831 -
accuracy: 0.8350
Epoch 6/6
1500/1500 [==============================] - 4s 3ms/step - loss: 0.4742 -
accuracy: 0.8386
```

Percebe-se que, conforme as épocas avançam, o modelo tem uma perda menor e uma acurácia maior. Para maior controle do resultado, é possível adicionar mais um parâmetro no método *fit* do modelo, que irá separar uma parte dos dados de treino para validação. O valor desse parâmetro representa o percentual que será utilizado no teste (validação). Colocaremos 20%, isto é, 0.2.

```
resultado = modelo.fit(imagens_treino, gabarito_treino,
                       epochs=6, validation_split=0.2)
```

Podemos treinar a rede neural por várias épocas, mas como saberemos o valor correto para não correr o risco de termos *underfitting* ou *overfitting*? Uma maneira possível é traçando um gráfico dos resultados de treino e teste. Podemos traçar esse gráfico, por exemplo, para acurácia e perda. Os códigos e as figuras a seguir mostram como seriam os resultados obtidos:

```
plt.xlabel('Época')
plt.ylabel('Acurácia')
plt.legend(['Treino', 'Validação'])
plt.plot(resultado.history['accuracy'])
plt.plot(resultado.history['val_accuracy'])
plt.show()
```

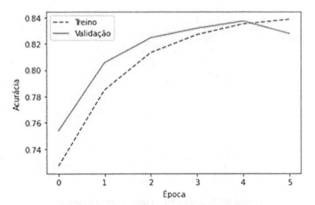

Figura 65.5. Evolução da acurácia por épocas.
Fonte: o autor.

```
plt.xlabel('Épocas')
plt.ylabel('Perda')
plt.plot(resultado.history['loss'], '--')
plt.plot(resultado.history['val_loss'])
plt.legend(['Treino', 'Validação'])
plt.show()
```

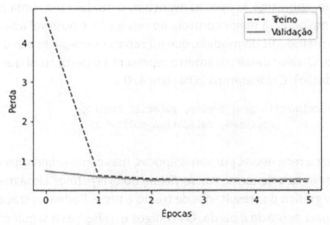

Figura 65.6. Evolução da perda por épocas.
Fonte: o autor.

Caso façamos um treinamento com mais épocas (por exemplo, com 30 épocas) o gráfico de perda teria o seguinte comportamento:

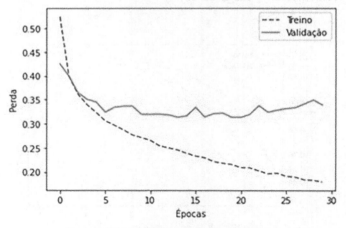

Figura 65.7. Evolução da perda por 30 épocas.
Fonte: o autor.

Como se pode observar, a curva de treino continuou a melhorar, enquanto a de validação estabilizou e tendeu inclusive a aumentar nos últimos pontos, nos mostrando um possível *overfitting*. Para a rede neural em questão, conseguimos concluir observando os gráficos que o treinamento ideal varia em torno de cinco épocas.

Neste exemplo, colocamos apenas uma camada de processamento do nosso modelo; contudo, em várias situações, é possível melhorar os resultados adicionando mais camadas. Por exemplo, podemos adicionar uma *Dense* com a mesma função de ativação ReLU, mas com 64 neurônios, seguida de uma função *Dropout*.

A função *Dropout* tem como objetivo zerar alguns resultados obtidos, sendo uma forma de prevenir o *overfitting*. Ela deve conter um parâmetro que indicará uma taxa percentual de valores a serem zerados. No caso, usaremos 15%, ou seja, 0.15.

Além disso, uma prática comum no tratamento de imagens é tratar o próprio banco de imagens antes que ele passe pela rede neural. Diversos tratamentos podem ser realizados, como retirar as cores das imagens, aumentar o contraste e normalizar a escala de cor. Uma forma simples de normalização pode ser feita apenas dividindo nossas imagens pelo valor máximo da escala, no caso 255.

A seguir, o código completo com as considerações finais.

```
import tensorflow
from tensorflow import keras
import matplotlib.pyplot as plt
dados_originais = keras.datasets.fashion_mnist
((imagens_treino, gabarito_treino),
 (imagens_teste, gabarito_teste)) = dados_originais.load_data()
classes_por_nome = ['Camiseta/Top', 'Calça', 'Suéter', 'Vestido', 'Casaco',
                    'Sandália', 'Camisa', 'Tênis', 'Bolsa', 'Bota']

plt.imshow(imagens_treino[0])
plt.title(classes_por_nome[gabarito_treino[0]])
plt.colorbar()
plt.show()

imagens_treino = imagens_treino/float(255)
modelo = keras.Sequential([
    keras.layers.Flatten(input_shape=(28, 28)),
    keras.layers.Dense(256, activation='relu'),
    keras.layers.Dense(64, activation='relu'),
    keras.layers.Dropout(0.15),
    keras.layers.Dense(10, activation='softmax')
])
```

```python
modelo.compile(optimizer='adam', loss='sparse_categorical_crossentropy',
               metrics=['accuracy'])
resultado = modelo.fit(imagens_treino, gabarito_treino,
                       epochs=10, validation_split=0.2)


plt.xlabel('Época')
plt.ylabel('Acurácia')
plt.plot(resultado.history['accuracy'], '--')
plt.plot(resultado.history['val_accuracy'])
plt.legend(['Treino', 'Validação'])
plt.xlabel('Épocas')
plt.ylabel('Perda')
plt.plot(resultado.history['loss'], '--')
plt.plot(resultado.history['val_loss'])
plt.legend(['Treino', 'Validação'])
plt.show()
```

66. Desenvolvimento de *chatbot*

Eric Gomes

Neste capítulo, abordaremos o desenvolvimento de um *chatbot* para plataforma do Telegram. O foco será em uma aplicação simples, mas que permitirá a você, leitor e amante de Python, desenvolver seu próprio *chatbot* com muito mais funções.

Antes de iniciarmos, vale ressaltar que muito do que já foi visto até aqui será utilizado neste capítulo, como funções, programação orientada a objetos, etc. Se porventura você ficar com alguma dúvida, volte aos capítulos anteriores e reveja o tópico específico.

Feitas as considerações iniciais, vamos direto ao que interessa. Acesse este tutorial no repositório GitHub[105] deste livro.

---

[105] <https://github.com/jornada-colaborativa/livro-python>.

PARTE X. AUTOMAÇÃO DE PROCESSOS

67. *Serverless*

Alexandro Angelo Romeira

Este capítulo está disponível no repositório GitHub[106] deste livro.

---

[106] <https://github.com/jornada-colaborativa/livro-python>.

68. CI e CD

Davi Luis de Oliveira

No trabalho em equipe, quando não há coordenação do time de desenvolvimento e um fluxo de trabalho bem estabelecido, podem acontecer inconsistências de código durante o projeto e os desenvolvedores precisam focar o seu tempo consertando tais inconsistências. Para evitar isso, vamos aprender a configurar um *pipeline* de CI/CD, do inglês *continuous integration* (integração contínua) e *continuous delivery* (entrega contínua) para um projeto em Python desenvolvido com Flask (**Capítulo 51 – *Flask***).

A CI consiste na prática de compilar e testar códigos automaticamente a cada novo *commit*, permitindo a correção de erros rapidamente e evitando que inconsistências se acumulem, fazendo seu software ser entregue mais rápido. Já o CD pode se referir tanto à entrega contínua, que visa verificar se realmente o software está consistente para a realização do *deploy* em produção, quanto à implantação contínua, que consiste na prática de implantar o código em produção o mais frequentemente possível e, por consequência, reduzir a possibilidade de erros em novos recursos.

Vamos criar um exemplo prático para entender mais sobre CI e CD. Para isso, primeiro precisamos criar o ambiente virtual (**Capítulo 9 – Criação de ambiente virtual**) para isolarmos as dependências do nosso projeto. Os comandos a seguir foram executados no WSL, e talvez você precise fazer algum ajuste caso esteja em outro ambiente operacional.

Vamos destinar um diretório para o nosso projeto, digamos **prj_jornada_ci_cd**:

```
$ mkdir prj_jornada_ci_cd
$ cd prj_jornada_ci_cd
```

Dentro do diretório do seu projeto, execute:

```
$ virtualenv venv -p python3 # Cria o ambiente virtual
$ source venv/bin/activate # Ativa o ambiente virtual
```

502 Jornada Python

Nosso projeto será um "Olá Mundo" em Flask. Será um procedimento de teste automático (**Capítulo 45 – Testes unitários e testes automatizados**). Logo, vamos instalar o Flask e o pytest com o comando que segue:

```
(venv)$ pip install flask pytest gunicorn
```

Antes de começar a codificar, utilize o comando a seguir para criar um arquivo com todas as dependências.

```
$ pip freeze > requirements.txt
```

A última etapa antes da codificação é criar um arquivo **gitignore** que oculta arquivos do ambiente virtual e do *pycache*, que não precisam estar no GitHub. Então, crie o arquivo **.gitignore** na raiz do seu projeto com as seguintes informações:

```
venv/
__pycache__/
```

Agora vamos criar na raiz do nosso projeto o arquivo **app.py**. Para finalizar, dentro desse arquivo, vamos instanciar o Flask e criar a rota *index*, retornando o "Olá Mundo", que pode ser observado no exemplo a seguir:

```python
from flask import Flask
app = Flask(__name__)

@app.route("/")
def index():
    return "Olá mundo"

if __name__ == "__main__":
    app.run()
```

Com nosso código criado, precisamos testá-lo. Crie uma pasta *tests* e coloque dentro um arquivo **test_app.py**, que consiste em um código onde vamos importar o *index* do **app.py** para depois criar uma verificação do valor retornado.

```python
from app import index
def test_index():
    assert index() == "Olá mundo"
```

Agora vamos executar o comando a seguir na raiz do projeto para rodar o teste.

```
(venv)$ export PYTHONPATH=.
(venv)$ pytest
```

Com o projeto e os testes rodando, crie um repositório no GitHub e faça os *commits* necessários, enviando todas as alterações para lá.

```
(venv)$   echo "# Projeto Jornada Python CI/CD" >> README.md
(venv)$   git init
(venv)$   git add .
(venv)$   git commit -m "Primeiro commit"
(venv)$   git branch -M main
(venv)$   git remote add origin https://github.com/USUÁRIO/REPOSITÓRIO.git
(venv)$   git push -u origin main
```

Com seu repositório disponível no GitHub, você poderá utilizar o *GitHub actions*. Para isso, no seu repositório, clique na opção *Actions*. Vão aparecer diversas opções de *actions* para você escolher. No nosso caso, será o *Python application*.

Figura 68.1. *GitHub Actions*.
Fonte: o autor.

O GitHub vai gerar automaticamente um arquivo **YAML** para todos os passos que serão executados quando você colocar novos *commits* no seu projeto.

Agora, se voltar para a raiz do seu projeto no GitHub, é possível notar uma bolinha amarela. Quando a seta estiver sobre ela, mostrará que suas *actions* ainda estão em execução. Então clique em 'detalhes' para ver qual *action* está sendo executada.

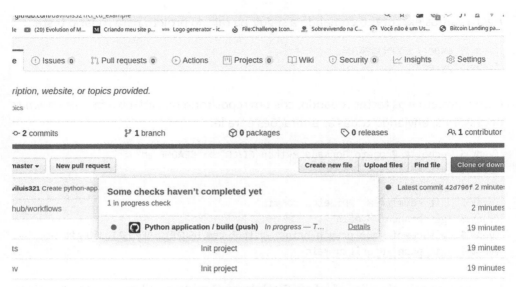

Figura 68.2. Suas *actions*.
Fonte: o autor.

O nosso CI já é capaz de executar várias etapas para a validação do código, como instalação de dependências e verificação de estilos com o flake8 (**Capítulo 11 – Linters**), além dos testes, que falharam no nosso exemplo porque um módulo não foi encontrado no teste.

Para resolver esse problema, basta adicionar a seguinte linha de código no arquivo **Python-app.yml**, antes de executar o pytest.

```
(venv)$ export PYTHONPATH=.
```

Agora, todas as suas *actions* devem rodar perfeitamente e seu fluxo de integração contínua vai permitir que você ache inconsistências de código de forma mais rápida.

Para terminarmos esse exemplo prático, só falta o *deploy* automatizado. Vamos utilizar o Heroku para a hospedagem. Utilize o comando a seguir caso você não tenha o Heroku CLI (*Command Line Interface*, interface de linha de comando).

```
(venv)$ sudo snap install --classic heroku
```

Caso o comando anterior não funcione, execute o comando a seguir:

```
(venv)$ curl https://cli-assets.heroku.com/install.sh | sh
```

Com o Heroku CLI, você pode logar no Heroku via terminal e depois criar um *container* para hospedar seu site.

```
(venv)$ heroku login
(venv)$ heroku create
```

O Heroku CLI gera um nome aleatório para a aplicação; caso deseje, é possível re-nomeá-la com o comando a seguir:

```
(venv)$ heroku apps:rename --app nome_antigo nome_novo
```

Agora vamos gerar um *token* de autorização para que nosso repositório possa acessar o Heroku para o *deploy*.

```
(venv)$ heroku authorizations:create
```

Depois que você criar o seu *token*, deverá adicioná-lo, além do nome da aplicação, no *secrets* (*Settings/Options/Secrets/New repository secret*) do repositório no GitHub. No nosso caso, os valores eram os seguintes:

HEROKU_API_TOKEN	a0a5406a-1dba-4d2f-8d10-4d3eb1f976b1
HEROKU_APP_NAME	jornada-python

Vamos criar na raiz do projeto o arquivo **Procfile**, necessário para o Heroku saber como executar nossa aplicação. Esse arquivo deve estar na raiz do projeto e conter a seguinte linha, que informa que o Gunicorn será a porta de entrada do nosso servidor *web*:

```
web: gunicorn app:app
```

Antes de fazer o *deploy*, vamos acrescentar o PYTHONPATH ao arquivo YAML, con-forme apresentado a seguir:

```
name: Python application
on:
  push:
    branches: [ main ]
  pull_request:
    branches: [ main ]
jobs:
  build:
    runs-on: ubuntu-latest
```

506 Jornada Python

```
steps:
- uses: actions/checkout@v2
- name: Set up Python 3.9
  uses: actions/setup-python@v2
  with:
    python-version: 3.9
- name: Install dependencies
  run: |
    python -m pip install --upgrade pip
    pip install flake8 pytest
    if [ -f requirements.txt ]; then pip install -r requirements.txt; fi
- name: Lint with flake8
  run: |
    # stop the build if there are Python syntax errors or undefined
names
    flake8 . --count --select=E9,F63,F7,F82 --show-source --statistics
    # exit-zero treats all errors as warnings. The GitHub editor is 127
chars wide
    flake8 . --count --exit-zero --max-complexity=10 --max-line-
length=127 --statistics
- name: Test with pytest
  run: |
    export PYTHONPATH=.
    pytest
```

Finalmente, podemos fazer o *deploy* e ver o resultado do nosso projeto no endereço <https://jornada-python.herokuapp.com/>.

```
(venv)$  git push heroku main
```

Com todas as configurações realizadas, terminamos o nosso exemplo de CI e CD com o Flask. Continue desenvolvendo esse código. Você poderá acrescentar novas rotas para ver como esse recurso será importante para o seu dia a dia *pythonista*.

69. Gerando *packages* e publicando no PyPi

Karina Tiemi Kato

A modularização auxilia a legibilidade e manutenção de códigos em Python, além de facilitar o reaproveitamento de trechos de código e seguir o princípio DRY (*Don't Repeat Yourself*). Quando falamos em modularização, nos referimos à criação de módulos, isto é, objetos que servem como unidade organizacional do código que são carregados pelo comando de *import*. Os pacotes são uma coleção de módulos com hierarquia.

O objetivo deste capítulo é mostrar como criar um pacote em Python e colocá-lo no repositório público PyPi, possibilitando o compartilhamento com outros usuários e a instalação por meio do pip, um sistema de gerenciamento de pacotes de Python.

Primeiramente, é necessário determinar a estrutura do seu projeto. Crie, mesmo que vazio, o arquivo **__init__.py**, para possibilitar importar o diretório como um módulo (PYTHON PACKAGING USER GUIDE, s.d.). A seguir, você encontra um exemplo simples de estrutura. Nela, a chamada do arquivo **file1_name.py**, ao executar, pode ser feita com *import package_name.file1_name* ou *from package_name import file1_name*.

```
project_name/
    README.md
    setup.py
    requirements.txt
    package_name/
        __init__.py
    file1_name.py
    file2_name.py
```

Caso seu pacote exija mais módulos e submódulos, recomenda-se utilizar a seguinte estrutura: a chamada do arquivo **file1_name.py** seria com *import package_name*, *module1_name.file1_name* ou, simplesmente, *from package_name.module1_name import file1_name*.

```
project_name/
    README.md
    setup.py
    requirements.txt
    package_name/
        __init__.py
     module1_name/
         __init__.py
             file1_name.py
             file2_name.py
     module2_name/
             __init__.py
             file1_name.py
             file2_name.py
```

Crie também o arquivo **setup.py** para informar ao *setuptools* como construir seu pacote. Nesse arquivo, você pode especificar o nome do pacote, a versão, o autor, um e-mail para contato, dentre outros dados. Veja um exemplo de arquivo:

```
from setuptools import setup, find_packages

with open("README.md", "r") as f:
    page_description = f.read()

with open("requirements.txt") as f:
    requirements = f.read().splitlines()

setup(
    name="package_name",
    version="0.0.1",
    author="my_name",
    author_email="my_email",
    description="My short description",
    long_description=page_description,
    long_description_content_type="text/markdown",
    url="my_github_repository_project_link"
    packages=find_packages(),
    install_requires=requirements,
    Python_requires='>=3.8',
)
```

Existem diversos atributos de metadados que podem ser utilizados; para mais detalhes, acesse a documentação[107]. Lembre-se de, em *name*, configurar um nome único para o pacote no repositório. É uma boa prática que o nome utilizado em *package_name*

---

[107] <https://setuptools.readthedocs.io/en/latest/setuptools.html>.

na estrutura de código criada corresponda a esse *name*, para que o *import* tenha o mesmo nome do pacote instalado. Em *version*, a cada nova versão, você deve atualizar o valor usado.

No início do arquivo **setup.py**, o conteúdo do arquivo **README.md** é lido e salvo na variável *page_description*, a qual, mais adiante, é passada para o atributo *long_description*. A variável *long_description_type* recebe o valor do tipo *text/markdown*. Isso permite ao desenvolvedor escrever o conteúdo de **README.md**, que deve conter uma descrição detalhada do pacote a ser apresentado na página do PyPi, utilizando *markdown*.

O atributo mais importante dentre as opções é o *packages*, pois recebe uma lista com todos os módulos que devem ser incluídos na distribuição para que o pacote funcione corretamente. Essa lista de módulos também é chamada de lista de dependências. Para evitar ter que informar a lista de dependências a cada atualização, pode-se utilizar o método *find_packages*, que varre seu código e automaticamente cria essa lista.

Adicionalmente, também estamos utilizando o atributo *install_requires*, que é útil se o seu pacote precisar da instalação de outros pacotes para funcionar. O *install_requires* está recebendo o conteúdo do arquivo **requirements.txt**, o qual contém o nome dos pacotes externos necessários, podendo ser especificadas as versões.

Para colocar um pacote em um repositório, você precisará criar uma distribuição binária ou de código-fonte. Mesmo para pacotes com Python puro, isto é, que não importam pacotes escritos em outras linguagens, como o BLAS no NumPy, ainda é preferível a distribuição binária, devido à velocidade de instalação, por não precisar compilar. As versões mais recentes do pip instalam primeiramente a binária e usam a distribuição de código-fonte apenas se necessário (PYTHON PACKAGING USER GUIDE, s.d.). De qualquer forma, criaremos ambas as distribuições nos comandos a seguir:

```
$ python -m pip install --upgrade pip
$ python -m pip install --user twine
$ python -m pip install --user setuptools
$ python setup.py sdist bdist_wheel
```

Primeiro atualizamos a versão do pip. Depois instalamos os pacotes Twine e Setuptools. O Setuptools é o pacote usado na definição do arquivo **setup.py**. Já o Twine é a ferramenta oficial de auxílio para subir pacotes para o PyPi. Com o comando *Python setup.py sdist bdist_wheel*, criamos primeiro a distribuição de código-fonte (*source distribution* ou *sdist*) e depois a distribuição binária wheel[108].

---

[108] <https://pythonwheels.com/>.

510 Jornada Python

Na raiz do projeto, no nosso caso, em *package_name*, ao rodar os comandos anteriores, foi criada uma pasta nova chamada **dist**, que contém as distribuições. Perceba que haverá um arquivo com extensão **.gz**, que é a distribuição de código-fonte. Além dele, há um arquivo **.whl**, que é a distribuição binária wheel.

Agora que desenvolvemos ambas as distribuições, precisamos criar as contas nos repositórios. O PyPi tem um repositório de testes separado, que permite fazer experimentos com o pacote e evitar subir uma versão que não funcione. Logo, crie as contas nos repositórios de teste[109] e de produção[110].

Começaremos subindo o pacote no repositório de testes com o seguinte comando:

```
$ python -m twine upload --repository-url https://test.pypi.org/legacy/ dist/*
```

Serão exigidos o usuário e senha do repositório PyPi de testes e, assim que ele subir, você conseguirá visualizar o pacote *on-line*[111]. Para instalá-lo, execute o comando:

```
$ python -m pip install --index-url https://test.pypi.org/simple/ --no-deps
my_package
```

Agora você já pode subir esse pacote em produção. Execute o comando:

```
$ python -m twine upload --repository-url https://upload.pypi.org/legacy/ dist/*
```

Novamente, coloque as suas credenciais e espere o pacote subir. Pronto, o seu primeiro pacote está criado. Você poderá vê-lo em https://pypi.org/project/my_package. Ele também pode ser facilmente baixado usando o pip:

```
$ python -m pip install my_package
```

Conforme pudemos observar neste capítulo, é muito fácil construir e disponibilizar um pacote *on-line* para usuários em todas as partes do mundo poderem se beneficiar de um mesmo conjunto de soluções, possibilitando um enorme ganho de produtividade e a distribuição livre do conhecimento. Você já imaginou como pode ajudar a comunidade Python a evoluir? Então, o que está esperando? Comece agora!

---

[109] <https://test.pypi.org/>.
[110] <https://pypi.org/>.
[111] <https://test.pypi.org/project/my_package>.

Referências bibliográficas

ANTONELLO, Ricardo. **Introdução a Visão Computacional com Python e OpenCV.** Engenharia de Controle e Automação do Instituto Federal Catarinense-IFC, Campus Luzerna, 2014.

BEALE, R.; JACKSON, T. **Neural Computing:** an introduction. Boca Raton, FL: CRC Press, 2017.

BENGIO, Yoshua; SIMARD, Patrice; FRASCONI, Paolo. Learning long-term dependencies with gradient descent is difficult. **IEEE transactions on neural networks**, vol. 5, n. 2, 1994, p. 157-166.

BRADSKI, Gary; KAEHLER, Adrian. **Learning OpenCV:** computer vision with the OpenCV library. Sebastopol, CA: O'Reilly, 2008.

BRIZENO, Marcos. Escreva Testes Melhores em 5 Passos. **Thoughtworks**, 21 jun. 2014. Disponível em: <https://www.thoughtworks.com/pt/insights/blog/write-better-tests-5-steps>. Acesso em: 16 jul. 2021.

BROWNLEE, Jason. **Machine Learning Mastery with Python.** Machine Learning Mastery Pty Ltd, 2016. Disponível em: <https://machinelearningmastery.com/machine-learning-with-Python/>. Acesso em: 31 jul. 2021.

BUSCHMANN, Frank et al. **Pattern-Oriented Software Architecture:** a system of patterns. Vol. 1. Hoboken, NJ: John Wiley & Sons, 1996.

CASTRO, Everton. **Protocolo HTTP além do que vemos.** 09 jul. 2018. Disponível em: <https://www.evertoncastro.com/http-alem-do-que-vemos/>. Acesso em: 16 jul. 2021.

CHENG, Yang; MAIMONE, Mark; MATTHIES, Larry. Visual odometry on the Mars exploration rovers. **2005 IEEE International Conference on Systems, Man and Cybernetics**, vol. 1, 2005, p. 903-910.

CHOMSKY, Noam. **Aspects of the Theory of Syntax.** Vol 11. Cambridge, MA: MIT Press, 2014.

COPELAND, B. J. Alan Turing. **Encyclopædia Britannica, Inc**, last updated June 19, 2021. Disponível em: <https://www.britannica.com/biography/Alan-Turing>. Acesso em: 31 jul. 2021.

DAVENPORT; Thomas H.; PATIL, D. J. Data Scientist: The Sexiest Job of the 21st Century. **Harvard Business Review**, Oct. 2012. Disponível em: <https://hbr.org/2012/10/data-scientist-the-sexiest-job-of-the-21st-century>. Acesso em: 31 jul. 2021.

512 Jornada Python

DESALE, Devendra. Top 15 Frameworks for Machine Learning Experts. **KDnuggets**, Apr. 2016. Disponível em: <https://www.kdnuggets.com/2016/04/top-15-frameworks-machine-learning-experts.html>. Acesso em: 13 ago. 2021.

EBY, P. J. **PEP 3333 -- Python Web Server Gateway Interface v1.0.1.** Python, Sep. 26, 2010. Disponível em: <https://www.python.org/dev/peps/pep-3333/>. Acesso em: 16 jul. 2021.

ESCOVEDO, Tatiana. **IssueNet:** um framework para avaliação colaborativa de tarefas. Dissertação de Mestrado. Pontifícia Universidade Católica do Rio de Janeiro, Rio de Janeiro, 2005.

ESCOVEDO, Tatiana; KOSHIYAMA, Adriano. **Introdução a Data Science:** Algoritmos de Machine Learning e métodos de análise. São Paulo: Casa do Código, 2020.

FAWCETT, Tom; PROVOST, Foster. **Data Science para Negócios:** o que você precisa saber sobre mineração de dados e pensamento analítico de dados. Rio de Janeiro: Alta Books, 2018.

FORSYTH, David A.; PONCE, Jean. **Computer vision:** a modern approach. Englewood Cliffs, NJ: Prentice Hall Professional Technical Reference, 2002.

FOWLER, Martin. Software Architecture Guide. **martinfowler.com**, Aug. 1, 2019. Disponível em: <https://martinfowler.com/architecture/>. Acesso em: 16 jul. 2021.

GARBADE, Michael J. Django, Flask ou Pyramid: qual é o melhor framework Python para você? **Education Ecosystem Blog**, jan. 19, 2017. Disponível em: <https://blog.education-ecosystem.com/Django-Flask-pyramid-framework-Python/>. Acesso em: 16 jul. 2021.

GARTNER GLOSSARY. **Service-oriented Architecture (SOA).** Disponível em: <https://www.gartner.com/en/information-technology/glossary/service-oriented-architecture-soa>. Acesso em: 16 jul. 2021.

GEEKHUNTER. **Os 5 melhores frameworks de Python.** 16 out. 2019. Disponível em: <https://blog.geekhunter.com.br/os-5-melhores-frameworks-de-Python/>. Acesso em: 16 jul. 2021.

GOLDSCHMIDT, Ronaldo; PASSOS, Emmanuel; BEZERRA, Eduardo. **Data Mining:** conceitos, técnicas, algoritmos, orientações e aplicações. Rio de Janeiro: Elsevier, 2005.

GOODFELLOW, Ian J. et al. Generative adversarial nets. **Advances in neural information processing systems**, 2014, p. 2672-2680.

GOODFELLOW, Ian; BENGIO, Yoshua; COURVILLE, Aaron. **Deep learning.** Cambridge, MA: MIT Press, 2016.

GOODGER, David. **PEP 287 -- reStructuredText Docstring Format.** Python, Mar. 25, 2002. Disponível em: <https://www.python.org/dev/peps/pep-0287/>. Acesso em: 16 jul. 2021.

GOODGER, David; VAN ROSSUM, Guido. **PEP 257 -- Docstring Conventions.** Python, May 29, 2001. Disponível em: <https://www.python.org/dev/peps/pep-0257/>. Acesso em: 16 jul. 2021.

GREFF, Klaus et al. LSTM: A search space odyssey. **IEEE transactions on neural networks and learning systems**, vol. 28, n. 10, 2016, p. 2222-2232.

GULLI, Antonio; KAPOOR, Amita. **TensorFlow 1.x Deep Learning Cookbook:** Over 90 unique recipes to solve artificial-intelligence driven problems with Python. Birmingham, UK: Packt Publishing Ltd, 2017.

Referências bibliográficas **513**

GURU99. **Code Coverage Tutorial:** Branch, Statement, Decision, FSM. **Guru99**, s.d. Disponível em: <https://www.guru99.com/code-coverage.html>. Acesso em: 05 ago. 2021.

HELLMANN, Doug. **The Python 3 Standard Library by Example**. Upper Saddle River, NJ: Addison-Wesley, 2017.

HELPER, Dror. 8 Principles of Better Unit Testing. **Enterprise Systems Journal**, Sep. 24 2012. Disponível em: <https://esj.com/Articles/2012/09/24/Better-Unit-Testing.aspx>. Acesso em: 16 jul. 2021.

HOCHREITER, Sepp. **Untersuchungen zu dynamischen neuronalen Netzen**. Diplomarbeit im Fach Informatik, Technische Universität München, 15 Juni 1991.

HOCHREITER, Sepp; SCHMIDHUBER, Jürgen. Long short-term memory. **Neural computation**, vol. 9, n. 8, 1997, p. 1735-1780.

IGUAL, Laura; SEGUÍ, Santi. **Introduction to Data Science:** a Python approach to concepts, techniques and applications. Heidelberg: Springer, 2017.

ISAACSON, Walter. **Os Inovadores:** uma biografia da revolução digital. São Paulo: Companhia das Letras, 2014.

KHORIKOV, Vladimir. **Unit Testing:** principles, practices, and patterns. Shelter Island, NY: Manning, 2020.

KIM, Yoon. **Convolutional neural networks for sentence classification**. arXiv preprint arXiv:1408.5882, 2014.

KOLODIY, Sergey. Unit Tests, How to Write Testable Code and Why it Matters. **Toptal**, 2015. Disponível em: <https://www.toptal.com/qa/how-to-write-testable-code-and-why-it-matters>. Acesso em: 16 jul. 2021.

KRIZHEVSKY, Alex; SUTSKEVER, Ilya; HINTON, Geoffrey. E. ImageNet classification with deep convolutional neural networks. **Advances in neural information processing systems**, 2012, p. 1097-1105.

LECUN, Yann et al. Gradient-based learning applied to document recognition. **Proceedings of the IEEE**, vol. 86, n. 11, 1998, p. 2278-2324.

LEIBRICH, Torsten. 5 Reasons Why Test Automation Can Fail. **Thoughtworks**, May 03, 2016. Disponível em: <https://www.thoughtworks.com/insights/blog/5-reasons-why-test-automation-can-fail>. Acesso em: 16 jul. 2021.

LEMBURG, Marc-André. **PEP 248 -- Python Database API Specification v1.0**. Python, Mar. 29, 2001a. Disponível em: <https://www.python.org/dev/peps/pep-0248/>. Acesso em: 16 jul. 2021.

LEMBURG, Marc-André. **PEP 249 -- Python Database API Specification v2.0**. Python, Mar. 29, 2001b. Disponível em: <https://www.python.org/dev/peps/pep-0249>. Acesso em: 16 jul. 2021.

LEWIS, James; FOWLER, Martin. Microservices. **martinfowler.com**, Mar. 25, 2014. Disponível em: <http://martinfowler.com/articles/microservices.html>. Acesso em: 16 jul. 2021.

514 Jornada Python

MAIMONE, Mark; CHENG, Yang; MATTHIES, Larry. Two years of visual odometry on the Mars exploration rovers. **Journal of Field Robotics**, vol. 24, n. 3, 2007, p. 169-186.

MAMALET, Franck; ROUX, Sébastien; GARCIA, Christophe. Real-time video convolutional face finder on embedded platforms. **EURASIP Journal on Embedded Systems**, vol. 2007, n. 1, 021724, 2007.

MARTIN, Robert C. **Código Limpo:** habilidades práticas do agile software. Rio de Janeiro: Alta Books, 2009.

MCCULLOCH, Warren. S., PITTS, Walter. A logical calculus of the ideas immanent in nervous activity. **The bulletin of mathematical biophysics**, vol. 5, n. 4, 1943, p. 115-133.

MEYER, Carl. **PEP 405 -- Python Virtual Environments.** Python, June 13, 2011. Disponível em: <https://www.python.org/dev/peps/pep-0405/>. Acesso em: 16 jul. 2021.

MICROPYTHON. Site. Disponível em: <https://micropython.org/>. Acesso em: 16 jul. 2021.

MUNIZ, Antonio et al. **Jornada DevOps:** unindo cultura ágil, Lean e tecnologia para entrega de software com qualidade. Rio de Janeiro: Brasport, 2019.

MYERS, Austin et al. Im2Calories: towards an automated mobile vision food diary. **Proceedings of the IEEE International Conference on Computer Vision**, 2015, p. 1233-1241.

NIELSEN, Michael A. **Neural networks and deep learning.** San Francisco, CA: Determination Press, 2015.

OLAH, Christopher. **Understanding LSTM Networks.** Aug. 27, 2015. Disponível em: <http://colah.github.io/posts/2015-08-Understanding-LSTMs/>. Acesso em: 05 ago. 2021.

OLIPHANT, Travis. Python for Scientific Computing. **Computing in Science and Engineering**, n. 9, vol. 3, May/June 2007. Disponível em: <https://www.researchgate.net/publication/3422935_Python_for_Scientific_Computing>. Acesso em: 16 jul. 2021.

PETERS, Tim. **PEP 20 -- The Zen of Python.** Python, Aug. 19, 2004. Disponível em: <https://www.python.org/dev/peps/pep-0020/>. Acesso em: 16 jul. 2021.

PETLOVANA, Yana. Top 13 Python Web Frameworks to Learn in 2020. **Steel Wiki**, s.d. Disponível em: <https://steelkiwi.com/blog/top-10-Python-web-frameworks-to-learn/>. Acesso em: 16 jul. 2021.

PINTO, Sergio Crespo Coelho da Silva. **Composição em webframeworks.** Tese de Doutorado. Pontifícia Universidade Católica do Rio de Janeiro, Rio de Janeiro, 2000.

PIRES, Jackson. O que é API? REST e RESTful? Conheça as definições e diferenças! **BeCode**, 21 fev. 2017. Disponível em: <https://becode.com.br/o-que-e-api-rest-e-restful>. Acesso em: 16 jul. 2021.

PREE, Wolfgang. **Essential framework design patterns**. Framework 2, 1997, B1.

PRESS, Gil. Cleaning Big Data: Most Time-Consuming, Least Enjoyable Data Science Task, Survey Says. **Forbes**, Mar. 26, 2016. Disponível em: <https://www.forbes.com/sites/gilpress/2016/03/23/data-preparation-most-time-consuming-least-enjoyable-data-science-task-survey-says/?sh=25b4660a6f63>. Acesso em: 31 jul. 2021.

Referências bibliográficas **515**

PRINCE, Simon J. D. **Computer vision:** models, learning, and inference. New York: Cambridge University Press, 2012.

PYCHARM. **Code inspections.** Last modified: May 19, 2021. Disponível em: <https://www.jetbrains.com/help/pycharm/code-inspection.html>. Acesso em: 16 jul. 2021.

PYTHON PACKAGING USER GUIDE. **An Overview of Packaging for Python.** Disponível em: <https://packaging.Python.org/overview/>. Acesso em: 05 ago. 2021.

PYTHON SOFTWARE FOUNDATION. **Code of Conduct.** Disponível em: <https://www.python.org/psf/conduct/>. Acesso em: 16 jul. 2021.

PYTHON WIKI. **Why is Python a dynamic language and also a strongly typed language.** Disponível em: <https://wiki.*Python*.org/moin/Why%20is%20*Python*%20a%20dynamic%20 language%20and%20also%20a%20strongly%20typed%20language>. Acesso em: 16 jul. 2021.

PYTHON. **PEP-0 – Index of Python Enhancement Proposals (PEPs).** Last Modified: July 14, 2021. Disponível em: <https://www.python.org/dev/peps/>. Acesso em: 16 jul. 2021.

PYTHON. Site. Disponível em: <https://www.python.org>. Acesso em: 16 jul. 2021.

RAIBOLT-SILVA, Alexandra Miguel. **Local Binary Convolutional Neural Network para Reconhecimento de Expressões Faciais de Emoções Básicas.** Trabalho de Conclusão de Curso (Tecnólogo em Tecnologia da Informação e da Comunicação) – Faculdade de Educação Tecnológica do Estado do Rio de Janeiro, Petrópolis, 2018. 104 p.

RAMUVEL, Gautam. 5 Best Open Source Frameworks For Machine Learning. **Medium,** July 13, 2018. Disponível em: <https://medium.com/coinmonks/5-best-open-source-frameworks-for-machine-learning-739d06170601>. Acesso em: 16 jul. 2021.

RASHED, Md. Golam; AHSAN, Raquib. Python in Computational Science: applications and possibilities. International **Journal of Computer Applications (0975 – 8887),** vol. 46, n. 20, May 2012. Disponível em: <https://pdfs.semanticscholar.org/64c1/109c641a9ab9ab60cfbaacbf4df9383699de.pdf>. Acesso em: 16 jul. 2021.

REINSEL, David; GANTZ, John; RYDNING, John. **The Digitization of the World:** From Edge to Core. IDC, nov. 2018. Disponível em: <https://resources.moredirect.com/white-papers/idc-report-the-digitization-of-the-world-from-edge-to-core>. Acesso em: 05 ago. 2021.

ROSENBLATT, Frank. **The perceptron – a perciving and recognizing automation**. Report 85-460-1 Cornell Aeronautical Laboratory, Ithaca, Tech. Rep., 1957.

RUBLEE, Ethan et al. ORB: An efficient alternative to SIFT or SURF. **International Conference on Computer Vision**, 2011.

RUMELHART, David. E.; HINTON, Geoffrey. E.; WILLIAMS, Ronald J. **Learning internal representations by error propagation**. Institute for Cognitive Science, University of California, San Diego, La Jolla, 1985.

RUSSELL, Stuart J., NORVIG, Peter. **Artificial Intelligence:** a modern approach. Englewood Cliffs, NJ: Prentice Hall, 1995, p. 1-31.

SANNER, M. F. Python: A Programming Language for software integration and development. **J Mol Graph Model**, n. 17, vol. 1, Feb. 1999. Disponível em: <https://pdfs.semanticscholar.org/409d/3f740518eafcfaadb054d9239009f3f34600.pdf>. Acesso em: 16 jul. 2021.

SHAW, Anthony P. Why is Python so slow? **Hackernoon**, July 15, 2018. Disponível em: <https://hackernoon.com/why-is-python-so-slow-e5074b6fe55b>. Acesso em: 16 jul. 2021.

SILVA, Daniel Neves. Alan Turing. **Brasil Escola**, s.d. Disponível em: <https://brasilescola.uol.com.br/biografia/alan-mathison.htm>. Acesso em: 05 ago. 2021.

SILVA, Thalles. An intuitive introduction to Generative Adversarial Networks (GANs). **FreeCodeCamp**, Jan. 07, 2018. Disponível em: <https://www.freecodecamp.org/news/an-intuitive-introduction-to-generative-adversarial-networks-gans-7a2264a81394>. Acesso em: 05 ago. 2021.

SUTTON, Richard S.; BARTO, Andrew G. **Reinforcement Learning**: an introduction. Cambridge, MA: MIT Press, 1998.

SZELISKI, Richard. **Computer vision**: algorithms and applications. New York: Springer, 2010.

VAN ROSSUM, Guido. **Foreword for "Programming Python" (1ˢᵗ ed.).** May 1996. Disponível em: <https://www.python.org/doc/essays/foreword/>. Acesso em: 16 jul. 2021.

VAN ROSSUM, Guido. Introduction and Overview. **The History of Python**, Jan. 13, 2009. Disponível em: <https://python-history.blogspot.com/2009/01/introduction-and-overview.html>. Acesso em: 16 jul. 2021.

VAN ROSSUM, Guido; WARSAW, Barry; COGHLAN, Nick. **PEP 8 -- Style Guide for Python Code.** Python, July 05 2001. Disponível em: <https://www.python.org/dev/peps/pep-0008/>. Acesso em: 16 jul. 2021.

VISUAL STUDIO CODE. **Linting Python in Visual Studio Code.** Oct. 10, 2018. Disponível em: <https://code.visualstudio.com/docs/python/linting>. Acesso em: 16 jul. 2021.

VOCKE, Ham. The Practical Test Pyramid. **martinfowler.com**, Feb. 28, 2018. Disponível em: <https://martinfowler.com/articles/practical-test-pyramid.html>. Acesso em: 16 jul. 2021.

W3C. **What is Hypertext.** Disponível em: <https://www.w3.org/WhatIs.html>. Acesso em: 16 jul. 2021.

WALI, Kiran. 7 Basic Reasons Why Software Testing is Necessary. **Rezaid**, June 23, 2020. Disponível em: <https://rezaid.co.uk/7-reasons-why-software-testing-is-necessary/>. Acesso em: 16 jul. 2021.

WANG, Shen-Zheng.; LEE, Hsi-Jian. Detection and recognition of license plate characters with different appearances. **Proceedings of the 2003 IEEE International Conference on Intelligent Transportation Systems**, 2003, p. 979-984.

WARSAW, Barry et al. **PEP 1 -- PEP Purpose and Guidelines.** Python, June 13, 2000. Disponível em: <https://www.python.org/dev/peps/pep-0001/>. Acesso em: 16 jul. 2021.

Referências bibliográficas 517

WARSAW, Barry. **PEP 202 -- List Comprehensions.** Python, July 13, 2000. Disponível em: <https://www.python.org/dev/peps/pep-0202/>. Acesso em: 16 jul. 2021.

WARSAW, Barry. **PEP 274 -- Dict Comprehensions.** Python, Oct. 25, 2001. Disponível em: <https://www.python.org/dev/peps/pep-0274/>. Acesso em: 16 jul. 2021.

WATHINGTON, Chad. Unit Tests aren't 'tests'. **Gauge,** Mar. 15, 2019. Disponível em: <https://gauge.org/2019/03/15/unit-tests-arent-tests/>. Acesso em: 16 jul. 2021.

YOUSEF, Khalil M. Ahmad et al. SIFT based automatic number plate recognition. **2015 6th International Conference on Information and Communication Systems (ICICS).** IEEE, 2015, p. 124-129.

ZADKA, Moshe. 5 reasons why I love Python. **OpenSource.com,** Oct. 29, 2019. Disponível em: <https://opensource.com/article/19/10/why-love-python>. Acesso em: 16 jul. 2021.

Dedicatória e agradecimentos

Dedico mais um livro aos amores da minha vida: meus filhos Lucas e Luisa e minha esposa Keila. Agradeço a Deus essa nova conquista e parabenizo o time organizador pelo comprometimento na curadoria e aos coautores pela dedicação e excelência que resultou em mais uma obra incrível para nossa série da Jornada Colaborativa. Agradecimento especial para o amigo André Guilhon pela maestria na liderança do time e ao Rodrigo Isensee pelo papo superanimado em Joinville que foi o grande pontapé para iniciar este livro. Agradeço a meus familiares e amigos da SulAmérica, Jornada Colaborativa e AdaptNow pelas oportunidades de aprendizado e aos milhares de alunos, leitores e participantes das minhas palestras pela grande receptividade e troca de experiências que me tornam uma pessoa melhor a cada dia.

Antonio Muniz
Fundador e Líder da Jornada Colaborativa

Após alguns momentos turbulentos na minha vida, algumas oportunidades e pessoas surgiram para que eu pudesse me reerguer. Uma dessas poucas pessoas foi Antonio Muniz, que me ofereceu uma oportunidade incrível de atuar na Jornada Colaborativa. Muniz foi uma das pessoas mais importantes que me ajudaram a voltar ao bom caminho profissional. Agradeço muito a ele por sua generosidade, alegria, empatia e amizade. Além do Muniz, um time sensacional de organizadores também merece todo o meu carinho e agradecimento. Tatiana, obrigado pelo seu total comprometimento com o projeto, atuando em muitos capítulos de forma competente e muito profissional, uma verdadeira "dona do produto". Rodrigo, obrigado por colaborar muito para tirarmos o projeto do papel e também pelo olhar criterioso, sempre ajudando a não deixar nada passar despercebido. Eduardo, obrigado por aceitar o convite para nos ajudar. Obrigado pela sua amizade, seu conhecimento e sua parceria, pois atuamos juntos no livro em alguns momentos. Juliana, obrigado pela sua organização e clareza. Obrigado também pela responsabilidade que depositou no projeto, se esforçando

Dedicatória e agradecimentos **519**

sobremaneira para atender às nossas necessidades. Karine, obrigado pelo seu comprometimento, empenho, disponibilidade para ajudar em diversas frentes do projeto e pela sua interminável alegria. Cláudio, obrigado por atuar ativamente em diversos capítulos e também pelo seu pulso forte, sempre nos auxiliando nas tomadas de decisão mais difíceis. Esse time me ensinou muita coisa, tanto no trabalho em equipe quanto em conhecimento técnico da linguagem Python. Os últimos agradecimentos, e igualmente importantes, vão para os coautores. Eles foram os protagonistas do livro! Sem eles não seria possível disponibilizar esta obra para toda a comunidade Python do Brasil. Obrigado, galera!

Dedico este livro a pessoas importantes na minha vida pessoal: minha mãe Lúcia, pelo amor incondicional; minha irmã Aline, pela compreensão e amizade; meu falecido pai Jorge, por formar o homem que sou hoje; meu padrasto Flaulhabe, que sempre me tratou como filho; e minha amada esposa Sandra, pelo casamento amoroso, pelo companheirismo e pela fidelidade eterna.

André Guilhon
Organizador e coautor do Jornada Python

Agradeço pela oportunidade de fazer parte dessa jornada, onde conheci pessoas incríveis, compartilhando experiências e ajudando pessoas em dificuldade. Agradeço também aos meus pais, Cláudio e Jordete, por terem me ensinado a dar importância aos estudos; à minha esposa Cláudia pelo apoio e incentivo diários em tudo o que faço; e às minhas duas filhas caninas Laura e Pina, pela companhia e alegria. Dedico este livro a todas as pessoas com sede de conhecimento, que nunca se satisfazem, que estão sempre em busca de informações para confirmar e para contradizer suas crenças, sem esmorecer ou se deixar levar por emoções alheias às matérias em estudo, sempre objetivando o esclarecimento e a liberdade que somente a luz do conhecimento traz.

Cláudio Henrique Franco Gomes
Organizador e coautor do Jornada Python

Grato por participar deste projeto. Foi um privilégio conhecer e trabalhar com pessoas incríveis. Agradeço a todos os curadores pelo aprendizado que tive ao longo do desenvolvimento do livro e aos coautores pela determinação e altruísmo em participar desta jornada fabulosa. Um agradecimento especial ao André Guilhon pelo convite.

Dedico este livro a meu filho Victor Hugo, que me inspira a ser uma pessoa melhor todos os dias, que sua curiosidade nunca se apague e sempre lembre que conhecimento é o alimento da mente, deve ser adquirido e compartilhado. Agradeço aos meus pais pelo exemplo, broncas e incentivos, oportunidades proporcionadas e por mostrar o valor do conhecimento e a proteção dos reveses da vida.

Eduardo Bizarria Gaspar
Organizador e coautor do Jornada Python

Sou grata pela oportunidade de fazer parte dessa jornada e ter conhecido os profissionais incríveis que construíram este livro, coautores e curadores. Agradeço e dedico este livro a Áxel, meu marido, por todo seu amor, seu apoio e por fazer da minha vida uma jornada incrível. Dedico este livro a Ordália, minha mãe, que me ensinou o prazer de estudar e de ler livros e me mostrou que nem mesmo o Alzheimer é um impeditivo para aprender algo novo ou ler um livro. À tia Gera, a quem eu tenho como uma segunda mãe, que esteve sempre me apoiando e guiando quando eu mais precisei e quem me deu possibilidade de continuar estudando. Por fim, agradeço aos familiares, amigos e todos meus colegas de trabalho que constantemente me inspiram a ser uma pessoa melhor.

Juliana Guamá
Organizadora e coautora do Jornada Python

Gratidão é o sentimento que define a minha relação com esse time maravilhoso de curadores e coautores! Um povo louco com sede de conhecimento e compartilhamento, cujo propósito desde o início foi gerar valor para o leitor e contribuir não com absolutismos, mas com conteúdo testado e validado por profissionais da área. Ao mais louco de todos, Muniz, obrigada pela confiança. Um agradecimento especial ao meu esposo, que, além de me apoiar em tudo, olha os meninos enquanto me debruço sobre os livros e códigos. Dedico este livro aos meus filhos, para que no futuro possam, através do exemplo, contribuir para a comunidade e a construção de uma sociedade movida pela colaboração e comunhão.

Karine Cordeiro
Organizadora e coautora do Jornada Python

Grato pela oportunidade de participar deste projeto. É um grande privilégio conhecer e trabalhar com essa comunidade incrível e em especial as pessoas que se dedicaram a entregar esta obra. Agradeço por todo o aprendizado que desenvolvi junto aos demais curadores e coautores. Um agradecimento especial ao Antonio Muniz pelo convite e pela parceria. Dedico este livro a minha família e especialmente minha esposa Caroline, que me inspira a ser uma versão melhor de mim mesmo todos os dias. E aos meus pais que são o alicerce da minha vida, sempre me proporcionando o aprendizado contínuo através da sua história, principalmente por seus exemplos.

Rodrigo Isensee
Organizador e coautor do Jornada Python

Muita gratidão por estar fazendo parte deste projeto incrível, repleto de pessoas maravilhosas, em especial, ao amigo Antonio Muniz, pela idealização do projeto e pela confiança depositada em mim, e aos meus amigos organizadores e coautores deste livro pela parceria. Agradeço à minha família, por sempre terem zelado para que eu tivesse a melhor educação possível, e a todos os professores que fizeram parte da minha trajetória de aprendizado. Um agradecimento especial ao meu marido e maior apoiador de todas as horas, Marcos Kalinowski, e para todos os meus alunos e ex-alunos, que me motivam diariamente a ser uma pessoa e profissional cada vez melhor.

Tatiana Escovedo
Organizadora e coautora do Jornada Python

Sobre os organizadores e coautores

Adamys Monnerat – Desenvolvedor Python, Java, PHP. Tradutor dos idiomas japonês e inglês. Estudante de defesa cibernética, trabalhando assiduamente com segurança ofensiva nas plataformas Bugcrowd, HackerOne, também negociando diretamente com empresas e clientes. É entusiasta do seu trabalho e do seu hobby, que é fazer *gameplay*, vídeos com dicas do idioma japonês e atuar em segurança da informação.

Alexandra Raibolt – Mestranda em Sistemas e Computação pelo Instituto Militar de Engenharia, onde trabalha com técnicas de Inteligência Artificial aliadas à Robótica Móvel. Graduada em Sistemas de Informação pela Universidade Estácio de Sá (2019) e graduada em Tecnologia da Informação e Comunicação pela Faculdade de Educação Tecnológica do Estado do Rio de Janeiro (2018). Atualmente trabalha com inteligência artificial na Fu2re Smart Solutions como Especialista Pesquisadora Plena I.

Alexandro Angelo Romeira – Engenheiro especialista em inteligência artificial, sócio fundador da I2AI (*International Association of Artificial Intelligence*) e *startups* de tecnologia. Apaixonado por novas tecnologias e orientação para resultados. Mais de 25 anos em cargos estratégicos nas áreas de TI, inovação e negócios desenvolvendo projetos em diversos segmentos de mercado.

André Guilhon – *Agile Coach*, *Scrum Master* e 17 anos de experiência na área de tecnologia, atuando em diversos segmentos, desde infraestrutura até desenvolvimento de software. Fundador da comunidade TI com Café, com foco no *networking* profissional do pessoal de TI. Ex-militar, empreendedor, apaixonado por pessoas, protagonismo, autoconhecimento e propósito de vida.

Antonio Muniz – Apaixonado por pessoas, agilidade, colaboração, comunidades, *DevOps*, empreendedorismo, inovação, *lean*, liderança, *startups*, tecnologia, facilitação e palestras. Fundador da Jornada Colaborativa, *host* do JornadaCast, professor de MBA, mentor, escritor e produtor de videoaulas.

Sobre os organizadores e coautores **523**

Bruno Hanai – Analista de dados no iFood e um dos responsáveis pelo Data Academy, programa com foco no desenvolvimento das habilidades relacionadas ao uso de dados por toda a empresa.

Carlos Eduardo Silva Castro – Engenheiro em Telecom, MSc. em Administração. Consultor com experiência em gestão de negócios, canais, projetos/mudanças, PLM/PO, inovação, melhoria contínua, liderança, docente universitário e de espanhol e inglês. Atuação internacional, entusiasta e praticante de ciência de dados e *Agile/Scrum*, um *longlife learner* em busca da polimatia, realizando-se ao compartilhar conhecimento e fazer atividades voluntárias.

Cassius T. C. Mendes – Licenciado em Matemática pela UFRJ, Analista de Dados na Intelie, trabalha com análise de dados em tempo real atuando no mercado O&G. Possui experiência com desenvolvimento em Python e recentemente tem estudado tópicos envolvendo *DevOps* e se interessado por *machine learning* e matemática.

Cláudio Henrique Franco Gomes – Engenheiro de Computação, formado no Instituto Militar de Engenharia. Analista de Sistemas Sênior na Petrobras S/A, onde atua como Cientista de Dados na Diretoria de Exploração de Produção. Apaixonado por conhecimento, também pratica o desenho artístico e a fotografia de rua em seu tempo livre.

Daniele A. Longato da Silva – Analista de Sistemas por formação, pós-graduada em Gestão Estratégica de Negócios e Empreendedorismo. Desenvolvedora Python, atuando como *Product Owner* de RPA em uma empresa líder do ramo de assistências. Apaixonada por tecnologia, por desenvolver novas habilidades e música.

Davi Frazão – Especialista em Engenharia de Software pela UFRJ e Bacharel em Ciência da Computação pelo Centro Universitário Metodista Bennett. Analista de Redes no Exército Brasileiro. Apaixonado por análise de dados, segurança da informação, finanças e esportes.

Davi Luis de Oliveira – Palestrante e bacharel em Sistemas de Informação. Atua com desenvolvimento web utilizando Rails e com conhecimento avançado de Ruby, Python e JavaScript. Autor de artigos científicos nacionais e internacionais na área de internet de coisas.

Eduardo Bizarria Gaspar – Organizador do Meetups Analytics em Tudo, Big Data RJ e Data Science RJ. Apaixonado por algoritmos, desenvolvimento de software, inteligência artificial e métodos ágeis. Cientista da computação formado pela PUC-RJ e pós-graduado nas áreas de *big data*, gestão de projetos e engenharia de software.

524 Jornada Python

Edytarcio Pereira – Arquiteto de software. Apaixonado por padrões, técnicas de desenvolvimento e modelos de arquiteturas. Acredita que a saúde do código é extremamente importante para evoluir a aplicação e fazer com que o design reflita o negócio.

Élysson Mendes Rezende – Apaixonado por desenvolvimento de software e aspirante a arquiteto de software. Atua no mercado desde 2011. Já trabalhou com diversas áreas do desenvolvimento de software durante a carreira, hoje atuando com desenvolvimento no Magazine Luiza. Gosta de entender como as coisas funcionam e como pode melhorá-las.

Eric Gomes – Apaixonado por IA e pelo mundo acadêmico, especialista em *Data Science* pela PUC Minas (2020), atua com TI desde 2007. Analista de Sistemas *backend* atuando principalmente com Python. Atualmente é consultor de TI, mantém um canal no YouTube que ensina desenvolvimento com Python e tecnologias relacionadas, além de tópicos de carreira.

Everton de Castro – Formado em Informática para Negócios pela FATEC com MBA em Tecnologia e Inovação. Possui dez anos de experiência no mercado de tecnologia. Atua como desenvolvedor de sistemas liderando times de desenvolvimento.

Filipe Rudá – Bacharel em Engenharia de Produção pela PUC-SP, MBA em *Project Management*, MBA em *Big Data* e MBA em *Machine Learning*. Atua como Engenheiro de Dados, Arquiteto de Dados e Dev. de RPA em equipes de Vendas, Crédito, Cobrança, TI e Transformação Digital. Apaixonado por resultado e focado em multiplicar a entrega de valor dos *squads*.

Flávio Mariano – Programador de computadores desde 1974, tendo também atuado como Analista de Sistemas em boa parte de sua carreira. Aficionado por Python desde 2015.

Francisco Hugo Siqueira Rosa – Desde 2014 atuando com desenvolvimento de software, interessado em transformação digital e tecnologia. Atualmente focado em projetos RPAs com Python como linguagem principal.

Guilherme Arthur de Carvalho – Formado em Análise e Desenvolvimento de Sistemas pelo Instituto Federal de São Paulo campus Araraquara, trabalha com programação há mais de nove anos. Nesse tempo teve a oportunidade de atuar com diversos times, clientes e tecnologias, mas principalmente com *fintechs* e Python. Atualmente faz parte do time de consultores que está ajudando a Via antiga (Via Varejo) em sua transformação digital.

Sobre os organizadores e coautores **525**

Guilherme de Almeida Gasque – Empreendedor, MBA em Gestão de Negócios pela FGV, experiência com *Agile Strategic Data Management*, atuando também como consultor de *Data Analytics* para *startups*. Atualmente exerce na CI&T o papel de *Product Management* em projeto voltado para dados.

Guilherme Ito – Bacharelado em Ciência da Computação pela Universidade Estadual de Campinas, atua em soluções RPA envolvendo APIs, sistemas e portais. Entusiasta de jogos e cultura pop japonesa.

Guilherme Rozenblat – Bacharelando em Ciência da Computação pela Universidade Federal Fluminense (UFF). Procura se aprofundar cada vez mais no desenvolvimento de aplicativos e *games* por *hobby*.

Helcio Gomes – Mestre em *Data Mining* pela UFRJ, Pós-graduado em Análise, Projeto e Gerência de Sistemas pela PUC/RJ e graduado em Estatística pela UERJ. Possui experiência como DBA e com desenvolvimento de software.

Jefferson da S. Nascimento – Cientista de Dados/Engenheiro de Dados, especialista em *Azure Machine Learning*, desenvolvedor Python e C#, formado em *Big Data* e Inteligência Analítica pela Universidade Leonardo Da Vinci.

Joan Davi – Graduado em Ciência da Computação pela UESPI. Atualmente é Desenvolvedor *backend* na Locus Custom software.

João Pedro Prates da Conceição Galhianne – Estudante, cientista social em formação, professor voluntário, pesquisador, *Data & Analytics Leader*, engenheiro de automação e controle, desenvolvedor. Apaixonado por aprender novos assuntos, por ensinar e por interagir com as mais diferentes pessoas.

John Kevid – É desenvolvedor *mobile* Flutter. Cursa Ciência da Computação na UESPI e atua também na comunidade de desenvolvimento fazendo vídeos e disseminando conteúdo.

Juliana Guamá – Engenheira de Sistemas pela Unimontes, pós graduanda em *machine learning* pelo IGTI e atualmente Cientista de Dados na Take Blip. É palestrante, mentora, apaixonada pelo trabalho desenvolvido pelas comunidades técnicas de BH e atuante no fortalecimento e na presença de mulheres na área de tecnologia.

526 Jornada Python

Karina Tiemi Kato – Atualmente cientista de dados sênior no iFood. Formada em ciência da computação pela Universidade Estadual de Londrina, possui certificações como *Microsoft Certified Trainer, Azure Data Scientist* e *Rasa Developer*. É palestrante, mentora e membro de comunidades.

Karine Cordeiro – *Software Engineer*, coautora de livros da Jornada Colaborativa. É curadora de conteúdos na She's Tech Conference, faz parte da organização do DevDay e coordena trilhas no TDC. Graduada em Sistemas de Informação pela UNA e pós-graduada em Desenvolvimento de Aplicações Móveis pela PUC Minas. É apaixonada por comunidades e atua no fortalecimento da presença de mulheres na área de tecnologia.

Lourena Ohara – Analista de Qualidade de Software, graduada em Análise e Desenvolvimento de Sistemas pela Faculdade Newton Paiva. Apaixonada por testes e desenvolvimento *mobile*, com foco em aplicativos que atendem e respeitam as mulheres. Analista de Testes Automatizados Sênior, atualmente na empresa Prime Control. *Gamer, podcaster* e apaixonada por cinema e música.

Lucas Pastana – Engenheiro eletricista, MBA em estratégia corporativa e tecnologia para negócios com ênfase em IA. Possui conhecimento e experiência em desenvolvimento estratégico de projetos voltados a *Analytics*. Apaixonado por aprender e compartilhar conhecimento. Pai, mochileiro e devorador de séries e jogos.

Lucas Vieira Araujo – Bacharelando em Ciência da Computação pela Universidade Estadual do Piauí (UESPI), desenvolvedor de software, jogador de CTF e entusiasta da segurança da informação.

Luiz Paulo O. Paula – Bacharel em Ciências da Computação pelo IBTA e professor de *Data Analytics* na Digital House. Trabalha desde 2009 com análise e gestão de projetos de dados com foco em performance e *growth*. Atuou em projetos para empresas multinacionais como Sanofi, MSD, Netflix, Nespresso, Raizen, Godaddy, Kimberly-Clark, Unilever, dentre outras.

Marcell Guilherme C. da Silva – Desenvolvedor e líder técnico em projetos dentro e fora do Brasil. Atuando há oito anos no mercado, titulado técnico em Informática (IFRN) e graduado em Análise e Desenvolvimento de Sistemas (UNESA). Desenvolvedor *full stack*, fundador da comunidade Natal JS, defensor do Ágil, palestrante, empreendedor, escritor, *otaku* e *gamer*.

Sobre os organizadores e coautores **527**

Marco Alencastro – Bacharel em Ciência da Computação pela Universidade Veiga de Almeida, atualmente trabalha na área de análise de dados. Contar boas histórias através dos dados: este tem sido o foco deste apaixonado por futebol e amante de uma boa música.

Marcos Alexandre Castro – Seu falecido pai se foi e deixou um Arduino para ele. Nunca tinha visto, começou a brincar, gostou de programar e daí virou *maker*, depois desenvolvedor, *pythonista*, entusiasta Linux e especialista em ciência de dados pela PUC-Rio. Gosta mesmo de cerveja e samba de gafieira, mas desenvolver é muito bom também.

Marcus Paiva – Técnico de informática que decidiu mudar as ferramentas, redes e pilhas de computador com defeito para programação, formado em Automação Industrial pela Estácio e atualmente desenvolvendo software Python com Flask e SQLAlchemy na área de óleo e gás.

Mikaeri Ohana Estevam Candido – Engenheira de *machine learning* na CI&T, se especializando na área de Ciência de Dados pela Unicamp. Formada em Análise e Desenvolvimento de Sistemas na FATEC Jundiaí, premiada Microsoft *Most Valuable Professional* em inteligência artificial e *Google Developer Expert* em machine learning. Criadora de conteúdo nas redes sociais, onde busca democratizar o acesso a informações sobre inteligência artificial e tecnologia.

Naiara Cerqueira – Pós-graduanda em Ciência de Dados e *Big Data* pela PUC Minas, graduou em Engenharia Ambiental e decidiu fazer uma transição de carreira para a área de dados. Apaixonada por dados, por aprender e ensinar. Louca dos gatos, mãe de plantas e bebedora de café sem açúcar.

Pablo Augusto Furtado – Especialista em *machine learning*, Gestão Empresarial e Metodologia de Ensino, com atuação em banco, mineração, educação, direito tributário, bens de consumo e terceiro setor.

Paulo R. Z. Pinto – Desenvolvedor autodidata desde 1982 e graduado em Análise de Sistemas desde 2005. Experiência de mais de 30 anos trabalhando no mercado financeiro. Atua na área de Ciência de Dados da Petrobras S/A desde 2016. *Kaggle Master* em competições e *kernels*.

Rafael Gonsalves Cruvinel – Engenheiro Eletricista formado pela Unicamp, desenvolvedor Python, especialista e consultor em automação digital. Empresário e sonhador com tecnologias digitais e amante de jogos de tabuleiro.

Reinaldo Maciel – Cientista da computação por formação, atualmente cientista de dados tendo atuado em diversas empresas de variados ramos: logística, segurança de dados, financeiras, educação, propaganda e mídia. São 15 anos de experiência na área de tecnologia, sendo os últimos sete com tecnologias de larga escala de dados. É especializado também em inteligência artificial, mineração de dados e veículos autônomos.

Rodrigo Alves Mendonça – Especialista em desenvolvimento de software, formado em 2003 no curso de Tecnologia em Processamento de Dados pela FIAP, possui diversas certificações de entidades do mercado de TI, como AIIM e CompTIA, além de certificações de fornecedores de tecnologia, como IBM, Oracle, Microsoft, AWS, Google e outros. Trabalhou em empresas globais como IBM, OpenText, Oracle e Avanade. É empreendedor no mercado de TI e palestrante.

Rodrigo Isensee – *Agile Coach*, professor universitário, amante de artes marciais práticas e entusiasta de tecnologia desde os oito anos de idade (enquanto a galera soltava pipa ele programava). Apaixonado por ensinar e pelo aprendizado colaborativo.

Roger Sampaio – Cientista de Dados, certificado Microsoft Azure IA, MTA Python e MTA Database. Criador da marca dataminutes.com, que tem o propósito de ensinar sobre dados através de uma linguagem leve e descontraída, possuindo cursos e palestras.

Saulo Filho Perceval – Bacharel em Ciência e Tecnologia pela Universidade Federal do ABC. Desenvolvedor Python, atuando no momento como desenvolvedor *backend* em uma plataforma de pagamentos. Grande interessado em padrões de código, arquitetura de software e tudo que auxilie na escrita de códigos limpos e expressivos. Apreciador/viciado em café.

Sérgio Berlotto Jr. – Formado Técnico em Processamento de Dados, é desenvolvedor de software há mais de 20 anos. Trabalha na Jetbov, em SC, como Engenheiro de Dados e de Software e *Scrum Master*. Desenvolvedor *backend* com Python há bastante tempo, tem grande conhecimento na área de APIs, banco de dados e arquitetura e design de software. Atualmente é graduando em *Big Data* e Inteligência Analítica. #SAPS.

Sidnei Santiago – Engenheiro de Dados com formação em Análise de Sistemas e MBA em Análise de Dados com BI e *big data*, atuando há mais de dez anos em projetos de desenvolvimento de software e há três anos especificamente em projetos de *big data* no varejo desenvolvendo projetos com Python, Spark e Databricks.

Tatiana Escovedo – Doutora em Inteligência Artificial, Mestre em Engenharia de Software e Bacharel em Sistemas de Informação. Professora do quadro complementar e coordenadora de cursos de pós-graduação *lato sensu* do Departamento de Informática da PUC-Rio. Coordenadora e Analista de Sistemas na Petrobras.

Viviane Laporti – Cofundadora da Athena Informática, *Scrum Master*, Analista de qualidade de software, Analista de Requisitos e Sistemas, Consultora em Gestão do Conhecimento, formada em Ciência da Computação. Lecionou sobre Introdução à Programação e Orientação a Objetos na Universidade Federal de Ouro Preto e na Faculdade Santa Rita. Agilista com experiência também em requisitos, processos e qualidade, é apaixonada pela troca de conhecimentos.

William Villela de Carvalho – Biomédico Especialista em Gestão Hospitalar, Engenheiro de Software na Avanade, PSM e PSPO pela Scrum.org. Apaixonado por ciência e tecnologia.

Wygna Yngrid da Silva Matias Xavier – Apaixonada por pessoas. Seu propósito consiste em levar a educação empreendedora e tecnológica com um olhar humano, voltado para o impacto social. E isso sempre é seu guia nas atividades em que se envolve.

Yussif Barcelos Dutra – Arquiteto de Engenharia de Dados e *Business Intelligence*, graduado pela UFMG em Sistemas de Informação com ênfase em Gestão e *Business Intelligence*. Especialista em visualização de dados, apaixonado por tecnologias e processos envolvendo dados, liderança de equipe, práticas e métodos para melhoria de qualidade, soluções de problemas aplicando métodos ágeis, *Design Thinking* e *Lean Inception*.

Compre já os outros livros da Jornada Colaborativa e complete sua coleção!

Jornada DevOps 2ª edição

Jornada Ágil e Digital

Jornada Ágil de Qualidade

Jornada Saudável

Jornada Ágil do Produto

Jornada Ágil de Liderança

Jornada do Ágil Escalado

Jornada Business Agility

Jornada Kanban na prática

Jornada Java

Jornada Colaborativa

Jornada RH Ágil

Jornada CSC

Jornada Azure DevOps na prática

Jornada OKR na prática

À venda em: www.brasport.com.br